U0897946

当代大学读本·国学基础系列

孙子学读本

许威汉 胡梅祥◎编著

内容提要

当代大学读本·国学基础系列之一。

本书为《孙子兵法》的综合性读本。全书分三编，甲编为《孙子》十三篇之篇章解读，对原文加以注释及白话译文，并附表解、军事哲学思想评要等；乙编为《十一家注孙子》的标点整理本，汇集了宋代以前对《孙子》最重要的注解；丙编为进一步深层次研究，从管理学、语言学等方面对原典加以分析，使读者对《孙子兵法》形成较为全面的认知。

图书在版编目(CIP)数据

孙子学读本/许威汉，胡梅祥编著. —上海：上海交通大学出版社，2015
ISBN 978-7-313-13377-9

Ⅰ.①孙…　Ⅱ.①许…②胡…　Ⅲ.①兵法—中国—春秋时代②《孙子兵法》—注释③《孙子兵法》—译文　Ⅳ.①E892.25

中国版本图书馆CIP数据核字(2015)第162100号

孙子学读本

编　　著：许威汉　胡梅祥
出版发行：上海交通大学出版社　　地　　址：上海市番禺路951号
邮政编码：200030　　电　　话：021-64071208
出 版 人：韩建民
印　　制：常熟市梅李印刷有限公司　　经　　销：全国新华书店
开　　本：787mm×1092mm　1/16　　印　　张：13.25
字　　数：365千字
版　　次：2015年8月第1版　　印　　次：2015年8月第1次印刷
书　　号：ISBN 978-7-313-13377-9/E
定　　价：38.00元

前　言

幼读《孙子》，虽能背诵，却不甚领悟。弱冠多方参会，渐有加进。壮年杂务坌积，无暇顾及。暮年复有续探之思。又值日本学者殿冈昭先生从东京都世田谷区北乌山来函专述研读《孙子》有年，然遇不少文义待确解，约期共商，由是益坚求索之志。现当代国内外日益关注《孙子》宝库之开掘，不特军事部门视为兵家不朽之经典，经济领域亦从中总结现代管理学因素，并用之于资本世界之商战。政治、文教、医卫、体育、外交诸领域，更莫不借鉴其方略。凡此种种，表明《孙子》将不断为人类谱奏新篇章。研读《孙子》，发其精英，并用之于实际之重要性不言而喻。

国外推崇《孙子》所形成的"《孙子》热"具有相当深广度和持久性，这在本书后面部分将谈到，这儿先从略。

《孙子》为我国古代军事文化奇峰，宝贵的文化遗产，亟待继承发扬，其理至明。有鉴于此，笔者特撰《孙子兵法读解大全》出版（中州古籍出版社，1992年）。初稿原无"大全"两字，出版社的陈、王二先生等视书稿内容紧扣圣典中心，又铺及诸多相关方面而有机结合，"大全"二字由此生发。

时至20世纪90年代中期，欧洲汉学家挪威高等社会科学院院士、奥斯罗大学教授何莫邪先生来访，说《孙子兵法读解大全》是我写得极好的书，我听了这话却万分焦虑，直说该书是我出版的各书中最糟糕的一本。因当时责编更换，书稿不曾细校，更未寄与作者复看，印刷失误不仅"百出"，几近"千出"（包括《孙子兵法辞典》部分），"谬种"流传，使人心寒。随后，英国剑桥国际传记中心尼古拉斯·S·诺先生寄赠专著《孙子兵法与管理》（英文版），并函告提名我为1998年度国际名人，要我签署发布授权。我这下可懵了，签署云云固然不可，由印刷失误甚多而产生的坏影响终究无法消除，更使我长叹不已。无奈之际，只将来函妥为保存，冀有朝一日重新撰写《孙子》解读之作补奉，另换新颜。今兹上海交通大学出版社冯勤先生约印新作，幸也何如！笔者以往在出版工作中，同冯勤先生、任雅君先生等交往，屡感诸位事业心重，冯先生任拙著《训诂学读本》责编，往来舍间，任劳任怨，干练有为，处事周到。近一段时间以来，新作书名定不下来，冯先生考虑再三，建议定名为《孙子学读本》，我一拍即合，即以之题名。感感至深。

书作撰写过程，事实上也是作者自身的研习过程。《孙子》经典认知的深化，从逻辑学、心理学、预测学、决策学、谈判学、系统论、控制论、信息论等诸多领域进行综合考察研析，彼此更可相辅相成，登高望远，胜览兵学艳阳秋。

本书撰写过程中，发现《十一家注孙子》以来的诸多《孙子》注译本、讲解本的注释、标点、分段、释义常不一致，笔者择善而从，两可之处，酌采其一。

至于各篇表格及综合表格系建国前参录自他书，原留应研习之需，时过近70年，出处模糊，恕未注明，唯祈读者清鉴为幸。

学海无涯，功力有限，本书不当之处，请赐教为祷。

许威汉

于上海师大寓所

目　录

甲编——全书（十三篇）要略（读解）

乙编——《十一家注孙子》(历代原注)

丙编——孙子学接要

提　示

孙武字长卿，始祖姓陈，后改姓田，到孙武的曾祖时，齐景公赐姓孙。《孙子兵法》问世，有其家族渊源和历史背景，人不尽晓，故下面作"孙子学"其来有自等等的提示，以补他书所未及道。当然，如果再上溯，则陈国是西周武王所封，元祖最早是舜的七世孙颛顼的后代，这些就不多费笔墨了。

孙武子在历史上有重要地位和影响，可是有学者竟然说历史上根本没这个人，随之《孙子兵法》、孙武身世也全盘否定掉，是故便作孙子其人、其书、其事等提示。尽管时至今日，学界对孙子基本上已有共识，可是某些"秀才"还来一番"考证"，混淆视听。此固不值得浪费笔墨澄清妄议，但加提示有利无弊。

孙武不尚空谈，有别于当时政治说客。他言必信，行必果，唯务实高效是求，故也作兵法验之于妇人演练的提示，以衬将才的气魄气象。

对《孙子》的语言研究的取向是多渠道的，有人往往从汉语史角度着眼分析，虽无可非议，但对《孙子》语言的涵义内核研究却不多见，对《孙子》施用于实际的表述，常言不中要，是故作《孙子》研究要重视语言因素的提示，俾准确理解《孙子》，以利切实施用《孙子》。兹逐一提示如下。

一、孙子学其来有自

孙武为春秋齐国人，"孙子学"有其时代烙印和家学渊源。

我国春播秋收是农业生产大事，人们便以"春秋"概述为一年。现在人们常说"一度春秋"就是指一年，"几度春秋"就是指几年。先秦鲁国从鲁隐公元年（公元前 722 年）到鲁哀公十四年（公元前 481 年）共 241 年的编年史被命名为《春秋》。鲁国是周代诸侯国，用周代来记年，便是从周平王元年（公元前 770 年）到周敬王四十四年（公元前 476 年）为春秋时代。春秋时代之后，因各个诸侯国连年战争，后人称为"战国"，即从周元王开始（公元前 476 年）到秦始皇二十六年（公元前 221 年）的 225 年。春秋时战争已愈演愈烈，至战国益甚。孙武子处于春秋末期，言兵论战者众，有明显时代烙印。就连先孙子二十来年的孔子，也主张健身练武，教弟子修文，还要弟子会射箭骑马，时代使然也。武子文武兼备，自无例外。

时代烙印，人所共晓，家学渊源，世不尽知，兹特简述如下（兼追述其先祖及孙子个人身世）：

探源溯流，公元前十一世纪周朝分封齐为诸侯国，姜姓，在今山东北部。开国君主是吕尚。春秋初期，齐桓公相管仲，霸诸侯。公元前 567 年，齐灵公灭莱扩疆。此后百余年卿大夫崔、庆、栾、高等族互相争权，相继灭亡，君权为田氏所夺。公元前 386 年，周安王承认田和为齐侯。后称王（齐威王始），则是战国时代的事，此处不涉及。

与田氏相关的陈国值得关注。早在周武王灭商时，封帝舜之后胡公满于陈地（宛丘），胡公满以封地为国号，成立陈国，传至陈厉公为第十三代。陈厉公生太子完，陈完避祸奔齐，任齐国"工正"。陈完奔齐后改陈为田，盖易字不易姓（笔者按："陈"古音定母、真韵、平声，"田"古音亦定母、真韵、平声，音完全相同）。陈完的第五代是陈无宇，是孙子的曾祖父。"无宇生书，字子占，为齐大夫，伐莒有功，齐景公赐姓孙，食邑于乐安。书生冯，字起宗，为齐卿。冯生武，字长卿。"（《姚江孙氏世谱纪略》）清代学者孙星衍尝说："孙子盖陈书之后，陈书见《春秋传》，称孙书。《姓氏书》以为景公赐姓，言非无本。"（《孙子兵法序》，见《孙子兵法》，天津市古籍书店影印，1992 年 6 月版）"孙"的本义之外，有好几个引申义，盖取其中"恭顺"之谦意以赐。后人称孙武已习以为常。

孙武所处的春秋时代，战争频繁(有所谓“春秋无义战”)，战祸此起彼伏，祖世为将，战事当耳闻目睹。孙子综观史实和现实事态，经过科学分析抽象达到主观的理性感受，满怀壮志，撰成《孙子兵法》，形成我国古代最早的战略学著作。我国古代文化奇峰林立，“孙子学”亦乃一大建树也。尝谓《孙子兵法》十三篇乃上编，尚有中、下两编未见于世，或曰《孙子兵法》原有八十五篇。经曹操整理后成为十三篇。近时或曰《孙子兵法》八十二篇，其竹简文字尚存世，事属非实，为中国社科院李学勤先生所辩斥。凡此无多考释必要，重在对孙子之书的解读与领悟。人又尝谓《孙子兵法》十三篇“确实为孙武所有，但不是出于孙武始笔，而是孙子继承先人本子，经其加工阐发而成的”。孙武成书之议虽无确据，其言可信。因为任何学术都不是从零出发的，继承与创新是辩证的统一。

二、孙子其人、其书、其事述评及其他

先得指出，历来有人说历史上根本没有孙武这个人，《孙子兵法》之作者自然也随之成为疑团。北宋梅尧臣先是闪烁其辞地说《孙子》“此战国相倾之说也”(见欧阳修《孙子系》引)。随后，南宋叶适沿梅说而生发，说《孙子》系“春秋末，战国初，山林处士所为；其言得用于吴者，其徒夸大之说也；其言阖庐试之以妇人，尤为奇险，不足信”(《习学记言序目》)。清代姚际恒则说：“孙武者，其有耶？其无耶？”(《古今伪经考》)凡此种种说法，唯一依据是《左传》无孙武的记述。叶适为证实自己的见解，还进而作如下申论：

> 《左氏》无孙武。他书所有，《左氏》不必尽有，然颖考叔、曹刿、烛之武、鱄诸之流，微贱暴用事，《左氏》未尝遗，而武功名章灼若此，乃更阙略；又同时伍员、宰嚭一一铨次，乃独不及武邪？(《习学记言》卷四十六)

这一申论，现代考据家们则据以作相应的推阐：

> 如果叶水心讲法是符合实际情况的话，那么，因为《左传》里面根本没有记载过孙武，我们便可以这样设想：所谓孙武，可能就没有这样一个人，或者是后人因缘古时的传说，所增饰依托的一个虚构的人物。

既然孙武是“虚构的人物”，孙武其书其事便得另作种种构想了。这样，结果有可能淡化人们对孙武及其书作的应用共识。

其实，“《左氏》无孙武”，不足为“虚构的人物”之唯一依据。我们知道，不仅《荀子》，而且《韩非子》也有过对孙武的重要提示。《韩非子·五蠹》：“境内皆言兵，藏孙、吴之书者家有之。”这里的“孙”只能是孙武，不是后百余年的孙膑。再有，同为兵学名著《尉缭子·谈制》也写到“有提(率领)三万之众，而天下莫当者谁？曰武子也”。诸如此类，堪为孙武其人其事其书之有力佐证。说到此，有人可能重申《尉缭子》原是后世伪书，其言不可靠。可是 1973 年山东临沂银雀山出土西汉前期竹简，其中一部分是《尉缭子》残简，内容和后世的《群书治要》所录今本基本相同，这表明它在西汉前期已经传世，西汉之前已经成书，后世伪书说乃属臆断。依此，《尉缭子》之说当可信，孙武确有其人。又，银雀山并出《孙子兵法》与《孙膑兵法》两种，过去由于《孙膑兵法》失传而以《孙子兵法》即《孙膑兵法》之误，也就不辩自明了。

进一步推究，所谓《左氏》不录，原不尽然。《左传》曾记过孙武始祖陈氏事迹以及后来孙武祖父孙书的若干活动，并非只字不提。况且《左传》未明录孙武，也不能依成习度之。综览《左传》记人记事，多以“礼”为是非准则。奴隶起义大事，《左传》则言之不详。《左传》以合乎“礼”者，虽小亦录，不合乎“礼”者，丘山亦弃。孙武言兵以“诈”，直言“兵者，诡道也”，“兵以诈立，以利动”，强调出奇制胜，书中“奇正”要旨为我国古代战略学形成的重要标志，但是这对于已有的“成列而鼓”等军事观念是新的挑战，固未必为《左氏》所赞同而实录。《左传》所认可的未尝不是

宋襄公型的"不鼓不成列"的陈见。视宋代苏洵至清代之姚鼐，尚且以孙武为"不仁不义之人"，况一以"礼"为准之《左传》乎？再者，《左传》不录，也未尝不与他书一样，另有他种因素。我们知道，"杨墨之言盈天下"，杨子之言影响可谓大矣哉，然杨朱其人其说终于不传。这样看来，《左传》不录，未可截然论定史无其人。

生于汉代的司马迁，去古未远，治史谨严，博览群书，广罗史事，于《史记》专为孙武立传，有《孙子吴起列传》问世，可证孙武其事其书之实，而后人不以《史记》之述为之补正，实令人费解。

从司马迁的《史记》到刘向《新序》、班固《汉书》、王符《潜夫论》以及《越绝书》《吴越春秋》等两汉著作对于孙武生平有或多或少的披露，唯独缺乏有关孙武家世的背景材料，陈秋祥对此感触良多，从大量的有关材料中透过史实，纵横考察，益以新知，终成《孙武世系考述》(澳大利亚新金山出版公司 2004 年版)一书，于陈氏、田氏、孙氏之诸多考述，资料丰富，论证严密，源流清晰，言之成理，令人信服，解开了长期以来所谓"孙武无其人"之谜，一扫前人障翳，还庐山面目，并使其他有关问题也随之迎刃而解，有关学人人云亦云之说得以廓清。特别是推算出孙武见吴王阖庐时才二十岁左右，时方英年，风华正茂，驰骋沙场，大展雄略，使人耳目一新；内发孙武内心世界：功成不受官，无求闻达于诸侯，隐居吴地而终，使人如入清流之境。如此层层剖析，入木三分，隐晦内容得以显朗出之，亦难能可贵。由是观之，《孙武世系考述》之作，其历史意义与科学价值之重大，灼然可见。读者通读全书，自可深会而知之。

孙武名著《孙子兵法》在国内外的地位与影响及施之于商战等各种领域的效用，有关论著阐释甚详，中外古今《孙子》专论专著亦近五百种之多。而我想要着重指出的，只是今兹《孙武世系考述》出，已从另一新渠道使人看到孙武在我国实用军事文化的继承与创新方面的辉煌成就(有其时代背景，前文已述不复)，也为"《孙子》学"的建立与发展作出重大贡献，深为艳羡，为之志贺。

三、《孙子》经实践检验初获真理性证明

孙武及其兵学，经过实践检验而得到真理性的证明，事见《史记・孙子吴起列传》，兹摘其相关部分内容于后，不另叙述。

> 孙子武者，齐人也，以兵法见于吴王阖庐。阖庐曰："子之十三篇，吾尽观之矣，可以小试勒兵乎？"对曰："可。"阖庐曰："可试以妇人乎？"曰："可。"于是许之，出宫中美女，得百八十人。孙子分为二队，以王之宠姬二人各为队长，皆令持戟。令之曰："汝知而心与左右手背乎？"妇人曰："知之。"孙子曰："前，则视心；左，视左手；右，视右手；后，即视背。"妇人曰："诺。"约束既布，乃设铁钺，即三令五申之。于是鼓之右，妇人大笑。孙子曰："约束不明，申令不熟，将之罪也。"复三令五申而鼓之左，妇人复大笑。孙子曰："约束不明，申令不熟，将之罪也；既已明而不如法者，吏士之罪也。"乃欲斩左右队长。吴王从台上观，见且斩爱姬，大骇。趣使使下令曰："寡人已知将军能用兵矣。寡人非此二姬，食不甘味，愿勿斩也。"孙子曰："臣既已受命为将，将在军，君命有所不受。"遂斩队长二人以徇。用其次为队长，于是复鼓之。妇人左右前后跪起皆中规矩绳墨，无敢出声。于是孙子使使报王曰："兵既整齐，王可试下观之，唯王所欲用之，虽赴水火犹可也。"吴王曰："将军罢休就舍，寡人不愿下观。"孙子曰："王徒好其言，不能用其实。"于是阖庐知孙子能用兵，卒以为将。西破强楚，入郢，北威齐晋，显名诸侯，孙子与有力焉。

以上文字，有人作了语体翻译，现在顺附于后，聊供参解：

> 孙武，齐国人。以兵法进见吴王阖庐。阖庐说："你的十三篇，我都看过了，可以小试一下指挥队伍吗？"回答说："可以。"阖庐说："可以用妇女来试吗？"孙武答；"可以。"于是吴王允许派出宫中美女一百八十人。孙武把她们分为两队，用吴王宠爱的妃子二人为两队的队

长，并令所有的人都拿着戟。下令说："你们知道你们的心、背和左右手吗？"妇人回答说："知道。"孙武说："向前，就朝着心所对的方向走；向左，就朝着左手方向走；向右，就朝着右手方向走；向后，就朝着背的方向退。"妇人们回答说："是。"有关规定宣布之后，就把铁钺（大斧）排立起来，指着铁钺，又反复申明，然后击鼓发令向右，妇女们嘻嘻哈哈地大笑起来。孙武说："规定不明确，号令不熟悉，这是将帅的罪过。"再次三令五申，击鼓发令向左，妇女们又大笑。孙武说："规定不明确，号令不熟悉，那是将帅的罪过；既然明确了，仍然不执行命令，那就是下级士官的罪过了。"于是就要斩左右队长。吴王从台上看见要杀自己宠爱的妃子，大为惊骇，急忙派人传下命令说："我已经知道将军善于用兵了。我离开这两个妃子连饭也吃不下，希望不要杀她们。"孙武说："我既然已经受命为将，将在军，君命有所不受。"便杀了两个队长示众。用下一名为队长。于是重新击鼓发令，妇女们左、右、前、后、跪、起，都合乎规定，行动整齐，没有敢出声的。孙武派人报告吴王说："队伍已经训练整齐，王可以下来看看！任凭王想怎样用它，即使赴汤蹈火也可以。"吴王说："将军结束训练回馆舍去吧！我不愿下去看了。"孙武说："王只是爱好兵法的词句，并不能实际使用它。"阖庐从此了解孙武会用兵，终于用他为将。向西击破强大的楚国，攻入它的都城郢（今湖北江陵北），北面威震齐、晋，吴国的威名在诸侯中大为显扬，孙武是出了力的。

《史记·孙子吴起列传》书文俱在，读者欲另知其详，可随时参读，此处不加引了。

四、《孙子》研究要重视语言因素

语言是一种符号系统。符号是由形式和内容两部分构成的。形式是人的感觉器官可以感知的外在的，即所谓"能记"；内容是由形式所表达的内在含义，即所谓"所记"。每个语言符号都是"能记"和"所记"的结合体。在古籍语言和历史语言学的研究中，要了解我国语言和语言学研究有三个特点：第一，有长期语言学研究的成果和丰富的文献资料的继承上的特点；第二，有作为研究对象的语言本身（汉语和国内少数民族的语言）所导致的特点；第三，中国社会发展的历史所导致的特点。（邢公畹）《孙子》语言研究自然蕴含着这三个特点。

拼音文字是形—音—义的线性文字，汉字是 $\overset{形}{音\triangle义}$ 的综合性文字。拼音文字只有字母和词的称述，没有"字"的称述，汉字是语素文字，与汉语单音成义的特点相适应。《孙子》语言的认知，无疑和其他文献语言的认知一样，得借助汉字和汉语文字学常识的认知。

公元前1300年到前1100年间的甲骨文字，结构原则跟后代人所说的"六书"条例大体相合，只是"六书"条例更为严密罢了。甲骨文时期词汇的主要情况，拙著《汉语词汇学引论》（商务印书馆1992年版）39—40页有所阐述；西周金文所反映的词汇主要情况，春秋战国时期词汇的主要情况，拙著（同上）40—41页也有所阐述。集中到一点，名词、动词、形容词为最多，而且是大量地不断出现，都属实词。介词、连词、助词这些在行文中"起关键血脉"作用的虚词也相继出现，而且用得相当频繁。同时出现介于实词与虚词间的副词（按，大凡把副词归到虚词里，也有人把副词归到实词里，笔者认定副词是介于实词与虚词之间的）。这从词记义、语法义、动能义的角度综合透视，不妨这样认定。

史纳百川，语言和语言发展史的鸟瞰，对《孙子》时期（春秋末期）的语言基本框架略有所知，进而对《孙子》一书的字词使用的研析或亦有助，故亦先简述如上，并为下文张本。

《孙子兵法》全书共6 071字，去其重复出现的，只用了762字。这762字中，出现三次以上的465字；出现百次以上的6字，即"故"103次，"而"185次，"也"196次，"者"228次，"不"231次，"之"337次。这些都是虚词。为什么这6字出现如此频繁呢？自然有规律性的缘由。举例来说吧，"之"的功用很多，其中一种是主谓之间，在先秦必得加"之"，《孙子·用间篇》"殷之兴也”、“周之兴也”，不用个“之”，正如王力所论，在先秦是“不成话”的。黎锦照分析了全部《诗经》的“之”，它共出现 1 039 次，也可旁证先秦多种用途的“之”出现的频繁。再举例来论，《孙子·行军篇》一口气用了 31 个“也”字，由于先秦没有用作判断词的“是”，用“也”得用“者”照应，因此，“也、者”都频繁出现。这 6 字合计出现 1 280 次，近全书出现的字次四分之一。出现频率少的实词当然不是不重要，有些联系当时社会、历史、文化来认识，其重要性远远在其他多频率出现的语词之上，像“诡、诈”就是这样。孙子说“兵者，诡道也”(《计篇》)，这“诡道”就既展示孙子的战略思想，也标志了我国古代战略学的开始形成，与原先“成列而鼓”形成鲜明对比。当时社会变动，战争频繁，是“诡道”二字产生的背景，“诡道”的产生也反映了军事实用文化的新发展。“诡道”的产生是历史发展的必然，也是孙子对当时军事思想的总结。历史上有人诋孙子“不仁不义”，热衷于“成列而鼓”，这正如毛泽东同志所指出的“蠢猪式”的战法，不可思议。先秦宋襄公临战坚持“成列而鼓”，大吃败仗，差点送了自己的老命，自应引以为鉴。

《孙子》语言认识，同对其他典籍的认知一样，“说来说去，要有‘历史观点’”(王力)。之外，还必须指出，历来对古书的解释，主要注重实词的意义，对虚词不加注释，遇到虚词，只说“辞也”、“语辞也”(“辞”表示是虚字，点出虚字却不解释)，这是众多学者一大弊病，说穿了，他们底子里是说不出，无能为力。叶圣陶、吕叔湘有鉴于此，合编的《文言读本》后附虚字讲析。吕叔湘驭以现代学科方法论，就 200 个文言虚词，去芜存精，钩言提要，揭其规律，明其作用和理据，奏画龙点睛之要，仅万余字，比起其他鸣篇巨制，更有益于务实高效查阅，特提示于此，以供隅反，闻一知十，并共为他书解读提供方便。

至于其中对实词的解释，历来也不尽理想。往昔的经学家如郑玄，生于汉代，遍注群经，后人不断加以讲疏，旨在以利解读，可是后来字达数千万的“疏”，翻来覆去，说的还是不好懂，往往晦涩不明，这分明困于“疏不破注”的严律。此风对《孙子》也或多或少有影响。比如《势篇》“以利动之，以卒待之”中的“卒”，唐代李靖注为“本”，即“以本待之”，读者也强为袭解。直到现代出版的《孙子兵法》注释本，也照搬不误。“卒”的正确释义后之另详。现在笔者有感于这一实例，联想到对古籍的全面训释，便于拙著《训诂学》(商务印书馆 2014 年版)一书中特加强调，并于“后记”中再加点示，祈学林有此共识，促进训诂学新发展。拙著《训诂学》是商务印书馆作为“汉语知识丛书”之一问世的，我集中提出别人所不提的见解(历来困于“疏不破注”之弊)，旨在给读者提个醒。由于深憾这一流弊波及其他学科(孙子学亦不乏其例)，是故《孙子学读本》中的注释亦正视有关取舍。

综观《孙子》语言驾驭，深感议论气势宏大，观点鲜明，中心突出，层次清晰，常用迭句、排句、对仗，以加强感染力和说服力。运用修辞手法如比喻、夸张等，也有利于加强读者印象，唤起联想。像“夫兵形象水，水之形避高而趋下，兵之形避实击虚，水因地而制流，兵因敌而制胜”(《虚实篇》)，“善守者，藏于九地之下，善攻者，动于九天之上，故能自保而全胜也”(《形篇》)等说法，就都有良好的表达效果。从遣词方面看，为了表示众多和夸张的意思，书中有效地采用虚数的表达法，如“百战百胜”的“百”，“九天九地”的“九”，在特定语言环境中都是虚数词，有其独特的表意作用。《孙子》中有不少言简意赅的说法，后来发展为成语，今天常常沿用着，“穷寇勿迫”、(以上《军争篇》)“知己知彼”、“百战百胜”、(以上《谋攻篇》)“出奇制胜”、(《势篇》)“堂堂正正”、“避其锐气”、“击其惰归”、“以逸待劳”、(以上《军争篇》)“吴越同舟”、“同舟共济”、“风雨同舟”(以上《九地篇》)等等，仍有很强的生命力。这类说法，既有继承，也有发展。“百战百胜”承继《管子·七法》“十战十胜，百战百胜”，《孙子》取用而发以新知。“焚舟破釜”(《九地篇》)，成语作“破釜沉舟”，语序变动而寓义相同，《史记·项羽本纪》作“皆沉船，破釜甑”，“舟”写为“船”，这表明后世在沿用中语言结构有所变动，用词有所改易。“船”是后起的词，初见于汉代，魏晋六朝用得多了，从中我们也可以窥见词汇发展的缩影。遣词、宅句变而内容大同，这同样表明《孙子》军事思想多为后人所接受。“投之亡地而后存，陷之死地而后生”(《九地篇》),《史记·淮阴侯列传》作“陷之亡地而后生，置之亡地而后存”，两者内容并无二致。“知彼知己”后作“知己知彼”，意思完全一样。“以逸待劳”，《后汉书·冯异传》“先令拒城，以逸待劳，非所以争也”，用“非所以争也”给“以逸待劳”加新注，使内容更为透明。“穷寇勿迫”，《后汉书·皇甫嵩传》作“穷寇勿追”。“穷寇”指濒于绝境的敌人；“迫”是逼近的意思，跟“追”含义略有不同，如何定夺，取决于战事实态。毛泽东同志有句名言：“宜将剩勇追穷寇，不可沽名学霸王。”该追则追。要之，《孙子》的话，皆值得深味而施用于全局，了解字词使用的稍微差异，旨在更准确理解《孙子》。

王力说过，了解古人思想体系，必得从他们留下的语言入手。不要像有人认为老子的思想体系是唯心主义的，研究出来的《老子》便是唯心体系的《老子》；有人认为老子的思想体系是唯物主义的，研究出来的《老子》便是唯物主义的《老子》。我很赞同研究古人思想必得从他们留下的语言入手。研究《孙子》自无例外。

《孙子》的施用，往往关涉战记的撰写。战记语言的表述，往往关涉孙子兵学的实践检验，因此战记的语言运用同样应该重视。这儿顺叙古代战记的写作及语言运用，以利窥见其他。对此，笔者写有《古代战记的写作》一文(人民日报社《新闻业务》，1962 年 10 月号)，兹顺录如下：

梁启超说：记事文最难的莫如记战争，学会记战争，别的文自然迎刃而解。(见《饮冰室文集》)这种看法有一定的依据，因为战争非一人所为，成败非一人一时一地之事，下笔着实不易。因而古人作战记，尝以叙述胜败因素为主要目的：凡有关于胜败的虽小必录，无关于胜败的虽大必弃。要全局大小事一一记载无遗，势不可能，也无必要。古代有不少战记都写得十分出色，像齐鲁长勺之战、晋楚城濮之战、韩信破赵之战、楚汉成皋之战、新汉昆阳之战、秦晋淝水之战等等的记载便是。以《资治通鉴》所载的“吴魏赤壁之战”为例，由于它在战争的各个主要方面(包括时间、空间、人谋等)都处理得相当妥善，语言也力求简洁凝练，于是便鲜明扼要地反映出了当时战争成败的史实以及它的内在联系。在战前，魏、蜀、吴三方实力与地位都不相同，而吴、蜀由被动转入主动，变化最剧，由此作者着意突出吴蜀君臣谋划之周详及主将意志之坚决，以明吴蜀联军协同行动破魏为取胜之重要因素；关于魏方军情则不直写，多从联军君臣谈话中表出。这样，作者省去不少笔墨，而读者对当时的错综复杂事态仍然历历在目。此及两军接触之际，顺着事势的急转直下，从“……火烈风猛”以至“北军大坏”，虽仅数十字了之，而其力无穷，真如长江滔滔滚滚，一泻千里。战后更只以“刘备、周瑜水陆并进追操至南郡”十余字作结，益见水到渠成之势。注重战前的记叙可以说是战记的写作通例，因为一般的战争没有不经过事先的充分酝酿筹划的。这种下笔当略处则惜墨如金而当详尽则泼墨如云的功夫，不是力求“规范本体”“剪截浮词”(刘勰《文心雕龙·熔裁》)的人，不易达到。

好的战记的笔法是值得借鉴的。要更好了解战记的写作，读《资治通鉴》的同时最好能参阅一下“正史(全史)”的有关史料，比如读到《资治通鉴》的“吴魏赤壁之战”，参阅正史《三国志》中孙权、刘备、诸葛亮、鲁肃、周瑜五传的正文及裴注，便更能看出《资治通鉴》的作者司马光所根据的共有多少材料，许许多多材料中哪些采用了，哪些丢弃了，其取舍标准何在，所选材料又如何整理编排等等。这对我们今天的实际写作是很有启发的。领悟《孙子》战略的精髓，思路与战例暗合，战记的写作可望举重若轻。

孰悉《孙子》语言阐发的军学思想，又能统观明察军事大局而发于笔端记述胜败，取舍粗细，自非易事。“纸上得来终觉浅，应知此事要躬行”，也适用于战记的写作。孙子兵学经过历史检验、逻辑检验和实践检验而得到真理性的证明，进而展示于笔下，具体印证孙子学之效用，力透纸背，何难得可贵也。

时至今日，孙子学不特施用于军事，也施用于体育、医疗、经济等部门，特别是面临大规模的商战及管理部门，将焕发新的光芒。即便是国际文化资讯的领域，孙子学的学术科技的含金量也是很高的。学会战记的写作，活用孙子学的精华，展示行文异彩，胜券在握，其可忽乎？明乎此，知过半矣！

学以致用，用之有方，发力无穷。它既具历史价值，也具现代价值，传之于后世，必永垂不朽。千古兵学，兵学千古，武子嘉言，万代犹荣。

《孙子兵法》刍议

一、《孙子》的若干有关情况

《孙子》又称《孙子兵法》，为春秋末期齐国人孙武所著。孙武是我国古代大军事家，《孙子》是我国现存最早的古代军事名著，历来十分重视。在国外，《孙子》影响也很大，早就有日、英、法、德、俄等文译本流传于世。第一次世界大战后，德皇威廉二世深悔未早见《孙子》一书，日本把孙武推崇为“百世兵家之师”，把《孙子》誉为“兵家圣典”。日本现有《孙子兵法》的有关著作达百余种，不但汲取我国历来《孙子》研究的精华，而且有效地运用于现代经济管理各条渠道。《孙子》所阐述的思想，是我国古代军事文化的结晶，赢得后人的敬仰。李泽厚《中国古代思想史论》（人民出版社 1985 年版，第 304 页）提出应加强兵、农、医、艺四大“实用文化”的研究，这是很好的建议。就《孙子》而论，它既是兵书中公认的经典著作，自然首先应该着力研究。研究《孙子》，应该对有关《孙子》的若干情况有一定的认识。

（一）关于年代与作者

过去有人觉得《孙子》内容有浓厚的战国色彩，成书年代应在战国，进而推测作者应是另一人，如孙膑。银雀山汉简吴、齐两种《孙子》同时出土后，有人说汉简的发现已证实《孙子》十三篇是孙武亲著。不过银雀山简本《孙子兵法·用间》提到“燕之兴也，苏秦在齐”，苏秦是战国中后期人，晚于孙武，也晚于孙膑，这就出现了《孙子》成书年代的问题，也出现书的作者的问题。通常从历史记载看，一是《韩非子·五蠹》：“境内皆言兵，藏孙、吴之书者家有之”（按，“孙”不应用其他解释，而应确指孙子和孙子学派）；二是《尉缭子·制谈》：“有提三万之众，而天下莫当者谁？曰武子是也。”三是《史记·孙子吴起列传》：“孙子武者，齐人也。以兵法见于吴王阖庐（闾），阖庐曰‘子之十三篇，吾尽观之矣，可以小试勒兵乎？’……阖庐知孙子能用兵，卒以为将。西破强楚，入郢，北威齐晋，显名诸侯，孙子与有力焉。”这些宜说明孙子其人其书当在春秋末期的吴国，书又流行于战国的齐国，其后经后学增益、删选，吴、齐两个《孙子》实是前后相继的一家之学。至于宋代《新唐书·宰相世系表》和《古今姓氏书辨证》曾记孙武世系，所记孙武以前的部分却与《左传》不合，只能权备参考而已。

（二）流传与著录

《孙子》的流传，过去看到的是宋以来的今本《孙子》，现在又看到了银雀山简本。尽管这两种本子篇次排列不一致，文字也不尽相同，但这两者都可成为了解《孙子》流传的支柱。（简本残缺较严重，只有二百余简，二千四百余字，与今本对照，仅三分之一强，但却从中发现了《吴问》《地形二》《黄帝伐赤帝》等不见于现存史籍的佚文，以及孙武以“妇人”试行列陈的记述。）

《孙子》流传可以用曹操注今本出现的前后进行观察。在曹注本以前，暂且不谈战国情况，据《汉书·艺文志·兵书略》小序，可以知道汉代官方对兵书有过三次大整理，经过整理，形成八十二篇本《吴孙子》（唐以后不见著录）和八十九篇本《齐孙子》（隋以前已失传）。在曹注本出现以后，杂篇淘汰成十三篇。曹操对东汉以来流传的古代兵书所做的鉴选工作是：首先对当时流行的《吴孙子》重作删选，抽出十三篇单为之注；其次编杂编为《续孙子兵法》；最后集诸家兵法成《兵书接要》。有人对此有所忽视，就连《史记》中唐代张守节《正义》也只能含糊其词地说：“《七录》云《孙子兵法》三卷。按：十三篇为上卷，又有中下二卷。”（见《史记》卷六十五《孙子吴起列传第五》）往后，胡应麟《少室山房笔丛》（卷二十七）、毕珣《孙子叙录》等显然叙述不清。

曹操目光敏锐，所注十三篇，不失本真。我们把秦代和两汉时期各种书上所有征引《孙子》书的文句罗列出来，更可见不出十三篇之外。这些文句详见金德建《司马迁所见书考》391～396页，恕不一一转引了。

《孙子》十三篇单独流传的时期（两晋）在曹注本出现之后，从南北朝到宋先后出现许多新注本，其所注皆存于宋吉天保《十家孙子会注》中，成了所谓"十家注"，又叫"十一家注"，这多出的一家是指唐杜佑《通典》中《孙子》引文的注语。我们现在依循的《孙子》就是这"十一家注"的《孙子》（此即上海图书馆藏的宋刻本；中华书局1962年据以排印，曾与其他刻本相比勘，但对正文没有校改，只对个别注文加以校正。）

（三）版本和校勘

宋以来《孙子》有许多不同的版本，仅近人陆达节《孙子考》和《孙子兵法书目汇编》所收就有数十种之多。这数十种不同版本可以归纳为三个类型：一是魏武帝注本——有清孙星衍《平津馆丛书》影刻本（宋刻原本已不见）；二是《武经七书》本——有宋刻本，原本流入日本（1906年），《续古逸丛书》有影印本；三是《十一家注》本——有宋刻本，国家图书馆藏足本、残本各一，上海图书馆藏足本（略残）一。1961年中华书局上海编辑所影印本即据上海图书馆藏宋本影印，其缺页据国家图书馆藏宋本补配。

校勘方面，较值得注意的是：元代张贲、明代刘寅及赵本学的校勘，清代孙星衍的校勘，解放后杨炳安的校勘。张贲、刘寅、赵本学有妄改原书之嫌，杨炳安混校各版本，又杂据张贲、刘寅、赵本学之校，唯清代孙星衍所校最精。银雀山简本的发现，对进一步校勘多有启发。

（四）基础性研究

对《孙子》基础性研究历来重视不够。这具体表现在注释上。《孙子》注释数量不小，但未曾有过确切统计。"十一家注"为我们保存了不少古本异文和古代训诂，但一般过于简略。宋以来武学教本多串讲大义和引附战例，对语言文字的考释很少建树。清以来也没有一个大家作系统精到的注释。比如"计篇"的"计"，一般解释为"计谋"，当然不算错，但更具体的意思是指计算，即篇末所说的"庙算"。（可参篇题曹注"计者，选将、量敌、度地、料卒、远近、险易、计于庙堂也"）庙算是指出兵前在庙堂上用一种叫"算"的计数工具进行计算。"算"用竹木小棍制成，也叫"筹"或"策"，古所谓"定计"、"运筹"、"决策"，都是指出兵前用这种竹木小棍计算敌我实力优劣的过程。这种制度起源甚早，弄清这种制度，对该篇所说"故经之以五事，校之以计"的含义方能理解得更深刻，"得算多"、"得算少"所确指的内容也方能领会得更透彻。又比如《形篇》的"地生度，度生量，量生数，数生称，称生胜"，单从字面上解释，未免浅尝辄止，有必要联系古代的军赋制度来解释。"度、量、数、称、胜"都有特定含义，指的是古代如何由土地面积的"丈度"决定出产粮食的"称量"，如何由出产粮食的"称量"决定兵役员额，如何由兵役员额决定敌我实力比较，如何由敌我实力比较决定胜负。再比如《势篇》"以利动之，以卒待之"的"卒"，前人解为"兵卒"的"卒"，今人更释为"重兵"、"伏兵"，其实这里的"卒"应紧联全篇"奇正"意旨而释为"诈"。与此同时，我们比较《军争篇》"故兵以诈立，以利动"，"诈"、"利"对言，则可用为佐证："以卒待之"之"卒"应为"诈"。还有，《公羊传》（僖公三十三年）"诈战不日"的"诈"，依何休注，"诈，卒也，齐人语也"，也可补证"诈、卒"在齐语里常音同而混。《公羊》多齐语，"诈、卒"常混，孙武本齐人，有时说"诈"为"卒"，无足为怪。凡此种种，涉及名物制度，涉及特定概念，涉及方言俗语等，必须注释清楚。由于基础性研究不够，注释就显得十分薄弱。

基础性研究不够还反映在章句结构上。比如《九变篇》和《九地篇》，是《孙子》全书中编次加工最粗糙的两篇。《九变篇》开头五句有四句与《九地篇》重出，而且《九变篇》中的"绝地无留"银雀山简本出自《九地篇》，这些都是《孙子》编次过程中留下的混乱现象，然而前人在认识不足的情况下，或删或移，难免失当。特别是张贲、刘寅、赵本学受理学影响，反对句解，注重整体分析而妄改原书，致有与书篇主旨不合。

基础性研究在某种意义上说，其重要性远在其他研究之上。我们知道，孙武死了两千余年，他的书流传到现在(尽管有所改易)，我们只能通过现存的语言文字基础性分析研究去了解它的军事思想内容，不能反过来忽视用来记录军事思想内容的语言文字去构想它应该是什么思想内容。这个顺序颠倒不得，可是前人时贤往往把它弄颠倒了。

(五)高层次概括

在申述《孙子》的内容时，有人把《孙子》内容归纳为“五事七计以道为首，运筹庙算得算多胜，知彼知己百战不殆，因敌而变因变制胜”四句，又据以简化为“五事、庙算、先知、权变”八字，再从而简化为“计、算、知、变”四字。实质问题是，这一简而又简的“四字诀”能如实反映《孙子》核心内容吗？看来应让事实来回答。为窥全豹，这里作《孙子》全书示意，权使读解并进而作深广度的剖析先有初步印象。

《孙子》全书示意，见下表：

十三篇示意总表	计　篇——未战先算，多算者胜	战略思想精髓
	作战篇——兵贵速胜，因粮于敌	
	谋攻篇——知己知彼，设谋胜敌	
	形　篇——立不败地，寻可乘隙	战术妙用为主
	势　篇——择人任势，出奇制胜	
	虚实篇——避实击虚，因敌制胜	
	军争篇——抢占要地，紧握战机	
	九变篇——灵活变换，有备无患	
	行军篇——处军相敌，善用兵力	
	地形篇——细察地形，部署战局	
	九地篇——战区不同，战法有异	
	火攻篇——以火助攻，慎用火攻	
	用间篇——重视间谍，善于驭间	

《孙子》十三篇的每一篇都加表解，分别列于每篇之中，自可逐一参阅。作为示意，只能略为提引，势难概全。如果提引式的示意能对全书的全面深入的剖析有所启迪，高层次概括更可“言不多而能要其中”。通常高层次概括失偏的原因之一，往往跟基础性研究不足有关。基础性研究充分，高层次概括自必百尺竿头更进一步。

二、《孙子》与先秦兵学的联系

了解《孙子》与先秦兵学的联系有利于更好了解《孙子》。

军事有广、狭二义，广义的军事包括军队建设、组织和训练，也包括军队的运用；狭义的军事则仅指军队的运用。中国古代的“兵法”强调军队的“妙用”，即最大限度地发挥战略战术的功用。战略战术来源于职业性的实用军事知识，也就是古代的所谓“军法”(为征募兵员、装备军队和训练军队而制定的各种条例规定)。军法主要包括三大内容：一是军赋制度，二是军队编制，三是列阵诸法的操练。兵法脱离军法而独立，是中国古代军事趋于成熟的标志，但兵法始终以军法所涉及的内容为基础。《孙子》的军事认识不是凭空产生的，而是基于军法的发展，体现了继承与创新的辩证统一。

先秦兵书分权谋类、形势类、阴阳类和技巧类。权谋类相当于今天的战略学；形势类相当于今天的战术学；阴阳类杂有迷信思想，也含与军事有关的气象学和地形学常识；技巧类涉及射法、剑道、格斗等等武术。今本《孙子》十三篇内容以权谋为主而包括形势。如依张守节《史记正义》之说，谓十三篇为上卷，尚有中、下两卷已佚，这已佚的中、下两卷或许包括属于后两者的内容了。

先秦兵书大多成书于战国中晚期。战国中晚期战争空前激烈，作战方式和军事制度不断变化，兵学相应快速发展，齐国尤其突出，《孙子》的成就正与春秋末至战国中晚期这一兵学发展的历史因素分不开。《孙子》十三篇在先秦兵书中成绩最为突出，后世奉为兵学经典，其原因主要在于它对战略思想的高度概括和对战术思想的深入阐发。

我国古代把战略叫做“权谋”，《孙子》把“权”（权变之义）视为优势的发挥，所谓“因利而制权”，也称之为“诡”或“诈”，说“兵者，诡道也”（《计篇》），“兵以诈立”（《军争篇》），与古时候“成列而鼓”形成鲜明对照。“诡诈”概念的提出也是我国古代战略学形成的重要标志，而“成列而鼓”的军法概念逐渐被抛弃（直到今天，人们简直把“成列而鼓”看作是“蠢猪”式的战法了）。《孙子》的“谋”指战前的定计，“先计而后战”为战略（权谋）思想之根本。《孙子》战略思想的精华反映在《计篇》《作战篇》和《谋攻篇》中，依序申述了战争从制定方案策略到实施方案策略的过程，《作战篇》《谋攻篇》发挥“兵不钝而利可全”的思想，强调速战与伐谋。

我国古代战术学叫“形势”。《孙子》中的“形”含形象、形体之义，主要指战争中客观的、有常的、易见的诸因素，它与定计过程（实力计算等）有关；“势”含态势义，主要指人为的、易变的、潜在的诸因素，与计的实行过程（随机的能动的等）有关。“形”与“势”不同但可相互转化，比如“形兵”的“形”即指人为造成的“形”，其实也就是“势”。至于“形势”合用其要义即“势”。银雀山简本《孙膑兵法・奇正》说“有所有余，有所不足，形势是也”，与《孙子》战术思想相合。《孙子》战术思想明确反映在“虚实、奇正”上，即“有所有余，有所不足”之妙用。用今天的话来说，“虚实”即通过分散集结的运动造成预计会战地点上的敌劣我优（主要指整个战局的兵力部署）；“奇正”即依先出击、后出击、正面迎敌、侧翼突袭、主攻、助战等行动作兵力配置（投入实际战斗的兵力运用）。

三、《孙膑兵法》与《孙子兵法》的关系

过去由于《孙膑兵法》的失传，人们对两个孙子的关系曾经有过各种不同误解和争鸣。随着银雀山汉墓竹简的出土和研究，我们得以重新认识两个孙子的关系。认识这一关系，对了解《孙子兵法》在历史上的最初传播及《孙膑兵法》在历史上的重要地位等都有裨益。在这方面，霍印章《论〈孙膑兵法〉与〈孙子兵法〉的师承关系》一文（解放军出版社《孙子新探》70 页～83 页）具体谈了“《孙膑兵法》与《孙子兵法》的内在联系和师承关系。”这篇文章材料翔实，言简意赅；如果我们能据以全面比较阐发，另撰专著行世，当更可有利于《孙子》的理解。现有现行文章在，这里不多引用介绍，只是略加提示而已，祈读者自行翻阅参会。

四、《孙子》的现代科学价值

一个理论体系的科学价值表现在它在认识和改造世界中的地位和作用上，这种地位和作用，是我们评价理论体系科学价值的标准和出发点。根据这一标准和出发点，不难看出已为大量事实所证明了的《孙子》的理论体系在现代也有科学价值。

从哲学上说，“唯物主义是人们在社会实践的基础上发展起来的对客观世界的实事求是的认识”。《孙子》虽然还没有形成自己完整的哲学体系，但从它所反映的谈兵内容看，应该说它的军事理论体系是在社会实践的基础上发展起来的，在军事领域有其杰出贡献，在古代诸子百家的思想宝库中独树一帜。

概而言之，《孙子》的思想理论体系的精华，是朴素的唯物论战争观和自发的军事辩证法。这也就是《孙子》的科学价值所在。

建国初期，人们对《孙子》所包含的辩证法思想已经注意到了，但对它所包含的军事思想体系的认识还不够深入，对它在现代的科学价值的估计也不够充分。这是已成的事实。

《孙子》所包含的辩证法因素，本书各篇中"军事哲学思想评要"部分已分别作了阐述，这儿不重复。《孙子》的军事思想，各篇的"军事哲学思想评要"部分虽然也涉及到，毕竟是散见的，不是从整体上阐明的。因此，这儿有必要对军事思想作些说明，并进行扼要的提示。

《孙子》军事哲学思想，自20世纪60年代以来，有些讲《孙子》的书都有过阐述。比如郭化若译《十一家注孙子》(中华书局1962年出版)中有《论孙子兵法》，军事科学院《孙子兵法新注》(中华书局1977年出版)中有《略谈〈孙子〉》等，都着重叙述了《孙子》军事哲学思想。有些关于研究《孙子》的单篇文章，还提出了研究《孙子》思想的基本框架结构的构思。凡此种种，既有现成论著在，这儿没有必要重复叙述或转录，下面只想扼要提示两点，略为通阅《孙子》全书提供简单的导引。由"导引"而及其他，则可以简驭繁。

(一)建立唯物论战争观，强调主观能动性。

商代以来，奴隶主的天命论长期统治着人们的思想，凡战争，要进行占卜，以"预知"战争的胜负。春秋末年，随着奴隶主政治的动摇，在哲学思想上天命与反天命、有神论的唯心主义与无神论的唯物主义的对立与斗争已相当激烈，《孙子》反映的是唯物主义的观点。

《孙子》对"天"作了唯物主义的解释："天者，阴阳、寒暑、时制也。"(《计篇》)"四时无常位，日有短长，月有死生。"(《虚实篇》)主张"禁祥去疑"(《九地篇》)，指出"先知者，不可取于鬼神，不可象于事，不可验于度，必取于人——知敌之情者也"(《用间篇》)。

《孙子》意识到战争有赖于经济力量，提出要"因粮于敌"，"胜敌而益强"；相应地强调了"兵之情主速"(《九地篇》)的时间因素的利用。

《孙子》重视调查研究以掌握战争主动权，提出了"知彼知己，百战不殆"(《谋攻篇》)和"知天知地，胜乃不穷"(《地形篇》)的卓越论断，坚信"三军可夺气，将军可夺心"(《军争篇》)。"胜可为也"(《虚实篇》)，可以说是驾驭客观条件的主观能动作用的最扼要的概括。

(二)用辩证法宇宙观考察应用战争规律。

《孙子》估计战争胜负因素，列举了"五事"、"七计"；谈论将帅，提出"五危"、"六败"；分析战况，从敌我、主客、众寡、强弱、奇正、虚实、攻守、进退、动静、勇怯、治乱、久速等相互联系、相互依存、相互转化的对立范畴出发，全面观察，周密对待。

《孙子》重视战争转化运动："避实而击虚"，使敌人的主动地位转化为被动地位；"佚能劳之，饱能饥之，安能动之"(《虚实篇》)，使敌人的"佚、饱、安"向其对立面"劳、饥、动"转化。"因敌而制胜"，要在着眼于变化不定的敌我双方情况，随机对付敌情，灵活变换战法。

而种种战争规律的运用，仍以充分发挥主观能动性为前提。

由此观之，《孙子》军事思想的哲学基础，显然是朴素的唯物论和原始的辩证法。

《孙子》的科学价值，不仅表现在它的思想理论体系上，还表现在它对客观的指导上。仅就《作战》《谋攻》两篇战略思想而言，它包含了对总体战争、实力计算和政治威慑作用的深刻阐明，就都有指导实践的效用。《谋攻篇》中提出了"知彼知己，百战不殆"这一重要的军事观点，从理论到实践，影响都极其深远。诚如毛泽东同志所说，"中国古代大军事学家孙武子书上'知彼知己，百战不殆'这句话，是包括学习和使用两个阶段而说的，包括从认识客观实际中的发展规律，并按照这些规律去决定自己行动克服当前敌人而说的；我们不要看轻这句话"(《中国革命战争的战略问题》，《毛泽东选集》第一卷175页)。此外，在《论持久战》(《毛泽东选集》第二卷480页)和《矛盾论》(《毛泽东选集》第一卷301页)里也曾引过"知彼知己，百战不殆"这句话。仅这句话的认识作用和指导实践的作用也不可低估。

在现代化的进程中，为创建有中国特色的企业经营管理，借鉴《孙子》的思想、原则和方法，是不容置疑的。《孙子》不特在对外"商战"，在国内企业管理诸方面用之有效，其他领域也多可借鉴。据香港《文汇报》报道，《孙子》警句，日本棒球运动员也往往牢记不忘。其所以如此，一言以蔽之，《孙子》一书渗透着许多符合认识客观世界和改造客观世界的唯物的辩证的思想，其方法论也是正确的。

* * * *

末了还想指出的是，当前国内外正把《孙子》提到研究日程，相应地人们越来越多地关心《孙子》的读物。在这过程中，现行有些读物的若干问题也不断地被提出来了。这从发扬传统军事文化角度看，应该是件好事。比如《计篇》"将听吾计"的"将"，郭化若《孙子译注》说："将，这里用作副词，抑将、行将，也就是假如。"这里把表示时间程度的"行将"、表示选择关系的"抑将"、表示假设关系的"假如"放在一起，等同起来，就使读者无法确解了。这种不能确定哪个解释可取、哪个解释不可取而随意把几个截然不同的解释全都注上去的做法，既反映出注释者捉摸不定、不求甚解，也造成阅读者印象混乱、无所适从、正误兼容并包。无可否认，《孙子》中有不少词是有着不同解释的，但是上述这种把意义和功用不相同的全都等同起来处理而不加任何区别，自然跟一般持不同见解的解释是两回事，不可相提并论。为了更好地说明问题的重要，兹特附录一节短文(《中国语文》1988 年第 5 期 398—399 页)如下。当然，这一短文不一定就是定论，仅供参考以资隅反而已。

《孙子译注》商榷

郭化若同志的《孙子译注》别出机杼，独树一帜。其注释深入浅出，通俗易懂；其译文力求"信、达、雅"，在保持原有风格、神采和丰韵上颇见功力。笔者多次研习，受益不浅，但也有一些疑问，现提出向读者请教。

一、"将听吾计"的"将"不是"假如"。

《计篇》(三)："将听吾计，用之必胜，留之；将不听吾计，用之必败，去之。"

其译文是："如果能听从我的计谋，用我指挥作战，一定能胜利，就留在这里；如果不能听从我的计谋，虽用我指挥作战，一定会失败，就告辞而去。""将"的注释是："将，这里用作副词，抑将，行将，也就是假如。"

按："抑将、行将"是副词，"假如"是连词，二者不能混淆。"将"在上古多用作副词或名词，用作连词较少。用作连词的"将"，只表示疑问句的选择关系，不表示假设关系。

"将"若释为"假如"，全句就表明一个军事家可以自由地选择国家指挥作战，而这种情况只发生在战国中后期。这样的译注与"《孙子》成书于春秋末至战国初"的说法产生了矛盾。"将"应释为"将军"。全句可译为："将军听从我们的计谋，用他打仗一定胜利，我们就留用他；他不听从我们的计谋，用他打仗一定失败，我们就撤换他。"全句表明选用将军的标准是听不听"吾计"，从而强调了"计"的重要性，这就照应了上文。下文说明国君如何任用将军，与此句内容也有呼应之处。"将"释为"将军"，全句内容是国君选用将军，而不是将军选择国君，这样就与《孙子》成书时间的说法保持一致。

二、"先传"的"传"不是"规定"。

《计篇》(五)："此兵家之胜，不可先传也。"

其译文是："这是军事家取胜的奥妙，是根据随时变化的情况，临机应变，不能事先规定的。""先传"的"传"未注释。

按："先传"的"传"译成"规定"，是译注者为了强调军事家要"临机应变"而创用的。"传"本无“规定”义，用作动词，多为“传达、流传”义。曹操注曰：“传，犹泄也。”泄，即泄露，流传。“先传”，义为“事先泄露”“事先流传”。《孙子》一贯主张要保守军事机密，反对事先让士卒了解作战意图和行军方向。对于军事家取胜的奥妙，更要保守机密，不能事先流传、泄露出去，这就是所谓“兵家之胜，不可先传”。它也“临机应变”的思想是毫无关涉的。

三、“再籍”的“籍”不是“户籍”。

《作战篇》(八)：“役不再籍，粮不三载。”

“籍”的注释是：“籍，户籍。”

按：《说文》曰：“籍，簿也。”“簿”为登记、书写所用的册籍。“籍”由“簿也”引申为“登记”。《史记·项羽本纪》：“籍吏民，封府库，而待将军。”和《汉书·武帝纪》：“籍吏民马”中的“籍”皆为“登记”义。“再籍”与“三载”结构同，“籍”与“载”均为动词，“籍”应释为“登记”。

四、“引胜”不是“引来敌人的胜利”。

《谋攻篇》(十八)：“是谓乱军引胜。”

其译文是：“这就是所谓搞乱军队，自己引来敌人的胜利。”

按：“乱军”的“军”是“自己的军队”，而“引胜”的“胜”却是“敌人的胜利”，忽敌忽我，前后所指不一。宋梅尧臣注曰：“自乱其军，自去其胜。”“引”释为“去”，是有根据的。《战国策·秦一》“军乃引退”和《战国策·赵三》“秦军引而去”都证明“引”是“去”的近义词。“引”释“去”，前后皆指我而不指敌。《辞源》释“引胜”为“失去胜利机会”，符合原意。

五、“信己之私”不是“伸展自己的意图。

《九地篇》(九十二)：“是故不争天下之交，不养天下之权，信己之私，威加于敌，故其城可拔，其国可隳。”

“信己之私”的译文是“伸展自己的意图。”

按：“私”无“意图”义。先秦著作中“私”常为“偏爱、恩爱”义。如屈原《离骚》：“皇天之无私阿”和《仪礼·燕礼》：“君之私”中的“私”皆为“偏爱”义。《礼记·郊特牲》：“妇馂余，私之也”中的“私”是“恩爱”义。“信己之私”，直译是“伸展自己的恩爱”，意译是“扩大自己的恩爱范围。”《孙子》主张把恩爱多用到自己人身上，把威风全加到敌人头上，此即“信己之私，威加于敌。”(刘唯力)

笔者认为类似现象不少，也曾连续发表有关文章于《中国语文》杂志社另一刊物《中国语文天地》(1989年第2、3期)上，作为“提倡谨严学风”的“信息”提出来。拙文原来是1988年12月应复旦大学中文系邀请讲学时的讲稿，后来《中国语文》编辑部来函说要全文刊出。全文万余字，现仅将最后几句话转录于后，以供参考：

> 在银雀山汉墓《孙子兵法》竹简本出土后，《孙子兵法》的研究有了新的进展，但存在问题仍不少，比如《形篇》“地生度，度生量，量生数，数生称，称生胜”，这“度、量、数、称”都有与军赋制度有关的特定含义，而文物出版社的竹简本《孙子兵法》没有从孙子引用这样的古汉语的依据出发阐明其名物制度，达到确切了解它们的含义。军事院校出的《孙子兵法》译本照抄竹简本，也没有深入发掘含义。

还有，《孙子》的思想表达问题的认识也是十分重要的，但是这只能做尝试性的探索。目前简单揭示还可以做到，谈得入木三分就难。王力先生生前拟撰就《古人的思想表达》一文，而时间七八年过去，一直没能完成。后来勉强出示草稿，仅四千余字，且自认为言不成理，同行学者也感到不够满意。由此看来，包括《孙子》在内的古人思想表达问题应是我们今后探讨的新课题(决不是搬用一般修辞、逻辑术语所能展示)。但是，“前修未密，后出转精”，终究是学术发展的必然规律，会有后来居上者的。

甲编——全书(十三篇)要略(读解)

第一篇　计篇

【内容提示】 本篇从慎战出发，主要论述研究和谋划战争的重要性，以及如何分析战争双方的条件、判断战争的胜负、发挥将帅在战争中的指导作用诸问题。其间尤其突出决定战争胜败的各项基本要素（五事、七计），强调“攻其无备，出其不意”。

本篇第一次在我国军事学术史上鲜明地提出“兵者，诡道也”的战术原则。《计篇》中战略运筹内容丰富，是孙子军事思想的总纲，具有提挈全书的作用。

一、原　　文

孙子曰：兵者[①]，国家之大事，死生之地，存亡之道，不可不察也[②]。

故经之以五事[③]，校之以计，而索其情[④]：一曰道，二曰天，三曰地，四曰将，五曰法。

道者，令民与上同意也[⑤]，故可以与之死，可以与之生[⑥]，而不畏危[⑦]。天者，阴阳、寒暑、时制也[⑧]。地者，远近、险易、广狭、死生也[⑨]。将者，智、信、仁、勇、严也[⑩]。法者，曲制、官道、主用也[⑪]。凡此五者，将莫不闻，知之者胜[⑫]，不知者不胜。故校之以计，而索其情。曰：主孰有道[⑬]？将孰有能[⑭]？天地孰得？法令孰行？兵众孰强？士卒孰练？赏罚孰明？吾以此知胜负矣。

将听吾计，用之必胜，留之；将不听吾计，用之必败，去之。

计利以听[⑮]，乃为之势，以佐其外[⑯]；势者，因利而制权[⑰]也。

兵者，诡道也[⑱]。故能而示之不能，用而示之不用[⑲]，近而示之远，远而示之近。利而诱之，乱而取之，实而备之，强而避之，怒而挠之，卑而骄之，佚而劳之，亲而离之[⑳]。

攻其无备，出其不意。此兵家之胜[㉑]，不可先传也[㉒]。

夫未战而庙算胜者，得算多也；未战而庙算不胜者，得算少也[㉓]。多算胜，少算不胜，而况于无算乎！吾以此观之，胜负见[㉔]矣。

二、注　　释

① 兵——含义很广，泛指军械、兵器，引申为士兵、军队、战争、用兵等。这里指战争、军事、武装、斗争。只有从广义上去理解，才能正确理解孙武的战争理论，也可作为动词，“用兵”的意思。

② 死生之地，存亡之道，不可不察也——地：道理，泛指空间。用法同《韩非子·难三》“然而能为五霸冠者，知侈俭之地也”的“地”。道：方法、道路（或途径）。察：细察，含有慎重考虑，细心研究的意思。

③ 故经之以五事——1972年山东临沂银雀山汉墓出土的《孙子兵法》竹简（以下略称简本）作“故轻之以五”。“事”字可能是后来臆增；“轻”借为“经”，二字古通。经：纵线，引申为度量，这里指分析研究，也含纲领的意思。五事：指道、天、地、将、法五个方面的因素，这些因素都属于决定战争胜败的。经之以五事即以五事为经，从五个方面分析研究战争的胜败。

④ 校之以计，而索其情——校（jiào）：通“较”，比较。计：计算。就是用“计算”作比较，估计其实力。所谓：“计”这里指“主孰有道？将孰有能？……赏罚孰明”等“七计”。这“七计”是上文“五事”的引申即敌对双方在这些方面优劣条件的比较。索：探索。情：实情。简本“校”作“效”，二字皆从“交”声，可通假。简本“而”作“以”，可据《北堂书钞》改。简本“情”作“请”，二字通假。

⑤ 令民与上同意也——与:相当于“和、跟、同”。同意:同心。简本“意”下有“者”字,使语气更舒缓。

⑥ 可以与之死,可以与之生——与:同“予”,给予。《武经七书》《太平御览》《通典》等均无“以”字。“以与之”和“与之”义同,且“与之”较“以与之”更顺畅,疑“以”为衍文。

⑦ 而不畏危——简本为“民弗诡也”。诡:古训“违”,训“反”,违反、违抗。古代即使在封建社会初期民众也不会“不畏危”,而只能是“不敢违抗”。因此简本较为合理。“危”上“畏”字当为后来所加。

⑧ 天者,阴阳、寒暑、时制也——天,就气候、时令等方面的条件而言。阴阳指昼夜、晴雨等天时天象的变化。寒暑指寒冷、炎热等气温的不同。时制指四季时令的更替。

⑨ 地者,远近、险易、广狭、死生也——简本作“地者,高下,广狭、远近、险易、死生也”,多“高下”两字,似有“高下”两字为宜,孙子于地形甚重高下。这句指地形地势方面的条件,即路程的远近,地形的险阻或平坦,作战地域的宽广或狭窄,地形是否利于攻守进退(另详第十篇《地形》)。

⑩ 智、信、仁、勇、严也——简本“智”作“知”,“智”、“知”古通。这句指将帅的智谋才能、赏罚有信、爱抚士卒、勇敢果断、军纪严明等条件。

⑪ 曲制、官道、主用也——曲制:军队组织编制等方面的制度。官道:各级将吏的职责区分、统辖管理等制度。主用:军需物资、军用器械、军事费用的供应管理制度。主:掌管;用:物资费用等。

⑫ 将莫不闻,知之者胜——闻:闻知、了解。通“问”,引申为“学习过”。知:知晓,这里含有深刻了解、确实掌握的意思。

⑬ 主孰有道——主:君主、国君。孰:谁,这里指哪一方。简本作“主孰道,将孰能”,“孰”下无“有”字。“有”字有无,于义无碍,仍从传世各本。

⑭ 将(jiàng)孰有能——这里仍解为将领。他书有作虚词解,与上下文意不合,不可取(下文“将听吾计”、“将不听吾计”的“将”(jiāng)属虚词,相当于“如果”)。

⑮ 计利以听——计:计策,这里指关于战争决策的意见。以:已,亦作“使”解。听:听从,采纳。

⑯ 佐——辅助。

⑰ 制权——权:俗称秤锤。这里指权变、机动,灵活处置。制权,即根据情况,采取相应的行动。

⑱ 诡道——诡:诡诈。诡道:指诡诈的方法和行动。“诡道”概念的提出,是中国古代战略学形成的重要标志,与古代军法“成列而鼓”的战法正好形成对照。

⑲ 能而示之不能,用而示之不用——简本“示”作“视”,“视”“示”古通。示:示形,指示以假象。这里是伪装的意思。示之:表示为……。用:要打。

⑳ “利而诱之……”句——其中八个“而”字都表示连接连词。有的表示顺接(一、二、五、六句),利、乱、怒、卑四个动词,均指自己的行动;有的表示转接(三、四、七、八句),强、实、佚、亲四个形容词,均指敌方情况。这八句两两相对,恰成四组。挠:挑逗,扰乱。卑:怯。佚:通“逸”。离:离间。

㉑ 胜(shēng)——盛、妙,佳妙,奥妙。指计算周密的意思。注意:在古代“胜”和“勝”是两个意义不同的字,表示上述意义不写作“胜”。现在“勝”简化为“胜”。

㉒ 先传——传:传达、流传、泄露。先传:事先流传或泄露。一说“预先说定”,似不可取。

㉓ “庙算”句——庙:祖庙、庙堂。古代用兵前君主先在祖庙里举行一定的仪式,讨论决定作战计谋,预计战争胜负,叫庙算。胜:指开战前估计各种主客观条件,计算周密,预计可以胜

利。得算“多”“少”:指胜利的主客观条件“多”或“少”。也有人把“胜”作“高明”解释,就是说开战之前,计算得高明、周密,胜利条件多,“即算无遗策”的可以胜利。算:计数用的筹码,这里引申为胜利条件。简本作“筭”,与“算”通用,但含义有别(算:计数,计算,是方法;筭,计数用的筹码,是工具,表示筹码多少)。本篇题“计”字就是指庙算。

㉔ 见(xiàn)——意为表现出来。

三、译文(间含意译,后面各篇同此)

孙子说:战争是国家的头等大事,关系到人民的生死、国家的存亡,是不可不仔细研究与对待的。

所以,要从以下五个方面分析研究,比较敌我双方的各种条件,来探索战争胜负的实际情况:一是政治,二是天时,三是地利,四是将帅,五是法制。政治,就是要使民众与国君的意愿相一致,这样,民众在战争中就可以为国君共生死而不敢违抗。天时,是指昼夜、晴雨、寒冬、炎夏等气候、季节方面的条件。地利,是指路程的远近,地势的险阻或平坦,作战地域的宽广或狭窄,地形是否利于攻守进退等地形条件。将帅,是指将帅的智谋才能,赏罚有信,爱抚士卒,勇敢果断,治军威严等。法制,是指军队组织编制,将吏的统辖管理和职责区分,军用物资的供应和管理等制度。凡属这五方面情况,将帅不能不知道的。只有了解和掌握这些情况的才能打胜仗,不能真正了解掌握的就不能取得胜利。所以要估计比较敌我双方的优劣条件,以探求战争胜负的情况。就是说:哪一方的国君比较贤明?哪一方的将帅比较有才能?哪一方占据比较有利的天时地利条件?哪一方的法令能切实贯彻执行?哪一方的军队实力比较强盛?哪一方的士卒训练有素?哪一方的赏罚比较严明?我根据以上分析对比,就可以事先判断谁胜谁负了。

如果能听从我的计谋,指挥作战一定胜利,我就留下;如果不能听从我的计谋,指挥作战一定失败,我就离去。

分析利害得失的意见已被采纳,于是就设法制造一种有利的态势,作为外部条件辅助战争进行。所谓“态势”,就是根据情况是否有利而采取相应的行动。用兵打仗是一种诡诈的行为。所以,能攻而装作不能攻;要打而装作不要打。要在近处行动而装作要在远处行动;要向远处行动而装作要向近处行动。对于贪利的敌人,要用小利引诱它;对于处于混乱状态的敌人,要迫使其更混乱,再乘机攻取它;对于力量充实的敌人,要加强防备它;对于强大的敌人,要暂时避开它;对于易怒的敌人,要用挑逗的办法去激怒它,使之轻举妄动;对于鄙视我方的敌人,要卑辞示弱,使它更加骄傲而丧失警惕;对于整体充分的敌人,要设法使它疲劳;对于内部和睦的敌人,要设法离间它。要在敌人无准备的状态下实施攻击,要在敌人意想不到的情况下采取行动。以上这些都是军事家取胜的奥妙所在,是不能事先加以流传或泄露的(必须在多次实践中磨炼总结的)。

凡是未开战之前预计可以打胜仗的,是因为胜利的条件充分;未开战之前预计不能打胜仗的,是因为胜利的条件不充分;条件充分的能胜利,不充分的不能胜利,何况毫无条件呢?我根据这些来看,胜败就可以预见到了。(按,最后一段,各本翻译不同,今依郭化若本改——郭本“吾”译为“我们”,本书改译为“我”。)

四、军事哲学思想评要

《计篇》是孙武军事思想的总纲,阐述了他的战争观,论述了研究、谋划战争的重要性,以及如何根据敌对双方的优劣条件来判断战争的胜负,提出了灵活应变的战术思想。

《计篇》开篇的第一句话阐述战争是关系到人民生死、国家存亡的大事“不可不察”。这是孙武对战争所持的根本看法,是他的军事思想的重要组成部分,这是历史经验的总结,也是当时对战争本质所能达到的最深刻的揭示，反映了新兴地主阶级注重战争的思想。

接着，他强调了在战前必须周密分析敌对双方的各种条件，提出必须从“五事”、“七计”等方面去进行分析比较，探索敌对双方的优劣长短以预知战争的胜负。可见，孙武已把对战争的筹划建筑在朴素唯物论的基础之上，这与利用占卜，依靠“天命”、“鬼神”等唯心主义办法来推测战争的胜负，有着根本的区别。这也是我国古代力命之争的极好史料，闪烁出我国古代杰出军事家的光辉思想。

孙武在论制胜条件时，特别把“道”列在“五事”的首位，明确提出“政治”是决定战争胜败的首要条件。他认识到新兴地主阶级要夺取战争的胜利，首先要革新政治，做到“令民与上同意”，这样民众与士卒才能在战争中为其效劳。他意识到人心向背对战争胜负的重大关系。这是他军事思想进步性的重要标志，也是他对我国古代军事哲学思想的重大贡献。

孙武在《计篇》中强调的另一个内容是如何发挥将帅在战争过程中的指导作用。指出：战争决策一经定下，将帅就要根据情况“因利而制权”，造成有利的作战态势。他提出了“兵不厌诈”的主张，要求将帅善于以各种手段隐蔽自己，迷惑引诱敌人，给对方造成错觉和不意，以便“攻其不备，出其不意”地打击敌人，从而赢得战争的全胜。最后，还着重指出对战前的作战计划、意图，必须深思熟虑，这是取胜的重要条件。

孙武是我国春秋末期的大军事家，他的著作《孙子兵法》是现存我国最早的一部军事著作。他对战争现象的分析，相当全面深刻，至今仍具有真理性，即经过逻辑检验与实践检验而得到真理性的证明。由于阶级与历史的局限，他在分析战争问题时，只能笼统地、直观地看到战争是有关生死存亡的大事，没有也不可能对战争的性质、战争的产生和消亡的历史过程，作出正确的回答，从而揭示战争的本质。同时，他所谓的“令民与上同意”，也只能是要民众服从新兴阶层的利益而已。提出这一点是必要的，但是不能苛求于前人。

五、读法导引举要

《孙子兵法》十三篇，大体上可分为战争准备理论和战争实施理论两个部分。前四篇为战争理论准备，提出了重战、慎战的思想，注重计谋的思想，全胜的思想和进攻速胜（速战速决）的思想。核心是“计利任势”，努力造成军事实力及其运用上的绝对优势，而最理想的境界是“不战而屈人之兵”。后九篇主要阐述战争实施方面的原理、原则和方法。如奇正原则、主动原则、机动原则、战略战术和特殊地形的利害判断原则以及火攻、用间等特殊战法。“因敌制胜”思想贯穿始终，也就是根据战场上的具体态势采取灵活机动的作战方针，以获取胜利为最终目的。这一举要，大致相当于各篇后的小结性说明。

全书以《计篇》为纲（《计篇》以庙算终），其精神贯穿于全书各篇之中。纲举目张（以下各篇依次而张），首尾照应。上文综说涵盖各篇，以《计篇》前展示，余篇不复、《计篇》论述军政与主德的关系（经济为基础，政治为灵魂）。

（1）立论指要：用兵之道，以计为首，先定计（选将、量敌、度地料卒、远近险易），后出兵。计为全篇的核心和精华所在。治兵之道在于庙算（篇末则专重于庙算，前后照应），所以“主孰有道”（即五校之道），为全文之要，贯穿始末。

（2）认识角度（与段落大意不能等同）：①自“孙子曰”至“不可不察也”，总论“兵为国之大事”，关系到国家存亡，人民生死，必须慎察。②自“故经之以五事”至“用之必败，去之”，论治兵之道。五校之计，以“道”为首，为最重要。③自“计利以听”至“不可先传也”论用兵的诡道。是所有战略的核心与基础，是作战取胜的秘诀。④自“夫未战而庙算胜者”至“胜负见矣”，强调胜负取决于庙算得失[即五事、七计、十四（或十二）诡道]，惟有道之主，庙算胜也。

六、篇章表解

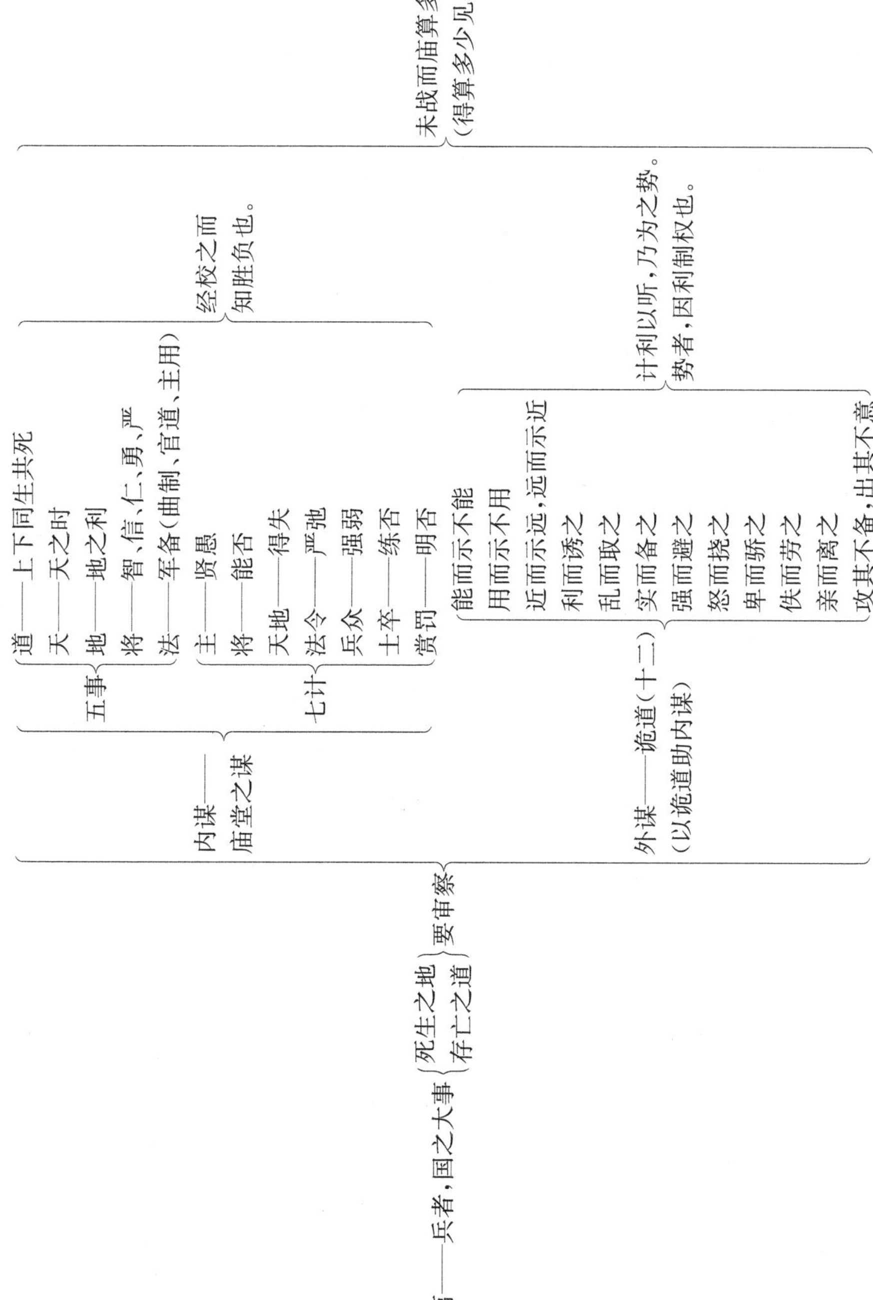
计篇——兵者，国之大事
死生之地
存亡之道
要审察
内谋——庙堂之谋
五事
道——上下同生共死
天——天之时
地——地之利
将——智、信、仁、勇、严
法——军备（曲制、官道、主用）
七计
主——贤愚
将——能否
天地——得失
法令——严弛
兵众——强弱
士卒——练否
赏罚——明否
经校之而知胜负也。
外谋——诡道（十二）
（以诡道助内谋）
能而示不能
用而示不用
近而示远，远而示近
利而诱之
乱而取之
实而备之
强而避之
怒而挠之
卑而骄之
佚而劳之
亲而离之
攻其不备，出其不意
计利以听，乃为之势。
势者，因利制权也。
未战而庙算多者胜也
（得算多少见胜负）。

第二篇 作战篇

【内容提示】 本篇集中反映出《孙子》着重于经济力量看待作战特点。它从战争对人力、物力和财力三方面的依赖关系出发，强调了在进攻作战中“兵贵胜，不贵久”的速战速决速胜的战略思想，并进一步提出“因粮于敌”、“车杂而乘之，卒善而养之，是谓胜敌而益强”等主张。

一、原 文

孙子曰：凡[1]用兵之法，驰车千驷[2]，革车千乘[3]，带甲[4]十万，千里馈粮[5]。则内外之费[6]，宾客之用[7]，胶漆之材[8]，车甲之奉[9]，日费千金[10]，然后十万之师举矣[11]。其用战也胜[12]，久则钝兵挫锐[13]，攻城则力屈[14]，久暴师则国用不足[15]。夫钝兵挫锐，屈力殚货[16]，则诸侯乘其弊而起，虽有智者，不能善其后矣[17]。故兵闻拙速，未睹巧之久也[18]。夫兵久而国利者，未之有也。故不尽知用兵之害者，则不能尽知用兵之利也。善用兵者，役不再籍，粮不三载[19]；取用于国[20]，因粮于敌[21]，故军食可足也。

国之贫于师者远输[22]，远输则百姓贫。近于师者贵卖，贵卖则百姓财竭[23]，财竭则急于丘役[24]。力屈、财殚，中原内虚于家[25]。百姓之费，十去其七；公家之费，破车罢马[26]，甲胄矢弩[27]，戟盾蔽橹[28]，丘牛大车[29]，十去其六。故智将务食于敌[30]，食敌一钟[31]，当吾二十钟；萁秆一石[32]，当吾二十石。

故杀敌者，怒也；取敌之利者，货也[33]。故车战，得车十乘已上[34]，赏其先得者，而更其旌旗，车杂而乘之，卒善而养之[35]，是谓胜敌而益强。

故兵贵胜，不贵久[36]。故知兵之将，民之“司命”，国家安危之主也[37]。

二、注 释

① 凡——凡是，一般，表示概括。

② 驰车千驷——驰车：古代快速、轻便的战车，主要装载甲士用。驷(sì)：古代称驾一辆车的四匹马为“驷”，引申为四匹马拉的一辆(原先写作“两”)车为一驷，这里作为辆的代称，作量词。此句意为：战车千辆。

③ 革车千乘——革车：古代重型战车，主要运载军需物资。乘(shèng)：辆，量词。古代一车四马叫“乘”。此句意为：重车千辆。

④ 带甲——指穿戴盔甲的士兵，这里泛指军队。

⑤ 馈粮——简本为“千里而馈饘”(“饘”当为“糧(粮)”之异体)，“千里”下有“而”字。馈(kuì)：运送，供应。

⑥ 内外——简本为“外内”，据《太平御览》改。内：指国内，即后方。外：指军队所在之地，即前方。

⑦ 宾客之用——指与各诸侯国使节往来的费用。

⑧ 胶漆之材——胶漆：指古代弓箭、甲盾的保养和维修所用的胶和漆。这里泛指维修作战器械所需的各种物资。

⑨ 车甲之奉——车：车辆。甲：盔甲。奉：供给，保养修补，补充。此句指武器装备的保养、补充。

⑩ 千金——金:古代计算货币的单位。一金为一镒(二十两或二十四两)。千金:即千镒,泛指巨额钱财。

⑪ 举——出动,发动。

⑫ 其用战也胜——《武经》系统各本均作“其用战也贵胜”。疑为抄漏,应增“贵”字。指用兵作战宜速胜的意思。

⑬ 钝兵挫锐——简本“钝”作“顿”,“钝”、“顿”古通,这里指兵力的消耗和士气的衰竭。

⑭ 力屈——战斗力、力量耗尽。屈力:力量耗尽。屈:竭尽。耗尽到难以伸张地步。

⑮ 暴师——指军队在前方作战。“暴”同“曝”,暴露。

⑯ 屈力殚货——殚(dān):尽,枯竭。货:是金、玉、布、帛的总称。财货,财政物资,这里指经济。殚货:经济枯竭的意思。

⑰ 诸侯乘其弊而起,虽有智者,不能善其后矣——弊:疲困,国家弊病,这里指危机的意思。起:发动,兴起。后:后果、后患。

⑱ 兵闻拙速,未睹巧之久也——拙:笨拙。速:速胜。巧:巧妙。久:延长时间,持久。李贽注:“宁速毋久,宁拙毋巧;但能速胜,虽拙可也。”(《孙子参同》卷二)切中肯綮。孙子的这句名言,至今仍具有现实的指导意义。

⑲ 役不再籍,粮不三载——役:兵役。籍:户籍,簿,引申为登记。指依户登记征集兵员,也作登记征赋讲。载:运载,运送。三:指多次。

⑳ 取用于国——指武器装备等从国内取用。

㉑ 因——依靠、依恃、利用。

㉒ 国之贫于师者远输——师:军队。远输:远途运输。

㉓ 近于师者贵卖,贵卖则百姓竭——近:靠近。师:市,这里指军市。贵卖:价钱卖得高,物价飞涨。百姓:古代对贵族总称,后泛指不居官位的人。竭:尽。

㉔ 急于丘役——急于:吃紧于、紧迫于,寓难于完成义。“急”字从“心”,“及”声。“急”、“及”音近,一义之转。丘役:赋税徭役。丘:古代地方行政单位。按井田制,八家为井,四井为邑,四邑为丘,一丘十六井。每丘出马一匹,牛四头,叫做丘役,四丘出兵车各一辆,这是当时人民向统治者交纳的军赋。

㉕ 中原——常指原野。这里指内地,别于边境地区而言。

㉖ 公家、破车、罢马——公家:诸侯的公室。简本“七”作“六”,似是二字相讹。破车:马车损坏。罢(pí)马:战马疲敝。“罢”同“疲”。

㉗ 甲胄矢弩——泛指装备战具。甲:护身的铠甲。胄(zhòu):头盔。矢弩:用机械力来发的弓,指弓箭。

㉘ 戟楯蔽橹——泛指各种攻防兵器。戟:将戈、矛合成一体的一种古兵器。楯(dùn):同“盾”。蔽橹:即大盾,用作屏蔽的大盾牌,指战车上的防护器械。

㉙ 丘牛大车——是供运载粮食、衣装用的大牛车。丘:通“巨”,大。丘牛:大牛,指从丘役中征赋来的牛。

㉚ 务——谋求。

㉛ 钟——春秋时容量单位。每钟合六十四斗。春秋时齐国量器分升、豆、区、釜、钟。

㉜ 萁秆一石——萁(qí)秆:饲草。萁,同“萁”,豆秸;秆(gǎn),禾茎,泛指喂牛马用的草料。石(shì,今读 dàn):计量单位,合一百二十市斤。

㉝ 故杀敌者,怒也;取敌之利,货也——敌:简本为“适”,多借“适”为“敌”。怒:激怒。利:指财物。货:财货,这里指财货奖赏的意思。这种“奖赏”的主张是对以往“刑赏”的否定。

㉞ 已——已:同“以”。

㉟ 更其旌旗,车杂而乘之,卒善而养之——更:更换。杂:混合,搀杂。卒:指俘获的敌方士兵。善:简本作"共",是"供"的意思。"共"通"恭",公本"善"字应读"共"为"恭",而改字。

㊱ 贵——贵:可取的,重在,利于。

㊲ 知兵之将,民之"司命",国家安危之主也——知兵:懂得用兵。民:泛指民众。司命:古星名,此处借喻为命运的掌握者、主宰的意思。司:管理、主宰。主:柱石、主脑、主宰。(这三个词各自孤立地看,意义差别很大,但在本文解释中三者都可用,因它们都含有"极重要"意。类似情况本书不少,不一一提示。)

三、译　　文

孙子说:凡是用兵作战,要出动轻车千辆,重车千辆,带甲的士兵十万,还要从千里之外运送粮食。那么前方后方的费用,招待诸侯国来宾、使者的开支,维修军械的物资,车辆盔甲的保养补充,每天要支出千金(巨额钱财),然后十万大军才能出动。用这样庞大的军队去作战,就要求速胜;时间长久了,就会使军队疲惫,锐气挫伤;攻打城邑,就会使力量耗尽;军队长时间在外(前方)作战,就会使国家的财政经济发生困难。如果军队疲惫,锐气挫伤,军力耗尽,经济枯竭,那么诸侯就会乘此危机而起兵进攻,即使是有智谋的人,也无法妥善地处理其后果。所以用兵只听说即使笨拙也要迅速取胜,没有见过弄巧的持久。战争持久而对国家有利的,是从来不会有的事情。所以不能完全懂得用兵的害处的人,就不能完全懂得用兵的好处。善于用兵的人,兵役登记不征集多次,粮食不用多次运载;军需从国内取用,粮饷敌国征发,这样军队的给养就可充分供应了。

国家因军队作战而贫困的,就在于远途运输,远途运输,就会使百姓贫困。在靠近军队驻扎的地方,物价就会飞涨,物价飞涨,就会使百姓的财富枯竭,财富枯竭,就要急于加征赋役。战斗力量耗尽,财富枯竭,国内家家户户就空虚了。百姓的财物,就会耗去十分之七;"家室"的耗费,战车损坏,战马疲病,战士用的盔甲、箭弩、戟盾,运输用的丘牛、大车等也要耗损十分之六。所以高明的将帅谋求取食于敌国。吃敌国粮食一钟,相当于本国的粮食二十钟;用敌国的草料一石,相当于本国的草料二十石。

要使军队能勇敢杀敌,就要激怒自己的士兵;要使军队能夺取敌人的财物,就要用财货奖赏自己的士兵。所以在车战中,凡缴获战车十辆以上的,就奖赏首先夺得战车的士兵,把车上敌军的旗帜换成自己的旗帜,派上自己的士兵夹杂着乘坐;对待俘获来的敌方士兵要很好地优待和供养他们。这就是所谓越战胜敌人而自己也越强大。

所以,用兵作战重在速胜,不宜于持久。

所以,懂得用兵的将帅,是民众的命运的掌握者,是国家安危的主宰(柱石)。

四、军事哲学思想评要

本篇主要论述"兵贵胜,不贵久"的军事思想,这是孙武从"不尽知用兵之害,则不能尽知用兵之利"这一朴素唯物辩证思想研究战争的又一表现。孙武从他所处的时代特点出发(即社会生产力水平低下,交通运输不便,作战武器简陋,诸侯兼并战争规模扩大,战争动员规模庞大,旷日持久会带来国敝民穷的后果),提出"速胜"的作战指导思想,是符合当时客观实际、切实可行的作战原则,难能可贵。为了减轻作战负担,采取就地补给之法,孙武又进一步提出了"因粮于敌"的主张和"胜敌而益强"的思想,都是新兴地主阶级进步时期的认识。

孙武,他虽开始看到了战争与经济的关系,看到了从局部看不能久战,但他尚不可能认识到战争本身是社会经济发展到一定阶段的产物,不可能认识从诸侯割据走向全国统一不可避免地要经过长期战争,只能笼统地、片面地把"速胜"作为一条普遍的军事原则。这反映出他对局部和全局、速胜和久战的关系还没有十分成熟(辩证)的认识。另外，他在强调将帅责任重大的同时，还过分夸大了将帅的作用，反映出古代许多军事家无视民众重要作用的共同意识。尽管如此，并无损于他的思想光辉。

五、读法导引举要

《作战篇》论军政与财政的关系。

(1) 立论指要：先定计，计以知胜，而后作战(利器械、完车马、运粮草、约费用以作战备)，"作战"可以验证"计"的得失，为军事家的共同认识。凡作战之道宜速不宜久，所以"久"字为用兵之所忌，治军者应当深以为戒。

(2) 认识角度：①自"孙子曰"至"其用战也胜"，论军的编制及饷需的大致情况。②自"久则钝兵挫锐"至"十去其六"，论军久战则财匮。故必须贯彻"兵胜，不贵久"的思想。③自"故智将务食于敌"至"是谓胜敌而益强"，论军胜既可得敌之财物，又可节省自己的开支。指出借敌补己、因粮于敌策略的重要性。④自"故兵贵胜"至"国家安危之主也"，末尾大书特书"兵贵胜，不贵久"这是民命所关，国家安危所系，治军者不可不慎。

六、篇章表解

作战篇

- 久师之不利
  - 出师十万
  - 日费千金
    - 内外之费
    - 宾客之用
    - 胶漆之材
    - 车甲之奉
      - 故久暴师
        - 钝兵力屈
        - 百姓贫
        - 国用不足
          - 诸侯则乘其弊而起→故兵贵拙速
            - 振作士气(杀敌者，怒也)
            - 奖赏士卒(取敌之利者，货也)
            - 表彰先功(赏先得者)
            - 善待俘虏(卒善而养之)
              - 以胜敌而益其强
- 善用兵者(智将)
  - 知久战之不利
  - 知用兵之者
    - 故
      - 役不再籍——取用于国
      - 粮不三载——因粮于敌
        - 故军食可足也

兵贵胜，不贵久，即兵者贵拙速而未睹巧之久也

第三篇　谋攻篇

【内容提示】 本篇主要论述用计谋攻取的问题(在当时特定条件下取得“全胜”的战略思想)。强调设谋战胜敌人的重大意义、必要条件和用兵策略,揭示“知彼知己,百战不殆”的重要军事规律。应该说这是军事思想史上的一个独创,至今仍给人们提供思索的基础,受到海内外高度重视,有其深厚的应用价值和重要的现实意义。

一、原　文

孙子曰:凡用兵之法,全国为止,破国次之①;全军为上,破军次之;全旅为上,破旅次之;全卒为上,破卒次之;全伍为上,破伍次之②。是故百战百胜,非善之善者也;不战而屈人之兵,善之善者也③。

故上兵伐谋,其次伐交,其次伐兵,其下攻城④。攻城之法,为不得已。修橹轒辒⑤,具器械⑥,三月而后成,距闉⑦,又三月而后已。将不胜其忿,而蚁附之,杀士三分之一,而城不拔者,此攻之灾也⑧。故善用兵者,屈人之兵,而非战也⑨;拔人之城,而非攻也;毁人之国,而非久也⑩。必以全争于天下,故兵不顿,而利可全,此谋攻之法也⑪。

故用兵之法,十则围之,五则攻之,倍则分之,敌则能战之,少则能逃之,不若则能避之⑫。故小敌之坚,大敌之擒也⑬。夫将者,国之辅也,辅周,则国必强;辅隙⑭,则国必弱。

故君之所以患于军者三⑮:不知军之不可以进,而谓之进,不知军之不可以退,而谓之退,是谓縻军⑯;不知三军之事,而同三军之政者⑰,则军士惑矣;不知三军之权,而同三军之任⑱,则军士疑矣。三军既惑且疑,则诸侯之难至矣,是谓乱军引胜⑲。

故知胜有五:知可以战与不可以战者胜⑳;识众寡之用者胜,上下同欲者胜;以虞待不虞者胜,将能而君不御者胜㉑。此五者,知胜之道也。故曰:知彼知己,百战不殆㉒;不知彼而知己,一胜一负㉓;不知彼,不知己,每战必殆。

二、注　释

① 凡用兵之法,全国为上,破国次之——之:的,助词。全:纯玉,引申为完整、完备、完善之意。这里作动词,表使动意义,意为使敌人完整地屈服。为:是,动词。上:上策。破:击破,动词。次之:比上策差些。

② 军、旅、卒、伍——古代军队的编制单位。以一万二千五百人为一军,五百人为一旅,一百人为一卒,五人为一伍。

③ 不战而屈人之兵,善之善者也——屈:服,使动用法。善之善者:好中最好的(高明中最高明的),形容词。者:语气助词。

④ 上兵伐谋,其次伐交,其下攻城——上兵:最好的作战方法。(在文言文里,“兵”字不只表示一种意义。它原先是指“武器”,引申为战争、斗争。这里“上兵”的“兵”是指“战略”。下文“其次伐兵”的“兵”,是指“武装力量”。伐:讨伐、攻打。伐谋:智谋上战胜敌人。伐交:外交上战胜敌人。交:这里指外交。伐兵:同敌人在兵力上较量,即以武力战胜敌人。〔其〕下:下策。

⑤ 修橹轒辒——“修”简本作“脩”,二字通用。橹:楼车,古代军中用以登高侦看敌军的高台,这里指筑在楼橹的巢车。轒辒(fén wēn):古代攻城用的四轮兵车,用排木制作,外蒙牛皮,

可容纳十人(一说数十人),用以运土填塞战壕。

⑥ 具器械——准备攻城用的器械。具:准备。

⑦ 闉(yīn)——用以攻城而堆积的土山。闉:简本作"闾","垔""印"音近,疑"闾"即"闉"之异体。通"堙",土山。简本"又"作"有","有""又"古通。

⑧ 将不胜其忿,而蚁附之,杀士三分之一,而城不拔者,此攻之灾也——胜:堪,忍得住。蚁附之:指大量士兵像蚂蚁一样爬梯攻城。附:附着。"士"指"士兵"或"士卒"。灾:灾祸。简本"灾"作"戋","灾""戋"古通;"灾",小篆作"烖",从火"戋"声,灾祸。

⑨ 非战——指运用"伐谋"、"伐交"等办法迫使敌人屈服,而不用交战的办法。简本"屈"作"詘(诎)","屈""诎"古通。

⑩ 拔人之城,而非攻也;毁人之国,而非久也——前句指夺取敌人的城邑不靠硬攻的办法。拔:攻取。非久:不要旷日持久。简本"毁"作"破"。

⑪ 故兵不顿,而利可全,此谋攻之法也——顿:通"钝",挫伤,这里指疲惫、受挫的意思。谋攻:谋划进攻,即研究如何用谋略进攻敌人。

⑫ 敌则能战之,少则能逃之,不若则能避之——敌:指势均力敌、兵力相等。逃:奔,脱离,摆脱,引申为退却。不若:兵力不如敌人。

⑬ 小敌之坚,大敌之擒也——小敌:指小部队。坚:坚持,固执,指不量力而硬拼。大敌:大部队。

⑭ 辅隙——辅:辅助,这里引申为助手,作名词。隙:漏洞,缺陷。

⑮ 患于军者——患:危害,不利。简本"军"上无"于"字。

⑯ 谓之退,是谓縻军——谓之:告诉它、命令它。縻(mí):羁縻、束缚,牵制。

⑰ 不知三军之事,而同三军之政——三军:军队的统称,指全军。同:共同,这里是参与、干涉的意思。政:指军队的行政。

⑱ 不知三军之权,而同三军之任——权:权谋,权变。任:任用,指挥。

⑲ 诸侯之难至矣,是谓乱军引胜——难:祸难。乱军:扰乱自己的军队。引胜:失去胜利的机会。一说"把胜利引给敌人"似不可取。引:去,引致、导致。

⑳ 知可以战与不可以战者胜——简本中两个"可"字下的"以"字均作"而","以""而"同意,但"而"使语意更显明。这里的"知",可引申为"主","主"可以转义为"有决定影响"。也有释为"预见胜利"的,似乎前者更好。

㉑ 上下同欲者胜,以虞待不虞者胜,将能而君不御者胜——欲:心愿。虞:预料。御:驾驭,统治。

㉒ 殆(dài)——危险,失利,打败仗。

㉓ 一胜一负——意思是胜负各一半。

三、译　　文

孙子说:凡是用兵打仗(指导战争)的法则,使敌国完整地屈服是上策,击破敌国就差些;使敌人全军完整地屈服是上策,击破它就差些;使敌人全旅完整地屈服是上策,击破它就差些;使敌人全卒(连)完整地屈服是上策,击破它就差些;使敌人全伍(班)完整地屈服是上策,击破它就差些。因此,百战百胜,还不算是好(高明)中最好(最高明)的;不战而使敌人自己屈服,这才算是好中最好的。

所以最好的作战方法是在总的智谋上战胜敌人,其次是在外交上战胜敌人,再次是使用武力进攻敌人的军队,最下策是攻击敌人的城邑。攻城的办法是迫不得已的。制造攻城的楼车和四轮车,制备攻城的各种军事器械,要经过三个月才能完成;构筑攻城用的土山,又要三个月才能完工。将领非常焦急愤怒，驱使他的军队像蚂蚁一般去爬梯攻城，结果士兵伤亡了三分之一，而城还是攻不下来，这就是攻城的灾害。所以善于用兵作战的将帅，不用硬打就可以使敌军屈服；不用硬攻就可以夺取敌人的城邑；不用久战就可以灭亡敌国。一定要用全胜的计谋，使敌人完全地降服，以此争胜于天下。这样军队就不至于长时期地屯兵在外疲惫受挫，而可完满地取得胜利，这就是用计谋攻取敌人的方法。

所以用兵打仗的法则应该是：有十倍于敌的绝对优势的兵力就要包围敌人；有五倍于敌的优势兵力就要进攻敌人；有一倍优势于敌人的兵力，就要设法分散敌人；同敌人兵力相等，就要善于设法战胜敌人；比敌人兵力少，就要善于摆脱敌人；各方面条件均不如敌人（兵力比敌人弱），就要设法避免与敌人决战。所以弱小的军队，如果只知道坚守硬拼，就会成为强大敌人的俘虏。将帅好比是国君的助手，他辅助得周密，国家就一定会强盛，辅助得有缺陷，国家就一定会衰弱。所以，国君可能不利于军队作战的，有三种情况：不懂得军队不可以前进，但是硬叫它前进；不懂得军队不可以后退，但是硬叫它后退，这就叫做牵制军队。不懂得军队的内部情况，但是硬要干预军队的行政，将士就会迷惑不解。不懂得军队的权谋，却干涉军队的指挥，这就使将士产生疑虑。军队既迷惑又疑虑，各国诸侯就会乘机制造祸患，这就叫做扰乱了自己的军队而丧失取得胜利的机会。

所以，从以下五种情况，便可以预见到胜利：凡是能看清情况，懂得在什么情况下可以打，在什么情况下不可以打的，能够取胜。懂得兵多该怎么打、兵少该怎么打的，能够取胜。全国上下齐心协力、进取目标相一致的，能够取胜。以有准备的军队对付没有准备的军队，能够取胜。将领有指挥才能而国君不加以牵制的，能够取胜。这五条，是预见胜利的方法。所以说，既了解敌人，又了解自己，百战都不会有失败的危险；不了解敌人，而只了解自己，胜败的可能各占一半；既不了解敌人，又不了解自己，那就每战都必打败仗。

四、军事哲学思想评要

孙武“谋攻”思想的根本原则是：必须全面地征服敌人，使军队不致长期屯驻在外，而又能取得完全的胜利。

他在本篇中认为最理想的作战结果是整个地克敌制胜。不战而征服敌人是好中之好。要取得这样良好的战果，最高明的策略，就是要用计谋去战胜敌人。他在具体的作战方法上，主张在优势情况下与敌人作战，反对在劣势情况下与敌人硬拼，强调要根据敌对双方兵力对比的不同而采取不同的战法。还进一步提出战争必须建筑在“知”的基础上（即谋攻的重要条件），这就是“知彼知己”方能“百战不殆”的道理。这是一个非常有价值的思想，它揭示了指导战争的普遍规律，集中地反映了朴素的唯物辩证的军事思想，是《孙子兵法》中的精华。毛泽东同志在《论持久战》中曾给予孙武的军事思想以极高的评价，说：“战争不是神物，仍是世间的一种必然运动，因此孙子的规律‘知彼知己，百战不殆’，仍是科学的真理。”

以上这些军事思想是有进步意义的，在当时是很可贵的。首先，他是在当时落后的生产方式、简陋的作战武器、很差的物质条件情况下，不得已才提到攻城的（更何况攻城的准备工作，至少要花半年工夫，而且在人与物方面还得付出很大的代价）。可见，他提出“上兵伐谋”的思想是与当时社会的客观条件相适应的。其次，孙武的所谓“上兵伐谋”，是指以一种大兵压境的条件，迫使敌人举国降服。这是建筑在“围”的基础上的，而不是无条件的。他在《九地篇》中明确叙述了“谋攻”是以物质作基础的，是军事上征服敌人的上策。这与片面的“去兵”政策、“和为贵”的思想是有着根本区别的。再次，孙子的“知胜”思想，也是很可贵的。文中列举了国君因三种“不知”而瞎指挥，其危害是军之“患”，是自找失败（乱军引胜）。在这基础上他提出了“知胜”的五种情况，强调战争中了解（“知”）情况的重要性，这正与存有“圣人先知”的不切实际的想法形成鲜明对照。

五、读法导引举要

《谋攻篇》论军政与外交的关系。

(1) 立论指要:要攻敌,必先谋(指战略而言,决之于临战之日)。谋攻旨在非攻,当全策取之,以谋制全胜,不锐于伐兵攻城,故前人对谋攻高度重视。本篇以“知彼知己”为归结。知己立足于军政,知彼涉及外交。军政为外交的后盾,外交则为军政的耳目。无军政不可以谈外交,无外交也不能定军政的标准。

(2) 认识角度:①自“孙子曰”至“善之善者也”,论谋攻的本源。不战而屈人之兵方为上乘,这是谋攻的根本问题,也是流传千年不衰的经典语录。②自“故上兵伐谋”至“此攻之灾”,论谋攻的巧拙,巧用兵者伐谋,其次伐交、伐兵,攻城为下策,后患无穷。③自“故善用兵者”至“大敌之擒也”,论谋攻的方法利害。④自“夫将者”至“是谓乱兵引胜”,论将为国之辅,君不知军而乱谋,则诸侯之难至。⑤自“故知胜有五”至“每战必败”,列知胜之道,明“知彼知己,百战不殆”为谋攻之要。

六、篇章表解

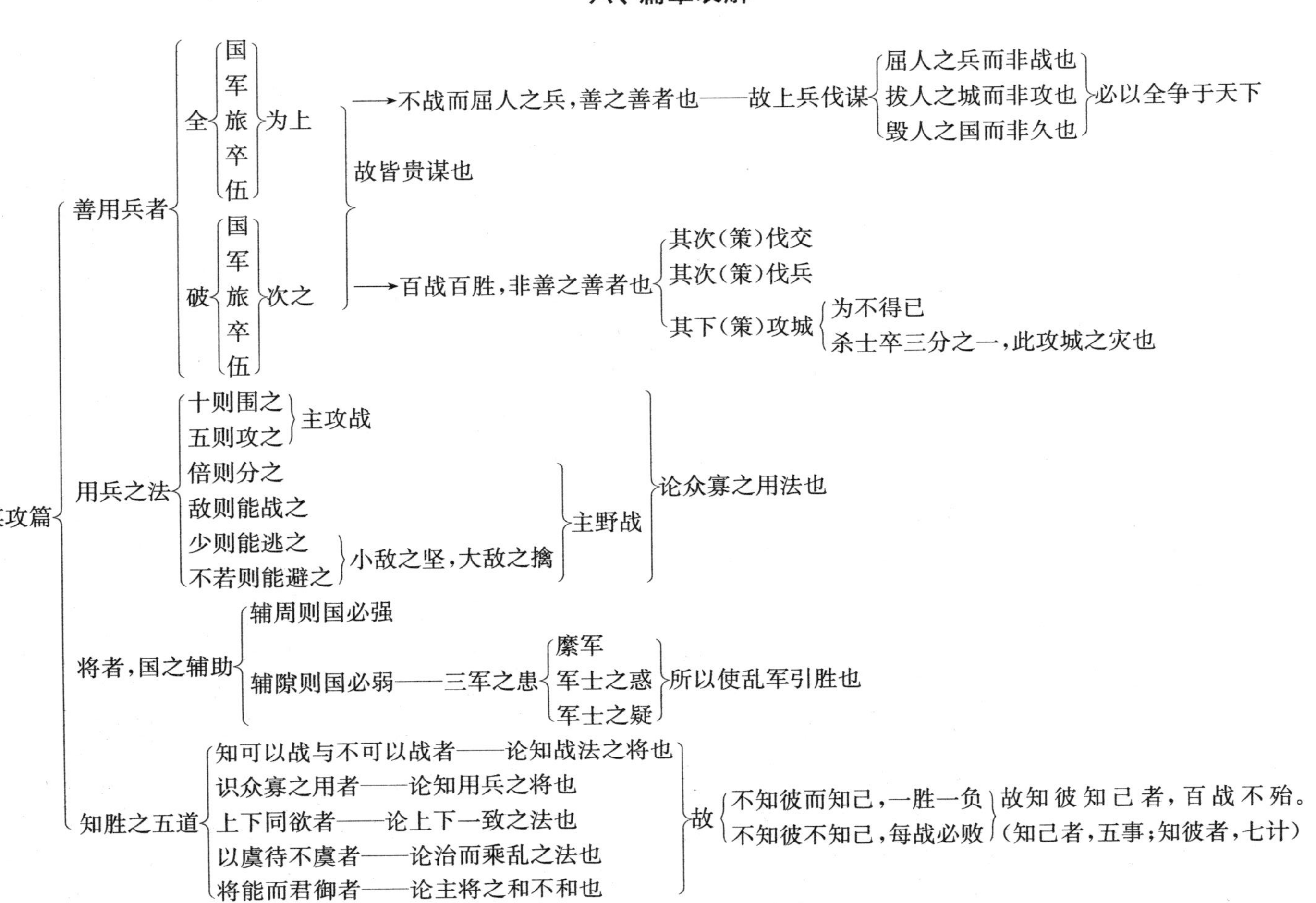
谋攻篇
善用兵者
全
国
军
旅
卒
伍
为上
破
国
军
旅
卒
伍
次之
故皆贵谋也
不战而屈人之兵，善之善者也——故上兵伐谋
屈人之兵而非战也
拔人之城而非攻也
毁人之国而非久也
必以全争于天下
百战百胜，非善之善者也
其次(策)伐交
其次(策)伐兵
其下(策)攻城
为不得已
杀士卒三分之一，此攻城之灾也
用兵之法
十则围之
五则攻之
主攻战
倍则分之
敌则能战之
少则能逃之
不若则能避之
小敌之坚，大敌之擒
主野战
论众寡之用法也
将者，国之辅助
辅周则国必强
辅隙则国必弱——三军之患
縻军
军士之惑
军士之疑
所以使乱军引胜也
知胜之五道
知可以战与不可以战者——论知战法之将也
识众寡之用者——论知用兵之将也
上下同欲者——论上下一致之法也
以虞待不虞者——论治而乘乱之法也
将能而君御者——论主将之和不和也
故
不知彼而知己，一胜一负
不知彼不知己，每战必败
故知彼知己者，百战不殆。
(知己者，五事；知彼者，七计)
此谋攻之法也

第四篇　形[①]篇

【内容提示】 本篇主要从“军形”上来论述军队作战；先要使自己立于不败之地，而后寻找敌人的可乘之隙，以压倒的优势迅猛地打击敌人，达到“自保而全胜”的目的。还指明“攻与守”、“攻、守与自保而全胜”的关系，提出寓攻于守的思想。其间强调“修道而保法”(兼示军事与内政的关系)以及集中优势兵力迅猛击虚是必须确立的原则。

一、原　　文

孙子曰：昔之善战者，先为不可胜[②]，以待敌之可胜。不可胜在己，可胜在敌[③]。故善战者，能为不可胜，不能使敌之可胜。故曰：胜可知而不可为。不可胜者，守也；可胜者，攻也。守则不足，攻则有余。善守者，藏于九地之下，善攻者，动于九天之上[④]，故能自保而全胜也。

见胜不过众人之所知，非善之善者也；战胜而天下曰善，非善之善者也。故举秋毫不为多力[⑤]，见日月不为明目，闻雷霆不为聪耳[⑥]。古之所谓善战者(有的本子“者”后有“胜”字——作者注)，胜于易胜者也。故善战者之胜也，无智名，无勇功。故其战胜不忒[⑦]，不忒者，其所措必胜[⑧]，胜已败者也。故善战者，立于不败之地，而不失敌之败也[⑨]。是故胜兵先胜而后求战[⑩]，败兵先战而后求胜。善用兵者，修道而保法[⑪]，故能为胜败之政[⑫]。

兵法：一曰度，二曰量，三曰数，四曰称，五曰胜；地生度，度生量，量生数，数生称，称生胜[⑬]。故胜兵若以镒称铢[⑭]，败兵若以铢称镒。胜者之战民也[⑮]，若决积水于千仞之溪者[⑯]，形也[⑰]。

二、注　　释

① 形——今见简本作“刑”。“形”通“刑”，秦汉时常以“形”作“刑”。“形”含形象、形体义，主要指战争中客观、有常、易见诸因素。人为造成的“形”，已转化为“势”；“势”主要指人为、易变、潜在诸因素。

② 昔之善战者，先为不可胜——昔：过去。今见简本在“昔”与“善”之间无“之”字。为：造成。这里作“做、干、治”理解。

③ 不可胜在己，可胜在敌——己：我方。敌：敌方。

④ 九地、九天——九：古人常用来表示数的极点，这里泛指多数，甚多。九地：喻深不可知。九天：喻高不可测，指空城的高大广阔。

⑤ 秋毫——指鸟兽在秋天新长出来的细毛，常用来比喻极纤小的事物，本文喻事物极轻微。

⑥ 聪——简本作“葱”(“聪”的异体)，应仍依“聪”义释。

⑦ 无智名，无勇功，故其战胜不忒——智名：智慧的名声。勇功：勇敢杀敌的武功。忒(tè)：差误。不忒即无差误，意为有把握。银雀山简本“忒”作“贷”，文物出版社简本《孙子兵法》注云：“‘贷’字从‘代’声，‘代’从‘弋’声，‘忒’字亦从‘弋’声，二字可通假。”(43页)按：这个注释不妥。第一，从文字学上说明，应是“从贝、代声”，“从心、弋声”，一般不说“从‘代’声”、“从‘弋’声”。(他处如38页注④“小篆作‘烖’，从‘𢦏’声”亦应是“从火、𢦏声。)第二，“贷”(dài)、“贳”(tè)二字都可用作“忒”，但“贷”如读tè可通假为“忒”，而“贳”属“忒”异体，古人误写“贳”(只有tè一个读

音)为"贷"的可能性是存在的。作为注释,应酌加提示,以利触类旁通。

⑧ 措——措置,处置,放置,安排。"错""措"古通。

⑨ 不失敌之败也——不放过敌人遭致挫败〔的机会〕。不失:不放过。敌之败:敌人遭致挫败。

⑩ 胜兵——取胜的军队。(后文"败兵"则为失败的军队。不过说"败兵先战而后求胜"的求胜,另寓有寄希望于侥幸取胜心态之意。)

⑪ 修道而保法——修明政治,确保法令〔的执行〕。修明政治"令民与上同意"(《计篇》)而又确保必胜的法度,表明军政与内政的关系。

⑫ 胜败之政——语意为战争的主宰。胜败统指战争;政:同上,为主其事,引申为主宰、起决定性作用的。用"胜败之政"结句极言"修道而保法"之重要。

⑬ 度、量、数、称、胜——均为动词。计算思维方法,为古代算地出兵之法。这些词得联系成片语言来解释,已见译文,可参阅。另有人逐一孤立地解释:"度,忖度、判断的意思;量,容纳的限度,这里指战场容量;数;这里指敌对双方可能投入的兵力数量;称,权衡,这里指双方力量的对比。"(《孙子兵法新注》,中华书局 1977 年北京第一版 36 页)这似是从词面作一般的解释。这一解释原自文物出版社简本《孙子兵法》。其实这些词所反映的是古代的军赋制度,讲的是如何由土地面积的"丈度"决定出产粮食的"称(产)量",如何由出产粮食的"称量"决定兵役员额,如何由兵役员额决定敌我实力比较,如何由敌我实力比较决定胜负。五个词都有特定含义,特别是其中的"数",很值得注意其用法,也见于《商君书》。过去研究《商君书》的人不了解"数"的确切含义,便不解"田数不满百万"的真义。实际上"田数"不是指田地的数量,而是指计地出军的数量。本篇的"数"与《商君书》的"数"概念是一致的。了解这些,就可深化词面上的一般解释。

⑭ 镒(yì)、铢(zhū)——都是古代的重量单位。一镒等于二十四两,一铢等于一两的二十四分之一,"镒"比"铢"重五百七十六倍,这里用来比喻两方军事实力的悬殊。

⑮ 战民——指挥士卒作战。《势篇》"任势者,其战人也,如转木石"中的"战人"与本篇"战民"同一意义。简本在句首多一个"称"字,这里指士卒。

⑯ 千仞——仞,古代长度单位之一。八尺(一说七尺)为仞。千仞比喻非常高。简本作"邪","邪""仞"两字皆从"刃"声,可通假。

⑰ 形——有人注释为"军事实力",似简单化了,宜仍依本篇"注释 1"理解。它与实力计算有关,但不能凝固地释为"军事实力"。

三、译　　文

孙子说:从前善于用兵作战的人,总是先要创造条件,使敌人不能战胜自己,然后等待敌人暴露其可以被我战胜的弱点(时机)。创造条件,使敌人不能战胜自己,主动权在我方手中。敌人是否会暴露弱点被我利用而战胜,主动权在敌方。所以,善于作战的人,能够创造不被敌人战胜的条件,但是不能使敌人一定被我所战胜。因而从这个意义上说,胜利可以预见,但是在条件不具备的情况下不能强求。使敌人不能战胜自己,这是防守;看到敌人可能被我战胜,这是进攻。防守,是兵力不足;进攻,是兵力有余。善于防守的部队,要像隐藏在最深的地底下那样使敌人无形可窥。善于进攻的部队,要像来自高不可测的天空那样使敌人无从防备。这样,防守必能保全自己,进攻必能全胜。

预见胜利,不能超过一般人所能知道的,这不能算是好(高明)中最好(最高明的)。打了胜仗,一般人都说打得好,这还不能算是好中最好的,所以说,举得起一根毫毛,不算力气大;看得见太阳月亮,不算眼睛明亮;听得见雷霆响声,不算耳朵灵。古时候所说的善于作战的人,总是取胜于容易取胜的敌人(意为善于巧取)。因此,善于作战的人的取胜,没有智谋的名声,没有勇敢杀敌的武功。所以善于作战的人,百战百胜而没有差错。不出差错的原因,是他们所采取的作战措施是必定胜利的,是战胜那些实际上已处于失败地位的敌人。因此,善于作战的人,总是使自己立于不败之地,同时也不放过任何足以使敌人失败的机会。因此,取胜的军队,是由于先造成取胜的条件,然后才同敌军交战。失败的军队,则是由于先同敌人交战,然后寻求侥幸取胜的方法(意思是:要打有准备的仗)。善于用兵的人,能够修明政治,确保法令的执行,所以能够成为胜败的主宰。

用兵之法要注意以下五种情况:一是土地面积的大小,二是物产的多少,三是兵力的众寡,四是力量的对比,五是胜负的可能。有了土地,就有面积的大小(度);有了土地面积的大小,就产生物产的多少(量);由物产多少,就可决定兵员的众寡(数);有了兵员的众寡数,就能衡量双方的实力(称);由实力的对比,就可看出谁胜谁负。因此,胜利的军队,好像以“镒”(一镒等于二十四两)比“铢”(一两等于二十四铢)那样,在各种力量对比上处于绝对优势地位;失败的军队,好像以“铢”比“镒”那样,在各种力量对比上处于绝对的劣势。胜利者指挥军队作战,好像在千仞(八千丈)的高山上决开溪谷中积水那样,其势谁也阻挡不住,这就是人为造成的形(按,人造的“形”已转化为“势”)——一种强大军事力量的表现。

四、军事哲学思想评要

本篇主要从“军形”上来阐述“胜可知”和“先为不可胜”的思想。就是说:战争的胜败是能够预见的,先要创造好不被敌人战胜的条件,然后等待时机集中优势兵力战胜敌人。这种预见,是建立在对双方军事力量作实实在在的五个方面的比较的基础上的。胜利可以预见,该如何去争取呢?孙武认为,首先,要使自己充分具备立于不败之地的各种物质条件,同时,在政治上创造取胜的条件即修明政治,确保法令的贯彻执行,这样就能待机破敌,稳妥地掌握胜败的主动权了。孙武还把攻和守(动和藏)结合起来,形成寓攻于守的思想。他认为只有善于进攻,又善于防守,在防守中准备着待机进攻以取胜,这才是“善战者”。

孙子的“先为不可胜”的观点,包含了发挥人的主观能动性的思想。这个在军事领域中产生的唯物主义思想是朴素的,其辩证方法也是自发的,对指导作战有一定的价值。它既区别于战争胜负难知的“不可知论”,又是与“天命论”相对立的,在当时实是很难得的。

五、读法导引举要

《形篇》论军政与内政的关系。

(1) 立论指要:形,定形(指两敌强弱有定形)、量敌而审己,筹之于未战之先。善用兵者,能变化具形,因敌以制胜。本篇以修道保法为主脑。以“形”名篇,有有形的军政(即兵器、战备、阵营、要塞之类)、无形的军政(即道与法),而道与法都为内政的主体,故本文为军政与内政的关系。

(2) 认识角度:①自“孙子曰”至“胜可知而不可为”,言创造条件可以预见胜利,但不可强求胜敌。②自“不可胜者守也”至“故能自保而全胜也”,善驭形,无论攻守,都可保全胜。③自“见胜不过众人之所知”至“败兵先战而后求胜”,论善用兵的各种作为。④自“善用兵者”至“形也”,以“修道而保法”作结论,示军形系于内政。军治政修,敌我力量差距大,我则所向无敌,锐不可挡。

六、篇章表解

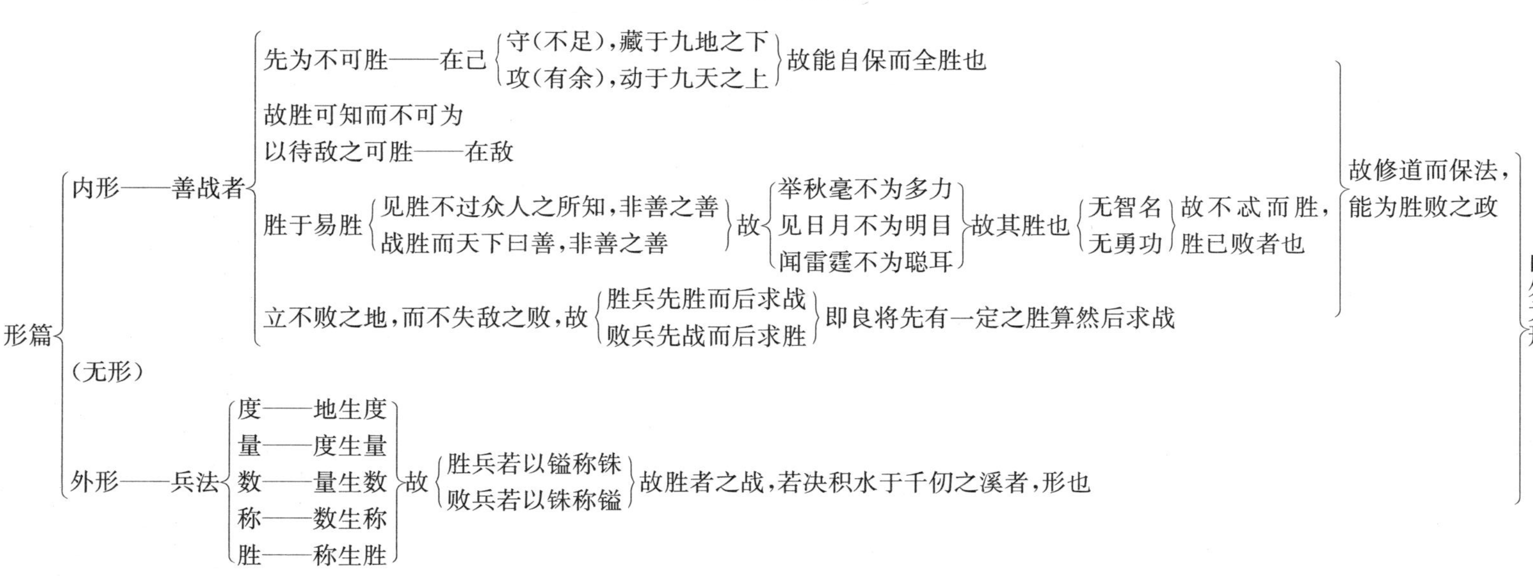
形篇
内形——善战者
先为不可胜——在己
守（不足），藏于九地之下
攻（有余），动于九天之上
故能自保而全胜也
故胜可知而不可为
以待敌之可胜——在敌
胜于易胜
见胜不过众人之所知，非善之善
战胜而天下曰善，非善之善
故
举秋毫不为多力
见日月不为明目
闻雷霆不为聪耳
故其胜也
无智名
无勇功
故不忒而胜，
胜已败者也
立不败之地，而不失敌之败，故
胜兵先胜而后求战
败兵先战而后求胜
即良将先有一定之胜算然后求战
故修道而保法，
能为胜败之政
内处无形
（无形）
外形——兵法
度——地生度
量——度生量
数——量生数
称——数生称
胜——称生胜
故
胜兵若以镒称铢
败兵若以铢称镒
故胜者之战，若决积水于千仞之溪者，形也

第五篇　势[①]篇

【内容提示】 本篇主要阐述“势”的形成和运用，“势”和作战的关系等（“势”与定计过程有关）。明确指出要在军事实力的基础上，发挥将帅的指挥才能，造成和利用有利态势，出奇制胜地打击敌人（相应地提出“奇正相生，奇正相变”思想），值得我们去汲取、借鉴、学习。

一、原　　文

孙子曰：凡治众如治寡，分数是也[②]；斗众如斗寡，形名是也[③]；三军之众，可使必受敌而无败者，奇正是也[④]；兵之所加，如以碫投卵者，虚实是也[⑤]。凡战者，以正合[⑥]，以奇胜。故善出奇者，无穷如天地，不竭如江河[⑦]。

终而复始，日月是也。死而复生，四时是也[⑧]。声不过五，五声之变，不可胜听也[⑨]。色不过五[⑩]，五色之变，不可胜观也。味不过五[⑪]。五味之变，不可胜尝也。战势不过奇正，奇正之变，不可胜穷也。奇正相生，如循环之无端[⑫]，孰能穷之？

激水之疾[⑬]，至于漂石者，势也；鸷鸟之疾，至于毁折者，节也[⑭]。是故善战者，其势险，其节短[⑮]。势如彍弩，节如发机[⑯]。

纷纷纭纭，斗乱而不可乱也[⑰]；浑浑沌沌，形圆而不可败也[⑱]。

乱生于治，怯生于勇，弱生于强。治乱，数也；勇怯，势也；强弱，形也[⑲]。故善动敌者，形之，敌必从之；予之，敌必取之；以利动之，以卒待之。

故善战者，求之于势，不责于人[⑳]，故能择人而任势[㉑]。任势者，其战人也[㉒]，如转木石・木石之性，安则静[㉓]，危则动[㉔]，方则止，圆则行。故善战人之势，如转圆石于千仞之山者，势也[㉕]。

二、注　　释

① 势——态势。与形相对，主要指人为、易变、潜在诸因素。至于“形兵”的“形”，是指人为造成的“形”，其实也就是“势”。“形”“势”二者构合为一词，古代兵书中则指“势”。

② 治众如治寡，分数是也——治：治理、管理。治众：治理人数众多的军队。分数：是数学术语，这里指部队的组织编制。“分”与“份”通。数：指几个，不只一个的意思。

③ 斗众如斗寡，形名是也——斗：作战、指挥之意。斗众：指挥人数众多的军队作战。形：军队用的各种旗帜。名：军队用的金、鼓之类。形、名都是作战中用来联络和指挥部队的信号，这里引申为指挥。“形名”通“刑名”。

④ 可使必受敌而无败者，奇正是也——简本“必”作“毕”，字误。必：即使，纵使，一旦。奇：大体上是指灵活运用，出敌不意等战法。正：大体上是指正规、正面迎敌等战法。奇、正合指古代军队作战的变法和常法。也就是指投入实际战斗中的兵力配置（按先出、后出，正面迎敌，侧翼突袭，主攻和助攻等等对兵力所做的配置）。

⑤ 以碫（duàn）投卵者，虚实是也——简本“碫”作“段”，“碫”与“段”通。碫：磨刀石，这里泛指石头，强调其坚硬。虚实：实力的强弱、优劣等，主要指整个战局的兵力部署。这里含以实击虚，集中优势兵力，用攻敌之薄弱环节。

⑥ 合——会战、交战、会合。

⑦ 不竭如江河——竭：枯竭。喻善于出奇制胜的就像江河奔流不竭。

⑧ 终而复始，日月是也。死而复生，四时是也——比喻出奇制胜像日月、四时那样往复无穷。

⑨ 声不过五，五声之变，不可胜听也——古代以宫、商、角、徵(zhǐ)、羽为五声，或五音，即五个基本音阶。胜：尽的意思。

⑩ 色不过五——古代以青、黄、赤、白、黑为五色，即五种基本色素。

⑪ 味不过五——古代以辛(辣)、酸、咸、苦、甘(甜)为五味，即五样基本的味道。

⑫ 循环之无端——循：顺着的意思。无端：没有尽头。简本"无端"作"毋端"，"毋""无"古通，简本"环"作"还"，二字古通。这句比喻事物的变化无穷。(古哲学家有把自然界运动比作"环"的。)

⑬ 疾——快，迅猛，急速。

⑭ 鸷鸟之疾，至于毁折者，节也——鸷(zhì)鸟：凶猛的鸟，如鹰、雕等类。毁折：毁伤，捕杀。节：节奏、控制，关节、时节。

⑮ 其势险，其节短——险：疾，迅猛。短：近。

⑯ 势如彍弩，节如发机——彍(guō)：张满弩。弩(nǔ)：利用机械力量来射箭的弓。发机：射箭。这里指选择时机，突然发动进攻。

⑰ 纷纷纭纭，斗乱而不可乱也——纷纷：紊乱。纭纭：多而且乱。形容旌旗混乱的样子。斗乱：指在混乱状态中作战。

⑱ 浑浑沌沌，形圆而不可败也——浑浑沌(dùn)沌：战车转动、人马奔驰形状不清的样子，指混乱不清。形圆：指阵势部署得四面八方都能应付自如(运转无穷，机动灵活之意)。贩：腐败，变质。

⑲ 治乱，数也，勇怯，势也，强弱，形也——治：严整，有条理。乱：混乱。数：就是上文"分数"的意思。形：示形，即以假象欺骗敌人。简本"怯"作"愶"，二字音近字通。"勇"作"恿"，即"勇"的古文。"强"作"彊"，古"强"字。

⑳ 不责于人——责：求，苛求，责备。人：当时指官吏。

㉑ 择人而任势——择：选择。任势：利用有利的(形)势。任：利用。

㉒ 战人——指挥士卒作战，与《形篇》中之"战民"意义相同。简本"性"作"生"，二字古通。

㉓ 安——安稳，这里指地势平坦。

㉔ 危——危险，这里指地势陡斜，不平之意，是"安"的反义词。

㉕ 势——是在"形"(军事实力各因素)的基础上，发挥将帅的指挥作用，利用人为的、易变的、潜在的诸因素，以造成有利态势和强大的冲击力量，它是军队存在的命脉。

三、译　　文

孙子说：要做到治理(管理)人数很多的大军像治理人数不多的小部队一样，这是由于部队编制组织得好。指挥大部队作战和指挥小部队一样，这是由于有规定的信号来指挥。率领大军作战，使自己的部队即使遭受到敌军袭击也不致战败，这是由于"奇正"运用得正确。进攻敌人，要象用石头投击鸡蛋似的(一下子粉碎敌军)，这是由于"虚实"运用得适宜(避实就虚)。大凡作战，一般都要以正面的部队与敌军战斗，而根据具体情况以奇兵取胜。所以，善于出奇制胜的将帅，其战法就像天地那样变化无穷无际，像江河那样奔流不竭。

(出奇制胜)就像日月运转，落下去，又再出来；四时更替，春、夏、秋、冬每个季节过去了，又再回来，终而复始，往复无穷。基本音阶不过五个，然而这五种声音的配合变化，成为许多听不尽的乐曲。基本的颜色不过五种，然而五种颜色的配合、变化，成为看不尽的色彩。基本的味道不过五种，然而五种味道的配合、变化，成为尝不完的味道。基本的战法不过"奇""正"两种，可是配合、变化，就无穷无尽了。奇可以生正，正可以生奇，奇、正的互相转化，就像圆环旋转一样，无始无终，那里能穷尽它呢？

冲击而出的水，非常迅猛，以至于能把大石头冲走，这是由于它的水势强大。鹰鹫之类的猛禽，行动迅猛，能伤害别的鸟兽，是由于能控制时机（到了一定距离，猛然出击，势不可挡）。所以善于打仗的将帅，一定要造成居高临下，猛如破竹之势，控制时机，逼近敌人，猛然出击。这种“势”（态势），要像张开的弓弩一样，张得很满；这种“节”（节奏），要象射箭一样，逼近看准，然后发射。

旗帜纷杂，人马众多，在混乱中作战，而使自己的部队不乱。在浑沌不清的情况下打仗，必须把部队部署得四面八方都能应付自如，使敌人无隙可乘，无法败我。

一定的条件下，乱生于治，怯生于勇、弱生于强。治和乱，是编制组织好坏的问题；勇和怯，是态势优劣，气势盛衰的问题；强和弱，是力量大小的问题。这些是治乱、勇怯、强弱转化的条件。善于调动敌人的将帅，以假象欺骗敌人，敌人必为其所骗。给敌人一些便宜，他就会来贪占这个便宜，用小利诱动敌人，用重兵等待敌人。（按：“以卒待之”之“卒”应为“诈”，这里权依旧解。）

所以善于指挥作战的将帅，主要在于掌握全局的“势”，并不专门苛求于部属，因而能选派适当的将领，运用有利的（形）势。能运用有利的势去指挥作战的人，就像滚动木、石（圆石）一样运用自如。木、石的特点是，处于安稳的地方就静止，处于陡峭的地方就滚动，方的就静止，圆的易滚动。所以善于指挥作战的将帅，所造成的有利形势，就像在很高的山上滚动圆石头那样，从八百丈高山上滚下那样迅猛不可挡，这就是军事上所说的“势”。

四、军事哲学思想评要

孙武在本篇最后点明主题“势”的问题，指的是充分发挥将帅的指挥能力，以自己的军事实力作基础，造成一种猛不可挡、压倒敌人的有力的“势”。还用“漂石”和“转石”作形象的比喻，认为作战就是要象激水漂石，转圆石于千仞之山那样，能够造成强大的势，运用强大的势，充分发挥军队的战斗能力。并强调把“势”建立在夺取战争胜利即首先要具备客观物质条件的基础上。

对于“势”的形成和运用，孙武非常重视。在列举了用兵作战的“四个方面”后，着重阐述“奇正”（“用兵任势”即勇怯问题）的战法，尤其是奇的运用。奇、正两种战势运用得宜，就能做到出奇制胜，打仗主要靠出奇制胜。然而奇与正的关系又是相变、相生，可以变化的，而且变化又是无穷的。一个高明的将帅总是随着情况的变化而变化正奇战法，就像天地的无穷无际、江河奔流不竭那样，善出奇兵，打败敌人。孙武的“奇正相生、相变”的思想，体现了朴素的辩证法思想，不仅是他军事学术思想的要点，也是他哲学思想的精华。

在“势”的运用上，他具体论述了两点：一是要善于掌握“势”和“节”的关系。节就是节制，主要是控制距离，抓住时机；二是要“择人而任势”，针对不同的势，不同的任务，而选择不同的人。善于作战的人，所造成的势，就像张得很满的弓箭，而发射时却要抓住时机，控制距离，突然射出。即强调要有锐不可挡的“势”，又重视要有掌握时机的“节”，这体现了他即重视客观物质条件，又重视人的能动作用的思想，也正是孙子军事哲学思想的朴素的唯物主义和辩证法思想的特点。

“藏形”、“造势”是十分高明的用兵原则和指挥艺术，即使在现代战争的条件下，也是值得人们吸取得。

由于时代的局限，他对世上一切事物的发展，还不可能认识到它们是螺旋形上升、波浪式前进的，而只能看成是“周而复始、死而复生”，“如此循环之无端”而已。这在当时是不足为怪的，不应多有非议。

五、读法导引举要

《势篇》论奇正的妙用。

(1) 立论指要：用兵任势。势含有因利而制权和诡道的意思。根据利益大小而确定采取的有效战法，决于临敌之日。善战者，能任势取胜而不劳力。财政、外交、内政都已修明，然后可谈用兵。首篇五校、七事都已详备，驭之以势而胜。势为诡道，诡道一为奇正，一为虚实。本篇突出奇正之诡道，"兵事不过奇正"一句为全文的纲领，奇正的妙用是孙武的一大发明。

(2) 认识角度：①自"孙子曰"至"孰能穷之"，论"势"有奇正虚实，而以"战势不过奇正"一句为主脑(分数、形名二者为奇正的本体)，"奇正"即"势"的确诂。虚实则为奇正的妙用。"虚实"另于次篇阐发。②自"激水之疾"至"节如发机"，描写"势"的形状，以水石、鸷鸟、弩机作比而深化哲理。③自"纷纷纭纭"至"以卒待之"，论用"势"的方法，仍紧扣第一篇诡道十四(或十二)种的始意。④自"善战者"至"势也"，论"势"为作战之本基，明"择人任势"为作战的至要，喻以木石、动静、方圆行止之势，尤发人深省。

按，"以利动之，以卒待之"的"卒"，前人解为"兵卒"之"卒"，今人更释为"重兵"、"伏兵"，一误再误。其实此处之"卒"应紧联"奇正"而释为"诈"。比较《军争篇》"故兵以诈立，以利动"，"诈""利"对言，正可以佐证。还有，同是先秦书作的《公羊传》(僖公三十三年)"诈战不日"的"诈"依何休注"诈，卒也，齐人语也"，也可为佐证。孙子本齐人，有时说"诈"为"卒"，不足为怪。何况《公羊传》属齐语，亦有"诈""卒"混用之例。

六、篇章表解

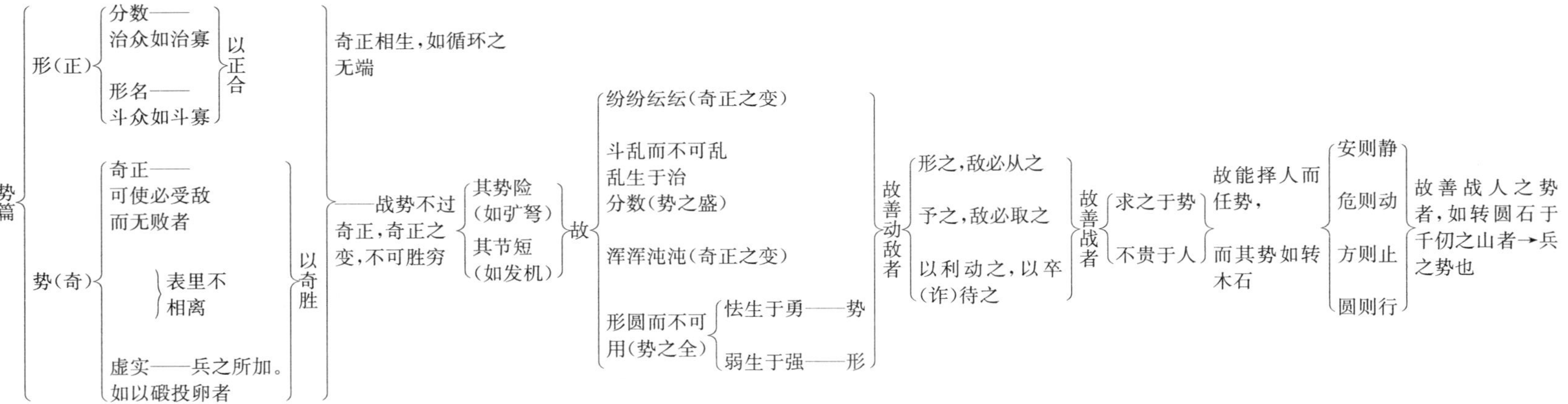
势篇
形（正）
分数——
治众如治寡
形名——
斗众如斗寡
以正合
势（奇）
奇正——
可使必受敌
而无败者
表里不
相离
虚实——兵之所加。
如以碫投卵者
以奇胜
奇正相生，如循环之
无端
——战势不过
奇正，奇正之
变，不可胜穷
其势险
（如弓广弩）
其节短
（如发机）
故
纷纷纭纭（奇正之变）
斗乱而不可乱
乱生于治
分数（势之盛）
浑浑沌沌（奇正之变）
形圆而不可
用（势之全）
怯生于勇——势
弱生于强——形
故善动敌者
形之，敌必从之
予之，敌必取之
以利动之，以卒
（诈）待之
故善战者
求之于势
不贵于人
故能择人而
任势，
而其势如转
木石
安则静
危则动
方则止
圆则行
故善战人之势
者，如转圆石于
千仞之山者→兵
之势也

第六篇　虚实篇[①]

【内容提示】　本篇主要阐明在作战指挥上必须“避实而击虚”,“因敌而制胜”,调动敌人而不被敌人所调动,达到主宰敌人的命运,主动灵活地打击敌人的目的。相应地论证了在军事上“虚、实”可变的规律,提出“致人而不致于人”,“我专而敌分”等重要军事原则。随着时代的发展不管情况如何复杂,将日益显示其重要性。

一、原　　文

孙子曰:凡先处战地而待敌者佚[②],后处战地而趋战者劳[③]。故善战者,致人而不致于人[④]。能使敌人自至者,利之也;能使敌人不得至者,害之也。故敌佚能劳之,饱能饥之,安能动之。出其所不趋[⑤],趋其所不意,行千里而不劳者,行于无人之地也。攻而必取者,攻其所不守也;守而必固者,守其所不攻也。故善攻者,敌不知其所守;善守者,敌不知其所攻。微乎微乎,至于无形,神乎神乎[⑥],至于无声,故能为敌之司命。

进而不可御者[⑦],冲其虚也;退而不可追者,速而不可及也。故我欲战,敌虽高垒深沟,不得不与我战者,攻其所必救也;我不欲战,画地而守之[⑧],敌不得与我战者,乖其所之也[⑨]。

故形人而我无形,则我专而敌分[⑩];我专为一,敌分为十,是以十攻其一也,则我众而敌寡;能以众击寡者[⑪],则吾之所与战者,约矣[⑫]。吾所与战之地不可知,不可知,则敌所备者多;敌所备者多,则吾所与战者,寡矣。故备前则后寡,备后则前寡,备左则右寡,备右则左寡,无所不备,则无所不寡。寡者,备人者也;众者,使人备己者也。

故知战之地,知战之日,则可千里而会战[⑬]。不知战地,不知战日,则左不能救右,右不能救左,前不能救后,后不能救前,而况远者数十里,近者数里乎?

以吾度之,越人之兵虽多,亦奚益于胜败哉[⑭]?

故曰:胜可为也。敌虽众,可使无斗。

故策之而知得失之计[⑮],作之而知动静之理[⑯],形之而知死生之地[⑰],角之而知有余不足之处。

故形兵之极,至于无形;无形,则深间不能窥[⑱],智者不能谋。因形而措胜于众[⑲],众不能知;人皆知我所以胜之形,而莫知吾所以制胜之形;故其战胜不复,而应形于无穷。

夫兵形象水,水之形避高而趋下;兵之形避实而击虚,水因地而制流,兵因敌而制胜。故兵无常势,水无常形[⑳],能因敌变化而取胜者,谓之神[㉑]。故五行无常胜[㉒],四时无常位[㉓],日有短长[㉔],月有死生[㉕]。

二、注　　释

① 虚实——简本作“实虚”。主要指整个战局的兵力部署,即如何通过分数集结的运动变化以造成预定会战地点上的我优敌劣。

② 佚——同“逸”,安逸,从容,与“劳”相对。

③ 后处战地而趋敌者——趋:快走,急走,奔赴。趋战:急促应战。

④ 致人而不致于人——致:招致,招引,这里是调动、支配的意思。致人:调动敌人。致于人:被敌人调动。

⑤ 不趋——不趋：无法急救之意。简本作“必趋”，从文意上看，“不趋”比较符合原意。

⑥ 微乎、神乎——微：微妙，指极为细微，微得近于无形（匿形）。神：神奇、深奥，指极为巧妙之意（隐声）。二者均为形容保守机密的最高要求。

⑦ 御——抵御、防御。作“迎”，迎战。

⑧ 画地——即划地，在地上画个界限，这里表示并没有修筑营寨工事。

⑨ 乖其所之也——简本“乖”作“膠”，义与“乖”近。乖：背离，违背，不一致。这里是改变的意思，之：这里作“往”字讲，去。

⑩ 形人而我无形，则我专而敌分——第一个“形”是动词，第二个形是名词，表现，显露。形人：用侦察手段察明敌情，即暴露敌人。专：专一，指“集中”，是集中兵力的意思。通“抟 tuán”，即把东西捏聚成团，引申为积聚，集中。作为“抟”引申义能更贴切。

⑪ 能以众击寡者——简本作“能以寡击（众者）”，备参。

⑫ 约——少而弱，有限，约束。引申为简要、节省、不多。

⑬ 会战——预期会合兵力，同敌人作战，与现代军语中的会战不同。

⑭ 度之，越人之兵虽多，亦奚益于胜败哉？——度（duó）：推测、判断。越：春秋时代的国名，亦称于越，位于现在浙江一带。国力强盛时，疆域扩至今江苏、安徽、江西等部分地区。越人：越国人。奚（xī）：疑问词，“何”、“胡”的意思。这里作“怎么能……”解。

⑮ 策——筹算，策度或估计。这里是根据情况分析判断的意思。得失之计：这里指敌人作战计划的优劣长短。

⑯ 作之——作：动作，这里指触动、激动、挑动、诱逼（敌人）。“作”《通典》、《太平御览》等作“候”。候：斥候、观察、侦察。作之：诱使敌人行动。动静之理：指敌人行动的规律。

⑰ 形——察明，侦察。死生之地：指敌人所处地形的有利、不利的情况。（也可解为敌我双方所处地形的优劣利害。）策、作、形、角是指四种行为，属于战争准备过程中的一项必要战略战役演习措施。

⑱ 角、间、窥——角：较量力量，即战斗侦察，这里指试探性的进攻。间：间谍。本指缝隙，这里作动词，就是潜入之意。窥：偷看的意思。

⑲ 因形而措胜于众——因形：凭借敌情变化。“措”通“错”，放置的意思。

⑳ “兵形”句——简本“形”作“行”。形：形态。这里前三个“形”字，用“行”字较容易理解；第四个“形”字，则仍以“形”字为适宜。常：经常，固定不变。

㉑ 神——神奇、智谋高超，这里是用兵如神的意思。

㉒ 五行——指金、木、水、火、土五种物质。中国古代思想家企图用五行说明世界万物的起源（构成万物的基本元素）。

㉓ 四时——即春、夏、秋、冬四季。

㉔ 日有短长——短指一年之中，白天的时间有短有长，始终处于变化之中。

㉕ 月有死生——指月亮有圆缺明暗的变化。死：指消失。生：指存在。

三、译　　文

孙子说：凡先到达作战地点待敌来犯的，就从容、主动；后到达作战地点去仓促应战的，就疲劳、被动。所以善于指挥作战的人，总是能调动敌人而不被敌人所调动。使敌人自动进到我预定地域就歼的，那是以利引诱的结果；使敌人不能来战的，那是给以扰害威胁的结果。所以，敌人从容（休整得好），就设法使他疲劳；敌人军粮充足，就设法断他的粮道或破坏他的粮食储备；敌人安驻不动，就设法使他动乱。

出兵要指向敌人无法救援的地方，进攻敌人意想不到的方向。行军千里而不困顿的，是由于乘敌人空虚无备,好像在没有敌人进军的地方一样。要想进攻一定能攻取其地,就要进攻敌人空虚或不易防守的地方。要想防守一定能守住,就要注意防守敌人不敢攻或不易攻破的地方。所以善于进攻的人,能使敌人不知道守哪里好,善于防守的人,能使敌人不知道攻哪里好。微妙之处,在于使敌人看不出一点形迹,神化到听不出一点声息,所以能充分控制敌人的一切,成为敌人命运的主宰。

进攻时,使敌人无法抵御,是由于冲击敌人薄弱之处;退却时,使敌人无法追击,是由于行动很快,敌人来不及追赶。所以,我军想打,敌人即使坚守深沟高垒,也不得不出来与我交战的,是由于进攻敌人所必救的要害之地。我军不想打,即使划定地区坚守,敌人也无法和我交战的,是因为我设法改变了敌人的进攻方向。

所以,用示形的办法欺骗敌人,诱使其暴露企图,而自己不露形迹,使敌人不知虚实,捉摸不定。这样就能做到自己兵力集中而使敌人兵力不得不分散。我军兵力集中于一处,而敌人兵力分散于十处,于是我军就能以十倍于敌的兵力打击一处敌军,造成我众而敌寡的有利态势。如能做到以众击寡,那么与我军直接交战的敌人就少了。我军所要进攻的地方,使敌人不知道。不知道,敌人就要处处设防。敌人多处设防,兵力就分散,我军面对的敌军兵力就少了。所以敌人防备了前面,后面的兵力就薄弱;防备了后面,前面的兵力就薄弱;防备了左边,右边的兵力就薄弱;防备了右边,左边的兵力就薄弱;处处防备,就到处兵力薄弱。兵力所以薄弱,是由于处处防备的结果。兵力所以雄厚,是由于迫使敌人分兵防我的结果。

所以,能预知与敌人交战的地点、时间,即使千里之远,也可以同敌人交战。不能预知与敌交战的地点、时间,即使是左也不能救右,右也不能救左,前不能救后,后也不能救前,何况远在几十里,近的也有数里呢?依我看来,越国的兵力虽然很多,对于决定战争的胜负又有什么补益呢?所以说,胜利是可以争取到的。敌人兵力虽多,也可以使他无法用全部力量与我交战。

经过用心筹算,可以知道敌人计策的得失利害。诱使敌人动作,可以了解敌人活动的规律,示形诱敌以了解敌人所处地形的有利与否。经过试探性的进攻,就可以了解敌人兵力部署的虚实情况。所以,作战方法灵活变化达到了最高的境界,就使人看不出一点形迹。到了无形的境界,即使有隐藏很深的间谍,也不能窥探我军的真实情况,即使有才智的敌人也不能谋算我军。把根据敌情变化而灵活运用战法而取胜,摆在众人面前,众人也不知道是怎样打胜的;人们只知道我取胜的一般战法,但却不知道我因敌制胜的道理。所以每次战胜,都不是重复出现一套老的方式,而是适应敌情的发展而变化无穷。

作战的方式方法有点像水,水流动的规律是避开高处而流向低处,作战的规律则是避开敌人坚实之处而出击其虚弱之处。水适应地形而制约其流动的方向,用兵作战则根据敌情而决定取胜的方针。所以,作战没有固定的方式、方法,就像流水没有一定的形状一样。能依据敌情变化而取胜的,就叫做“用兵如神”。

所以用兵的规律就像自然现象一样,金、木、水、火、土“五行”之中相生相克,没有哪一“行”是常胜的(固定独胜)。春、夏、秋、冬“四时”依次交替,没有哪一季是固定不移的,白天有短(冬)长(夏),月亮有圆(生)缺(死),永远处于变化之中。

四、军事哲学思想评要

在本篇中,孙子提出了一个重要的军事指导思想,这就是“胜可为”的思想。

他认为一个善于指导战争的人,在一定的条件下是可以依靠主观努力取得战争的主动权的。在作战中,一定要使自己居于主动地位,用各种办法去调动敌人而自己则不被敌人所调动,主动灵活地打击敌人。比如“因敌而制胜”,即针对敌人的各种情况,正确地选好作战目标、作战方向,采取相应的办法去指导军队的作战行动,从而指挥敌人,取得胜利。在进攻时,设法使敌人处于被动局面，而自己则居于主动地位，然后出敌不意，乘虚而入，以实击虚、避实就虚去争取胜利。在用兵时还必须使自己的作战意图不让敌人知道，却要详细地掌握住敌人的作战意图。比如通过“示形”等各种手段欺骗敌人，让敌人不了解我方的军情，只好分兵防守，造成敌人处处设防、兵力分散而处于被动挨打局面。我军则集中兵力，在战术上形成敌寡我众之势，便能以我军的优势去消灭敌人的劣势。即使在敌众我寡的情况下，也可由于我军的兵力集中，敌军的兵力分散而使不上劲，我军则可以在某一点上形成以众击寡的优势，避实就虚，主动灵活地打击敌军，主宰敌人的命运，这就是“胜可为”的道理。可见孙子的“胜可为”的思想是以集中兵力、以实击虚为条件的，它包含着唯物、辩证的思想因素，在当时是进步的思想反映。他在这一思想指导下提出的一些重要军事论断和基本原则，至今仍有其生命力，具有重要价值。

特别是关于“虚实”理论，在本篇中以大幅文字论证了虚实的可变性，就像水、日、月……一样，永远处于变化之中。我们只要掌握了它的变化规律。就能运用自如地变敌之实为虚，变己之虚为实。做到以己之实击敌之虚，以夺取战争的全胜。由此可见，孙武运用朴素的辩证唯物观点和唯物辩证方法于军事理论，已达很高的境界。

孙武在本篇中提到“围师必阙”、“穷寇勿迫”的思想，是错误的，这反映了他“集中兵力作战”的思想的局限和不彻底。

五、读法导引举要

《虚实篇》论虚实之至理。

(1) 立论指要：兵者，避实击虚，先须识彼我之虚实。本篇承上篇奇正之利而阐明虚实之利，仍第一篇之诡道。又以“避实击虚”一句为主脑，以“致人而不致于人”为全篇的枢纽，极力发明虚实之利。

(2) 认识角度：①自“孙子曰”至“而不致于人”，总论“虚实”的原则：争取主动，其妙诀在于“致人而不致于人”，“先后劳佚”四字则展示出虚实的作用，这是全篇的大旨所在。②自“能使敌人自至者”至“敌虽众可使无斗”，论虚虚实实的各种方法，其要诀仍在“致人而不致于人”，不外乎审先后劳佚之机而已。总之无一而非诡道。③自“故策之而知得失之计”至“应形于无穷”，论善战者能详审乎虚实之理，而以无形为制胜之形(即诡道十二(或十四)种，都应敌形而应之，由于敌形无穷，相应地虚实真义毕现)。④自“夫兵形象水”至“月有死生”，论虚实之用神妙莫测，兵无常势而因敌形以制胜，如水、五行、四时、日月，千变不息。暗喻要采用灵活、机智、应变的用兵之道。

六、篇章表解

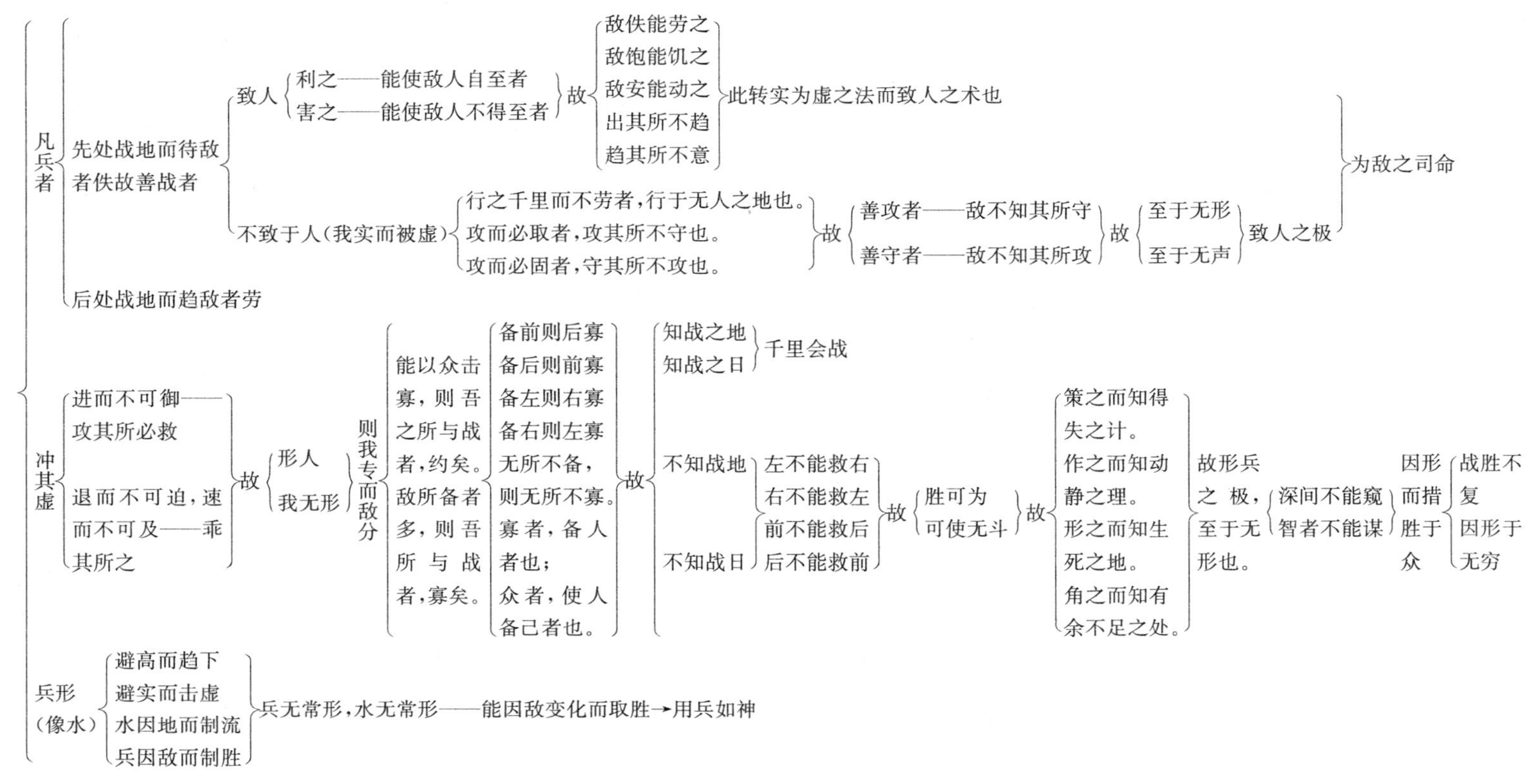

虚实篇（奇正者为虚实之形，而奇正者体虚实者用也。）
凡兵者
先处战地而待敌者佚故善战者
致人
利之——能使敌人自至者
害之——能使敌人不得至者
故
敌佚能劳之
敌饱能饥之
敌安能动之
出其所不趋
趋其所不意
此转实为虚之法而致人之术也
不致于人（我实而被虚）
行之千里而不劳者，行于无人之地也。
攻而必取者，攻其所不守也。
攻而必固者，守其所不攻也。
故
善攻者——敌不知其所守
善守者——敌不知其所攻
故
至于无形
至于无声
致人之极
为敌之司命
后处战地而趋敌者劳
冲其虚
进而不可御——攻其所必救
退而不可追，速而不可及——乖其所之
故
形人
我无形
则我专而敌分
能以众击寡，则吾之所与战者，约矣。
敌所备者多，则吾所与战者，寡矣。
备前则后寡
备后则前寡
备左则右寡
备右则左寡
无所不备，则无所不寡。
寡者，备人者也；
众者，使人备己者也。
故
知战之地
知战之日
千里会战
不知战地
不知战日
左不能救右
右不能救左
前不能救后
后不能救前
故
胜可为
可使无斗
故
策之而知得失之计。
作之而知动静之理。
形之而知生死之地。
角之而知有余不足之处。
故形兵之极，至于无形也。
深间不能窥
智者不能谋
因形而措胜于众
战胜不复
因形于无穷
兵形（像水）
避高而趋下
避实而击虚
水因地而制流
兵因敌而制胜
兵无常形，水无常形——能因敌变化而取胜→用兵如神

第七篇　军争篇

【内容提示】 主要论述如何先于敌人争取制胜的条件，取得有利的作战地位，力争掌握战场的主动权诸问题；提出了"避其锐气，击其惰归"、"以治待乱，以静待哗"等著名的"治气、治心"的军事指导原则和方法。

一、原　　文

孙子曰：凡用兵之法，将受命于君，合军聚众①，交和而舍②，莫难于军争③。军争之难者，以迂为直，④以患为利⑤。故迂其途，而诱之以利，后人发，先人至，此知迂直之计者也。

故军争为利，军争为危。举军而争利，则不及；委军而争利，则辎重捐⑥。是故卷甲而趋，日夜不处，倍道兼行⑦，百里而争利，则擒三将军，劲者先，疲者后，其法十一而至⑧；五十里而争利，则蹶上将军⑨，其法半至；三十里而争利，则三分之二至。是故军无辎重则亡，无粮食则亡，无委积则亡⑩。

故不知诸侯之谋者⑪，不能豫变⑫；不知山林、险阻、沮泽之形者⑬，不能行军；不用乡导者⑭，不能得地利。

故兵以诈立⑮，以利动，以分合为变者也。故其疾如风，其徐如林，侵掠如火⑯，不动如山，难知如阴⑰，动为雷震⑱。

掠乡分众⑲，廓地分利⑳，悬权而动㉑。

先知迂直之计者胜，此军争之法也。

《军政》曰㉒："言不相闻，故为金鼓；视不相见，故为旌旗。"夫金鼓旌旗㉓者，所以一人之耳目也㉔；人既专一，则勇者不得独进，怯者不得独退，此用众之法也。故夜战多火鼓，昼战多旌旗，所以变㉕人之耳目也。

故三军可夺气，将军可夺心㉖。是故朝气锐，昼气惰，暮气归。故善用兵者，避其锐气，击其惰归，此治气者也。以治待乱，以静待讹㉗，此治心者也。以近待远，以佚待劳，以饱待饥，此治力者也。无邀正正之旗㉘，勿击堂堂之陈㉙，此治变者也。

故用兵之法，高陵勿向㉚，背丘勿逆㉛，佯北勿从㉜，锐卒勿攻㉝，饵兵勿食㉞，归师勿遏㉟，围师必阙㊱，穷寇勿迫，此用兵之法也。

二、注　　释

① 合军聚众——指聚集众兵，组成军队。

② 交和而舍——交：接触。和：和门，即古代军队的军门。交和：两军相对。两军的军门相交即两军对阵。舍：驻扎，舍营，止息。交和而舍：指两军营垒对峙的意思。可参考曹操注："军门为和门，左右门为旗门，以车为营曰辕门，以人为营曰人门，两军相对曰交和。"而舍：为止。而：相当于"在"。

③ 军争——两军争利，指争取对于作战有利的地形、地势等条件，即争取主动地位。

④ 迂——简本作"汙"，弯曲、绕远的小路。

⑤ 以患为利——要把困难变成百利。患：祸患，不利。

⑥ 举军而争利，则不及；委军而争利，则辎重捐——携带全部军用物资。举：有。举军：全

军。及：到。委：丢弃。捐：抛弃，损失。

⑦ 卷甲而趋，日夜不处，倍道兼行——卷：收藏。甲：铠甲。趋：快走、急进、奔赴。处：住，停。倍道：走加倍的路程，即提速一倍。兼行：昼夜都行进。

⑧ 擒三将军，劲者先，疲者后，其法十一而至——三将军：三军将帅。擒三将军：指三军主将都会被俘，实含全军覆没之意。法：指兵法上的原则。十一而至：十分之一的人到达。母数、子数连用，中间不用"分"和"之"，这是古汉语各种分数表示法中的一种表示法。

⑨ 蹶上将军——蹶：挫折、失败，损伤。上将军：带领先头部队的将领或主将。简本无"军"字。

⑩ 委积——指物资储备。

⑪ 谋——图谋、意向。

⑫ 豫交——与诸侯结交。豫："予"的本字，通"与"，参与的意思。

⑬ 沮泽——有水草的河沼地带。沮(jǔ)：低湿之地。

⑭ 乡导——"乡"通"向"。简本"导"作"道"，"导""道"古通。同"向导"，给军队带路的人。

⑮ 诈——假装，诱骗，使敌人捉摸不定。(古代诱骗义用诈不用骗。)"诈"还通"乍"，含有突然、让人猝不及防的意味。

⑯ 其徐如林，侵掠如火——徐：缓慢。侵掠：袭击、进攻。《左传·庄公二十九年》"凡师(战)有钟鼓曰伐，无曰侵，轻曰袭"可以参照理解。

⑰ 阴——阴天，指看不见日月星辰。

⑱ 雷震——有雷霆万钧之意，也有迅雷不及掩耳，闪电不及瞬目之意。

⑲ 分众——分配俘掳来的民众

⑳ 廓(kuò)——扩大、开拓的意思。

㉑ 悬权——"悬"简本作"县"。"悬"字后起，"县"即"悬"之本字。用秤衡量轻重，这里指衡量敌我的优势、劣势，相机而动。权：秤砣。

㉒ 军政——古代兵书目。

㉓ 金鼓旌旗——古代军队作战中的通信联络工具。

㉔ 一人——一：统一。人：指战士。

㉕ 变——变化，适应。使……适应。

㉖ 夺气、夺心——夺气：挫伤士气。这里指打击。夺心：控制军队指导员的思维活动，即动摇将军的决心。

㉗ 讲(哗)——喧哗、嘈杂。比喻轻浮躁动。

㉘ 邀——简本作"要"，"邀""要"字通，截击。

㉙ 陈(zhèn)——古"阵"字。

㉚ 高陵——山地。向：从下向上攻。

㉛ 丘——高地。逆：简本"逆"作"迎"。迎：迎面攻击。

㉜ 佯——简本作"详"。佯：假装。北：败退。

㉝ 锐卒——指锐气方盛的部队。锐：急进，旺盛。惰：懈怠，怠惰。

㉞ 饵兵——饵：钓鱼用的鱼食。饵兵：诱兵，即引诱就范的小部队。

㉟ 遏(è)——拦阻，阻截。

㊱ 围师必阙——简本"必阙"作"遗阙"。"阙"通"缺"，留下缺口。

三、译　文

孙子说：凡是(用兵)作战的一般规律，从将帅接受国君作战命令起，经过组织民众，编成部队，到与敌军对阵交锋止，在整个过程中，最困难，最重要的事是与敌争夺战斗的有利条件。军争之所以难，是在于要把迂回绕远的路；转变为直捷近便的路，把不利变为有利。故意迂回绕道，并用小利引诱敌人向另外方向去（转移敌人的注意力），这样就可能做到比敌人后出动，却比敌人先到达必争之地，这就叫做懂得“以迂为直”的计谋。

所以军争是有利的，也是有危险的。如果带着全军所有辎重去争有利之地，军行迟缓就赶不上；如果丢下军队的辎重去争利，辎重就会损失。因此卷起盔甲，轻装急进，昼夜不停，以加倍的速度赶路。如果赶一百里路去争利，三军将领可能都被敌人所俘。精壮的队伍先到，疲弱的队伍掉队，结果只有十分之一的军队赶得到。如果赶五十里路去争利，先头部队的将领可能遭受损伤，军队只有一半赶得到。如果赶三十里路去争利，就会只有三分之二的军队赶得到。所以，军队没有随军辎车就会失败，没有粮食接济就不能生存，没有物资储备也就不能坚持作战。

所以不了解各国诸侯的意向，就不能先跟他们结交。不熟悉山林、险阻、沼泽等地形的情况，就不能行军。不能重用向导的，就不能找到有利的地势。

军队是用欺骗敌人的办法来隐蔽自己的意图（用兵打仗要奇诈多变才能获得成功），根据是否有利的情况采取行动，要以兵力的分散和集中而实行变化。

所以军队的行动，快速起来要象疾风那样迅猛，慢起来，要象树林那样徐徐摆动。攻击的时候，要象火势那样猛烈。不动（驻守）的时候，要象山岳那样巍然屹立。隐蔽的时候，要使敌人象在阴天看不见日月星辰那样，对我军的动静茫然无知，一动起来要象迅雷不及掩耳之势，使敌人手足无措。

夺取敌人的粮食资财，要分配给养；开拓疆土，要分守于我有利的要地；要衡量敌我优劣之势，见机而动。

谁先知道“以迂为直”的计谋（弯路与直路的关系），谁就能取胜，这就是军争的原则。

古时的军书说：“打仗的时候，相互间说话听不见，所以使用锣鼓。看不清指挥动作，所以使用旌旗。”锣鼓、旗帜都是用来统一军队的作战行动的，军队行动都统一起来了，那勇敢的将士就不能单独前进，怯弱的也不能单独后退了，这就是指挥大部队作战的方法。所以夜晚作战要多用火光和鼓声，白天作战要多用旗帜，之所以变换这些信号，都是为了适应士兵的视听能力。

对于敌人的军队，可以挫伤其锐气；对于敌军的将领，可以动摇他的决心。军队初战士气旺盛，经过一段时间之后就逐渐懈怠，后期就会气竭思归。所以善于打仗的人，就要避开敌军初来时的锐气，等到敌军懈怠，疲乏时才去打它，这是掌握军队士气的方法。以自己的严正来对待敌人的混乱，以自己的镇静来对待敌人的轻躁，这是掌握军心的方法。保持自己的部队接近战地，等待敌军远道而来；保持自己的部队从容不疲惫，等待敌军的奔走疲劳；保持自己的部队粮足，等待敌军粮尽人饥，这是掌握军队战斗力的方法。不要急于去迎击旗帜整齐部署周密的敌军，不要去进攻阵容严整、实力雄厚的敌军，这是掌握因敌而变（战略战术机动灵活）的方法。

用兵的方法：敌军占领了高地，就不要轻率地去仰攻它。敌军背靠高地，就不要正面去攻击它。敌军假装败退，就不要去跟踪追击。敌军来势猛锐的（主力）先不要去攻击它。敌人用小部队来作“诱饵”，不要去理睬它。退兵回国的敌人，不要去截击它。包围敌军，要给它留下个缺口，不要困死。对处于绝境的敌军，不要过分去逼迫它。这些都是用兵应当掌握的法则（原则）。

四、军事哲学思想评要

孙子认为两军争利争胜就是集中在力争掌握战场的主动权上。军队从受命出兵到两军对垒的作战过程中，如何先敌占领战场要地和掌握有利战机，是两军相争中最重要、最困难的事情。为了争夺取胜的有利条件、有利的地位，必须要懂得“以迂为直，以患为利”的原则，要故意迂回绕道，并以小利把敌人引诱到别的方向去和采取表面上不利于己的手段来欺骗迷惑敌人，然后倍道兼程出敌不意，虽然落后于敌人出发，却可先于敌人到达所争的要地。这种“后人发，先人至”的思想，正是孙子“军争”思想的精华所在，这里有着丰富的朴素唯物主义和辩证法的思想，在当时是很可珍贵的。他认识到“军争”有“利”和“害”的两个方面情况，还强调在军争过程中能正确运用“迂直之计”的，就可争取到有利的条件，不然将会反受其害。处理好“举军而争利”，“委军而争利”，既要行动迅速，又不能只顾轻装而丢弃辎重，只顾急进而把部队拖垮。并警告：没有辎重军队将无法生存，轻率冒进全军将领就有被俘的危险。孙子重视转化，对于“迂与直、患与利，后与先”矛盾的双方，他认为在一定条件下，都是可以转化的，我们只要指挥得当，就可以化不利为有利。

为达到争利的目的，还必须强调要摸清敌情与了解各诸侯国的动向（便于结交）、了解行军的道路和战场的地形，重视使用向导，实施统一的指挥，并提出“其疾如风，其徐如林，侵掠如火，不动如山”等行动要求，和要很好地掌握欺诈敌人（兵以诈立，以利动），不断“分合”变化（以分合为变）使用自己的兵力等用兵原则，这些都是具有一定的价值的。

孙子在两军争利方面还阐述了“用众”之法，即“勇者不得独进，怯者不得独退”；分散与集中，快和慢，动和静的变化运用；“治气、治心、治力、治变”的作战指导思想和办法，特别提出“避其锐气，击其惰归”的军事名言，反映了战争指导中的一些带规律性的东西。尽管现代战争的条件与古代大不相同，但他贯穿在整个战争理论之中的“军争为利”争取主动的主导思想与方法的精神，是一个带有全局性的关键问题，对人类的各种活动具有普遍的指导意义，至今仍然有其可取之处，更有现实意义。

至于孙子所说的“归师勿遏”、“围师必阙”、“穷寇勿迫”等思想，现在看来，未必能达到彻底消灭敌人的目的，不宜一概而视。

五、读法导引举要

《军争篇》论普通战争的方略。

(1) 立论指要：“两军争胜”直接点题。两军争胜的原则，既要占机先，又要顾虑周到。庙冥已定，财政已足，外交已穷，内政已饬，奇正之术已熟，虚实之情已审，就应当为将者以方略而从事战争了。

(2) 认识角度：①自“孙子曰”至“军争为危”，论军争之总方略在于占先制之利（占先则利，落后则危）。②自“举军而争利”至“不用乡导者不能得地利”，论军争虽以争先为第一要务，然而辎重、粮食、委积、敌谋、地形、乡导六者，也不可不顾虑到。③自“故兵以诈立”至“此年争之法也”，论军争时动作的方法。④自“军政曰”至“所以变人之耳目也”，治众的方法。⑤自“故三军可奇气”至“此用兵之法也”，论治气、治心、治力、治变的方术，为将者要在“练心”而制动。

六、篇章表解

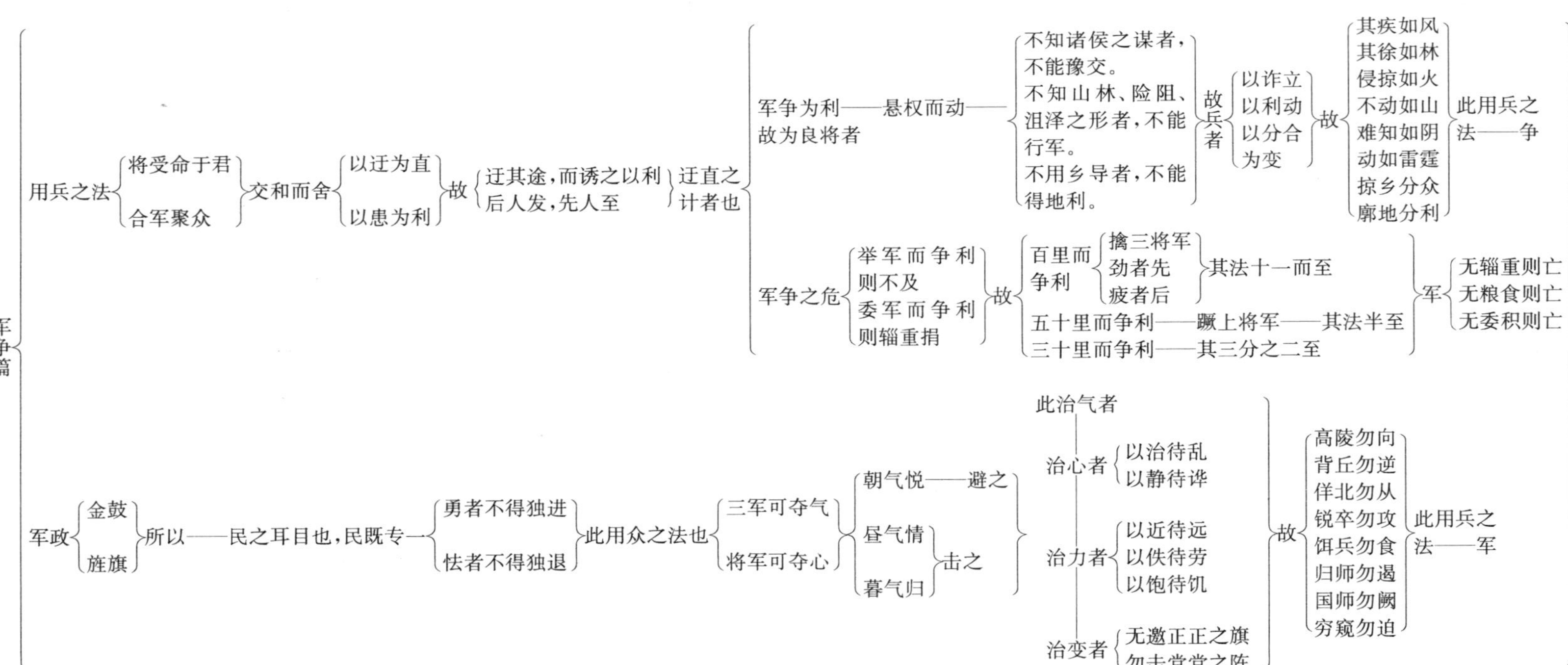
军争篇
用兵之法
将受命于君
合军聚众
交和而舍
以迂为直
以患为利
故
迂其途，而诱之以利
后人发，先人至
迂直之计者也
军争为利——悬权而动——
故为良将者
不知诸侯之谋者，不能豫交。
不知山林、险阻、沮泽之形者，不能行军。
不用乡导者，不能得地利。
故兵者
以诈立
以利动
以分合为变
故
其疾如风
其徐如林
侵掠如火
不动如山
难知如阴
动如雷霆
掠乡分众
廓地分利
此用兵之法——争
军争之危
举军而争利则不及
委军而争利则辎重捐
故
百里而争利
擒三将军
劲者先
疲者后
其法十一而至
五十里而争利——蹶上将军——其法半至
三十里而争利——其三分之二至
军
无辎重则亡
无粮食则亡
无委积则亡
军政
金鼓
旌旗
所以——民之耳目也，民既专一
勇者不得独进
怯者不得独退
此用众之法也
三军可夺气
将军可夺心
朝气锐——避之
昼气惰
暮气归
击之
此治气者
治心者
以治待乱
以静待哗
治力者
以近待远
以佚待劳
以饱待饥
治变者
无邀正正之旗
勿击堂堂之阵
故
高陵勿向
背丘勿逆
佯北勿从
锐卒勿攻
饵兵勿食
归师勿遏
围师勿阙
穷寇勿迫
此用兵之法——军
军争之法

第八篇　九变篇

【内容提示】 本篇主要论述在作战指挥上要善于根据不同情况随机应变，灵活运用变换战法。强调考虑问题要兼顾利害两方面，主张在利思害，在害思利，趋利避害，并提出“有备无患”的战备思想。

一、原　　文

孙子曰：凡用兵之法，将受命于君，合军聚众。圮地无舍①，衢地交合②，绝地无留③，围地则谋④，死地则战⑤。涂有所不由⑥，军有所不击，城有所不攻，地有所不争，君命有所不受。故将通于九变之地利者⑦，知用兵矣；将不通于九变之利者，虽知地形，不能得地之利矣；治兵不知九变之术，虽知五利⑧，不能得人之用矣。

是故智者之虑，必杂于利害。杂于利，而务可信也；杂于害，而患可解也⑨。

是故屈诸侯者以害，役诸侯者以业，趋诸侯者以利⑩。

故用兵之法，无恃其不来，恃吾有以待也；无恃其不攻，恃吾有所不可攻也。

故将有五危：必死，可杀也⑪；必生，可虏也⑫；忿速⑬，可侮也；廉洁⑭，可辱也；爱民，可烦也。凡此五者，将之过也，用兵之灾也。覆军杀将，必以五危，不可不察也。

二、注　　释

① 圮地无舍——圮(pǐ)：毁坏、断绝的意思。圮地：指山岭、森林、阻塞、湖沼等难于通行的地区。舍：住舍、宿营、客舍。引申为停息、止宿。

② 衢地交合——衢(qú)：四通八达的道路。衢地：指几国交界，四通八达的地区。交合：结交(邻国)。有的本子作“合交”，义同。

③ 绝地——指交通困难，又没水草、粮食，难于生存的地区。指与后方隔绝之地。

④ 围地——指地形四面险阻，出入道路狭窄的地区，易被包围之地。

⑤ 死地——指前不得进，后不得退，非死战就难以生存的地区。

⑥ 涂有所不由——涂：道路，通“途”。由：经由。涂有所不由：有的道路不要通过。

⑦ 九变之地利者——九：泛指多。变：根据特殊情况作特殊处置，临事应变，不拘常法，怎样行动最合适，就怎样行动。九变：各种机变，指机变行事，灵活多变地运用原则。“地利”的“地”字，在军事上很难说得通，以无“地”字为好，不妨看做衍文。另有二处可为佐证：一是本篇下句“将不通于九变之利者”也无“地”字；二是宋本《武经七书》《太平御览》等无“地”字。

⑧ 五利——一说是“涂有所不由……”五句，一说是“圮地无舍……”五句，实质都是指要根据不同的情况，临机应变。

⑨ 务可信也，杂于害，而患可解也——务：事，任务。这里指自己的作战意图、任务。简本中“信”、“解”二字下无“也”字。信：通“伸”(申)，伸展、达到的意思。杂：参杂，用为“兼顾”义。解：免除、融化、消散。

⑩ 役诸侯者以业，趋诸侯者以利——役：役使，驱使。业：通“隉(niè)”，不安定的样子。《诗经·商颂·长发》“有震有业”的“业”，高亨《诗经今注》“业，危也”，本文同此义，指危险、不安定(的事情)。趋：奔走。有人解释为归附，依附。

⑪ 必死，可杀也——简本中“杀”字下面无“也”字。这里就勇而无谋，只知死拼而言。

⑫ 必生，可虏也——就临阵畏怯，贪生怕死而言。

⑬ 忿(fèn)速——指急躁易怒，一触即跳。

⑭ 廉洁——指廉洁好名，过于自尊。

按：《九变篇》开头“圮地无舍，衢地交合，绝地无留，围地则谋，死地则战，涂有所不由，军有所不击，城有所不攻，地有所不争，君命有所不受”这十句话，向来被视为解释“九变”。它们分前后两组并列，每组五句。我们要是以每一句话为一“变”，便成“十变”；要是以前九句为“九变”，后一句另看作结语，这却与成片句式不符。尤其是前五句有四句与“九地”重出，有人以为应是《九地》篇所说“九地之变”之省，所以便提出“错简”问题来，从而把上述十句中与《九地篇》重出的四句删去，而把《军争》篇末的“高陵勿向，背丘勿逆，佯北勿从，锐卒勿攻，饵兵勿食，归师勿遏，围师必阙，穷寇勿迫”八句移入，与剩下原《九变篇》中的“绝地无留”合成九变。这种解释过去曾为一些注本和校本所采纳。

还有，有人认为《九变》和《九地》是《孙子》全书中编次加工最粗糙的。《九变》开头五句不仅有四句与《九地》重出，而且“绝地无留”，根据银雀山简本，也是出自《九地》，因而推测“九变”本来是指“九地之变”。凡此种种，意味着尚有不少问题有待今后进一步全面参会考释酌定。

三、译　　文

孙子说：凡是用兵的法则，将领接受国君的命令，动员组织民众，编制成军队，在山林险阻、水草丛生、难于通行的“圮地”上，就不要宿营；在三国交界，得到它就能得到邻国的援助的“衢地”上，就应该结交诸侯；在没有井泉，无从畜牧、打柴的“绝地”上，就不可停留；在进退两难、易被包围的“围地”上，就要巧出计谋；在力战则存、不力战则亡的“死地”上，就要奋勇决战。特殊情况下，道路有的是不能通过的；敌军，有的是不能攻击的；城邑，有的是不能攻打的；土地，有的是不能争夺的。国君的命令，有些是不能接受的(有条件、有原则)。将帅能精通以上各种(九变)地形的灵活运用，就是懂得用兵的法则了；将领不能精通各种地形的灵活运用，虽然了解地形，也不能得到地形的利益。指挥军队作战，不懂得“九变”的方法，尽管知道上述“五利”(五条好处)，也不能充分发挥军队的战斗力量。

所以，聪明的将领考虑作战问题时，必须充分兼顾到利、害的两个方面的条件，充分看到了有利的方面，才能提高信心发展胜利，充分考虑了危害的可能，就能防止意外的祸患。

要使各国诸侯的力量不能伸展，就要用他最害怕、最忌讳的事情去伤害他，要役使各国诸侯，就要用使他感到不安而又不得不做的事情去扰乱他；要使各国诸侯被动奔走，就要用小利去引诱他。

所以用兵的法则，不能把希望放在敌人不会来打的可能上(这是不可靠的)，而要依靠我自己有充分的准备来对付他。不能依靠敌人不会发动进攻，而要依靠我们自己有充分的准备，使敌人攻不破我们。

将领有五种危险：只知死拼，就可能会被杀，只知贪生，就可能会被俘；急躁易怒，就可能会受不起刺激；廉洁自爱，就可能会经不起羞辱；过分地爱护居民，就可能因掩护居民而烦劳。这五条危险，是将领性格上(素质上)的缺陷，也是指挥战争的灾害！导致全军覆没，将领被杀，都是由于这五种性格上的缺陷引起的。是不能不警惕的。

四、军事哲学思想评要

本篇反映了孙武随机应变、灵活机动的作战指挥思想。这种思想贵在“变”字上(即“九变之术”和“九变之利”)。他强调将领必须要善于根据五种不同的地理条件、诸侯情况、将邻特点，采取相应的措施，灵活变换战法、正确指导战争。不然即使熟知“地形”，也不能“得地之利”，虽知“五利”，也不能“得人之用”，这样是不可能赢得战争胜利的。为了防止将帅因拘泥“军法”而招致失败，他本着临机应变的原则，明确提出了“涂有所不由，军有所不击，城有所不攻，地有所不争，君命有所不受”等主张，其中既包含要求将帅根据具体情况灵活处置，也包含有所不为才能有所为和要有所取就必须有所不取的朴素辩证观点。他认识到，为了达到预期的作战目的，对那些从全局看来无关紧要的目标，就应坚决“不击、不攻、不争”，只有这样，才能达到作战行动的主要目的。这种具有朴素的唯物论、自发的辩证法的思想，是与传统信鬼神、畏天命的非现实的“天命观”根本对立的，是可贵的。

孙子在本篇中又一重要思想是“智者之虑，必杂于利害”，这也是“九变”的一贯原则，他在要求将帅对不同的作战对象，采用不同的斗争手段的同时还必须做到全面地看问题，在有利的形势下要看到不利的方面，在不利条件下要看到有利方面，这样才能趋利避害，防患未然。在战备思想上，提出“无恃其不来，恃吾有以待也；无恃其不攻，恃吾有所不可攻也”的观点，强调任何时候都不要把希望寄托在敌人“不来”“不攻”上面，而要充分准备，使敌人无机可乘，无懈可击。显然，这种观点是积极的，有价值的。最后还指出，作战往往由于将不通“九变”之五危：必死、必生、忿速、廉洁、爱民而走上失败的道路，甚至全军覆没。为了战胜敌人，将帅必须注意提高军政素养（改变性格），因情、因势、因时、因地去处理问题，才能有所得。这一思想对后世兵家的影响至为深远。

“君命有所不受”的主张，是以夺取战争胜利为前提，符合新兴阶层的根本利益的，符合正确的军事路线的。

另外，必须指出，“九变”的军事路线，只是从地理条件和将帅的角度提出来的。还没有涉及正义与非正义战争的本质区别，也未涉及士兵与人民群众的作用问题，这就另当别论了。

五、读法导引举要

《九变篇》论临机应变的方略。

（1）立论指要：用兵之法，当极其变（虽当利用地形，但不可不知权变）。九，数之极；九变者，极其应变之能事。将既受命于君，合军聚众，应知九变之利，九变之术（为将之要道），临阵极其应变。全篇主旨在于通九变之利，否则虽知地形不能得地利；在于知九变之术，否则虽知五利也不能得人之用。

（2）认识角度：①自“孙子曰”至“得人之用”，论选将之法在于当选知变之将。以知九变三利、知九变之述为选将标准，这样的将无往而不利。②自“是故智者之虑”至“恃吾有所不可攻也”，论任将之法在于善变之将。杂于利害之虑，能攻善守。③自“故将有五危”至“不可不察也”，论杀将之法，将不知变敌人乘隙杀之，则有覆军杀将之灾。也就是说忽视极其应变之能事，后果不堪设想（导致战争彻底失败）。

六、篇章表解

- 九变篇
  - 将受命于君，合军聚众
    - 圮地无舍
    - 衢地合交
    - 绝地无留
    - 围地则谋
    - 死地则战
    - 途有所不由
    - 军有所不击
    - 城有所不攻
    - 地由所不争
  - 君有所不受
    - 将通九变之利者，知用兵。
    - 将不通九变之利者，虽知地形，不能得地之利。
    - 治兵不知九变之术，虽知“五利”，不能得人之用。
    - 故智者之虑，杂于利害
      - 杂于利，而务可信也
      - 杂于害，而患可解也
      - 是故
        - 屈诸侯者以害
        - 役诸侯者以业
        - 趋诸侯者以利
        - 故
          - 无恃其不来，恃吾有以待也。
          - 无恃其不攻，恃吾有所不可攻。
  - 将之五危
    - 必死，可杀；
    - 必生，可虏；
    - 忿速，可侮；
    - 廉洁，可辱；
    - 爱民，可烦。
    - 此将之过，用兵之灾——此五危覆军杀将，不可不察。
- 此用兵之法也

第九篇　行军篇

【内容提示】 主要论述行军作战的组织指挥、利用地形地物择利处置的要领和观察判断敌情的一整套方法，并提出“令之以文，齐之以武”的治军思想。还告诫将帅无深谋远虑而轻举妄动，必将遭到惨败（“无虑而易敌者，必擒于人”）。

一、原　文

孙子曰：凡处军、相敌①：绝山依谷②，视生处高③，战隆无登④，此处山之军也。绝水必远水；客绝水而来，勿迎之于水内，令半济而击之⑤，利；欲战者，无附于水而迎客⑥；视生处高，无迎水流⑦，此处水上之军也。绝斥泽，惟亟去无留；若交军于斥泽之中，必依水草而背众树⑧，此处斥泽之军也。平陆处易，而右背高，前死后生⑨，此处平陆之军也。凡此四军之利，黄帝之所以胜四帝也⑩。

凡军好高而恶下，贵阳而贱阴，养生而处实⑪，军无百疾，是谓必胜。丘陵堤防，必处其阳，而右背之。此兵之利，地之助也。

上雨，水沫至⑫，欲涉者，待其定也。

凡地有绝涧、天井、天牢、天罗、天陷、天隙⑬，必亟去之，勿近也。吾远之，敌近之；吾迎之，敌背之。

军行有险阻、潢井、葭苇、山林、翳荟者，必谨复索之，此伏奸之所处也⑭。

敌近而静者，恃其险也；远而挑战者，欲人之进也；其所居易者，利也。众树动者，来也；众草多障者，疑也；鸟起者，伏也；兽骇者，覆也⑮；尘高而锐者，车来也；卑而广者，徒来也；散而条达者⑯，樵采也；少而往来者，营军也⑰。辞卑而益备者⑱，进也；辞强而进驱者，退也；轻车先出居其侧者，陈也⑲；无约而请和者，谋也；奔走而陈兵车者，期也⑳；半进半退者，诱也。杖而立者㉑，饥也；汲而先饮者㉒，渴也；见利而不进者，劳也；鸟集者，虚也；夜呼者，恐也；军扰者，将不重也；旌旗动者，乱也；吏怒者，倦也；粟马肉食，军无悬㉓缻，不返其舍者，穷寇也；谆谆翕翕㉔，徐与人言者，失众也；数赏者，窘也；数罚者，困也；先暴而后畏其众者，不精之至也；来委谢者，欲休息也。兵怒而相迎，久而不合㉕，又不相去，必谨察之。

兵非（贵）益多也，惟无武进，足以并力、料敌、取人而已㉖。夫惟无虑而易敌者㉗，必擒于人。

卒未亲附而罚之㉘，则不服，不服则难用也。卒已亲附而罚不行，则不可用也。故令之以文，齐之以武，是谓必取㉙。令素行以教其民㉚，则民服；令不素行以教其民，则民不服。令素行者，与众相得也㉛。

二、注　释

① 处军相敌——处：处置，部署，安排。处军：指行军作战中军队在各种地形上的处置（宿营）要领。相：观察。相敌：指观察判断敌情。

② 绝山依谷——绝：横渡，穿过，这里是通过的意思。绝山依谷：经过山地，靠近山谷，为的是依靠山谷的水草供给人马的饮料和饲料。

③ 视生处高——生：草木生长意。视生：面向开阔。处高：宿营高地。曹操注：“生者，阳也。”依此，视生处高，应是居高向阳而开阔视野的意思。

④ 战隆无登——简本中“隆”作“降”。“隆”,“降”声,二字形音皆近,易相混。隆:高地。战隆无登:敌人占据高地,不可仰攻。

⑤ 客绝水而来,勿迎之于水内,令半济而击之,利——客:这里指敌人。绝水:横渡水流。水内:同“水汭(ruì)”,水滨(通常指水边向内凹出)。济:渡河、渡过。

⑥ 附——靠近,是“近”的同义词。

⑦ 无迎水流——迎:逆。无迎水流:不要让敌人居上流,我军居下流,这里是为防御敌军决水灌我。

⑧ 绝斥泽,惟亟去无留——斥:盐碱地带。斥泽:盐碱沼泽地带。惟:想(办法)。亟:急切,赶快。

⑨ 平陆处易,而右背高,前死后生——平陆:开阔的平原地带。易:平坦。平地。右:古时中原诸国重右(楚国则重左)作战分左、中、右三翼,以右为上,右翼为主力军。“以……好”之意。《淮南子·地形训》:“高者为生,下者为死。”依此,本篇中,死:低的意思;生:高的意思。

⑩ 凡此四军之利,黄帝之所以胜四帝也——四军:指上述山、水、斥泽、平陆四种地形条件下处军原则。四帝:四方部族首领。是指败在他手下的蚩尤等人。曹操注:“黄帝(古传说中帝王,又称轩辕)始立,四方诸侯无不称帝。”

⑪ 养生而处实——养生:指物产丰富,便于生活的地方。实:坚实,指地势高的地方。处实:驻扎在地势高处,安全可靠。

⑫ 上雨,水沫至——上雨:上游有雨。水沫:简本“沫”作“流”,似更贴切。北方山洪暴发前,先有水流冲来,部队如要徒步过河,就要等到水流稍定,否则洪峰冲来,会被冲掉。

⑬ “凡地有绝涧”句——绝涧:指二岸峭壁,水流其间的地形。天井:指四周高峻,中间低洼的地形。天牢:山险环绕,易进难出的地形。天罗:荆棘丛生,难于通过的地带。天陷:地势低洼、泥泞易陷的地带。天隙:二山之间,狭窄的谷地。

⑭ 军行有险阻、潢井、葭苇、山林、翳荟者,必谨复索之,此伏奸之所处也——潢(huáng):积水也。潢井:泛指低洼沼泽地带。葭(jiā)苇:初生的芦苇。翳(yì)荟(huì):草木繁盛、可隐伏的地方。复:反复。索:寻找,搜索。有的本子“军行”作“军旁”,下文“所处也”作“所藏处也”,可备参。

⑮ 兽骇者,覆也——覆:覆盖。伏兵。倾覆。曹操注:“敌广陈张翼,来覆我军也。”

⑯ 卑而广者,徒来也;散而条达者,樵采也——简本“卑”作“庳”,古通。卑:位置低下。徒:步卒。条达:飞尘断断续续地散乱飞扬。

⑰ 营军——察看地形、准备设营的敌军。

⑱ 益备——加紧战备。

⑲ 陈也——陈:同“阵”,作动词用。意思是敌人在布阵,即敌军展开成战斗队形。

⑳ 期——期求,这里指期求与我交战。

㉑ 杖而立——倚仗手中的兵器而站立。

㉒ 汲(jí)——从井中打水。

㉓ 军无悬缻——缻(fǒu):陶制炊具,同“缶”。语意是军队收拾炊具。

㉔ 翕(xī)——和顺的样子。

㉕ 合——接战。

㉖ 兵非益多也,惟无武进,足以并力、料敌、取人而已——《武经》“非”下多一“贵”字,作“兵非贵益多”。惟:只要。(“惟”本义是思,“唯”本义是答应,“维”本义是绳子。但在“思”义上,“惟、维”通用;在“只”义上,“惟、唯”通用;在语气词上,三字通用。)武进:冒进,恃勇轻进。并力:合力,指集中兵力。料敌:分析判断敌情。取人:争取人心。(按,各本对此解释不一,有解为战

胜敌人,有解为选拔人才。)

㉗ 易敌——轻视敌人。

㉘ 亲附——亲近依附(拥护),信任。简本作"槫亲","槫"与"専"通。

㉙ 令之以文,齐之以武,是谓必取——文:指政治、道义。宽厚。武:指军纪军法。句意是:用政治、道义来教育士卒,用军纪军法来统一步调。必取:必定取胜。

㉚ 素行——指平素认真施行。

㉛ 相得——相投合,关系很好。有互相信任之意。得:投合,投契。

按:本篇"众树动者"、"散而条达者"等等多处,在军语上称为征候。征候即发生某种情况的迹象。依发现敌人、接近敌人、敌使来往和敌军内部情况的顺序看,好些句子可前后互换。因此,有人认为是"错简"。存在这类情况,现行一些本子,标点、分段常有不一致的地方。

三、译　　文

孙子说:关于军队在各种地形上的处置和对各种征候作敌情的判断时,应该注意:通过山地,必须要靠近山谷;军队扎营,要居高向阳;敌人占居高处,不要去仰攻它,这是军队在山地上行军作战的原则。横渡过江河之后,要远离江河驻扎,才能进退无碍。敌人渡河而来,不要靠近河滨去迎击它,要让敌人渡到一半时就去攻击它,这样是最有利的。准备与敌决战,不要靠近河流去迎击敌人。水上扎营,要在河流的上游,使面前视野开阔,不要逆着水流,这是军队在江河流水上行军作战的原则。通过盐碱沼泽地带,要赶快离开,不可逗留。如果在盐碱沼泽地带与敌军交战,那就必须靠近水草而背靠树林,这是军队在盐碱沼泽地带的行军作战的处置原则。在平原上,要占领开阔平坦地域,主力部队要背靠高地,前低后高,这是军队在平原地带行军作战的原则。军队在山、水、斥泽、平陆这四种地形的正确处置的原则,就是我们的祖先黄帝之所以能战胜(征服)四方部队的重要原因。

凡是军队宜驻扎在干燥的高处,不宜驻扎在潮湿的低洼之地;要求向阳,而回避阴暗背阳之处;要有水草好放牧,要有驻扎高处的营寨。这样,战士不会受到任何疾病的侵扰,作战才能必胜。在丘陵堤防地带,应使主力部队背靠高地,把全军安置在向阳的一面。这就是军队为何利用地形,把地形作为战争取胜的辅助条件。

上游下雨,水流冲来,如果要趟水过河,就应该等待水流稍定然后才过去。

凡遇到有绝涧、天井、天牢、天罗、天陷、天隙等地形,赶快离开,不可接近。遇到以上六种有害地形,我军应远离,而让敌人去靠近它;我军应面向着它,而让敌人去背靠着它。

行军路上遇到险阻、潢井、芦苇丛生和草木茂盛的地方,必须谨慎地反复搜索。因为这些都是敌人可能隐藏的地方。

敌军离我很近而又安静的,是靠着它占领了险要的地形。敌军远离而来挑战的,是想诱我前进。敌人从险要之地进驻平坦的地方,这是因为有利于同我作战。许多树木摇动,是敌人隐蔽前来。草丛中设下许多障碍物,是敌人想迷惑我。鸟飞起来,是下面有伏兵。野兽掠走,是敌人大举来袭击我军。飞尘高扬而尖的,是敌人的战车来了。飞尘低平而宽广,是敌人的步兵来了。飞尘散乱而纵横断续,是敌人在打柴。飞尘微小而时起时落,是敌人正在扎营。敌人派来的使者言辞谦逊,而敌军却在加紧备战的,是准备向我进攻。言辞强硬,而敌军又摆出要前进的样子,是准备撤退。敌人轻车先出动,摆在侧面的,是正在布阵。敌无故前来求和的,是敌人另有阴谋。敌人往来奔走,摆出军车列阵的,是等待时机同我决战。敌人半进半退的,是企图引诱我军。敌军倚着兵器而站立着,是饥饿的表现。敌兵打了水而自己先喝的,是敌军缺水的表现。敌兵见利而不前去争取的,是疲劳的表现。敌人营寨上集聚着鸟雀的,表明敌营是空的。敌兵夜间惊叫的,表明敌人恐慌。敌兵惊扰的,表明敌将没威信。敌军旗帜乱动的,是敌军已经混乱的表现。敌军军官易怒的，是士兵疲惫的表现。敌军用粮喂马，宰杀牛马吃肉，收起行军锅具，部队不返回原来营房的，说明敌人已成拼命突围的穷寇。敌将帅低声下气地同部下讲话的，是敌将帅已失去人心。不断奖赏的，说明敌人已没有办法。不断惩罚的，说明敌人已陷入困境。敌将领先强暴，然后又惧怕部下的，是敌将领极不精明的表现。敌人派来的使者措词委婉态度谦逊的，是敌人想休战的表现。敌军愤怒地与我迎战，但很久不接战，又不退去的，必须谨慎地观察它的企图。

打仗并不在于兵力越多越能打胜仗，只要不盲目进军，而能集中兵力，判断敌情，争取人心就可以了。只有那些不慎重考虑而又轻敌的人，一定会被敌人所俘虏。

兵士还没有亲近、拥护之前，将领擅行处罚，兵士就不会心服，心不服就难于指挥。兵士已经依附之后，如果纪律不能执行，这种军队是指挥不了的。对待兵士，既要宽厚，又要严明法令，使他们整齐一致，这样，打起仗来，必能取胜。平时一直能认真执行法令，教育士兵，士兵就会服从。平时法令不能认真执行，不教育兵士，兵士就不会服从。平时能贯彻执行命令的，这表明将领与兵士之间的关系相处得很好啊！

四、军事哲学思想评要

行军即带兵之意，孙子主要说了处军（安置军队）、相敌（观察敌情）和严明赏罚三个问题，而"处军、相敌"是作战指挥中的重要问题。"处军"，就是要把自己的军队在行军作战中一定先安置在有利的地理位置上，也就是说，必须善于利用地形，使自己的军队经常占据在便于作战、便于生活的有利之处。还列举山地、江河、盐碱沼泽地、平原等四种不同的地理环境和地形的不同处军原则，并概括为"凡军好高而恶下，贵阳而贱阴，养生而处实"等利用地形的基本思想，接着说明行军中遇到的一些特殊条件如天牢、天罗、天陷、天隙等等应当怎样去安置好军队。这都是在当时春秋时代，武器装备不发达的条件下，根据实际作战经验的总结。择利处军问题，又是他对前人和当时实战经验的概括，对行军作战，有一定的指导意义。他也很重视"相敌"，指出要在妥善处军的前提下，充分了解敌情，对敌情进行周密细致的观察，而且要善于对各种征候作出正确的判断，例如要从看到的事物、听到的声音、摸到的情况中，分析敌人的作战意图，把握住真正的敌情。他在当时实战的经验基础上，总结了一整套的（三十二种）如何侦察、判断敌情的方法，如"敌近而静者，恃其险也"、"远而挑战者，欲人之进也"、"辞卑而益备者，进也"等等，这些既生动又具体的观察分析敌情的方法，虽然古老而简单，但是适用于当时落后又不发达的春秋时代的，这里包含着透过现象分析事物本质，从而判明敌军作战企图的唯物辩证因素，在古代难能可贵，且有重要的军事价值。（只有摸清敌情，才能制订出正确的作战方案。）

接着，他便提出"打仗并非兵力越多越好，关键在于将帅能否正确地判明敌情，集中使用兵力的问题，指出如果将帅没有深谋远虑，轻敌冒进，军队数量再多，也定会被敌人所俘。这些思想是积极的、有价值的，至今仍有其生命力。

他的治军思想也很突出，明确提出了"令之以文，齐之以武"的治军（带兵）原则。要把兵管理她，应取"文"、"武"兼用的管教方法，也就是用宽厚的态度来使用士兵，用兵制来整肃队伍，使兵能统一服从将的指挥；还要求赏罚要适时适度，将帅们亲身作模范等等。这都是他军事思想中的一个重要方面的具体表现，具有非常深刻的意义。

五、读法导引举要

《行军篇》论行军的极当注意之点（即计划）。

(1) 立论指要：知九变，然后可以择便宜而行军。行军者当力阵注重地形、侦察、前卫及施教树威，这是本篇的要旨。

（2）认识角度：①自“孙子曰”至“此伏奸之所处也”，论行军者应当注意地形，指出各种地形与行军都有密切关系，并列举了六种地形的形势，说明如何利用。②自“敌近而静者”至“必谨察之”，论行军者当以各种侦察为原则（即注重侦察），是行军的要素，以资判断敌情。③自“兵非贵益多”至“擒于人”，论军不冒进，应善部署前卫兵力，勿使因轻敌而受制于人。④自“卒未亲附而罚之”至“与众相得也”，论指挥者临时当须善用其威信，而平时则不可以不加意教育（赏罚不可滥，威武不可失，而教育不可不予），这是任何一支军队都应该具备的。

六、篇章表解

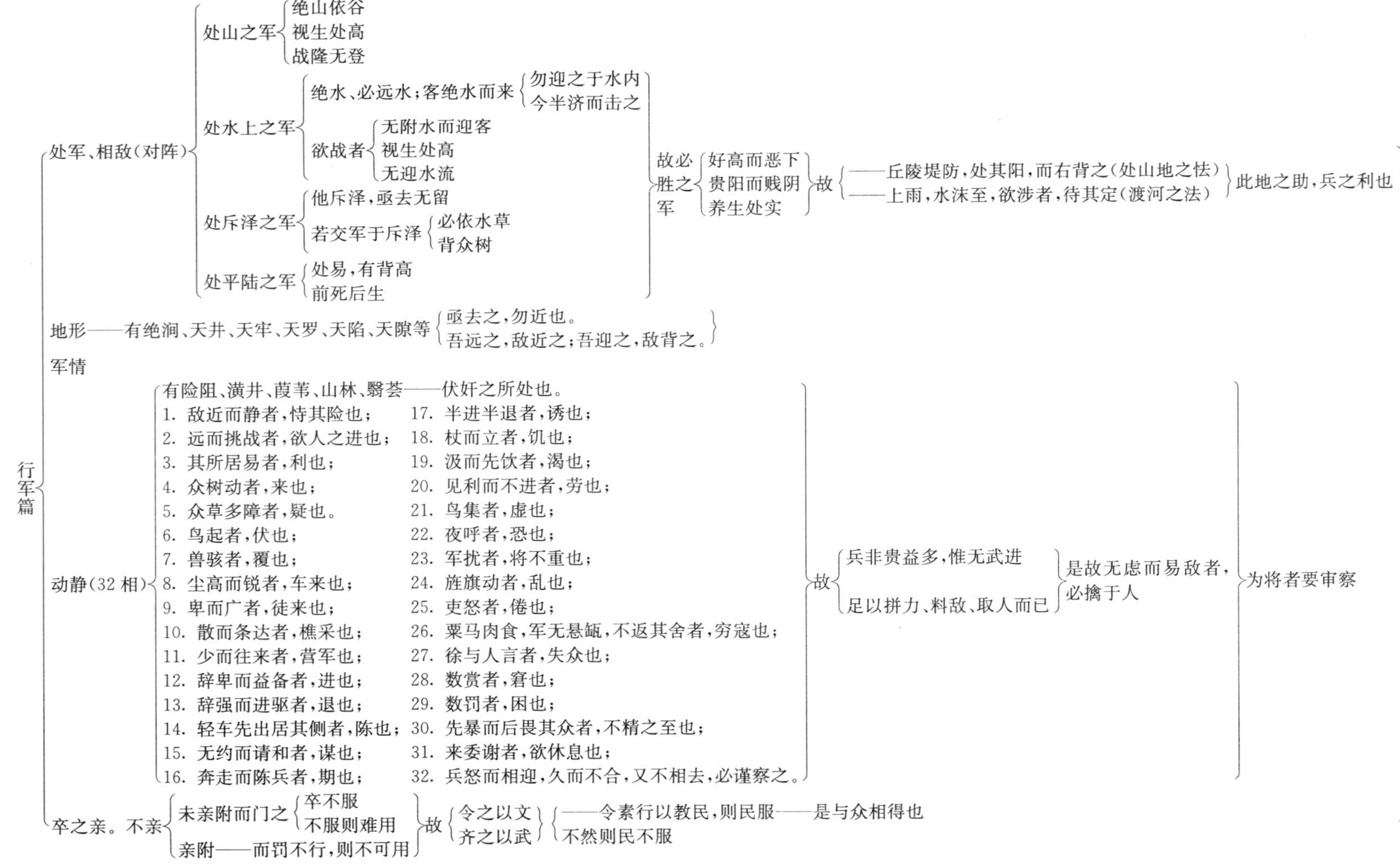
行军篇
处军、相敌（对阵）
处山之军
绝山依谷
视生处高
战隆无登
处水上之军
绝水、必远水；客绝水而来
勿迎之于水内
今半济而击之
欲战者
无附水而迎客
视生处高
无迎水流
处斥泽之军
他斥泽，亟去无留
若交军于斥泽
必依水草
背众树
处平陆之军
处易，有背高
前死后生
故必胜之军
好高而恶下
贵阳而贱阴
养生处实
故
——丘陵堤防，处其阳，而右背之（处山地之怯）
——上雨，水沫至，欲涉者，待其定（渡河之法）
此地之助，兵之利也
地形——有绝涧、天井、天牢、天罗、天陷、天隙等
亟去之，勿近也。
吾远之，敌近之；吾迎之，敌背之。
军情
动静（32 相）
有险阻、潢井、葭苇、山林、翳荟——伏奸之所处也。
1. 敌近而静者，恃其险也；
2. 远而挑战者，欲人之进也；
3. 其所居易者，利也；
4. 众树动者，来也；
5. 众草多障者，疑也。
6. 鸟起者，伏也；
7. 兽骇者，覆也；
8. 尘高而锐者，车来也；
9. 卑而广者，徒来也；
10. 散而条达者，樵采也；
11. 少而往来者，营军也；
12. 辞卑而益备者，进也；
13. 辞强而进驱者，退也；
14. 轻车先出居其侧者，陈也；
15. 无约而请和者，谋也；
16. 奔走而陈兵者，期也；
17. 半进半退者，诱也；
18. 杖而立者，饥也；
19. 汲而先饮者，渴也；
20. 见利而不进者，劳也；
21. 鸟集者，虚也；
22. 夜呼者，恐也；
23. 军扰者，将不重也；
24. 旌旗动者，乱也；
25. 吏怒者，倦也；
26. 粟马肉食，军无悬缻，不返其舍者，穷寇也；
27. 徐与人言者，失众也；
28. 数赏者，窘也；
29. 数罚者，困也；
30. 先暴而后畏其众者，不精之至也；
31. 来委谢者，欲休息也；
32. 兵怒而相迎，久而不合，又不相去，必谨察之。
故
兵非贵益多，惟无武进
足以拼力、料敌、取人而已
是故无虑而易敌者，必擒于人
为将者要审察
是行军之道也
卒之亲。不亲
未亲附而门之
卒不服
不服则难用
亲附——而罚不行，则不可用
故
令之以文
齐之以武
——令素行以教民，则民服——是与众相得也
不然则民不服

第十篇　地形篇[①]

【内容提示】 主要论述地形的观察和利用的重要性，以及军队在各(六)种不同地形的条件下的行动原则，进而从不同角度说明地形与作战的密切关系，强调将帅要重视对地形的研究和利用，并在这基础上概括出“知彼知己，胜乃不殆；知天知地，胜乃不穷”的指导战争的普遍规律。

“料敌制胜，计险阨远近”是本篇的中心，辩证地揭示了敌情和军事地理的相互关系，是善战思想的精华，也是一切善战者的无价之宝。

一、原　文

孙子曰：地形有“通”者，有“挂”者。有“支”者，有“隘”者，有“险”者，有“远”者[②]。我可以往，彼可以来，曰“通”；“通”形者，先居高阳[③]，利粮道，以战则利。可以往，难以返，曰“挂”；“挂”形者，敌无备，出而胜之；敌若有备，出而不胜，难以返，不利。我出而不利，彼出而不利，曰“支”；“支”形者，敌虽利我，我无出也；引而去之，令敌半出而击之，利。“隘”形者，我先居之，必盈之以待敌[④]；若敌先居之，盈而勿从，不盈而从之。“险”形者，我先居之，必居高阳以待敌；若敌先居之，引而去之，勿从也。“远”形者，势均，难以挑战，战而不利。凡此六者，地之道也；将之至任，不可不察也。

故兵有“走”者，有“弛”者，有“陷”者，有“崩”者，有“乱”者，有“北”者[⑤]。凡此六者，非天之灾，将之过也。夫势均，以一击十，曰“走”；卒强吏弱，曰“弛”；吏强卒弱，曰“陷”；大吏怒而不服，遇敌怼而自战[⑥]，将不知其能，曰“崩”；将弱不严，教道不明，吏卒无常[⑦]，陈兵纵横，曰“乱”；将不能料敌，以少合众，以弱击强，兵无选锋[⑧]，曰“北”。凡此六者，败之道也；将之至任，不可不察也。

夫地形者，兵之助也。料敌制胜，计险阨远近，上将之道也。知此而用战者必胜[⑨]，不知此而用战者必败。

故战道必胜，主曰无战，必战可也；战道不胜，主曰必战，无战可也。故进不求名，退不避罪，唯民是保，而利合于主[⑩]，国之宝也。

视卒如婴儿，故可与之赴深溪；视卒如爱子，故可与之俱死。厚而不能使，爱而不能令[⑪]，乱而不能治，譬若骄子，不可用也。

知吾卒之可以击，而不知敌之不可击，胜之半也；知敌之可击，而不知吾卒之不可以击，胜之半也；知敌之可击，知吾卒之可以击，而不知地形之不可以战，胜之半也。

故知兵者，动而不迷，举而不穷[⑫]。故曰：知彼知己，胜乃不殆；知地知天，胜乃不穷。[⑬]

二、注　释

① 地形——指地理形势。按攻守进退之便利分为下述六种作战地形。

② “地形有通者”句——通：交通方便，通达。挂：易往难归，易进难退。支：敌我相隔处于隘路两端。隘：狭隘通道。险：地形险要。远：敌我相距较远。以上六种地形叫“六形”，是说作战上遇到这六种地形时，所采取的行动方针，这与我们在战术上讲的“利用地形、地物”不同。

③ 高阳——居高向阳之处。

④ 盈之——盈(yíng)：充满，装满。盈之：指要用足够的兵力堵住隘口。

⑤“故兵有走者”句——兵:军队,兵卒。走:奔逃,败走。弛:松弛,散漫。指兵强官弱,指挥不动,纪律松弛。陷:陷落。指官强兵弱的队伍不能打,军官凭个人勇敢去冲锋陷阵,只会被俘或被杀,这种部队会覆没,所以叫做“陷”。崩:崩溃,小将不服从指挥,心怀怨恨,擅自带领所属部队出战,将帅不能控制,这种部队用来打仗,必然崩溃。乱:混乱,散乱,纪律不严,管教不明,士兵不听指挥,遇敌作战,难免混乱。北:败北,不了解敌情,决心错误,用兵不当,不能打而打,就必然会打败仗。以上六种情况叫做六败。

⑥ 大吏怒而不服,遇敌怼而自战——大吏:指小将(部将)。曹操注:“大吏,小将也。”怼(duì):怨恨,埋怨,含意气用事意。

⑦ 教道不明,吏卒无常——教道:训练,约束。常:常法、法纪。无常:没有纪律。

⑧ 将不能料敌,以少合众,以弱击强,兵无选锋——料敌:分析估计敌情。合:战。选锋:挑选勇敢善战的战士组成精锐部队。可参照《尉缭子·战威》:“武士不选,则众不强。”

⑨ 计险阨远近,上将之道也。知此而用战者必胜——险阨:险要。阨(è):同厄。上将:大将,主将,贤能的将帅。道:职责。用战:指挥作战。

⑩ 唯民是保,而利合于主——民(人):民众和士兵。这里主要指的是地主阶级。唯民是保:意即保民,为突出强调“民”,“民”放到动词“保”前。这种结构同“唯命是从”、“唯利是图”一类。利合于主:简本中无“合”字。附合国君的利益。主:指国君。

⑪ 厚而不能使,爱而不能令——厚:优厚。令:使,使用。句意为:对士卒只注重优待、厚养而不能使用,一味溺爱而不能使用。“使”“令”同义,避复运用,使行文不滞。

⑫ 举而不穷——举:措施,发动,兴起。语意是所采取的措施变化无穷,(使敌人难以捉摸)。不穷:无穷。

⑬ 知天知地,胜乃不穷——简本作“知天知地,胜仍可全”。

三、译　　文

孙子说:地形有通形、挂形、支形、隘形、险形、远形六种。凡是我们可以去,敌人可以来的地区,这种地形叫做“通”。在通形地带作战,要先占据地势高而向阳的地方,并使粮道通畅,易于转运,然后交战就有利。凡是容易去,不容易回来的地形叫作“挂”。在挂形的地带作战,倘若敌人没有防备,我若突然出击可以战胜它。如果敌人有防备,我若突然出击不能取胜,就会被敌人截断归路,难以返回原地,这样出击,于我是不利的。凡是我军出击不利,敌军出击也不利,这种地形叫作“支”。在支形地带,敌我相持,如果敌人诱我出战,我军不应出战,最好是带领部队佯装离去,让敌军来追,等他追出一半时反击它,这样是有利的。如果我军先占据了隘形的地带,要用重兵堵塞隘口,把住隘口以待敌军来犯,相机出击。敌军已先占据了隘口,如果他已设重兵把守,不要去进攻,如果他没设重兵据守隘口,可以迅速攻取它。如果我军先得险形地带,应该占据势高而向阳的地方待击敌人。如果敌人已先占领险要,就应自动退离,不要进攻它。敌我两军阵地相距很远,而且势均力敌,不应出兵挑战,勉强求战,于我不利。以上这六种,是利用地形作战的规律(原则)。这是将领非常重大的责任,是不可不慎重考虑研究的。

军队作战而招致战败的有走、驰、陷、崩、乱、北六种情况。这六种情况,都不是由于天灾造成的,而是将领的主观过失所致。在敌我军力强弱相当的情况下,如果以悬殊的小兵力(一成)出击敌人的大兵力(十成),一定打不赢,这叫作“走”。士兵强横、军官懦弱,不能统率而失败的,叫做“驰”。军官强勇而士兵缺乏训练,没有战斗力因而失败的,叫作“陷”。部将暴躁而不服从统帅的指挥,遇见敌人就不顾大局,忿然自行出战,统帅又不了解其能力(不能加以控制)而失败的,叫作“崩”。将领软弱,管理不严,训练、约束没有法度,军官不守纪律,出战列阵杂乱无章的叫作“乱”。将领不能分析敌情,盲目地以少击众,以弱击强,又没有精选的战斗队而失败的,叫做“北”。以上这六种情况，是招致战败的原因。这是将帅的重大责任，是不可不认真考虑研究的。

地形是用兵作战的辅助条件，正确估计敌情制定取胜计划，分析地形险易、距离远近，这些都是统帅的责任。懂得这些道理而用来指挥作战的，一定取胜；不懂得这些道理而不能用来指导作战的，就一定会失败。

从战争规律上看来，确有必胜的把握，即使国君说不打，也可坚持去打。如不能取胜，国君却命令要打，也可坚持不去打。因为进军不为求名声，退兵不避刑罚，只力求保护百姓而于国君、国家有利。这样做的将领，是国家最宝贵的财富。

将帅对待士兵能象对待婴儿，就可以同他们一起奔赴深溪；将领对待士兵像对待爱子，就可以同他们一起殊死战斗。如果待遇过好而不能指挥，一味溺爱而不能命令，违法乱纪而不能治理，这就像骄纵的孩子一样，是不能用来作战的。

如果只知道我军的战斗力而不知道敌军的战斗力，胜利的可能只有一半；只知道敌军的战斗力而不能正确估计我军的战斗力，胜利的可能只有一半；只知道敌我的战斗力而不知道地形是否于我有利，胜利的可能性也只有一半。

所以通晓用兵原理的人，善于指挥作战的将领，他行动起来，目的明确而不迷误，他所采取的措施变化无穷。所以说，了解敌方，也了解我方，就能必胜不败，了解天时，了解地利，胜利才能保全。

四、军事哲学思想评要

对于地形的观察和利用，孙子从不同的角度说明地形与作战有着密切关系。将帅之所以要重视对地形的研究，是因为它是军队作战所离不开的条件：地形有利，作战就容易取胜；地形不利，作战就容易失败。

孙武论地形，不单是指自然环境，就地形论地形的，而是着眼在打仗时军队该如何处置才能对我军有利。他从地形的自然环境出发，详细分析了军队作战时可能遇到的六种地形以及作战时部队对各种地形的利用和处置。例如，对犬牙交错、易去难返的挂形地带，就应乘敌没有防备时出击；敌我各有险要可据的支形地区，就应等敌半出险要时进行反击；双方相距很远的远形地区，如果双方势均力敌，就不要出兵挑战等等。孙武还谈了我或敌占领的两种情况下，我部队的处置问题。再有孙武更谈到对于同一地带，有的将帅可以作为这类地形来处置作战，有的则作为那类地形来处置作战，将帅的责任是十分重大的。实际上就是强调在重视地形这一客观物质条件的基础上，充分发挥人的能动作用问题。

胜利是要靠人去争取的，在人的能动作用方面，他着重考察了军队由于将帅指挥失当，常常可能招致六种失败的情况，并分析这六种失败的原因：一是走，双方实力相当，却以小击大；二是弛，士兵强横而军官懦弱；三是陷，军官强勇而士兵缺乏训练；四是崩，军官暴躁，遇见敌人就不顾大局自行出战；五是乱，军队毫无纪律；六是北，不知敌情，盲目地以少击众，以弱击强，而没有精选出战斗队为骨干。总之，失败的责任全在将帅身上。强调将帅必须要深刻地认识自己在战争过程中的重大责任，一切要以争取战胜为目的。他将指导战争的普遍规律概括为“地形者，兵之助也”“知彼知己，胜乃不殆；知天知地，胜乃不穷”是有着重要价值的，反映了他在哲学上的朴素唯物主义和辩证法的思想。它不仅反对了唯心主义的“天命论”，也反对了战争上一切决定于客观条件的“机械论”。

他特别强调对士兵必须要严格要求，不能过分“厚爱”，以免把军队培养成“骄子”那样不能打仗。提倡“爱”与“严”、“赏”与“罚”相结合，这是他和古代进步军事家在治军思想上的一个共同特点（重视人的因素的思想）。

五、读法导引举要

《地形篇》论战斗开始极当注意之点(即计划)。

(1) 立论指要:要战斗,须先审地形,根据地形的价值选择预想的战场以主胜。本篇当注意地形得地利,然而能够运用地形的只有靠将才,所以其次论将才,能利用地形的将才,必须要深得军心,所以再次论军心。地利、将才、军心都是战斗开始时极其应当注意的,而得地利、知军心的将才,才是本篇的要旨。

(2) 认识角度:①自"孙子曰"至"地之道不可不察也",论战争开始时当需顾虑到种种地形,以定攻击防御的方法,即地之道,为将者不可不察。②自"故兵有走者"至"国之宝也",论战斗时将才的重要。战斗虽要顾虑地形,然而胜败之权全取决于能否料敌制胜的将才,而地形只是可利用的外部辅助条件。③自"视卒如婴儿"至"不可用也",论战斗时的军心。军心一致方能制敌。平时对婴儿、爱子那样爱护,施教有方战斗则可全力以赴。④自"知吾卒之可以击"至"胜乃可全",总论战斗之时地形、将才、军心三者的相互关系必须弄清楚,战斗才能取胜。本节连用十二个"知"字,强调将的能知,语重心长。

六、篇章表解

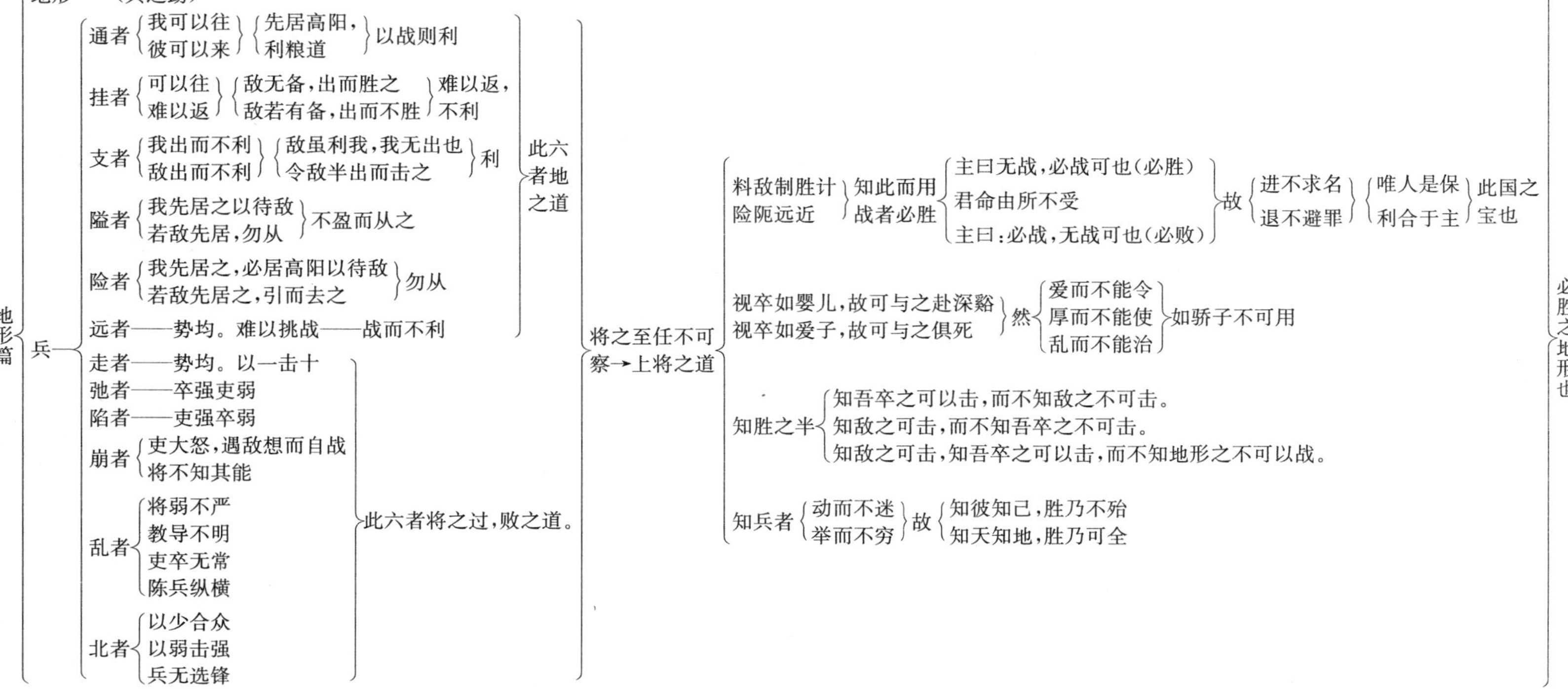
地形篇
地形——(兵之助)
兵
通者
我可以往
彼可以来
先居高阳，
利粮道
以战则利
挂者
可以往
难以返
敌无备，出而胜之
敌若有备，出而不胜
难以返，
不利
支者
我出而不利
敌出而不利
敌虽利我，我无出也
令敌半出而击之
利
隘者
我先居之以待敌
若敌先居，勿从
不盈而从之
险者
我先居之，必居高阳以待敌
若敌先居之，引而去之
勿从
远者——势均。难以挑战——战而不利
此六者地之道
走者——势均。以一击十
弛者——卒强吏弱
陷者——吏强卒弱
崩者
吏大怒，遇敌想而自战
将不知其能
乱者
将弱不严
教导不明
吏卒无常
陈兵纵横
北者
以少合众
以弱击强
兵无选锋
此六者将之过，败之道。
将之至任不可察→上将之道
料敌制胜计
险阨远近
知此而用
战者必胜
主曰无战，必战可也(必胜)
君命由所不受
主曰：必战，无战可也(必败)
故
进不求名
退不避罪
唯人是保
利合于主
此国之宝也
视卒如婴儿，故可与之赴深豁
视卒如爱子，故可与之俱死
然
爱而不能令
厚而不能使
乱而不能治
如骄子不可用
知胜之半
知吾卒之可以击，而不知敌之不可击。
知敌之可击，而不知吾卒之不可击。
知敌之可击，知吾卒之可以击，而不知地形之不可以战。
知兵者
动而不迷
举而不穷
故
知彼知己，胜乃不殆
知天知地，胜乃可全
必胜之地形也

第十一篇　九地篇

【内容提示】 主要论述军队根据战场位置及其对作战的影响不同，把战地分为九类，对九类不同的作战地区相应地采取不同的作战原则和处置方法，并提出“兵之情主速”，“并敌一向，千里杀将”等的作战指导思想。

“是故政举之日……敌不及拒”荟萃了全篇精义。本篇在全书中不亚于《计篇》《谋攻篇》，词约义丰，思想容量大，很值得人们研究。

一、原　　文

孙子曰：用兵之法，有“散地”①，有“轻地”②，有“争地”③，有“交地”④，有“衢地”，有“重地”，有“圮地”，有“围地”，有“死地”。诸侯自战其地，为“散地”。入人之地而不深者，为“轻地”。我得则利，彼得亦利者，为“争地”。我可以往，彼可以来者，为“交地”。诸侯之地三属⑤，先至而得天下之众者，为“衢地”。入人之地深，背城邑多者，为“重地”⑥。行山林、险阻、沮泽，凡难行之道者，为“圮地”。所由入者隘，所从归者迂，彼寡可以击吾之众者，为“围地”。疾战则存，不疾战则亡者，为“死地”。是故“散地”则无战，“轻地”则无止⑦，“争地”则无攻，“交地”则无绝⑧，“衢地”则合交⑨，“重地”则掠⑩，“圮地”则行，“围地”则谋，“死地”则战⑪。

所谓古之善用兵者，能使敌人前后不相及，众寡不相恃，⑫贵贱不相救⑬，上下不相收⑭，卒离而不集，兵合而不齐。合于利而动⑮，不合于利而止。

敢问：“敌众整而将来，待之若何？”曰：“先夺其所爱，则听矣⑯。”兵之情主速⑰，乘人之不及，由不虞之道⑱，攻其所不戒也。凡为客之道⑲：深入则专，主人不克；⑳掠于饶野，三军足食；谨养而勿劳，并气积力㉑，运兵计谋，为不可测。投之无所往，㉒死且不北，死焉不得，士人尽力。兵士甚陷则不惧，无所往则固，深入则拘㉓，不得已则斗。是故其兵不修而戒㉔，不求而得，不约而亲，不令而信，禁祥去疑㉕，至死无所之。吾士无余财，非恶货也；无余命，非恶寿也。令发之日，士卒坐者涕沾襟，偃卧者涕交颐㉖。投之无所往者，诸、刿之勇也㉗。

故善用兵者，譬如“率然”；“率然”者，常（恒）山之蛇也㉘。击其首则尾至，击其尾则首至，击其中则首尾俱至。敢问：“兵可使如‘率然’乎”？曰：“可”。夫吴人与越人相恶也，当其同舟而济㉙，遇风，其相救也，如左右手。是故方马埋轮，未足恃也；齐勇若一，政之道也㉚；刚柔皆得㉛，地之理也。故善用兵者，携手若使一人，不得已也。

将军之事：静以幽㉜，正以治。能愚士卒之耳目，使之无知。易其事，革其谋，使人无识；易其居，迂其途，使人不得虑㉝。帅与之期㉞，如登高而去其梯；帅与之深入诸侯之地，而发其机，焚舟破釜㉟；若驱群羊，驱而往，驱而来，莫知所之。聚三军之众，投之于险，此谓将军之事也。

九地之变，屈伸之利㊱，人情之理，不可不察。凡为客之道：深则专，浅则散。去国越境而师者，绝地也；四达者，衢地也；入深者，重地也；入浅者，轻地也；背固前隘者，围地也；无所往者，死地也。是故“散地”，吾将一其志；“轻地”，吾将使之属；“争地”，吾将趋其后；“交地”，吾将谨其守；“衢地”，吾将固其结；“重地”，吾将继其食；“圮地”，吾将进其塗；“围地”，吾将塞其阙㊲；“死地”，吾将示之以不活。故兵之情：围则御，不得已则斗，过则从㊳。

是故不知诸侯之谋者，不能预交㊴；不知山林、险阻、沮泽之形者，不能行军；不用乡导者，不能得地利。四五者，不知一，非霸、王之兵也。夫霸、王之兵伐大国，则其众不得聚；威加于敌，则其交不得合。是故不争天下之交，不养天下之权，信己之私[40]，威加于敌，故其城可拔，其国可隳[41]。施无法之赏，悬无政之令，犯三军之众[42]，若使一人。犯之以事，勿告以言；犯之以利，勿告以害。投之亡地然后存，陷之死地然后生。夫众陷于害，然后能为胜败。

故为兵之事，在于顺详敌之意[43]，并敌一向，千里杀将，此谓巧能成事者也。是故政举之日[44]，夷关折符[45]，无通其使；厉于廊庙之上[46]，以诛其事[47]。敌人开阖[48]，必亟入之。先其所爱，微与之期[49]。践墨随敌[50]，以决战事。是故始如处女，敌人开户[51]；后如脱兔[52]，敌不及拒[53]。

二、注　释

① 散地——指诸侯在自己的领地内与敌作战，其士兵在危急时很容易逃散回家，故称“散地”。

② 轻地——指军队在进入敌境不深的地区作战，士兵离本土不远，危急时易返回，所以叫“轻地”。

③ 争地——谁先占领谁就有利的必争要地(就是兵家必争之地)。

④ 交地——地势平坦，道路交错，交通方便的地区。两国相交之地。

⑤ 三属——属(zhǔ)：连接。毗连。三属：指敌我和其他诸侯国连接的地区。三：泛指多。

⑥ 重地——指入敌境已深，越过很多敌国城邑，形势严重难返的地区。

⑦ 无止——止：停留，不打。无止：不要停留。

⑧ 无绝——绝：断绝。无绝：指在“交地”，军队各部分之间应保持联系，互相支援，不可断绝，以防敌人截击。

⑨ 合交——指结交邻国。

⑩ 重地则掠——掠：夺取。重地则掠：指深入敌方腹地，后方接济困难，必须就地解决军队的补给问题。

⑪ 死地则战——处于“死地”，就应激励士兵殊死战斗，死中求生。

⑫ 前后不相及，众寡不相恃——相及：互相策应。恃：依靠，协助。众寡不相恃：指大部队与小部队之间不能互相依靠和协同。

⑬ 贵贱——指古代剥削阶级军队的将官与士兵。

⑭ 上下不相收——收：聚集，收拢，扶持。上下不相收：指部队建制被打乱，上下失去联系，不能收拢。

⑮ 动——打。

⑯ 先夺其所爱，则听矣——爱：各惜，舍不得。指敌人最关注、最重要的地方。听：顺从，听从。

⑰ 兵之情主速——主速：重在迅速。兵之情主速：兵贵神速的意思。

⑱ 虞——预料，料想，猜度。

⑲ 为客之道——客：客军。道：规律，要领。为客之道：指进入敌境作战的原则。

⑳ 深入则专，主人不克——专：专心一意。指深入敌国“重地”，士兵无法逃脱，只好死战。主人：指被进攻的一方。克：战胜。主人不克：指被进攻的一方无法战胜进攻者。(成语“攻无不克，战无不胜”的“克、胜”互文，同义避复。)

㉑ 并气积力——聚合激发士气，积蓄力量。

㉒ 投之无所往——投：投放，投置。投之无所往：把部队投置于无路可走的绝境。

㉓ 无所往则固，深入则拘——固：牢固，指军心稳定。拘：束缚，指人心专一而不涣散。

㉔ 不修而戒——修：整治，告诫。戒：戒备。信：信守，服从。

㉕ 祥——妖祥，灾祥。这里指占卜等迷信活动。

㉖ 偃卧者涕交颐——简本“卧”前无“偃”字。偃：仰倒。颐：面颊（下巴）。

㉗ 诸、刿——诸：专诸，春秋时吴国的勇士。刿（guì）：曹刿（沫），春秋时鲁国的武士。

㉘ 率然者，恒山之蛇也——率然：灵活自如之意，这里是指古代传说中的一种蛇名。常山：即恒山，在今山西浑南，是五岳中的北岳，汉时为避文帝刘恒讳，改称“常山”。

㉙ 济——渡。

㉚ 方马埋轮，未足恃也；齐勇若一，政之道也——方：并列，指缚在一起。政：严正，古通“正”，这里指治理、统率之意。

㉛ 刚柔——战斗力的强弱。也指士兵心理在不同作战环境下的可塑性。

㉜ 幽——幽深得不可测。

㉝ “易其事”句——易：改变。革：变更。变革。“革”与“易”是同义词。居：驻扎的地点。宿营之地。虑：意图。

㉞ 帅与之期——帅：通“率”。之：代词，指军队。期：约定。希望，引申为所授予的任务。帅与之期：将帅赋予军队任务。似“将军与军队约定”为宜。

㉟ 焚舟破釜——釜（fǔ）：锅。焚舟破釜：即破釜沉舟，决一死战之意。

㊱ 屈伸之利——屈：曲，不伸展。伸：伸展。屈伸：屈与伸（指据实情，该屈则屈，该伸则伸）。指变通之利。

㊲ 阙（quē）——缺口，同“缺”。

㊳ 过则从——过：指深陷危境之意。从：服从指挥。过则从：指士兵陷入危险的境地，就会听从指挥。

㊴ 预——通“与”

㊵ 信己之私——信：通“伸”，表白，伸张。指“伸展”。私：偏爱、恩爱。语意直译是“伸展自己的恩爱”，意译则为“扩大自己的恩爱范围”。（采用《中国语文》1988 年 5 期解说）另解释“私”为“意图”、“力量”，备参。

㊶ 隳（huí）——通“毁”，毁灭，毁坏的意思。

㊷ 悬无政之令，犯三军之众——悬：悬挂，张挂，这里指颁发非常规的号令。犯：驱使和使用。

㊸ 详——通“佯”，伪装。

㊹ 政举——政：政策。举：建立，确定。指决定战争，与敌作战。

㊺ 夷关折符——夷：平毁，填平，这里指封锁、关闭。关：关口。符：古时用木、竹、钢等做成的牌子，上刻图文，分为两半，各执一半，作为凭证。句意是封锁关口，废除通行凭证。使：外交使节。

㊻ 厉于廊庙之上——厉：有人作通“励”解，意为劝勉；反复琢磨、商量。有人作“磨”的引申义解（后写作“砺”，意为反复计议。应取后者解释。另外有人把“厉”的各种义项凑在一起，解为“劝勉、磨砺、严格、严厉、切实”，使读者难以确切了解，这就不好了。）廊庙：庙堂，帝王处理政事的地方，即朝廷。

㊼ 诛——除去，治，引申为商议决定。

㊽ 阖——简本“阖”作“阛”。阖（hé）：门扇，引申为关闭。敌人开阖，指敌人有隙可乘。

㊾ 微与之期——微：作“无”字解，非、不。期：规定的时日。指约期交战，语意即不要敌人约期交战。

㊿ 践墨——践：实行，古通“残”。墨：绳墨，即木工的墨线。这里指既定的计划方案。践墨：指实施作战计划，暗地跟随敌人寻找战机。

51 开户——开门，指放松戒备，出现漏洞的意思。

㊾ 脱兔——脱逃了的兔子，比喻行动非常迅速的意思。

㊿ 拒——抗拒，抵抗。

三、译　　文

孙子说：根据用兵的法则，战地可分为九种，那就是散地、轻地、争地、交地、衢地、重地、圮地、围地和死地。诸侯在自己的土地上与敌作战，这样的地区叫做"散地"。进入人家（敌国）的境地，还未深入，这样的地区叫"轻地"。我军先占领对我们有利，敌军先占领对敌人也有利的地区叫"争地"。我军可以去，敌军可以来的地区，叫"交地"。敌我同几个诸侯的土地交界，谁先到达谁就能得到天下多数的援助的地区，叫做"衢地"。深入人家（敌国）的境地，背后有许多敌人的城邑的地区，叫做"重地"。山林、险阻、水草所聚，道路难行的地区，叫做"圮地"。山川围绕，进入的道路狭隘，退出的道路迂回，敌人以少量兵力能够打败我大量军队的地区，叫做"围地"。拼死战斗就能生存，不拼死战斗就被消灭的地区，叫做"死地"。因此，在"散地"就不宜作战，在"轻地"就不可停留，遇"争地"，应先敌占领，如果已被敌人先占了，就不要去强攻；在"交地"，队伍各部行进要互相连贯，不要断绝；在"衢地"，就要结交别的诸侯国；在"重地"，就要掠取敌人的财粮就地补给；在"圮地"，要迅速通过；陷入"围地"，要巧设奇谋；到了"死地"，就只能拼死奋战，战中求生。

古代善于用兵的人，能使敌人前后部队不得互相策应，大小部队不能互相依靠，官和兵不能互相救援，上下不能互相靠拢，士兵离散而不能集中，集中了也很不整齐，对我有利就行动，对我无利就停止。

试问："假如敌军众多而整齐地向我进攻，该如何对付它呢？"回答是："先夺取敌人要害之处，这样敌人就会被迫陷于被动，听任我军的摆布了。"用兵打仗的事情，就是要行动迅速，乘敌人措手不及的时机，发起进攻，通过他意料不到的道路，进攻敌人没有戒备的地方。凡是攻入敌国作战，他的规律是：深入进军到敌国境内，我方部队就专心一致，使敌人无法抵抗我们。在富饶的田野里掠取敌人的粮草，我们全军就得到足够的给养。精心供养着士兵，勿让他们过于劳累，提高士气，积蓄精力，部署兵力，巧设计谋，使敌人无法察知。把士兵置于无路可走的境地，士兵就会宁死而不败退，士兵们既然连死都不怕了，哪里还有不尽力的呢？上下也都会尽力而战了。士兵深陷危险的境地，就会无所恐惧；无路可走了，就会军心稳固；深入敌国境内，行动就不易涣散；迫不得已了，就会拼死战斗。因此，这种军队，不待修整就会加强戒备，不待要求就会自动出力；不待约束就会亲近相助，不用三声五令就会遵守纪律，禁止迷信，消除谣言，即使战死也不退避。我军士兵毁弃多余的财物，并不是士兵们厌恶财物；不怕牺牲生命，不是他们不想长命。当作战的命令发布的时候，士兵坐着的就会激动得泪湿衣襟，躺着的就会泪流满面。把他们置于无路可走的境地，他们就会像专诸、曹刿那样的勇敢了。

所以，善于用兵的人，就像"率然"那样。所谓"率然"，乃是常（恒）山地方的一种蛇，打它的头部，尾部就来救应，打它的尾部，头部就来救应，打它的中段，头尾都来救应。试问：用兵能像"率然"那样吗？回答说："可以。"吴国人与越国人虽然互相仇视，可是当他们同乘一条船渡河时，碰上大风，就像一个人的左右手那样互相救助。因此，想用缚住马匹，埋掉车轮的办法，硬使部队不得动摇，也是靠不住的。要使部队齐心奋勇，象一个人一样，这就要靠将领领导得法，指挥有道。要使战斗力强的、弱的部队都能发挥力量，就在于地形利用得适当。所以善于用兵的人，能使大军手拉手地像一个人一样，这是因为形势的发展，使全军不得不这样啊！

统率军队这种事情，要安静而求深思、严正而有条理，能蒙蔽士兵的耳目，使他们对于军事行动的计划，毫无所知。改动了部署，改换了计谋，使他们不知道为什么要改变。搬迁了驻地，进军迂回绕道，使人们推测不出行动意图。统率军队作战的时候，就像登高而抽掉梯子那样，使军队能进而不能退。统率军队深入诸侯的土地，要像射箭一样，意思是促使他们奋勇作战，一往直前。烧掉渡船，打破饭锅，像赶羊群一样，赶过去，赶过来，使他们只知道跟着走，不知道到哪里去。聚集全军的士兵，把他们置于危险的境地（然后使他们拼死奋战），这便是将帅的责任！

根据九种不同地形上的种种变化，采取不同的行动方针，部队进退之间的利害，掌握士兵在不同情况下的不同的心理状态，所有这些，指挥作战的人都是不能不认真考察、细心研究的。凡是作为一支客军进入敌国作战，它的原则是：进入敌境越深的，士兵就越专心一致，进入得浅的，士兵就容易逃散。离开本国，越过别国国境进入敌国作战，就进入了“绝地”。四通八达的地区是“衢地”；深入敌境较深的地区是“重地”；进入敌境浅的地区是“轻地”；背后险固，面前狭隘的地区是“围地”；没有出路的地区是“死地”。因此，在“散地”，我军就要统一士兵的意志；在“轻地”，我军就要使部队行军相连接；在“争地”，我军就要迅速地要后发而先至；在“交地”，我军就要谨慎防守；在“衢地”，我军就要结交四邻诸侯；在“重地”，我军就要补充军粮；在“圮地”，我军就要迅速地通过；在“围地”，我军就要堵塞缺口（使士兵拼死战斗），在“死地”，我军将领就要向士兵表示必须拼死奋战的决心。所以士兵的心理状态是：被敌人包围后，就会协力抵抗；迫不得已，就会拼死战斗；深陷于危险的境地，就会听从指挥。

所以，不了解各国诸侯的计谋的，就不能与他们结交；不了解山林、险阻、水草丛生的沼泽等地形的，就不能很好地行军；不使用向导的，就不能得到有利的地势。对于“九地”的利害有一件不知道，就不能算是“霸、王”的军队。“霸、王”的军队，讨伐大国，就能使大国的军队来不及集中；威力加在敌国头上，就能使它的外交孤立。所以“霸、王”者绝天下诸侯的联合，夺天下诸侯的权力，扩大自己的恩爱范围，把威力加于人，这样，就可以攻拔敌人的城邑，毁灭敌人的国家。施行没有法令上规定的奖赏，颁布打破常规的命令，指挥全军之众，像使唤一个人一样。使用他们作战，不要告诉他们作战的理由。使用他们去争利，只告诉他们有利的一面，不要告诉他们有哪些危害。把军队投入危亡之地，然后可以保存；使军队陷入死绝之地，然后可以求得生存（胜败在于人为、人争）。

所以，指挥作战，在于假装顺从敌人意图，一旦有机可乘，便可集中兵力朝着一个方向进攻，虽然长驱千里也可擒杀敌将，这就是所谓巧妙能成大事的意思。因此，当决定战争行动的时候，就要封闭关口，毁掉通行证件，不许敌国使者往来；在庙堂之上小心谨慎地商议决定战争大事。一旦发现敌人露出一点漏洞，就必须迅速乘虚而入。抢先夺取敌人最紧要的地方，而不要同敌人约期交战。实施计划要随着敌情的变化而变化军事行动，以求战争的胜利。所以，开始要象处女一样沉静，使敌人不加戒备而出现漏洞；接着我军要象奔跑的兔子一样迅速进攻，使敌人来不及抵抗。

四、军事哲学思想评要

孙子从战略地理学角度论述在战略进攻中实施突然袭击的若干原则和方法问题。他根据战场位置及其对作战的影响不同，认为战争不外乎在九类地区进行，相应地提出了不同地区的特点、不同的作战原则和处置方法，揭示了要人们依据情况灵活运用的精神实质。这从作战指导思想上说是朴素唯物的。它可具体分析为：在本国作战，士兵离家近，容易逃亡、涣散，为散地。进入到敌人国境不很深，士兵仍容易逃散，为轻地。敌我双方谁得到谁有利，是两军必争之地，为争地。敌我都可以往来的地区，为交地。在几个诸侯国的交界线上，谁先结交各诸侯，谁就能得到援助的地区，为衢地。深入敌国，背后有许多敌国城邑，为重地。山林、险阻、沼泽地带，道路难行，为圮地。进路狭窄，归路迂远，敌能以少胜我多的地区，为围地。拼死作战则存，不拼死作战则亡的地区，为死地。根据以上不同地区的不同特点，明确指出：在“九地”应有各不相同的用兵原则。比如，在散地就不作战；在围地就要使用计谋；到了死地则要拼死战斗；……

主张把战争引向别国境内，着重研究了深入到别国作战的“为客之道”。其主要好处是：深入敌国之后，士兵就能听从指挥，不易逃散；就可以就地解决军队的给养；士兵深陷危地，就无所畏惧，拼死作战了；战争深入别国，士兵就被迫专心一致，敌人也就无法抵抗了。在别国作战，同样要根据不同地区的研究，重视以不同的条件去用兵。在轻地就要使部队先后连属；在争地就要指挥部队后发而先至；在死地则要与敌决一死战。

孙子对地形的研究是很深刻的，从《地形篇》《九地篇》中，我们不难看出，他做到“知地”了。《地形篇》着眼于全面地看；《九地篇》则重于各种不同地区的特点上。他从客观实际出发，抓住地区的地理条件，考虑士兵的作战条件，然后总结概括为九种不同的地区。主张不同地区采取不同的用兵措施，适当地利用地形，发挥士兵的战斗力，使之“刚柔皆得”。这反映了他朴素唯物论和辩证法相互渗透的思想。

由于新兴地主阶级与民众之间存在着不可调和的矛盾，反映在军队内部也是存在着根本的利害冲突的。士兵是被迫去作战的，而将帅则害怕他们逃跑，不敢在本国境内作战，不敢在入之不深的“轻地”作战，而主张要深入到别国、敌国腹地的“重地”去作战。为了断其归路，迫使士兵为其拼死，极力主张采用“投入亡地然后存，陷入死地然后生”、“登高而去其梯”等手段，实行愚兵政策。在他眼里，士兵好比群羊，将军的任务在“能愚士兵之耳目，使之无知”，“聚三军之众，投之于险”，这种“愚兵”思想是不可取的，有其历史社会根源。

五、读法导引举要

《九地篇》论战斗得胜深入敌境的计划。

(1) 立论指要：用兵之地，其势有九，利害有九。本篇与九变篇互有详略。九变篇略举五种地形，意在示为将者以应变之方；本篇则论战斗得胜深入敌境仍应充分利用地形。在九地之外又提出绝地(因九地之法皆有变，而绝地无变)，意在示为将者以乘胜深入之方，戒为将者勿因胜而不设防，深入敌境必遭全军覆没之灾。是教人在战斗进展的时候，遇着各种地形应该怎样决心、怎样处置，以取得最后的胜利。本篇在全书中占很重要的地位，对前十篇起互补作用，可作以上十篇的概说。

(2) 认识角度：①自“孙子曰”至“有死地”，九地的总目，列举其名目。②自“诸侯自占其地者”至“为死地”，论九地的性质。③自“是故散地则无以战”至“死地则战”，论九地的作用。种种变通利用之方，不外乎屈伸之利。④自“所谓古之善用兵者”至“攻其所不戒也”，讲战争开始时运筹决胜的经过。为将者能顾虑九地的种种危险而运筹其中，能使敌人不相接、不相持、不相救、不相扶、不集不齐，则必能合于利而胜。用兵要旨以神速为主，必能决胜于千里之外。⑤自“凡为客之道”至“此谓将军之事也”，论决胜后深入决死的经过。首先标明“深入则专”接着分述决死的决心、处置理由以及将军的心术。⑥自“九地之变”至“过则从”，论深入决死时尤需设防备，并示以种种设防之法，明死中求生之道。⑦自“是故不知诸侯之谋者”至“此谓巧能成事者也”，论战斗终结之际万全的总计划。其所以取用不外乎以上十余篇的原则，一言以蔽之，只要巧用(奇兵)，便能成事。⑧自“是故举政之日”至“敌不及拒”，总论战争开始、战斗决死、战斗终结三时期的纲要，其重要关键均在地形。本篇先发明“巧能成事”的总纲，末以处女(以《形篇》善守者藏于九地之下之义)、脱兔(善攻者动于九天之上之义)来形容“巧”字的寓义。敌人开户，无备；敌人不及拒者，攻其无备出其不意，都是形容巧能成事之“巧”字。

六、篇章表解

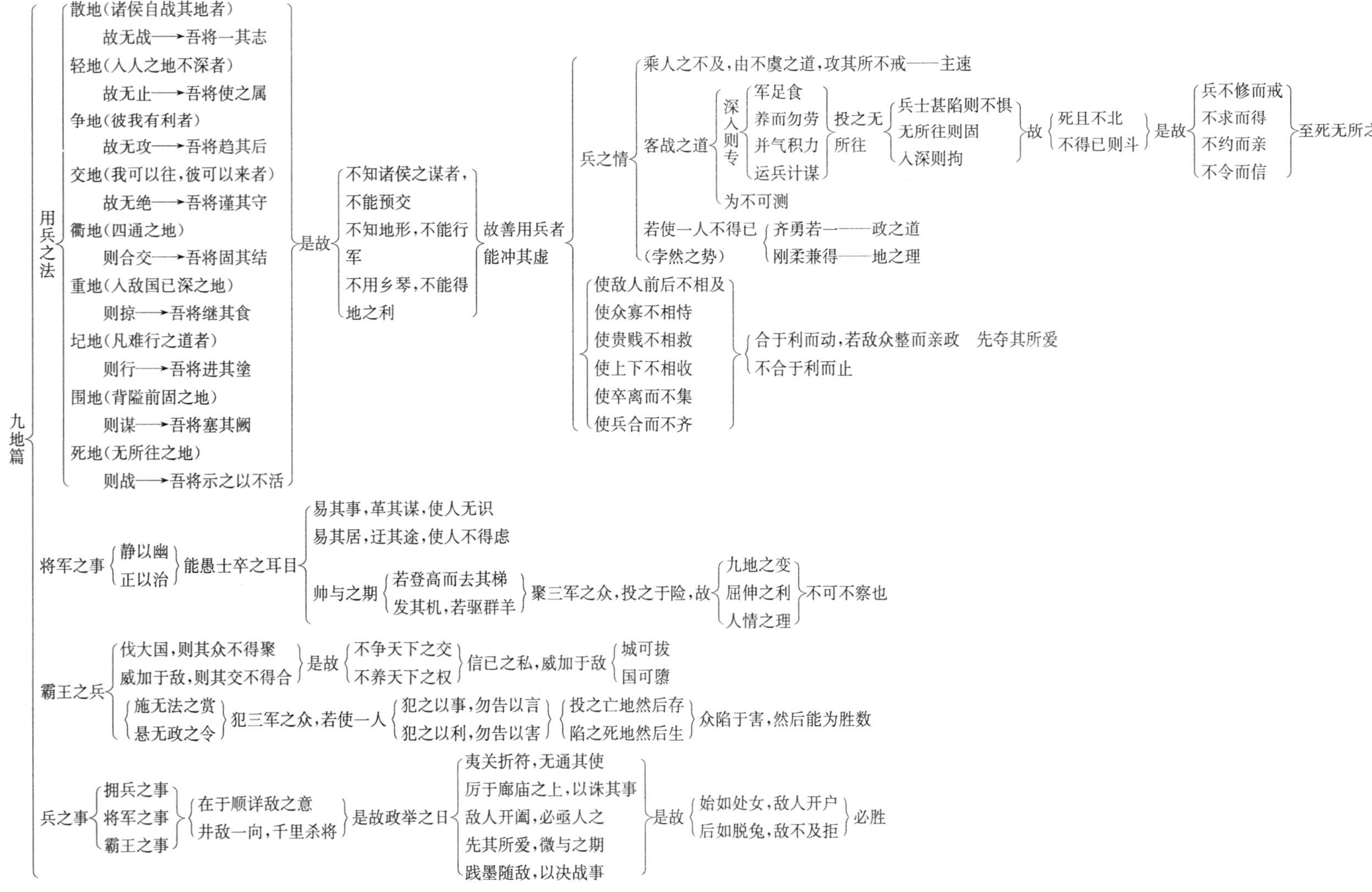
九地篇
用兵之法
散地(诸侯自战其地者)
故无战——→吾将一其志
轻地(入人之地不深者)
故无止——→吾将使之属
争地(彼我有利者)
故无攻——→吾将趋其后
交地(我可以往,彼可以来者)
故无绝——→吾将谨其守
衢地(四通之地)
则合交——→吾将固其结
重地(入敌国已深之地)
则掠——→吾将继其食
圮地(凡难行之道者)
则行——→吾将进其塗
围地(背隘前固之地)
则谋——→吾将塞其阙
死地(无所往之地)
则战——→吾将示之以不活
是故
不知诸侯之谋者,
不能预交
不知地形,不能行
军
不用乡琴,不能得
地之利
故善用兵者
能冲其虚
兵之情
乘人之不及,由不虞之道,攻其所不戒——主速
客战之道
深入则专
军足食
养而勿劳
并气积力
运兵计谋
为不可测
投之无
所往
兵士甚陷则不惧
无所往则固
入深则拘
故
死且不北
不得已则斗
是故
兵不修而戒
不求而得
不约而亲
不令而信
至死无所之
若使一人不得已
(孛然之势)
齐勇若一——政之道
刚柔兼得——地之理
使敌人前后不相及
使众寡不相恃
使贵贱不相救
使上下不相收
使卒离而不集
使兵合而不齐
合于利而动,若敌众整而亲政　先夺其所爱
不合于利而止
将军之事
静以幽
正以治
能愚士卒之耳目
易其事,革其谋,使人无识
易其居,迂其途,使人不得虑
帅与之期
若登高而去其梯
发其机,若驱群羊
聚三军之众,投之于险,故
九地之变
屈伸之利
人情之理
不可不察也
霸王之兵
伐大国,则其众不得聚
威加于敌,则其交不得合
是故
不争天下之交
不养天下之权
信已之私,威加于敌
城可拔
国可隳
施无法之赏
悬无政之令
犯三军之众,若使一人
犯之以事,勿告以言
犯之以利,勿告以害
投之亡地然后存
陷之死地然后生
众陷于害,然后能为胜数
兵之事
拥兵之事
将军之事
霸王之事
在于顺详敌之意
并敌一向,千里杀将
是故政举之日
夷关折符,无通其使
厉于廊庙之上,以诛其事
敌人开阖,必亟入之
先其所爱,微与之期
践墨随敌,以决战事
是故
始如处女,敌人开户
后如脱兔,敌不及拒
必胜

第十二篇　火攻篇

【内容提示】 详论以火助攻的目标、种类、条件和实施方法等，强调火攻要与兵攻密切配合策应，以助夺取胜利。同时提出对于火攻，国君与将帅都要慎重从事，即“主不可以怒而兴师，将不可以愠而致战”的慎战思想。

本文系前十二篇的总结，是孙子战争理论的基本总结。所涉及的原理，赋以现代科技，不仅有参考价值，仍具有现实意义。

一、原　　文

孙子曰：凡火攻有五[①]：一曰火人[②]，二曰火积，三曰火辎，四曰火库[③]，五曰火队[④]。

行火必有因[⑤]，烟火必素具[⑥]。发火有时，起火有日。时者，天之燥也；日者，月在箕、壁、翼、轸也；凡此四宿者[⑦]，风起之日也。

凡火攻，必因五火之变而应之[⑧]。火发于内，则早应之于外。火发兵静者，待而勿攻，极其火力[⑨]，可从而从之[⑩]，不可从而止。火可发于外，无待于内，以时发之。火发上风，无攻下风。昼风久，夜风止。

凡军必知有五火之变，以数守之[⑪]。

故以火佐攻者明[⑫]，以水佐攻者强。水可以绝[⑬]，不可以夺[⑭]。

夫战胜攻取，而不修其功者凶[⑮]，命曰“费留”[⑯]。故曰：明主虑之，良将修之。非利不动，非得不用[⑰]，非危不战。主不可以怒而兴师，将不可以愠而致战[⑱]；合于利而动，不合于利而止。怒可以复喜，愠可以复悦；亡国不可以复存，死者不可以复生。故明君慎之，良将警[⑲]之；此安国全[⑳]军之道也。

二、注　　释

① 火攻——简本作“攻火”。

② 火人——火：焚烧，作动词。火人：指焚烧敌军人马。

③ 火积、火辎、火库——“火”都用作动词，烧。积：指委积，即储备的粮秣。辎：指辎重。库：指武库，放置兵器的地方。

④ 火队——队(suì)：通“隧”，道路的意思。这里指粮道等交通运输设施。火队：焚烧敌人运输设施。

⑤ 行火必有因——行火：用火，放火。因：条件。行火必有因：指实施火攻时，必须具备一定的条件(按，指天气干燥，顺风，有易燃物，有内应等)。

⑥ 烟火必素具——简本“烟”作“因”。烟火：发火(点火、引火)器材。素具：经常有准备。烟火必素具：发火器材必须经常准备好。

⑦ 四宿——指廿八宿中箕、壁、翼、轸四个星宿，古代认为月亮行经这四个星宿时多风。(二十八宿的名称到汉代才逐渐完备，但在《孙子》时代有些星宿早已被人们注意和利用了。)

⑧ 必因五火之变而应之——五火：即五种火攻的方法。应：策应。必因五火之变而应之：必须根据五种火攻所引起的情况变化，适时地运用兵力策应。

⑨ 极其火力——极：尽。极其火力：让火势烧到最旺的时候。

⑩ 从——跟从,这里指进攻。

⑪ 以数守之——数:指气象变化,即火攻的条件。守:防守。指防备火攻。以数守之:等候具备火攻的条件。

⑫ 明——显,指效果显著。

⑬ 绝——断绝,隔绝。

⑭ 夺——剥夺。这里指焚毁敌人的物资器械。

⑮ 不修其功者凶——修:修治,引申为巩固。凶:祸,危险的意思。不修其功者凶:不能巩固胜利成果是危险的。

⑯ 费留——留:通"流"。费留:白费,这里指枉自耗费国家的兵力财力,使军队久留在外。

⑰ 非得不用——得:指取胜,得胜。用:交锋打仗,指用兵。非得不用:不能取胜,就不用火攻。

⑱ 愠(yùn)——怨愤,恼怒。

⑲ 警——警惕。

⑳ 全——保全。

三、译　文

孙子说:火攻的形式有五种,第一是火人,就是烧敌人的营寨。第二是火积,就是焚烧敌军的粮食积聚。第三是火辎,就是焚烧敌人的辎重。第四是火库,就是焚烧敌人的军械仓库。第五是火队,就是焚烧敌军的运输实施(粮道),或用大火封住敌人的地道口。

实施火攻必须具备一定的条件,火攻的器材必须平日有准备,还要掌握发火的天时和起火的日子。所谓有利的天时,是指天气干燥的时候,所谓有利的日子,是指月亮运行到箕、壁、翼、轸这四个星宿的位置时,这些日子就是有风的日子。凡用火攻时,必须根据使用这五种火攻后的敌情变化,适时地运用兵力去配合策应它。如果火从敌人营内烧起,应当及时从外边进军策应。如果火起之后敌军安静不乱,要等到火势极旺(或加猛火势),然后根据情况,可以进攻时就进攻,不能进攻就停止。如果可以从外边放火,就不必等待内应,遇合适的时机就可以放火了。火从上风的地方发起,不要从下风的地方进攻。白天刮风时间久了,夜间风就会停止。军队打仗必须懂得五种火攻的变化运用,也应根据气象情况,然后使用火攻。

所以用火攻来辅助部队进攻,显然容易取胜;用水来辅助进攻,攻势可以加强。用水可以分割、断绝敌军,但不如火攻那样可以消灭敌军的物资器械而取胜。

凡打了胜仗,攻取了土地、城市,如果不能巩固胜利的成果,那是危险(不吉利)的,可以说是白白伤耗国力(费留)。所以说,明智的国君,一定要慎重考虑这件事,良好的将帅,也要认真研究处理这件事。于国无利的就不采取军事行动,打不胜就不打,不到危急紧迫之时,就不要轻易发动战争。国君不可因一时发怒而兴兵动众去打仗,将帅不可因一时冲动而贸然与敌交战。必须对国家有利才行动,对国家不利就不动。愤怒是可以再转为喜的,不高兴是可以再转为高兴的,可是国亡了就不能再存,人死了就不能再活。所以明智的国君对战争问题一定要极为慎重,良好的将帅对战争问题一定要十分警惕。这些都是关系到国家、军队安全的根本道理。

四、军事哲学思想评要

"火攻"是古代的作战方式之一,孙子非常重视火攻,以专篇去详述火攻的种类、条件、实施方法……他要以火助攻,去夺取战争的全胜。在实战中他总结出五种火攻的方法:火人、火积、火辎、火库、火队。抓住了部队作战的要害,利用自然条件,重视掌握天时,是他的军事思想的一个特点。他提出"行火必有因,烟火必素具"的实施火攻的物质条件的同时,还强调必须具备"发火有时，起火有日"的气象条件，是他对"五事"（道、天、地、将、法）中天时条件的具体运用，也是在军事上利用火和气象等自然条件的较早记载。

在作战中，他重视火攻，看到了它的特殊性。认识到火攻和水攻一样，虽有较强的威力（"以水佐攻"能断粮道，分割敌军；"以火佐攻"能消灭敌人的蓄积，取胜很明显），毕竟只是作战时的"佐攻"（作为辅助进攻的一种形式），强调要与兵攻密切配合，即火发之后都要有部队策应，如不适时地投入兵力，实施进攻，也是不能成功的。明确指出"五火之变"双方都会有的，因而必须防备。必须利用纵火所引起的敌情变化，适时地指挥军队发起攻击，以求发展和扩大成果。可见，他是把火攻很有分寸地放到整个作战方法中的一定的位置上了。总之，他从用兵作战，联系到利用自然条件，以火佐攻；由火联系到风、水、部队策应；进而联系到为什么要打仗？把各种有关的事物联系起来进行分析研究，是他朴素唯物论和辩证法的一个具体表现。

孙子还提出了打了胜仗后巩固战果的问题。他认为打了胜仗而不注意"修其功"，会产生不良后果，可说是白白耗费力量。"战"是手段，"利"才是目的。不论国君还是将帅，对战争都应慎重从事，绝不能因个人的喜怒而感情用事，轻率地决定战争行动。应切实掌握"合于利而动，不合于利而止"的"安国全军之道"，从"利"来慎重考虑。这一慎战思想，与"兵者国之大事""不可不察"的重视战争的思想是一致的。这种重战、慎战思想在当时都是可贵的，也是先秦进步军事思想的共同特点之一。

五、读法导引举要

《火攻篇》论火攻的计划。

(1) 立论提要：战争中助战的两个特殊的重要的战术问题：火攻与用间。本篇专论火攻，谈火攻的筹划。以火攻人，物兵取胜（以火攻辅助兵力的不及）。文中又以滥用火攻的危险告诫后世取谨慎态度。

(2) 认识角度：①自"孙子曰"至"火队"，火攻的种类（各种名称）。②自"引火必有因"至"风起之日也"，火攻的准备。凡要用火攻者都必须预先筹划好。③自"凡火攻"至"不可以夺"，论火攻的原则有五，而且效果胜于水攻，但都必须以兵应之。④自"夫战胜攻取而不修其功者"至"此安国全军之道也"，论述火攻为最烈，惨而危，不可滥用。明君良将不得已才用，事关安邦定国之道。

六、篇章表解

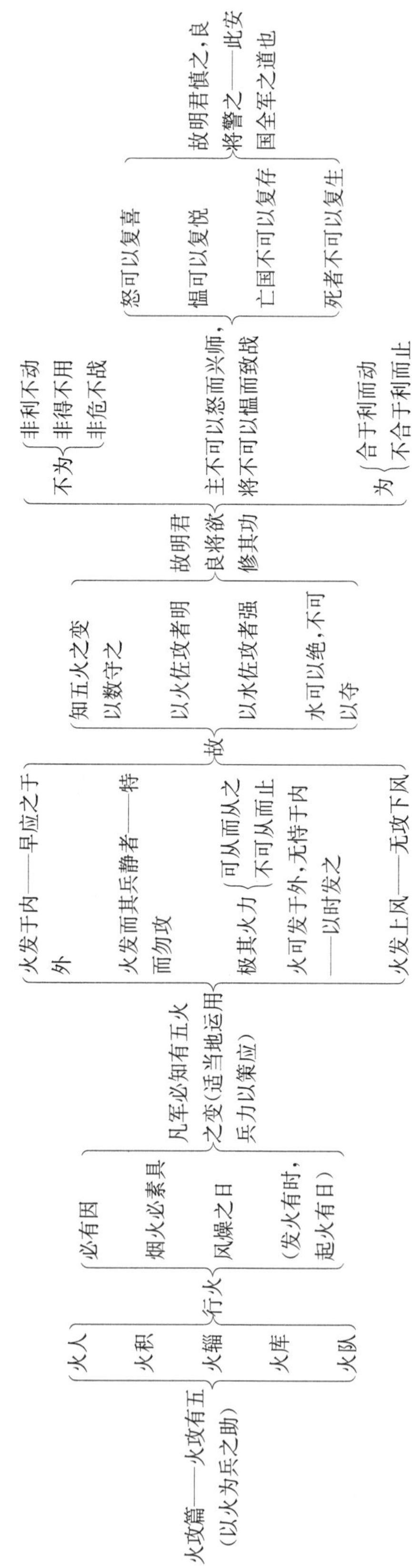
火攻篇——火攻有五
（以火为兵之助）
火人
火积
火辎
火库
火队
行火
必有因
烟火必素具
风燥之日
（发火有时，起火有日）
凡军必知有五火之变（适当地运用兵力以策应）
火发于内——早应之于外
火发而其兵静者——待而勿攻
极其火力
可从而从之
不可从而止
火可发于外，无待于内——以时发之
火发上风——无攻下风
故
知五火之变以数守之
以火佐攻者明
以水佐攻者强
水可以绝，不可以夺
故明君良将欲修其功
不为
非利不动
非得不用
非危不战
主不可以怒而兴师，将不可以愠而致战
怒可以复喜
愠可以复悦
亡国不可以复存
死者不可以复生
故明君慎之，良将警之——此安国全军之道也
为
合于利而动
不合于利而止

第十三篇　用间篇

【内容提示】　主要论述在战争中使用间谍侦察敌情的重要性。孙武认为这是用兵作战的要事一着。在如何使用间谍的方法上，他强调一定要机智果断和精心细致，以防止被敌人欺骗和利用；同时提出了先知敌情"不可取于鬼神"，"必取于人"的朴素唯物主义观点。尤其是所述谍报工作的分工配合，很有特色，也多有启迪。

以《用间》收束全书，不仅与战略决策的《计篇》相互辉映，还可看到"知彼知己，胜乃不殆"、"先胜而后求战"的"全胜"思想是始终如一，一贯到底的。

一、原　　文

孙子曰：凡兴师十万，出征千里，百姓之费，公家之奉②，日费千金。内外骚动，怠于道路③，不得操事者④，七十万家⑤。相守数年⑥，以争一日之胜，而爱爵禄百金⑦，不知敌之情者，不仁之至也⑧，非人之将也，非主之佐也，非胜之主也。故明君贤将，所以动而胜人⑨，成功出于众者，先知也⑩。先知者，不可取于鬼神⑪，不可象于事⑫，不可验于度⑬，必取于人，知敌之情者也。

故用间有五：有因间，有内间，有反间，有死间⑭，有生间。五间俱起，莫知其道⑮，是谓神纪⑯，人君之宝也。因间者，因其乡人而用之⑰。内间者，因其官人而用之⑱。反间者，因其敌间而用之⑲。死间者，为诳事于外⑳，令吾间知之，而传于敌间也。生间者，反报也㉑。

故三军之事，莫亲于间；赏莫厚于间，事莫密于间㉒。非圣智不能用间，非仁义不能使间，非微妙不能得间之实㉓。微哉！微哉！无所不用间也。间事未发，而先闻者，间与所告者皆死。

凡军之所欲击，城之所欲攻，人之所欲杀，必先知其守将、左右、谒者、门者㉔、舍人之姓名㉕，令吾间必索知之㉖。必索敌人之间来间我者，因而利之，导而舍之㉗，故反间可得而用也。因是而知之㉘，故乡间、内间可得而使也；因是而知之，故死间为诳事可使告敌；因是而知之，故生间可使如期。五间之事，主必知之，知之必在于反间，故反间不可不厚也。

昔殷之兴也，伊挚在夏㉙；周之兴也，吕牙在殷㉚。故惟明君贤将能以上智为间者㉛，必成大功。此兵之要，三军之所恃而动也㉜。

二、注　　释

① 用间——使用间谍。

② 奉——同"俸"，这里指费用。

③ 怠(dài)——疲惫，懈怠。

④ 操事——操作农事。

⑤ 七十万家——指出兵打仗，要有大量的民众承受繁重的徭役、赋税，不能正常地从事劳动。曹操注："古者八家为邻，一家从军，七家奉之。言十万之师举，不事耕稼者七十万家。"郭化若《孙子今译》(上海人民出版社 1977 年 6 月版)沿其注。按，曹注用孟子"井田说"，不可靠。《司马法》计地出军法之一是每甸(先秦划分田地、居所单位)64 井、576 夫，出士、徒 75 人，合 7.68家出一人。《司马法》名物制度有明显齐国特征，孙武齐人，《用间》计地出军本自《司马法》是近情理的。

⑥ 相守——相持。

⑦ 爱爵禄百金——爱:吝惜。禄:俸禄。爱爵禄百金:指吝惜爵位、俸禄和金钱而不肯重用间谍。

⑧ 不仁——这里指不顾国家和民众的利益。

⑨ 动而胜人——动:举动,这里指出兵。动而胜人:指出兵就能战胜敌人。

⑩ 先知——指事先知道敌人情况。

⑪ 取于鬼神——指使用祈祷、祭祀鬼神和占卜等迷信办法去取得。

⑫ 象于事——象:相类。象于事:指对事物进行类比推测。

⑬ 验于度——验:应验。度:度数,指星宿的位置,这是古时的一种迷信。验于度:指以日月星辰运行的位置来占卜吉凶祸福。

⑭ 有因间,有内间,有反间,有死间——因间:间谍的一种,指下文所说的"乡间",就是用敌国的人为间谍。内间:用敌国的官吏为间谍。反间:利用敌人派来的间谍(利用得当很见效)使他为我所用。死间:就是有意散布假象,让我方的间谍知道,传报给敌人。传假情报的,往往被敌处死,这叫死间。

⑮ 道——途径、规律。

⑯ 神纪人君之宝也——纪:道、理。神纪:神妙莫测之道。"宝",简本作"葆"。

⑰ 因其乡人而用之——因:凭借,根据,这里引申为利用。因其乡人而用之:指利用敌国的普通人作间谍。

⑱ 官人——指敌国官吏。

⑲ 反间者,因其敌间而用之——就是收买或利用敌方派来的间谍,使其为我所用。

⑳ 诳(kuáng)——迷惑,欺骗。

㉑ 生间者,反报也——反:同"返"。生间者,反报也:指到敌方了解情况后能亲自返回报告情况的人。

㉒ 密——秘密,机密。

㉓ 非微妙不能得间之实——微妙:隐微奥妙,这里指用心精细、手段巧妙。实:实情。

㉔ 守将、左右、谒者、门者——守将:主官将领。左右:指守将身边的亲信。谒(yè)者:指负责传达通报的官员。门者:指负责守门的官吏。

㉕ 舍人——指守将的门客、幕僚之类。

㉖ 索知——索:尽、全部。索知:全部知道。

㉗ 导而舍之——导:引导,诱导。舍:释放。导而舍之:设法诱导他,并交给一定的任务,然后放他回去。

㉘ 因是而知之——指从反间那里得知敌人内情的意思。

㉙ 伊挚——即伊尹,原为夏桀之臣,商汤灭夏时,用他为相,灭了夏。

㉚ 吕牙——姜子牙,俗称姜太公,原是商纣王的臣子,后归周,用他为统帅,灭了商。

㉛ 上智——指具有很高智谋的人。

㉜ 所恃而动——恃:依靠。所恃而动:指依靠间谍所提供的情报而采取行动。

按:本篇末有"昔殷之兴也,伊挚在夏,周之兴也,吕牙在殷"语。银雀山简本却有"燕之兴,苏秦在齐"等语。苏秦时代远在孙武之后,简本此数语似可证《孙子》书出于孙武后学之手,或此数语乃为后人所增,待考。请大家注意:简本是古本,甚有参考价值,但不能认为是完全准确的孙武原著,应择其善而从之。

三、译　文

孙子说:凡是出兵十万,出征千里,百姓的耗费,国家的开支,每日要花费千金,全国内外为之骚动，民众要服徭役，担任运送给养、武器等后勤任务，因而不能从事农业耕作的有七十万家。相恃几年，消耗那么大的人力、财力来争一朝的胜负，却舍不得用百金的爵禄来使用间谍，因而不能探知敌情而遭失败。这样，是非常“不仁”的，这样的将帅不是军队的好将领，不是国君的好助手，这样的国君不是能取胜的好国君。所谓明君、贤将，他们之所以一出兵就能战胜敌人、建树出众的功绩，其重要原因是由于能预先了解、掌握敌情。要“先知”，不可用迷信鬼神和占卜等方法去取得，不可以过去相似的事作类比，不可用侦视日月星辰运行的位置去验证，而一定要从知道敌情的人那里去获得。

使用间谍可有因间、内间、反间、死间、生间五种。五种间谍同时并用，就能使敌人摸不到规律而无从应付，这是很神妙的道理，这是国君作战取胜的法宝。所谓“因间”，就是用敌国的普通人做间谍。所谓“内间”，就是用敌国的官吏做间谍。所谓“反间”，就是收买或利用敌人派来的间谍，使他为我所用。所谓“死间”，就是有意散布虚假的情况，好像泄露机密似的，让我方的间谍知道，传报给敌人（敌人上当后，往往将其处死，所以称“死间”）。所谓“生间”，就是派到敌方去侦察后，亲自回来报告敌情的人。

所以军队中的人事，没有比间谍更亲信的了，没有比对间谍赏赐更优厚的了，事情没有比间谍的任务更为机密的了。不是大有才智的人，不能使用间谍；不是“仁义”的人，不能使用间谍；不是十分细心巧妙的人，不能从间谍活动中得到真实情报，微妙啊！微妙啊！真是无处不使用间谍。用间的计谋尚未实施，就被泄露出去，间谍和他所告诉的人都要处死。

凡我军准备要进攻的敌军，要准备进攻的城邑，要准备杀死的敌人，一定要先打听守城的将帅及左右亲信、掌管传达通报的官员、负责守门的官吏以及门客幕僚的姓名，命令我方的间谍全部侦察清楚。必须搜索敌人派来侦察我方的间谍，以便收买、利用他，经过诱导或交代任务，然后放他回去，这样反间就可以为我所用。从反间那里了解到情况后，所以乡间、内间就可以供我使用了。从反间那里了解到情况后，所以散布给死间的虚假情况就可以传给敌人。因为从反间那里了解到敌人情况，所以生间能够按照预期的计划，报告敌情。五种间谍所做的工作，国君都必须知道。其中的关键在于会用反间，所以对反间不可不给予优厚的待遇。

从前商朝兴起的时候，是由于重用了在夏为臣的伊尹，伊尹曾经在夏（了解夏朝内情）；周朝的兴起，是由于重用了在殷为官的吕牙。所以“明君贤将”，如果能够用伊尹、吕牙那样有大智的人做间谍，一定能够成就大的功业。这是用兵作战的关键环节（要领），整个军队都要依靠间谍提供情报而采取行动。

四、军事哲学思想评要

本篇集中反映了孙子的“知彼”思想。强调在战争中使用间谍侦察敌情的重要性及如何使用间谍的问题。认为这是用兵作战的要事之一。从出兵打仗要动员那么多的人力、物力，整个军队要依靠间谍提供情报而采取军事行动这一情况出发，指出舍不得花费很小的利禄去重用间谍侦察、了解敌情，是“非人之将”、“非主之佐”、“非胜之主”。可见利用间谍预先了解敌情（“先知”）特别是要知敌人的当前动向，这是战争取胜的重要条件，在古代战争中，“用间”也是有着十分重要意义的。

那么，如何求得“知彼”，怎样才能做到“先知”敌情呢？他认为“必取于人”。“先知”不能靠迷信、凭占卜那套迷信的办法来获得；不能靠类推比附；不能靠证验星象运转；而是必须使用间谍去获得敌人的真实情况。这种实实在在认识客观实际的朴素唯物主义思想，难能而可贵。

使用间谍，他把间谍分为五类：一是用敌方的人为间；二是用敌方的官吏为间；三是用敌方派来的间谍为间；四是使我方的间谍传假情报给敌人；五是由我方派到敌人那边去的间谍。前三类是用敌人为间，后二类是由我方派去的间谍。在研究了“五间”之间的关系后，提出各种间谍要同时并用，从而突出反间的重要地位，然后据以利用因间和内间，从而用死间、生间，这样，便于广开情报来源，使敌人陷入茫然无从应付的境地，这是战争取胜的法宝。由于间谍能提供确实的敌情，用以决定战策，所以用兵作战无处不用间了。如“欲击之军，欲攻之城，欲杀之人”都必须先让间谍暗中活动于敌我之间，以探明全部敌情（包括守将直到看门人的姓名）。在使用间谍时，还必须机智、果敢和精心细致，防止被敌人欺骗、利用而上当。可见孙子的了解敌情（“知彼”）是建立在扎实可靠的基础上的。从哲学上看，反映出他很懂得“分析综合，利用矛盾”，使敌为我服务。

值得重视的是他还列举了历史事实来说明用间之道，意义深远。夏朝伊尹，被商所用，起了“反间”的作用；殷商的姜尚，被周所用，起了“反间”的作用。这两人曾被有识者视为“上智”人物，而在军事家孙子看来，在军事上无非是间谍当中的“反间”而已，也就是所谓“明君贤将”、“以上智为间”罢了。

按：关于用间，还必须着重指出的是，我们应该如何正确看待“间”的问题。宋朝王应麟《困学纪闻》说：“伊、吕圣人之耦（通“偶”，这里作“同类”解），此战国辩士之诬圣贤。”显然不同意《用间篇》末的说法：“殷之兴，伊挚在夏；周之兴，吕牙在商。明君贤将，能以上智为间者，必成大功。”并且还认为这是对圣贤之“诬”。清代有人不同意王应麟看法说：“殷之伊尹，尝身为间。疑之者，迂儒也。”“伊尹圣之任者，拯民水火。即身为间，何伤？伯厚（王应麟的字）拘儒，识隘未化。孙子之言，当自有据，未可臆驳。”（朱逢甲《间书》）还用今天的话来说，涉及间对人民是否有利、充当“间”的人的思想品质优劣与否等问题。有利于人民的“间”，还是应该肯定的，相应地思想品质也是好的。笼统地以“间”为不仁，以“间”为耻，这实际上模糊了是非界限。“用间”是一种战术，在人自用。好比武器，可以用来杀人，也可以用来作正当的防卫，泛泛论“间”，有失所依。当然，历史上许多战争，是统治阶级的你争我夺。我们暂不去讨论孙武当时所从事的战争的性质，但在引证伊尹、吕牙的故实方面，是不应有所非议的。同样，朱逢甲为清朝统治者镇压各族人民起义出谋划策，其作为当不可取，然其《间书》指出王应麟认识之不足，也是不应轻易否定。

又按：孙武引证故实，是作了代表性的选择的。在伊尹之前，最早有过夏之少康使女艾间浇的事例。《左传·哀公元年》说：“（少康）派女艾到浇那里做间谍，派季杼去引诱豷，这样就灭亡了过国、戈国，恢复了禹的业绩。原文是：“（少康）使女艾谍浇，使季杼诱豷，遂灭过、戈，复禹之绩。”但“少康中兴”毕竟是传说，而且“少康中兴”在后人心目中的认识度毕竟不如伊尹、吕牙强，事迹的影响也不及伊尹、吕牙大，孙武引证伊尹、吕牙，自是理所当然。至于银雀山简本《用间篇》末“燕之兴也，苏秦在齐”等语，不特指苏秦时代远在孙武之后，且其代表性也根本谈不上，自不足道。此数语，无论是出于孙武后学之手，还是后人所增，皆属虚妄，固不足论。

五、读法导引举要

《用间篇》论庙算的决用。

（1）立论指要：用兵必用间，以知敌人的实情。历来有作为的军事家，都善于用间，以洞悉敌情。而用间的根本问题在于亲、厚、密三个字上，殊不知忽，“仁”家仍为本篇的主脑。本篇是继庙算之用而作，总纲发于“计篇”始，十三篇以用间终，首尾照应。实际上是前十二篇（即孙子战争理论）的结束语。

（2）认识角度：①自“孙子曰”至“必取于人以知敌之情者也”，论用间的理由及其效果。为将者必先知敌情，不以仁道待人就决不能得人而用间。②自“用间有五”至“反报也”，述间的种类和性质，告诫人们要相机而用（五间之中四间都对外，只有死间对内）。③自“三军之事”至“间与所告者皆死”，述间之精义在于亲之、厚之、密之，三者即用间之本。④自“凡军之所欲击”至“故反间之不可不厚”，述用间的具体方法。反间尤为五间之本（关键），尤要以优待之，使其为我所用。⑤自“昔殷之兴也”至“三军之所恃而动也”，论古代之所以成大功的人，无非是力于间谍。特引证史事证实。

六、篇章表解

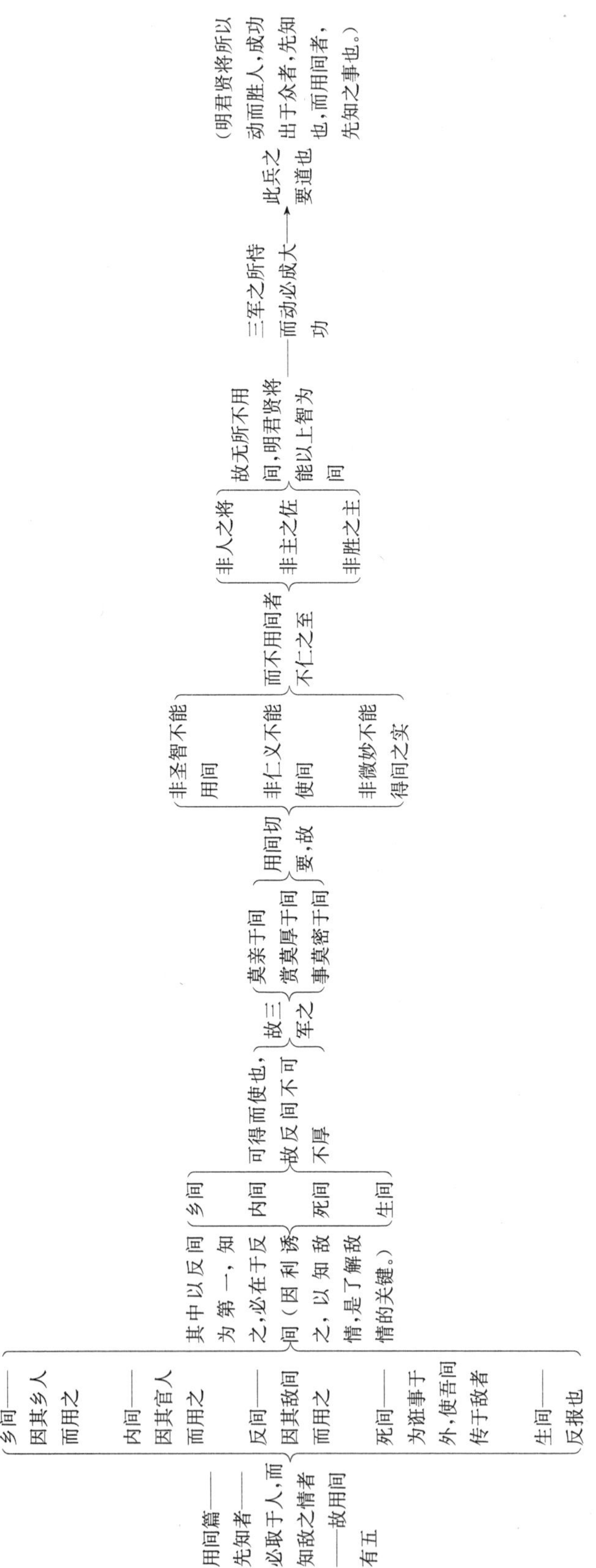
用间篇——先知者——必取于人，而知敌之情者——故用间有五
乡间——因其乡人而用之
内间——因其官人而用之
反间——因其敌间而用之
死间——为诳事于外，使吾间传于敌者
生间——反报也
其中以反间为第一，知之必在于反间（因利诱之，以知敌情，是了解敌情的关键。）
乡间
内间
死间
生间
可得而使也，故反间不可不厚
故三军之
莫亲于间
赏莫厚于间
事莫密于间
用间切要，故
非圣智不能用间
非仁义不能使间
非微妙不能得间之实
而不用间者不仁之至
非人之将
非主之佐
非胜之主
故无所不用间，明君贤将能以上智为间
三军之所恃而动必成大功
此兵之要道也
（明君贤将所以动而胜人，成功出于众者，先知也，而用间者，先知之事也。）

乙编——《十一家注孙子》（历代原注）

卷　上

计篇　曹操曰：计者，选将、量敌、度地、料卒、远近、险易，计于庙堂也。〇李筌曰：计者，兵之上也。《太一遁甲》先以计，神加德宫，以断主客成败。故孙子论兵，亦以计为篇首。〇杜牧曰。计，算也。曰：计算何事？曰：下之五事，所谓道、天、地、将、法也。于庙堂之上，先以彼我之五事计算优劣，然后定胜负；胜负既定，然后兴师动众。用兵之道，莫先此五事，故著为篇首耳。〇王晳曰：计者，谓计主将、天地、法令、兵众、士卒、赏罚也。〇张预曰：管子曰："计先定于内，而后兵出境。"故用兵之道，以计为首也。或曰：兵贵临敌制宜，曹公谓计于庙堂者，何也？曰：将之贤愚，敌之强弱，地之远近，兵之众寡，安得不先计之？及乎两军相临，变动相应，则在于将之所裁，非可以逾度也。

孙子曰：兵者，国之大事，杜牧曰：《传》曰："国之大事，在祀与戎。"〇张预曰：国之安危在兵。故讲武练兵，实先务也。**死生之地，存亡之道，不可不察也**。李筌曰：兵者凶器，死生存亡系于此矣，是以重之，恐人轻行者也。〇杜牧曰：国之存亡，人之死生，皆由于兵，故须审察也。〇贾林曰：地，犹所也，亦谓陈师、振旅、战陈之地。得其利则生，失其便则死，故曰死生之地。道者，权机立胜之道。得之则存，失之则亡，故曰不可不察也。《书》曰："有存道者，辅而固之；有亡道者，推而亡之。"〇梅尧臣曰：地有死生之势，战有存亡之道。〇王晳曰：兵举，则死生存亡系之。〇张预曰：民之死生兆于此，则国之存亡见于彼。然死生曰地、存亡曰道者，以死生在胜负之地，而存亡系得失之道也，得不重慎审察乎？**故经之以五事，校之以计，而索其情**：曹操曰：谓下五事七计，求彼我之情也。〇李筌曰：谓下五事也。校，量也。量计远近，而求物情以应敌。〇杜牧曰：经者，经度也；五者，即下所谓五事也；校者，校量也；计者，即篇首计算也；索者，搜索也；情者，彼我之情也。此言先须经度五事之优劣，次复校量计算之得失，然后始可搜索彼我胜负之情状。〇贾林曰：校量彼我之计谋，搜索两军之情实，则长短可知，胜负易见。〇梅尧臣曰：经纪五事，校定计利。〇王晳曰：经，常也，又经纬也；计者，谓下七计；索，尽也。兵之大经，不出道、天、地、将、法耳。就而校之以七计，然后能尽彼己胜负之情状也。〇张预曰：经，经纬也。上先经纬五事之次序，下乃用五事以校计彼我之优劣，探索胜负之情状。**一曰道**，张预曰：恩信使民。**二曰天**，张预曰：上顺天时。**三曰地**，张预曰：下知地利。**四曰将**，张预曰：委任贤能。**五曰法**。杜牧曰：此之谓五事也。〇王晳曰：此经之五事也。夫用兵之道，人和为本，天时与地利则其助也。三者具，然后议举兵。兵举必须将能，将能然后法修。孙子所次，此之谓矣。〇张预曰：节制严明。夫将与法，在五事之末者，凡举兵伐罪，庙堂之上，先察恩信之厚薄，后度天时之逆顺，次审地形之险易，三者已熟，然后命将征之。兵既出境，则法令一从于将。此其次序也。**道者，令民与上同意也**，张预曰：以恩信道义抚众，则三军一心，乐为其用。《易》曰："悦以犯难，民忘其死"。**故可以与之死，可以与之生，而不畏危**。曹操曰：谓道之以教令。危者，危疑也。〇李筌曰：危，亡也。以道理众，人自化之，得其同用，何亡之有！〇杜牧曰：道者，仁义也。李斯问兵于荀卿，答曰："彼仁义者，所以修政者也。政修则民亲其上，乐其君，轻为之死。"复对赵孝成王论兵曰："百将一心，三军同力。臣之于君也，下之于上也，若子之事父，弟之事兄，若手臂之捍头目而覆胸臆也。"如此，始可令与上同意，死生同致，不畏惧于危疑也。〇陈皞注同杜牧。〇孟氏曰：一作"人不疑"，谓始终无二志也；一作"人不危"。道，谓道之以政令，齐之以礼教，故能化服士民，与上下同心也。故用兵之妙，以权术为道。大道废而有法，法废而有权，权废而有势，势废而有术，术废而有数。大道沦替，人情讹伪，非以权数而取之，则不得其欲也。故其权术之道，使民上下同进趋，共爱憎，一利害，故人心归于德，得人之力，无私之至也。故百万之众，其心如一，可与俱同死力动而不至危亡也。臣之于君，下之于上，若子之事父，弟之事兄，若手臂之捍头目而覆胸臆也。如此，始可与上同意，死生同致，不畏惧于危疑。○贾林曰：将能以道为心，与人同利共患，则士卒服，自然心与上者同也。使士卒怀我如父母，视敌如仇雠者，非道不能也。黄石公云："得道者昌，失道者亡。"○杜佑曰：谓导之以政令，齐之以礼教也。危者，疑也。上有仁施，下能致命也。故与处存亡之难，不畏倾危之败。若晋阳之围，沉灶产蛙，人无叛疑心矣。○梅尧臣曰：危，戾也。主有道，则政教行；人心同，则危戾去，故王安与安，主危与危。○王晳曰：道，谓主有道，能得民心也。夫得民之心者，所以得死力也；得死力者，所以济患难也。《易》曰："悦以犯难，民忘其死。"如是，则安畏危难之事乎？○张预曰：危，疑也。士卒感恩，死生存亡，与上同之，决然无所疑惧。**天者，阴阳、寒暑、时制也**。曹操曰：顺天行诛，因阴阳四时之制。故《司马法》曰："冬夏不兴师，所以兼爱民也。"○李筌曰：应天顺人，因时制敌。○杜牧曰：阴阳者，五行、刑德、向背之类是也。今五纬行止，最可据验，巫咸、甘氏、石氏、唐蒙、史墨、梓慎、裨灶之徒，皆有著述，咸称秘奥，察其指归，皆本人事。《准星经》曰："岁星所在之分，不可攻，攻之反受其殃也。"《左传·昭三十二年》："夏，吴伐越，始用师于越。史墨曰：'不及四十年，越其有吴乎？越得岁而吴伐之，必受其凶。'"注曰："存亡之数，不过三纪，岁星三周三十六岁，故曰不及四十年也。"此年岁在星纪。星纪，其分也；岁星所在，其国有福，吴先用兵，故反受其殃。哀二十二年，越灭吴，至此三十八岁也。李淳风曰："天下诛秦，岁星聚于东井。秦政暴虐，失岁星仁和之理，违岁星恭肃之道，拒谏信谗，是故胡亥终于灭亡。"复曰："岁星清明润泽，所在之国分大吉。君令合于时，则岁星光喜，年丰人安；君尚暴虐，令人不便，则岁星色芒角而怒，则兵起。"由此言之，岁星所在，或有福德，或有灾祥，岂不皆本于人事乎？夫吴越之君，德均势敌，阖庐兴师，志于吞灭，非为拯民，故岁星福越而祸吴。秦之残酷，天下诛之，上合天意，故岁星祸秦而祚汉。荧惑，罚星也；宋景公出一善言，荧惑退移三舍，而延二十七年。以此推之，岁为善星，不福无道；火为罚星，不罚有德。举此二者，其他可知。况所临之分，随其政化之善恶，各变其本色芒角大小，随为祸福，各随时而占之。淳风曰："夫形器著于下，精象系于上。"近取之身，耳目为肝肾之用，鼻口实心腹所资，彼此影响，岂不然欤？《易》曰："在天成象，在地成形，变化见矣。"盖本于人事而已矣。刑德向背之说，尤不足信。夫刑德天官之阵，背水陈者为绝纪，向山坂陈者为废军。武王伐纣，背济水向山坂而陈，以二万二千五百人，击纣之亿万而灭之。今可目睹者，国家自元和已后至今，三十年间，凡四伐赵寇昭义军，加以数道之众，常号十万，围之临城县，攻其南不拔，攻其北不拔，攻其东不拔，攻其西不拔。其四度围之，通有十岁，十岁之内，东西南北，岂有刑德向背、王相吉辰哉？其不拔者，岂不曰城坚、池深、粮多、人一哉？复以往事验之，秦累世战胜，竟灭六国，岂天道二百年间常在乾方，福德常居鹑首？岂不曰穆公已还，卑身趋士，务耕战，明法令而致之乎？故梁惠王问尉缭子曰："黄帝有刑德，可以百战百胜，其有之乎？"尉缭子曰："不然。黄帝所谓刑德者，刑以伐之，德以守之，非世之所谓刑德也。夫举贤用能者，不时日而利；明法审令者，不卜筮而吉；贵功养劳者，不祷祠而福。"周武王伐纣，师次于汜水共头山，风雨疾雷，鼓旗毁折，王之骖乘惶惧欲死。太公曰："夫用兵者，顺天道未必吉，逆之未必凶。若失人事，则三军败亡。且天道鬼神，视之不见，听之不闻，故智者不法，愚者拘之。若乃好贤而任能，举事而得时，此则不看时日而事利，不假卜筮而事吉，不待祷祠而福从。"遂命驱之前进。周公曰："今时逆太岁，龟灼言凶，卜筮不吉，星凶为灾，请还师。"太公怒曰："今纣剖比干，囚箕子，以飞廉为政，伐之有何不可？枯草朽骨，安可知乎！"乃焚龟折蓍，率众先涉，武王从之，遂灭纣。宋高祖围慕容超于广固，将攻城，诸将咸谏曰："今往亡之日，兵家所忌。"高祖曰："我往彼亡，吉孰大焉！"乃命悉登，遂克广固。后魏太祖武帝讨后燕慕容麟，甲子晦日进军，太史令晁崇奏曰："昔纣以甲子日亡。"帝曰："周武岂不以甲子日胜乎？"崇无以对。遂战，破之。后魏太武帝征夏赫连昌于统万城，师次城下，昌鼓噪而前。会有风雨从贼后来，太史进曰："天不助人，将士饥渴，愿且避之。"崔浩曰："千里制胜一日，岂得变易，风道在人，岂有常也！"帝从之。昌军大败。或曰：如此者，阴阳向背，定不足信，孙子叙之，何也？答曰：夫暴君昏主，或为一宝一马，则必残人逞志，非以天道鬼神，谁能制止？故孙子叙之，盖有深旨。寒暑时气，节制其行止也。周瑜为孙权数曹公四败，一曰："今盛寒，马无藁草，驱中国士众，远涉江湖，不习水土，必生疾病，此用兵之忌也。"寒暑同归于天时，故聊以叙之也。〇孟氏曰：兵者，法天运也。阴阳者，刚柔盈缩也。用阴则沉虚固静，用阳则轻捷猛厉；后则用阴，先则用阳；阴无蔽也，阳无察也。阴阳之象无定形，故兵法天。天有寒暑，兵有生杀；天则应杀而制物，兵则应机而制形。故曰天也。〇贾林曰：读时制为时气，谓从其善时，占其气候之利也。〇杜佑曰：谓顺天行诛，因阴阳四时刚柔之制。〇梅尧臣曰：兵必参天道，顺气候，以时制之，所谓制也。《司马法》曰："冬夏不兴师，所以兼爱民也。"〇王皙曰：谓阴阳，总天道、五行、四时、风云、气象也，善消息之，以助军胜。然非异人特授其诀，则末由也。若黄石授书张良，乃太公《兵法》是也。意者岂天机神密，非常人所得知耶？其诸十数家纷纭，抑未足以取审矣。寒暑，若吴起云疾风、大寒、盛夏、炎热之类。时制，因时利害而制宜也，范蠡云"天时不作，弗为人客"是也。〇张预曰：夫阴阳者，非孤虚向背之谓也。盖兵自有阴阳耳。范蠡曰："后则用阴，先则用阳。尽敌阳节，盈吾阴节而夺之。"又云："设右为牝，益左为牡，早晏以顺天道。"李卫公解曰："左右者，人之阴阳；早晏者，天之阴阳；奇正者，天人相变之阴阳。"此皆言兵自有阴阳刚柔之用，非天官日时之阴阳也。今观尉缭子《天官》之篇，则义最明矣。《太白阴经》亦有天无阴阳之篇，皆著为卷首，欲以决世人之惑也。太公曰："圣人欲止后世之乱，故作为谲书，以寄胜于天道，无益于兵也。"是亦然矣。唐太宗亦曰："凶器无甚于兵。行兵苟便于人事，岂以避忌为疑也。"寒暑者，谓冬夏兴师也。汉征匈奴，士多堕指；马援征蛮，卒多疫死：皆冬夏兴师故也。时制者，谓顺天时而制征讨也。《太白阴经》言天时者，乃水旱、蝗雹、荒乱之天时，非孤虚向背之天时也。**地者，远近、险易、广狭、死生也**。曹操曰：言以九地形势不同，因时制利也。论在《九地篇》中。〇李筌曰：得形势之地，有死生之势。〇梅尧臣曰：知形势之利害。〇张预曰：凡用兵，贵先知地形。知远近，则能为迂直之计；知险易，则能审步骑之利；知广狭，则能度众寡之用；知死生，则能识战散之势也。**将者，智、信、仁、勇、严也**。曹操曰：将宜五德备也。〇李筌曰：此五者，为将之德，故师有大人之称也。〇杜牧曰：先王之道，以仁为首；兵家者流，用智为先。盖智者，能机权、识变通也；信者，使人不惑于刑赏也；仁者，爱人悯物，知勤劳也；勇者，决胜乘势，不逡巡也；严者，以威刑肃三军也。楚申包胥使于越，越王勾践将伐吴，问战焉，曰："夫战，智为始，仁次之，勇次之。不智，则不能知民之极，无以诠度天下之众寡；不仁，则不能与三军共饥劳之殃；不勇，则不能断疑以发大计也。"〇贾林曰：专任智则贼；偏施仁则懦；固守信则愚；恃勇力则暴；令过严则残。五者兼备，各适其用，则可为将帅。〇梅尧臣曰：智能发谋，信能赏罚，仁能附众，勇能果断，严能立威。〇王皙曰：智者，先见而不惑，能谋虑，通权变也；信者，号令一也；仁者，惠抚恻隐，得人心也；勇者，徇义不惧，能果毅也；严者，以威严肃众心也。五者相须，缺一不可。故曹公曰"将宜五德备也。"〇何氏曰：非智不可以料敌应机；非信不可以训人率下；非仁不可以附众抚士；非勇不可以决谋合战；非严不可以服强齐众。全此五才，将之体也。〇张预曰：智不可乱，信不可欺，仁不可暴，勇不可惧，严不可犯。五德皆备，然后可以为大将。**法者，曲制、官道、主用也**。曹操曰：部曲、幡帜、金鼓之制也。官者，百官之分也。道者，粮路也。主者，主军费用也。〇李筌曰：曲，部曲也。制，节度也。官，爵赏也。道，路也。主，掌也。用者，军资用也。皆师之常法，而将所治也。〇杜牧曰：曲者，部曲队伍有分画也。制者，金鼓旌旗有节制也。官者，偏裨校列，各有官司也。道者，营陈开阖，各有道径也。主者，管库厮养，职守主张其事也。用者，车马器械，三军须用之物也。荀卿曰："械用有数。"夫兵者，以食为本，须先计粮道，然后兴师。〇梅尧臣曰：曲制，部曲队伍，分画必有制也。官道，裨校首长，统率必有道也。主用，主军之资粮百物，必有用度也。○王皙曰：曲者，卒伍之属。制者，节制其行列进退也。官者，群吏偏裨也。道者，军行及所舍也。主者，主守其事。用者，凡军之用，谓辎重粮积之属。○张预曰：曲，部曲也；制，节制也；官，谓分偏裨之任；道，谓利粮饷之路；主者，职掌军资之人；用者，计度费用之物。六者，用兵之要，宜处置有其法。**凡此五者，将莫不闻，知之者胜，不知者不胜**。张预曰：已上五事，人人同闻；但深晓变极之理则胜，不然则败。**故校之以计，而索其情**。曹操曰：同闻五者，将知其变极，即胜也。索其情者，胜负之情。○杜牧曰：谓上五事，将欲闻知，校量计算彼我之优劣，然后搜索其情状，乃能必胜，不尔则败。○贾林曰：《书》云："非知之艰，行之惟难。"○王皙曰：当尽知也。言虽周知五事，待七计以尽其情也。○张预曰：上已陈五事，自此而下，方考校彼我之得失，探索胜负之情状也。**曰：主孰有道**？曹操曰：道德智能。○李筌曰：孰，实也。有道之主，必有智能之将。范增辞楚，陈平归汉，即其义也。○杜牧曰：孰，谁也。言我与敌人之主，谁能远佞亲贤，任人不疑也。○杜佑曰：主，君也；道，道德也。必先考校两国之君，谁知谁否也。若荀息料虞公贪而好宝，宫之奇懦而不能强谏是也。○梅尧臣曰：谁能得人心也。○王皙曰：若韩信言项王匹夫之勇，妇人之仁，名虽为霸，实失天下心；谓汉王入武关，秋毫无所害，除秦苛法，秦民亡不欲大王王秦者是也。○何氏曰：《书》曰："抚我则后，虐我则雠。"抚虐之政，孰有之也。○张预曰：先校二国之君，谁有恩信之道，即上所谓"令民与上同意"者之道也。若淮阴料项王仁勇过高祖，而不赏有功，为妇人之仁，亦是也。**将孰有能**？杜牧曰：将孰有能者，上所谓智、信、仁、勇、严也。○梅尧臣同杜牧注。○王皙曰：若汉王问魏大将柏直，曰"是口尚乳臭，不能当韩信"之类是也。○张预曰：察彼我之将，谁有智、信、仁、勇、严之能。若汉高祖料魏将柏直不能当韩信之类也。**天地孰得**？曹操、李筌并曰：天时、地利。杜牧曰：天者，上所谓阴阳、寒暑、时制也；地者，上所谓远近、险易、广狭、死生也。○杜佑曰：视两军所据，知谁得天时地利。○梅尧臣曰：稽合天时，审察地利。○王皙同杜牧注。○张预曰：观两军所举，谁得天时地利。若魏武帝盛冬伐吴，慕容超不据大岘，则失天时地利者也。**法令孰行**？曹操曰：设而不犯，犯而必诛。○杜牧曰：县法设禁，贵贱如一。魏绛戮仆、曹公断发是也。○杜佑曰：发号出令，校孰下不敢犯。○梅尧臣曰：齐众以法，一众以令。○王皙曰：孰能法明令便，人听而从？○张预曰：魏绛戮扬干，穰苴斩庄贾，吕蒙诛乡人，卧龙刑马谡，兹所谓"设而不犯，犯而必诛"，谁为如此？**兵众孰强**？杜牧曰：上下和同勇于战为强；卒众车多为强。○梅尧臣曰：内和外附。○王皙曰：强弱足以相形而知。○张预曰：车坚马良，士勇兵利，闻鼓而喜，闻金而怒，谁者为然？**士卒孰练**？杜牧曰：辨旌旗，审金鼓，明开合，知进退，闲驰逐，便弓矢，习击刺也。○杜佑曰：知谁兵器强利、士卒简练者。故王子曰："士不素习，当陈惶惑；将不素习，临陈暗变。"○梅尧臣曰：车骑闲习，孰国精粗？○王皙曰：孰训之精？○何氏曰：勇怯强弱，岂能一概？○张预曰：离合聚散之法，坐作进退之令，谁素闲习？**赏罚孰明**？杜牧曰：赏不僭，刑不滥。○杜佑曰：赏善罚恶，知谁分明者。故王子曰："赏无度，则费而无恩；罚无度，则戮而无威。"○梅尧臣曰：赏有功，罚有罪。○王皙曰：孰能赏必当功，罚必称情？○张预曰：当赏者，虽仇怨必录；当罚者，虽父子不舍。又《司马法》曰："赏不逾时，罚不迁列。"于谁为明？**吾以此知胜负矣**。曹操曰：以七事计之，知胜负矣。○贾林曰：以上七事量校彼我之政，则胜败可见。○梅尧臣曰：能索其情，则知胜负。○张预曰：七事俱优，则未战而先胜；七事俱劣，则未战而先败。故胜负可预知也。

将听吾计，用之必胜，留之；将不听吾计，用之必败，去之。曹操曰：不能定计，则退而去也。○杜牧曰：若彼自备护，不从我计，形势均等，无以相加，用战必败，引而去之。故《春秋传》曰"允当则归"也。○陈皞曰：孙武以书干阖庐曰："听用吾计策，必能胜敌，我当留之不去；不听吾计策，必当负败，我去之不留。"以此感动阖庐，庶必见用。故阖庐曰："子之十三篇，寡人尽观之矣。"其时阖庐行军用师，多自为将，故不言主而言将也。○孟氏曰：将，裨将也。听吾计画而胜，则留之；违吾计画而败，则除去之。○梅尧臣曰：武以十三篇干吴王阖庐，故首篇以此辞动之。

谓王将听我计而用战必胜，我当留此也；王将不听我计而用战必败，我当去此也。〇王皙曰：将，行也；用，谓用兵耳。言行听吾此计，用兵则必胜，我当留；行不听吾此计，用兵则必败，我当去也。〇张预曰：将，辞也。孙子谓今将听吾所陈之计，而用兵则必胜，我乃留此矣；将不听吾所陈之计，而用兵则必败，我乃去之他国矣。以此辞激吴王而求用。**计利以听，乃为之势，以佐其外；**曹操曰：常法之外也。〇李筌曰：计利既定，乃乘形势之变也。佐其外者，常法之外也。〇杜牧曰：计算利害，是军事根本。利害已见听用，然后于常法之外，更求兵势，以助佐其事也。〇贾林曰：计其利，听其谋，得敌之情，我乃设奇谲之势以动之。外者，或傍攻，或后蹑，以佐正陈。〇梅尧臣曰：定计于内，为势于外，以助成胜。〇王皙曰：吾计之利已听，复当知应变，以佐其外。〇张预曰：孙子又谓吾所计之利，若已听从，则我当复为兵势，以佐助其事于外。盖兵之常法，即可明言于人；兵之利势，须因敌而为。**势者，因利而制权也。**曹操曰：制由权也，权因事制也。〇李筌曰：谋因事制。〇杜牧曰：自此便言常法之外、势。夫势者，不可先见，或因敌之害见我之利，或因敌之利见我之害，然后始可制机权而取胜也。〇梅尧臣曰：因利行权以制之。〇王皙曰：势者，乘其变者也。〇张预曰：所谓势者，须因事之利，制为权谋，以胜敌耳，故不能先言也。自此而后，略言权变。**兵者，诡道也。**曹操曰：兵无常形，以诡诈为道。〇李筌曰：军不厌诈。〇梅尧臣曰：非谲不可以行权，非权不可以制敌。〇王皙曰：诡者，所以求胜敌；御众必以信也。〇张预曰：用兵虽本于仁义，然其取胜必在诡诈。故曳柴扬尘，栾枝之谲也；万弩齐发，孙膑之奇也；千牛俱奔，田单之权也；囊沙壅水，淮阴之诈也。此皆用诡道而制胜也。**故能而示之不能，**张预曰：实强而示之弱，实勇而示之怯，李牧败匈奴、孙膑斩庞涓之类也。**用而示之不用，**李筌曰：言己实用师，外示之怯也。汉将陈豨反，连兵匈取，高祖遣使十辈视之，皆言可击。复遣娄敬，报曰："匈取不可击。"上问其故。对曰："夫两国相制，宜矜夸其长。今臣往，徒见羸老。此必能而示之不能，臣以为不可击也。"高祖怒曰："齐虏以口舌得官，今妄沮吾众！"械娄敬于广武，以三十万众至白登，高祖为匈奴所围，七日乏食。此师外示之以怯之义也。〇杜牧曰：此乃诡诈藏形。夫形也者，不可使见于敌；敌人见形，必有应。《传》曰："鸷鸟将击，必藏其形。"如匈取示羸老于汉使之义也。〇杜佑曰：言己实能、用，外示之以不能、不用，使敌不我备也，若孙膑减灶而制庞涓。〇王皙曰：强示弱，勇示怯，治示乱，实示虚，智示愚，众示寡，进示退，速示迟，取示舍，彼示此。〇何氏曰：能而示之不能者，如单于羸师诱高祖，围于平城是也。用而示之不用者，如李牧按兵于云中，大败匈奴是也。〇张预曰：欲战而示之退，欲速而示之缓，班超击莎车、赵奢破秦军之类也。**近而示之远，远而示之近。**李筌曰：令敌失备也。汉将韩信虏魏王豹，初陈舟欲渡临晋，乃潜师浮木罂，从夏阳袭安邑，而魏失备也。耿弇之征张步，亦先攻临淄，皆示远势也。〇杜牧曰：欲近袭敌，必示以远去之形；欲远袭敌，必示以近进之形。韩信盛兵临晋，而渡于夏阳，此乃示以近形而远袭敌也。后汉末，曹公、袁绍相持官渡，绍遣将郭图、淳于琼、颜良等攻东郡太守刘延于白马。绍引兵至黎阳，将渡河。曹公北救延津，荀攸曰："今兵少不敌，分兵势乃可。公致兵延津将欲渡，兵向其后，绍必西应之；然后轻兵袭白马，掩其不备，颜良可擒也。"公从之。绍闻兵渡，即留，分兵西应之。公乃引军行趋白马，未至十余里，良大惊来战。使张辽、关羽前进击破，斩颜良，解白马围。此乃示以远形而近袭敌也。〇贾林曰：去就在我，敌何由知？〇杜佑曰：欲近而设其远也，欲远而设其近也。诳耀敌军，示之以远，本从其近，若韩信之袭安邑。〇梅尧臣曰：使其不能测。〇王皙同上注。〇何氏曰：远而示之近者，韩信陈舟临晋，而渡夏阳是也。近而示之远者，晋侯伐虢，假道于虞是也。〇张预曰：欲近袭之，反示以远，吴与越夹水相距，越为左右句卒，相去各五里，夜争鸣鼓而进，吴人分以御之；越乃潜涉，当吴中军而袭之，吴大败是也。欲远攻之，反示以近，韩信陈兵临晋，而渡于夏阳是也。**利而诱之，**杜牧曰：赵将李牧，大纵畜牧人众满野，匈奴小入，佯北不胜，以数千人委之。单于闻之，大喜，率众大至。牧多为奇陈，左右夹击，大破杀匈奴十余万骑也。〇贾林曰：以利动之，动而有形，我所以因形制胜也。〇梅尧臣曰：彼贪利，则以货诱之。○何氏曰：利而诱之者，如赤眉委辎重而饵邓禹是也。○张预曰：示以小利，诱而克之，若楚人伐绞，莫敖曰："绞小而轻，请无扞采樵者以诱之。"于是绞人获楚三十人。明日，绞人争出，驱楚役徒于山中，楚人设伏兵于山下，而大败之是也。**乱而取之**，李筌曰：敌贪利，必乱也。秦王姚兴征秃发傉檀，悉驱部内牛羊，散放于野，纵秦人虏掠。秦人得利，既无行列，傉檀阴分十将，掩而击之，大败秦人，斩首七千余级，"乱而取之"之义也。○杜牧曰：敌有昏乱，可以乘而取之。《传》曰："兼弱攻昧，取乱侮亡，武之善经也。"○贾林曰：我令奸智乱之，候乱而取之也。○梅尧臣曰：彼乱，则乘而取之。○王皙曰：乱，谓无节制；取，言易也。○张预曰：诈为纷乱，诱而取之。若吴越相攻，吴以罪人三千，示不整以诱越，罪人或奔或止，越人争之，为吴所败是也。言敌乱而后取者非也。《春秋》之法，凡书"取"者，言易也，鲁师取郝是也。**实而备之**，曹操曰：敌治实，须备之也。○李筌曰：备敌之实。蜀将关羽，欲围魏之樊城，惧吴将吕蒙袭其后，乃多留备兵守荆州。蒙阴知其旨，遂诈之以疾；羽乃撤去备兵，遂为蒙所取，而荆州没吴，则其义也。○杜牧曰：对垒相持，不论虚实，常须为备。此言居常无事，邻封接境，敌若修政治实，上下相爱，赏罚明信，士卒精练，即须备之，不待交兵然后为备也。○陈皞曰：敌若不动完实，我当谨备，亦自实以备敌也。○梅尧臣曰：彼实则不可不备。○王皙曰：彼将有以击吾之不备也。○何氏曰：彼敌但见其实，而未见其虚之形，则当蓄力而备之也。○张预曰：《经》曰："角之而知有余、不足之处。"有余，则实也；不足，则虚也。言敌人兵势既实，则我当为不可胜之计以待之，勿轻举也。李靖《军镜》曰：观其虚则进，见其实则止。"**强而避之**，曹操曰：避其所长也。○李筌曰：量力也。楚子伐随，随之臣季梁曰："楚人上左，君必左，无与王遇；且攻其右，右无良焉，必败。偏败，众乃携矣。"少师曰："不当王，非敌也。"不从。随师败绩，随侯逸。攻强之败也。○杜牧曰：逃避所长。言敌人乘兵强气锐，则当须且回避之，待其衰懈，候其间隙而击之。晋末，岭南贼卢循、徐道覆乘虚击建邺，刘裕御之，曰："贼若新亭直上，且当避之，回泊蔡洲，乃成擒耳。"徐道覆欲焚舟直上，循以为不可，乃泊于蔡洲，竟以败灭。○贾林曰：以弱制强，理须待变。○杜佑曰：彼府库充实，士卒锐盛，则当退避以伺其虚懈，观变而应之。○梅尧臣曰：彼强，则我当避其锐。○王皙曰：敌兵精锐，我势寡弱，则须退避。○张预曰：《经》曰："无邀正正之旗，无击堂堂之阵。"言敌人行阵修整，节制严明，则我当避之，不可轻肆也。若秦晋相攻，交绥而退，盖各防其失败也。**怒而挠之**，曹操曰：待其衰懈也。○李筌曰：将之多怒者，权必易乱，性不坚也。汉相陈平谋挠楚权，以太牢具进楚使，惊曰："是亚父使邪？乃项王使邪？"此怒而挠之者也。○杜牧曰：大将刚戾者，可激之令怒，则逞志快意，志气挠乱，不顾本谋也。○孟氏曰：敌人盛怒，当屈挠之。○梅尧臣曰：彼褊急易怒，则挠之，使愤激轻战。○王皙曰：敌持重，则激怒以挠之。○何氏曰：怒而挠之者，汉兵击曹咎于汜水是也。○张预曰：彼性刚忿，则辱之令怒，志气挠惑，则不谋而轻进。若晋人执宛春以怒楚是也。尉缭子曰："宽不可激而怒。"言性宽者，则不可激怒而致之也。**卑而骄之**，李筌曰：市重而言甘，其志不小。后赵石勒称臣于王浚，左右欲击之，浚曰："石公来，欲奉我耳。敢言击者斩！"设飨礼以待之。勒乃驱牛羊数万头，声言上礼，实以填诸街巷，使浚兵不得发。乃入蓟城，擒浚于厅，斩之而并燕。"卑而骄之"，则其义也。○杜牧曰：秦末，匈奴冒顿初立，东胡强，使使谓冒顿曰："欲得头曼时千里马。"冒顿以问群臣，群臣皆曰："千里马，国之宝，勿与。"冒顿曰："奈何与人邻国，爱一马乎？"遂与之。居顷之，东胡使使来，曰："愿得单于一阏氏。"冒顿问群臣，皆怒曰："东胡无道，乃求阏氏，请击之。"冒顿曰："与人邻国，爱一女子乎！"与之。居顷之，东胡复曰："匈奴有弃地千里，吾欲有之。"冒顿问群臣，群臣皆曰："与之亦可，不与亦可。"冒顿大怒曰："地者，国之本也。本何可与！"诸言与者皆斩之。冒顿上马，令国中有后者斩，东袭东胡。东胡轻冒顿，不为之备，冒顿击灭之。冒顿遂西击月氏，南并楼烦、白羊、河南，北侵燕、代，悉复收秦所使蒙恬所夺匈奴地也。○陈皞曰：所欲必无所顾惜，子女以惑其心，玉帛以骄其志，范蠡、郑武之谋也。○杜佑曰：彼其举国兴师，怒而欲进，则当外示屈挠，以高其志，俟惰归，要而击之。故王子曰：“善用法者，如狸之与鼠，力之与智，示之犹卑，静而下之。”〇梅尧臣曰：示以卑弱，以骄其心。〇王皙曰：示卑弱以骄之；彼不虞我，而击其间。〇张预曰：或卑辞厚赂，或羸师佯北，皆所以令其骄怠。吴子伐齐，越子率众而朝，王及列士皆有赂。吴人皆喜，惟子胥惧，曰：“是豢吴也！”后果为越所灭。楚伐庸，七遇皆北。庸人曰：“楚不足与战矣！”遂不设备。楚子乃为二队以伐之，遂灭庸。皆其义也。**佚而劳之**，一本作“引而劳之”。〇曹操曰：以利劳之。〇李筌曰：敌佚而我劳之者，善功也。吴伐楚，公子光问计于伍子胥。子胥曰：“可为三师以肄焉。我一师至，彼必尽众而出；彼出我归。亟肄以疲之，多方以误之，然后三师以继之，必大克。”从之。楚于是乎始病吴矣。〇杜牧曰：吴公子光问伐楚于伍员。员曰：“可为三军以肄焉。我一师至，彼必尽出；彼出则归。亟肄以疲之，多方以误之，然后三师以继之，必大克。”从之。于是子重一岁七奔命，于是乎始病吴，终入郢。后汉末，曹公既破刘备，备奔袁绍，引兵欲与曹公战。别驾田丰曰：“操善用兵，未可轻举，不如以久持之。将军据山河之固，有四州之地，外结英豪，内修农战，然后拣其精锐，分为奇兵，乘虚迭出，以扰河南；救右则击其左，救左则击其右，使敌疲于奔命，人不安业，我未劳而彼已困矣。不及三年，可坐克也。今释庙胜之策，而决成败于一战，悔无及也！”绍不从，故败。〇梅尧臣曰：以我之佚，待彼之劳。〇王皙曰：多奇兵也。彼出则归，彼归则出，救左则右，救右则左，所以罢劳之也。〇何氏曰：孙子有治力之法，以佚而待劳。故论敌佚，我宜多方以劳弊之，然后可以制胜。〇张预曰：我则力全，彼则道敝。若晋楚争郑，久而不决，晋知武子乃分四军为三部，晋各一动，而楚三来，于是三驾而楚不能与之争。又申公巫臣教吴伐楚，于是子重一岁七奔命是也。**亲而离之**。曹操曰：以间离之。〇李筌曰：破其行约，间其君臣，而后攻也。昔秦伐赵，秦相应侯间于赵王曰：“我惟惧赵用括耳，廉颇易与也。”赵王然之，乃用括代颇，为秦所坑卒四十万于长平，则其义也。〇杜牧曰：言敌若上下相亲，则当以厚利啖而离间之。陈平言于汉王曰：“今项王骨鲠之臣，不过亚父、钟离昧、龙且、周殷之属，不过数人。大王诚能捐数万斤金，间其君臣，彼必内相诛；汉因举兵而攻之，灭楚必矣。”汉王然之，出黄金四万斤与平，使之反间。项王果疑亚父，不急击下荥阳，汉王遁去。〇陈皞曰：彼恡爵禄，此必捐之；彼啬财货，此必轻之；彼好杂罚，此必缓之。因其上下相猜，得行离间之说。由余所以归秦，英布所以佐汉也。〇杜佑曰：以利诱之，使五间并入，辩士驰说，亲彼君臣，分离其形势。若秦遣反间，欺诳赵君，使废廉颇，而任赵奢之子，卒有长平之败。〇梅尧臣同杜牧注。〇王皙曰：敌相亲，当以计谋离间之。〇张预曰：或间其君臣，或间其交援，使相离贰，然后图之。应侯间赵而退廉颇，陈平间楚而逐范增，是君臣相离也。秦晋相合以伐郑，烛之武夜出，说秦伯曰：“今得郑，则归于晋，无益于秦也。不如舍郑以为东道主。”秦伯悟而退师，是交援相离也。**攻其无备，出其不意**。曹操曰：击其懈怠，出其空虚。〇李筌曰：击懈怠，袭空虚。〇杜牧曰：击其空虚，袭其懈怠。〇孟氏曰：击其空虚，袭其懈怠，使敌不知所以备也。故曰：兵者无形为妙。太公曰：“动莫神于不意，谋莫善于不识。”〇梅尧臣、王皙二注同上。〇何氏曰：攻其无备者，魏太祖征乌桓，郭嘉曰：“胡恃其远，必不设备，因其无备，卒然击之，可破灭也。”太祖行至易水，嘉曰：“兵贵神速。今千里袭人，辎重多，难以趋利，不如轻兵兼道以出，掩其不意。”乃密出卢龙塞，直指单于庭，合战，大破之。唐李靖陈十策以图萧铣，总管三军之任，一以委靖。八月，集兵夔州。铣以时属秋潦，江水泛涨，三峡路危，必谓靖不能进，遂不设备。九月，靖率兵而进，曰：“兵贵神速，机不可失。会兵始集，铣尚未知，乘水涨之势，倏忽至城下，所谓疾雷不及掩耳。纵使知我，仓卒无以应敌，此必成擒也。”进兵至夷陵，铣始惧，召兵江南，果不能至。勒兵围城，铣遂降。出其不意者，魏末，遣将钟会、邓艾伐蜀，蜀将姜维守剑阁，钟会攻维，未克。艾上言：“请从阴平由邪径出剑阁，西入成都，奇兵冲其腹心，剑阁之军必还赴涪，则会方轨而进；剑阁之军不还，则应涪之兵寡矣。《军志》云：攻其无备，出其不意。今掩其空虚，破之必矣。”冬十月，艾自阴平行无人之地七百余里，凿山通道，造作桥阁，山高谷深，至为艰险。又粮运将匮，濒于危殆。艾以毡自裹，推转而下；将士皆攀木缘崖，鱼贯而进。先登至江油，蜀守将马邈降。诸葛瞻自涪还绵竹，列阵相拒。大败之，斩瞻及尚书张遵等。进军至成都，蜀主刘禅降。又齐神武为东魏将，率兵伐西魏，屯军蒲坂，造三道浮桥渡河。又遣其将窦泰趣潼关，高敖曹围洛州。西魏将周文帝出军广阳，召诸将谓曰："贼今掎吾三面，又造桥于河，示欲必渡，欲缀吾军，使窦泰得西入耳。久与相持，其计得行，非良策也。且高欢用兵，常以泰为先驱，其下多锐卒，屡胜而骄。今出其不意，袭之必克。克泰，则欢不战而自走矣。"诸将咸曰："贼在近，舍而远袭，事若蹉跌，悔无可及。"周文曰："欢前再袭潼关，吾军不过霸上。今者大来，兵未出郊，贼顾谓吾但自守耳，无远斗意；又狃于得志，有轻我心。乘此击之，何往不克！贼虽造桥，未能径渡。比五日中，吾取窦泰必矣。公等勿疑。"周文遂率骑六千还长安，声言欲往陇右。辛亥，潜出军，癸丑晨，至潼关。窦泰卒闻军至，惶惧依山为陈，未及成列，周文击破之。斩泰，传道长安。高敖曹适陷洛州，闻泰没，烧辎重，弃城而走。○张预曰：攻无备者，谓懈怠之处，敌之所不虞者，则击之。若燕人畏郑三军，而不虞制人，为制人所败是也。出不意者，谓虚空之地，敌不以为虑者，则袭之。若邓艾伐蜀，行无人之地七百余里是也。**此兵家之胜，不可先传也。**曹操曰：传，犹泄也。兵无常势，水无常形，临敌变化，不可先传也。故料敌在心，察机在目也。○李筌曰：无备不意，攻之必胜，此兵之要，秘而不传也。○杜牧曰：传，言也。此言上之所陈，悉用兵取胜之策，固非一定之制；见敌之形，始可施为，不可先事而言也。○梅尧臣曰：临敌应变制，宜岂可预前言之。○王皙曰：夫校计行兵，是谓常法；若乘机决胜，则不可预传述也。○张预曰：言上所陈之事，乃兵家之胜策，须临敌制，宜不可以预先传言也。**夫未战而庙算胜者，得算多也；未战而庙算不胜者，得算少也。多算胜，少算不胜，而况于无算乎？吾以此观之，胜负见矣。**曹操曰：以吾道观之矣。○李筌曰：夫战者，决胜庙堂，然后与人争利。凡伐叛怀远，推亡固存，兼弱攻昧，皆物情之所出。中外离心，如商周之师者，是为未战而庙算胜。《太一遁甲》置算之法，因六十算已上为多算，六十已下为少算。客多算临少算，主人败；客少算临多算，主人胜。此皆胜败易见矣。○杜牧曰：庙算者，计算于庙堂之上也。○梅尧臣曰：多算，故未战而庙谋先胜；少算，故未战而庙谋不胜。是不可无算矣。○王皙曰：此惧学者惑不可先传之说，故复言《计篇》义也。○何氏曰：计有巧拙，成败系焉。○张预曰：古者兴师，命将必致斋于庙，授以成算，然后遣之，故谓之庙算。筹策深远，则其计所得者多；故未战而先胜；谋虑浅近，则其计所得者少，故未战而先负。多计胜少计，其无计者，安得无败？故曰：胜兵先胜而后求战，败兵先战而后求胜。有计无计，胜负易见。

作战篇 曹操曰：欲战必先算其费，务因粮于敌也。○李筌曰：先定计，然后修战具，是以《战》次《计》之篇也。○王皙曰：计以知胜，然后兴战而具军费，犹不可以久也。○张预曰：计算已定，然后完车马，利器械，运粮草，约费用，以作战备，故次《计》。

孙子曰：凡用兵之法，驰车千驷，革车千乘，带甲十万，曹操曰：驰车，轻车也，驾驷马；革车，重车也，言万骑之重。车驾四马，率三万军，养二人，主炊；家子一人，主保固守衣装；厩二人，主养马：凡五人。步兵十人，重以大车驾牛。养二人，主炊；家子一人，主守衣装：凡三人也。带甲十万，士卒数也。○李筌曰：驰车，战车也；革车，轻车也；带甲，步卒。车一辆，驾以驷马，步卒七十人，计千驷之军，带甲七万，马四千匹。孙子约以军资之数，以十万为率，则百万可知也。○杜牧曰：轻车，乃战车也。古者车战，革车，辎车、重车也，载器械、财货、衣装也。《司马法》曰："一车，甲士三人，步率七十二人，炊家子十人，固守衣装五人，厩养五人，樵汲五人，轻车七十五人，重车二十五人。"故二乘兼一百人为一队，举十万之众；革车千乘，校其费用支计，则百万之众皆可知也。○梅尧臣曰：驰车，轻车也；革车，重车也。凡轻车一乘，甲士步卒二十五人，重车一乘，甲士步率七十五人，举二车各千乘，是带甲者十万人。○王皙曰：曹公曰："轻车也，驾驷马，凡千乘。"皙谓驰车，谓驾革车也。一乘四马为驷，千驷则革车千乘。曹公曰："重车也。"皙谓革车，兵车也，有五戎千乘之赋，诸侯之大者。曹公曰："带甲十万，步卒数也。"皙谓井田之法，甸出兵车一乘，甲士三人，步卒七十二人，千乘总七万五千人。此言带甲十万，岂当时权制欤？○何氏曰：十万，举成数也。○张预曰：驰车，即攻车也；革车，即守车也。按曹公《新书》云：攻车一乘，前拒一队，左右角二队，共七十五人。守车一乘，炊子十人，守装五人，厩养五人，樵汲五人，共二十五人。攻守二乘，凡一百人。兴师十万，则用车二千，轻重各半，与此同矣。**千里馈粮；**曹操曰：越境千里。○李筌曰：道理县远。**则内外之费，宾客之用，胶漆之材，车甲之奉，日费千金，然后十万之师举矣。**曹操曰：谓购赏犹在外。○李筌曰：夫军出于外，则帑藏竭于内；举千金者，言多费也。千里之外赢粮，则二十人奉一人也。○杜牧曰：军有诸侯交聘之礼，故曰宾客也。车甲器械完缉修缮，言胶漆者，举其微细。千金者，言费用多也，犹购赏在外也。○贾林曰：计费不足，未可以兴师动众。故李太尉曰："三军之门，必有宾客论议。"○梅尧臣曰：举师十万，馈粮千里，日费如此，师久之戒也。○王皙曰：内谓国中，外谓军所也。宾客，若诸侯之使及军中宴飨吏士也。胶漆、车甲，举细与大也。○何氏曰：老师费财，智者虑之。○张预曰：去国千里，即当因粮，若须供饷，则内外骚动，疲困于路，蠹耗无极也。宾客者，使命与游士也；胶漆者，修饰器械之物也；车甲者，膏辖金革之类也。约其所费，日用千金，然后能兴十万之师。千金，言重费也，购赏犹在外。**其用战也胜，久则钝兵挫锐，攻城则力屈，**曹操曰：钝，弊也；屈，尽也。○杜牧曰：胜久，谓淹久而后能胜也。言与敌相持久而后胜，则甲兵钝弊，锐气挫衄，攻城则人力殚尽屈折也。○贾林曰：战虽胜人，久则无利。兵贵全胜，钝兵挫锐、士伤马疲则屈。○梅尧臣曰：虽胜且久，则必兵伏钝弊，而军气挫锐；攻城而久，则力必殚屈。○王皙曰：屈，穷也。求胜以久，则钝弊折挫，攻城则益甚也。○张预曰：及交兵合战也，久而后能胜，则兵疲气沮矣。千里攻城，力必困屈。**久暴师则国用不足。**孟氏曰：久暴师露众千里之外，则军国费用，不足相供。○梅尧臣曰：师久暴于外，则输用不给。○张预曰：日费千金，师久暴，则国用岂能给？若汉武帝穷征深讨，久而不解，及其国用空虚，乃下哀痛之诏是也。**夫钝兵、挫锐、屈力、殚货，则诸侯乘其弊而起，虽有智者，不能善其后矣。**李筌曰：十万众举，日费千金，非唯顿挫于外，亦财殚于内，是以圣人无暴师也。隋大业初，炀帝重兵好征，力屈雁门之下，兵挫辽水之上。疏河引淮，转输弥广，出师万里，国用不足。于是杨玄感、李密乘其弊而起，纵苏威、高颎，岂能为之谋也？○杜牧曰：盖以师久不胜，财力俱困，诸侯乘之而起，虽有智能之士，亦不能于此之后善为谋画也。○贾林曰：人离财竭，虽伊、吕复生，亦不能救此亡败也。○杜佑曰：虽当时有用兵之术，不能防其后患。○梅尧臣曰：取胜攻城，暴师且久，则诸侯乘此弊而起袭我，我虽有智将，不能制也。○王皙曰：以其弊甚，必有危亡之忧。○何氏曰：其后，谓兵不胜而敌乘其危殆，虽智者不能尽其善计而保全。○张预曰：兵已疲矣，力已困矣，财已匮矣，邻国因其罢弊，起兵以袭之，则纵有智能之人，亦不能防其后患。若吴伐楚，入郢，久而不归，越兵遂入吴。当是时，虽有伍员、孙武之徒，何尝能为善谋于后乎？**故兵闻拙速，未睹巧之久也。**曹操李筌曰：虽拙，有以速胜。未睹者，言其无也。○杜牧曰：攻取之间，虽拙于机智，然以神速为上；盖无老师、费财、钝兵之患，则为巧矣。○孟氏曰：虽拙，有以速胜。○陈皞曰：所谓疾雷不及掩耳，卒电不及瞬目。○杜佑注同孟氏。○梅尧臣曰：拙尚以速胜，未见工而久可也。○王皙曰：皙谓久则师老财费，国虚人困，巧者保无斯患也。○何氏曰：速虽拙，不费财力也；久虽巧，恐生后患也。后秦姚苌与苻登相持，苌将苟曜据逆万堡，密引苻登。苌与登战，败于马头原，收众复战。姚硕德谓诸将曰："上慎于轻战，每欲以计取之；今战既失利，而更逼贼，必有由也。"苌闻而谓硕德曰："登用兵迟缓，不识虚实；今轻兵直进，径据吾东，必苟曜与之连结也。事久变成，其祸难测。所以速战者，欲使苟曜竖子谋之未就，好之未深耳。"果大败亡。武后初，徐敬业举兵于江都，称匡复皇家。以盩厔尉魏思恭为谋主，问计于思恭。对曰："明公既以太后幽絷少主，志在匡复，兵贵拙速，宜早渡淮北，亲率大众，直入东都。山东将士，知公有勤王之举，必以死从。此则指日刻期，天下必定。"敬业欲从其策，薛璋又说曰："金陵之地，王气已见，宜早应之。兼有大江设险，足可以自固。请且攻取常、润等州，以为王霸之业；然后率兵北上，鼓行而前，此则退有所归，进无不利，实良策也。”敬业以为然。乃自率兵四千人，南渡以击润州。思恭密谓杜求仁曰：“兵势宜合不可分。今敬业不知并力渡淮，率山东之众，以合洛阳，必无能成事。”果败。〇张预曰：但能取胜，则宁拙速，而无巧久。若司马宣王伐上庸，以一月图一年，不计死伤，与粮竞者，斯可谓欲拙速也。**夫兵久而国利者，未之有也**。李筌曰：《春秋》曰：“兵犹火也，弗戢将自焚。”〇贾林曰：兵久无功，诸侯生心。〇杜佑曰：兵者凶器，久则生变。若智伯围赵，逾年不归，卒为襄子所擒，身死国分。故《新序传》曰：“好战穷武，未有不亡者也。”〇梅尧臣曰：力屈货殚，何利之有？〇张预曰：师老财竭，于国何利？**故不尽知用兵之害者，则不能尽知用兵之利也**。李筌曰：利害相依之所生，先知其害，然后知其利也。〇杜牧曰：害之者劳人费财，利之者吞敌拓境。苟不顾己之患，则舟中之人，尽为敌国，安能取利于敌人哉？〇贾林曰：将骄卒惰，贪利忘变，此害最甚也。〇杜佑曰：言谋国动军行师，不先虑危亡之祸，则不足取利也。若秦伯见袭郑之利，不顾崤函之败；吴王矜伐齐之功，而忘姑苏之祸也。〇梅尧臣曰：不再籍，不三载，利也；百姓虚，公家费，害也。苟不知害，又安知利？〇王皙曰：久而能胜，未免于害；速则利斯尽也。〇张预曰：先知老师殚货之害，然后能知擒敌制胜之利。**善用兵者，役不再籍，粮不三载**；曹操曰：籍，犹赋也。言初赋民，而便取胜，不复归国发兵也；始载粮，后遂因食于敌，还兵入国，不复以粮迎之也。〇李筌曰：籍，书也；不再籍书，恐人劳怨生也。秦发关中之卒，是以有陈、吴之难也。军出，度远近馈之；军入，载粮迎之，谓之三载。越境则馆谷于敌，无三载之义也。〇杜牧曰：审敌可攻，审我可战，然后起兵，便能胜敌而还。郑司农《周礼注》曰：役，谓发兵起役；籍，乃伍籍也。比参为伍，因内政寄军令，以伍籍发军起役也。〇陈皞曰：籍，借也，不再借民而役也。粮者，往则载焉，归则迎之，是不三载也。不困乎兵，不竭乎国，言速而利也。〇梅尧臣同陈皞注。〇王皙同曹操注。〇张预曰：役，谓兴兵动众之役。故《师卦注》曰：“任大役重，无功则凶。”籍谓调兵之符籍。故汉制有尺籍伍符，言一举则胜，不可再籍兵役于国也。粮始出则载之，越境则掠之，归国则迓之，是不三载也。此言兵不可久暴也。**取用于国，因粮于敌，故军食可足也**。曹操曰：兵甲战具，取用国中，粮食因敌也。〇李筌曰：具我戎器，因敌之食，虽出师千里，无匮乏也。〇杜佑曰：兵甲战具，取用国中；粮食，因敌也。取资用于我国，因粮食于敌家也。晋师馆谷于楚是也。〇梅尧臣曰：军之须用取于国，军之粮饷因于敌。〇何氏曰：因，谓兵出境，钞聚掠野，至于克敌拔城，得其储积也。〇张预曰：器用取于国者，以物轻而易致也；粮食因于敌者，以粟重而难运也。夫千里馈粮，则士有饥色，故因粮则食可足。**国之贫于师者远输，远输则百姓贫**。李筌曰：兵役数起，而赋敛重。〇杜牧曰：管子曰：“粟行三百里，则国无一年之积；粟行四百里，则国无二年之积；粟行五百里，则众有饥色。”此言粟重物轻也，不可推移；推移之，则农夫耕牛俱失南亩，故百姓不得不贫也。〇贾林曰：远输则财耗于道路，弊于转运，百姓日贫。〇孟氏曰：兵车转运千里之外，财则费于道路，人有困穷者。〇张预曰：以七十万家之力，供饷十万之师于千里之外，则百姓不得不贫。**近于师者贵卖，贵卖则百姓财竭**，曹操曰：军行已出界，近师者贪财，皆贵卖，则百姓费竭也。〇李筌曰：夫近军必有货易，百姓徇财殚产而从之，竭也。〇贾林曰：师徒所聚，物皆暴贵。人贪非常之利，竭财物以卖之，初虽获利殊多，终当力疲货竭。又云：既有非常之敛，故卖者求价无厌，百姓竭力买之，自然家国虚尽也。〇杜佑曰：言近军师，市多非常之卖，当时贪贵以趋末利，然后财货殚尽，家国虚也。〇梅尧臣曰：远者供役以转馈，近者贪利而贵卖，皆贫国匮民之道也。〇王皙曰：夫远输则人劳费，近市则物腾贵，是故久师则国患也。曹公曰：“军行已出界，近于师者贪财，皆贵卖。”皙谓将出界也。〇张预曰：近师之民，必贪利而贵货其物于远来输饷之人，则财不得不竭。**财竭则急于丘役**。张预曰：财力殚竭，则丘井之役急迫而不易供也。或曰：丘役，谓如鲁成公作丘甲也。国用急迫，乃使丘出甸赋，违常制也。丘，十六井；甸，六十四井。**力屈、财殚，中原内虚于家。百姓之费，十去其七**；曹操曰：丘，十六井也。

百姓财殚尽而兵不解，则运粮尽力于原野也。十去其七者，所破费也。〇李筌曰：兵久不止，男女怨旷，困于输輓丘役，力屈财殚，而百姓之费，十去其七。〇杜牧曰：《司马法》曰："六尺为步，步百为亩，亩百为夫，夫三为屋，屋三为井，四井为邑，四邑为丘，四丘为甸。丘盖十六井也。丘有戎马一匹，牛四头；甸有戎马四匹，牛十六头。丘车一乘，甲士三人，步卒七十二人。"今言兵不解，则丘役益急，百姓粮尽财竭，力尽于原野，家业十耗其七也。〇陈皞曰：丘，聚也。聚敛赋役以应军须，如此则财竭于人，人无不困也。〇王晳曰：急者，暴于常赋也。若鲁成公作丘甲是也。如此则民费太半矣。要见公费差减，故云十七。曹公曰："丘，十六井；兵不解，则运粮尽力于原野。"〇何氏曰：国以民为本，民以食为天。居人上者，宜乎重惜。〇张预曰：运粮财力屈，输饷则财殚。原野之民，家产内虚，度其所费，十无其七也。**公家之费，破车罢马，甲胄矢弩，戟楯蔽橹，丘牛大车，十去其六**。一本作"十去其七"。〇曹操曰：丘牛，谓丘邑之牛；大车，乃长毂车也。〇李筌曰：丘，大也。此数器者，皆军之所须。言远近之费，公家之物，十损于七也。〇梅尧臣曰：百姓以财粮力役奉军之费，其资十损乎七；公家以牛马器仗奉军之费，其资十损乎六。是以竭赋穷兵，百姓弊矣；役急民贫，国家虚矣。〇王晳曰：楯，干也。蔽，可以屏蔽。橹，大楯也。丘牛，古所谓匹马丘牛也。大车，牛车也。《易》曰："大车以载。"〇张预曰：兵以车马为本，故先言车马疲敝也。蔽橹，楯也，今谓之彭排。丘牛，大牛也。大车，必革车也。始言破车疲马者，谓攻战之驰车也。次言丘牛大车者，即辎重之革车也。公家车马器械，亦十损其六。**故智将务食于敌，食敌一钟，当吾二十钟；萁秆一石，当吾二十石**。曹操曰：六斛四斗为钟。萁，豆秸也。秆，禾藁也。石者，一百二十斤也。转输之法，费二十石得一石。一云：萁音忌，豆也。七十斤为一石。当吾二十，言远费也。〇杜牧曰：六石四斗为一钟，一石一百二十斤。萁，豆秸也。秆，禾藁也。或言：萁，秆藁也。秦攻匈奴，使天下运粮，起于黄腄、琅琊负海之郡，转输北河，率三十钟而致一石。汉武建元中，通西南夷，作者数万人。千里负担馈粮，率十余钟致一石。今校孙子之言"食敌一钟，当吾二十钟"，盖绝平地千里转输之法，费二十石得一石，不约道里，盖漏阙也。黄腄，音直瑞反，又音谁，在东莱；北河，即今之朔方郡。〇李筌曰：远师转一钟之粟，费二十钟方可达。军将之智也，务食于敌，以省己之费也。〇孟氏曰：十斛为钟，计千里转运，道路耗费，二十钟可致一钟于军中矣。〇梅尧臣注同曹操。〇王晳曰：曹公曰："萁，豆秸也。秆，藁也。石者，百二十斤也。转输之法，费二十乃得一。"晳谓上文"千里馈粮"，则转输之法，谓千里耳。萁，今作萁。秆，故书为芋，当作秆。〇张预曰：六石四斗为钟，一百二十斤为石。萁，豆秸也。秆，禾藁也。千里馈粮，则费二十钟、石，而得一钟、石到军所。若越险阻，则犹不啻。故秦征匈奴，率三十钟而致一石。此言能将必因粮于敌也。**故杀敌者，怒也**；曹操曰：威怒以致敌。〇李筌曰：怒者，军威也。〇杜牧曰：万人非能同心皆怒，在我激之以势使然也。田单守即墨，使燕人劓降者、掘城中人坟墓之类是也。〇贾林曰：人之无怒，则不肯杀。〇王晳曰：兵主威怒。〇何氏曰：燕围齐之即墨，齐之降者尽劓，齐人皆怒，愈坚守。田单又纵反间曰："吾惧燕人掘吾城外冢墓，戮辱先人，可为寒心。"燕军尽掘垅墓，烧死人。即墨人从城上望见，皆泣涕，其欲出战，怒自十倍。单知士卒可用，遂破燕师。后汉班超使西域，到鄯善，会其吏士三十六人，与共饮。酒酣，因激怒之曰："今俱在绝域，欲立大功，以求富贵。虏使到裁数日，而王礼貌即废；如收吾属送匈奴，骸骨长为豺狼食矣！"官属皆："今在危亡之地，死生从司马。"超曰："不入虎穴，不得虎子。当今之计，独有因夜以火攻虏，使彼不知我多少，必大震怖，可殄尽也。灭此虏，则功成事立矣。"众曰："善。"初夜，将吏士奔虏营。会天大风，超令十人持鼓，藏虏舍后，约曰："见火燃，皆当鸣鼓大呼。"余人悉持弓弩，夹门而伏。超顺风纵火，虏众惊乱，众悉烧死。蜀庞统劝刘备袭益州收刘璋，备曰："此大事，不可仓卒。"及璋使备击张鲁，乃从璋求万兵及资宝，欲以东行。璋但许兵四千，其余皆给半。备因激怒其众曰："吾为益州征强敌，师徒勤瘁，不遑宁居。今积帑藏之财，而悋于赏功，望士大夫为出死力战，其可得乎！"由是相与破璋。〇张预曰：激吾士卒，使上下同怒，则敌可杀。

尉缭子曰："民之所以战者，气也。"谓气怒则人人自战。**取敌之利者，货也**。曹操曰：军无财，士不来；军无赏，士不往。〇李筌曰：利者，益军实也。〇杜牧曰：使士见取敌之利者，货财也。谓得敌之货财，必以赏之，使人皆有欲，各自为战。后汉荆州刺史度尚，讨桂州贼帅卜阳、潘鸿等，人南海，破其三屯，多获珍宝，而鸿等党聚犹众，士卒骄富，莫有斗志。尚曰："卜阳、潘鸿，作贼十年，皆习于攻守，当须诸郡并力可攻之，今军恣听射猎。"兵士喜悦，大小相与从禽。尚乃密使人潜焚其营，珍积皆尽，猎者来还，莫不泣涕。尚曰："卜阳等财货，足富数世，诸卿但不并力耳。所亡少少，何足介意！"众闻，咸愤踊愿战。尚令秣马蓐食，明晨径赴贼屯，阳、鸿不设备，吏士乘锐，遂破亡。此乃是也。〇孟氏同杜牧注。〇杜佑曰：人知胜敌有厚赏之利，则冒白刃，当矢石，而乐以进战者，皆货财酬勋赏劳之诱也。〇梅尧臣曰：杀敌则激吾人以怒，取敌则利吾人以货。〇王皙曰：谓设厚赏耳。若使众贪利自取，则或违节制耳。〇张预曰：以货啖士，使人自为战，则敌利可取。故曰："重赏之下，必有勇夫。"皇朝太祖命将伐蜀，谕之曰："所得州邑当与我，倾竭帑库以飨士卒；国家所欲，惟土疆耳。"于是将吏死战，所至皆下，遂平蜀。**故车战，得车十乘已上，赏其先得者**，曹操曰：以车战能得敌车十乘已上，赏赐之。不言车战得车十乘已上者赏之，而言赏得者何？言欲开示赏其所得车之卒也。陈车之法：五车为队，仆射一人；十车为官，卒长一人；车满十乘，将吏二人。因而用之，故别言赐之，欲使将恩下及也。或曰：言使自有车十乘已上与敌战，但取其有功者赏之，其十乘已下，虽一乘独得，余九乘皆赏之，所以率进励士也。〇李筌曰：重赏而劝进也。〇杜牧曰：夫得车十乘已上者，盖众人用命之所致也。若偏赏之，则力不足。与其所获之车，公家仍自以财货，赏其唱谋先登者，此所以劝励士卒，故上文云"取敌之利者，货也"。言十乘者，举其纲目也。〇贾林曰：劝未得者，使自勉也。〇梅尧臣曰：偏赏则难周，故奖一而劝百也。〇王皙曰：以财赏其所先得之卒。〇张预曰：车一乘，凡七十五人。以车与敌战，吾士卒能获敌车十乘已上者，吾士卒必不下千余人也。以其人众，故不能偏赏，供以厚利赏其陷阵先获者，以劝余众。古人用兵，必使车夺车，骑夺骑，步夺步。故吴起与秦人战，令三军曰："若车不得车，骑不得骑，徒不得徒，虽破军，皆无功。"**而更其旌旗**，曹操曰：与吾同也。〇李筌曰：令色与吾同。〇贾林曰：令不识也。〇张预曰：变敌之色，令与己同。**车杂而乘之**，曹操曰：不独任也。〇李筌曰：夫降虏之旌旗，必更其色，而杂其事，车乃可用也。〇杜牧曰：士卒自获敌车，任杂然自乘之，官不禄也。〇梅尧臣曰：车许杂乘，旗无因敌。〇王皙曰：谓得敌车，可与我车杂用之也。〇张预曰：己车与敌车参杂而用之，不可独任也。**卒善而养之**，张预曰：所获之卒，必以恩信抚养之，俾为我用。**是谓胜敌而益强**。曹操曰：益己之强。〇李筌曰：后汉光武破铜马贼于南阳，虏众数万，各配部曲，然人心未安。光武令各归本营，乃轻行其间以劳之。相谓曰："萧王推赤心置人腹中，安得不投死乎！"于是汉益振。则其义也。〇杜牧曰：得敌卒也。因敌之资，益己之强。〇梅尧臣曰：获卒则任其所长，养之以恩，必为我用也。〇王皙曰：得敌卒则养之，与吾卒同。善者，谓勿侵辱之也。若厚抚初附，或失人心。〇何氏曰：因敌以胜敌，何往不强。〇张预曰：胜其敌，而获其车与卒，既为我用，则是增己之强。光武推赤心，人人投死之类也。**故兵贵胜，不贵久**。曹操曰：久则不利。兵犹火也，不戢将自焚也。〇孟氏曰：贵速胜疾还也。〇梅尧臣曰：上所言，皆贵速也。速则劣财用、息民力也。〇何氏曰：孙子首尾言兵久之理，盖知兵不可玩、武不可黩之深也。〇张预曰：久则师老财竭，易以生变，故但贵其速胜疾归。**故知兵之将，生民之司命，国家安危之主也**。曹操曰：将贤则国安也。〇李筌曰：将有杂伐之权，威欲却敌，人命所系，国家安危，在于此矣。〇杜牧曰：民之性命，国之安危，皆由于将也。〇梅尧臣曰：此言任将之重。〇王皙曰：将贤则民保其生，而国家安矣；否则、民被毒杀，而国家危矣。明君任属，可不精乎！〇何氏曰：民之性命，国之治乱，皆主于将；将之材难，古今所患也。〇张预曰：民之死生，国之安危，系乎将之贤否。

谋攻篇 曹操曰：欲攻敌，必先谋。○李筌曰：合陈为战，围城日攻，以此篇次《战》之下。○杜牧曰：庙堂之上计算已定，战争之具、粮食之费悉已用备，可以谋攻，故曰“谋攻”也。○王晳曰：谋攻敌之利害，当全策以取之，不锐于伐兵攻城也。○张预曰：计议已定，战具已集，然后可以智谋攻，故次《作战》。

孙子曰：凡用兵之法，全国为上，破国次之；曹操曰：兴师深入长驱，距其城郭，绝其内外，敌举国来服为上；以兵击破，败而得之，其次也。○李筌曰：不贵杀也。韩信虏魏王豹，擒夏说，斩成安君，此为破国者。及用广武君计，北首燕路，遣一介之使，奉咫尺之书，燕从风而靡，则全国也。○贾林曰：全得其国，我国亦全，乃为上。○杜佑曰：敌国来服为上，以兵击破为次。○王晳曰：若韩信举燕是也。○何氏曰：以方略气势，令敌人以国降，上策也。○张预曰：尉缭子曰：“讲武料敌，使敌气失而师散，虽形全而不为之用，此道胜也。破军杀将，乘堙发机，会众夺地，此力胜也。”然则所谓道胜、力胜者，即全国、破国之谓也。夫吊民伐罪。全胜为上；为不得已而至于破，则其次也。**全军为上，破军次之；**曹操、杜牧曰：《司马法》曰：“一万二千五百人为军。”○何氏曰：降其城邑，不破我军也。**全旅为上，破旅次之；**曹操曰：五百人为旅。**全卒为上，破卒次之；**曹操曰：一旅已下，至一百人也。○李筌曰：百人已上为卒。○杜佑曰：一校下至百人也。**全伍为上，破伍次之。**曹操曰：百人已下至五人。○李筌曰：百人已下为伍。○杜牧曰：五人为伍。○梅尧臣曰：谋之大者，全得之。○王晳曰：国、军、卒、伍，不间小大，全之则威德为优，破之则威德为劣。○何氏曰：自军至伍，皆次序上下言之。此意以策略取之为妙，不惟一军，至于一伍，不可不全。○张预曰：周制，万二千五百人为军，五百人为旅，百人为卒，五人为伍。自军至伍，皆以不战而胜之为上。**是故百战百胜，非善之善也；**曹操曰：未战而战自屈，胜善也。○李筌曰：以计胜敌也。○陈皞曰：战必杀人故也。○贾林曰：兵威远振，全来降伏，斯为上也；诡诈为谋，摧破敌众，残人伤物，然后得之，又其次也。○杜佑曰：未战而敌自屈服。○梅尧臣曰：恶乎杀伤残害也。○张预曰：战而后能胜，必多杀伤，故云非善。**不战而屈人之兵，善之善者也。**曹操曰：未战而敌自屈服。○杜牧曰：以计胜敌。○陈皞曰：韩信用李左车之计，驰咫尺之书，不战而下燕城也。○孟氏曰：重庙胜也。○王晳曰：兵贵伐谋，不务战也。何氏曰：后汉王霸讨周建、苏茂，既战归营，贼复聚挑战，霸坚卧不出。方飨士作倡乐，茂雨射营中，中霸前酒樽，霸安坐不动。军吏曰：“茂已破，今易击。”霸曰：“不然。茂客兵远来，粮食不足，故挑战以徼一切之胜。今闭营休士，所谓不战而屈人兵，善之善也。”茂乃引退。○张预曰：明赏罚，信号令，完器械，练士卒，暴其所长，使敌从风而靡，则为大善。若吴王黄池之会，晋人畏其有法而服之者是也。**故上兵伐谋，**曹操曰：敌始有谋，伐之易也。○李筌曰：伐其始谋也。后汉寇恂围高峻，峻遣谋臣皇甫文谒恂，辞礼不屈。恂斩之，报峻曰：“军师无礼，已斩之。欲降急降；不欲，固守！”峻即日开壁而降。诸将曰：“敢问杀其使而降其城，何也？”恂曰：“皇甫文，峻之心腹，其取谋者。留之则文得其计，杀之则峻亡其胆，所谓上兵伐谋。”诸将曰：“非所知也。”○杜牧曰：晋平公欲攻齐，使范昭往观之，景公觞之。酒酣，范昭请君之樽酌。公曰：“寡人之樽进客。”范昭已饮，晏子彻樽更为酌。范昭佯醉，不悦而起舞，谓太师曰：“能为我奏成周之乐乎？吾为舞之。”太师曰：“瞑臣不习。”范昭趋出。景公：“晋，大国也，来观吾政。今子怒大国之使者，将奈何？”晏子曰：“观范昭非陋于礼者；且欲惭于国，臣故不从也。”太师曰：“夫成周之乐，天子之乐也，惟人主舞之；今范昭人臣，而欲舞天子乐，臣故不为也。”范昭归报晋平公曰：“齐未可伐。臣欲辱其君，晏子知之；臣欲犯其礼，太师识之。”仲尼曰：不越樽俎之间，而折冲千里之外，晏子之谓也。”春秋时，秦伐晋，晋将赵盾御之。上军佐臾骈曰：“秦不能久，请深垒固军以待之。”秦人欲战，秦伯谓士会曰：“若何而战？”对曰：“赵氏新出其属曰臾骈，必实为此谋，将以老我师也。赵有侧室日穿，晋君之壻也，有宠而弱，不在军事，好勇而狂，且恶臾骈之佐上军。若使轻者肆焉，其可。”秦军掩晋上军，赵穿追之不及，返，怒曰：“裹粮坐甲，固敌是求，敌至不击，将可俟焉！”军吏曰：“将有待也。”穿曰：“我不知谋，将独出!”乃以其属出。赵盾曰:“秦获穿也,获一卿矣;秦以胜归,我何以报?”乃皆出战,交绥而退。夫晏子之对,是敌人将谋伐我,我先伐其谋,故敌人不得而伐我。士会之对,是我将谋伐敌,敌人有谋拒我,乃伐其谋,敌人不得与我战。斯二者,皆伐谋也。故敌欲谋我,伐其未形之谋;我若伐敌,败其已成之计,固非止于一也。○孟氏曰:九攻九拒,是其谋也。○杜佑曰:敌方设谋欲举众,师伐而抑之,是其上。故太公云“善除患者,理于未生;善胜敌者,胜于无形”也。○梅尧臣曰:以智胜。○王皙曰:以智谋屈人最为上。○何氏曰:敌始谋攻我,我先攻之,易也。揣知敌人谋之趣向,因而加兵,攻其彼心之发也。○张预曰:敌始发谋,我从而攻之,彼必丧计而屈服,若晏子之沮范昭是也。或曰:伐谋者,用谋以伐人也,言以奇策秘算,取胜于不战,兵之上也。**其次伐交**,曹操曰:交,将合也。○李筌曰:伐其始交也。苏秦约六国不事秦,而秦闭关十五年,不敢窥山东也。○杜牧曰:非止将合而已,合之者皆可伐也。张仪愿献秦地六百里于楚怀王,请绝齐交;随何于黥布坐上杀楚使者,以绝项羽;曹公与韩遂交马语,以疑马超;高洋以萧深明请和于梁,以疑侯景,终陷台城:此皆伐交。权道变化,非一途也。○陈皞曰:或云敌已兴师交合,伐而胜之,是其次也。若晋文公敌宋,携离曹、卫也。○孟氏曰:交合强国,敌不敢谋。○梅尧臣曰:以威胜。○王皙曰:谓未能全屈敌谋,当且间其交,使之解散。彼交则事钜敌坚,彼不交则事小敌脆也。○何氏曰:杜称已上四事,乃“亲而离之”之义也。伐交者,兵欲交合,设疑兵以惧之,使进退不得,因来屈服。旁邻既为我援,敌不得不孤弱也。○张预曰:兵将交战,将合则伐之。《传》曰:“先人有夺人之心。”谓两军将合,则先薄之,孙叔敖之败晋师、厨人濮之破华氏是也。或曰:伐交者,用交以伐人也。言欲举兵伐敌,先结邻国为掎角之势,则我疆(强之异体)而敌弱。**其次伐兵**,曹操曰:兵形已成也。○李筌曰:临敌对阵,兵之下也。○贾林曰:善于攻取,举无遗策,又其次也。故太公曰:“争胜于白刃之前者,非良将也。”○梅尧臣曰:以战胜。○王皙曰:战者危事。○张预曰:不能败其始谋,破其将合,则犀利兵器以胜之。兵者,器械之总名也。太公曰:“必胜之道,器械为宝。”**其下攻城**;曹操曰:敌国已收其外粮城守,攻之为下攻也。○李筌曰:夫王师出境,敌则开壁送款,举榇辕门,百姓怡悦,攻之上也。若顿兵坚城之下,师老卒惰,攻守势殊,客主力倍,以此攻之为下也。○杜佑曰:言攻城屠邑,攻之下者,所害者多。○梅尧臣曰:费财役为最下。○王皙曰:士卒杀伤,城或未克。○张预曰:夫攻城屠邑,不惟老师费财,兼亦所害者多,是为故之下者。**攻城之法,为不得已**。张预曰:攻城则力屈;所以必攻者,盖不获已耳。**修橹轒辒,具器械,三月而后成;距闉,又三月而后已**;曹操曰:修,治也。橹,大楯也。轒辒者,轒床也。轒床其下四轮,从中推之至城下也。具,备也。器械者,机关攻守之总名,飞楼云梯之属。距闉者,踊土积高而前,以附其城也。○李筌曰:橹,楯也,以蒙首而趋城下。轒辒者,四轮车也,其下藏兵数十人,填隍堆之,直就其城,木石所不能坏也。器械,飞楼、云楼、板屋、木幔之类也。距闉者,土木山乘城也。东魏高欢之围晋州,侯景之攻台城,则其器也。役约三月,恐兵久而人疲也。○杜牧曰:橹,即今之所谓彭排。轒辒,四轮车,排大木为之,上蒙以生牛皮,下可容十人,往来运土填堑,木石所不能伤,今俗所谓木驴是也。距闉者,积土为之,即今之所谓垒道也。三月者,一时也。言修治器械,更其距闉,皆须经时精好成就,恐伤人之甚也。管子曰:“不能致器者困。”言无以应敌也。太公曰:“必胜之道,器械为宝。”《汉书志》曰:“兵之伎巧,一十有三家,习手足,便器械机关,以立攻守之胜者。”夫攻城者有撞车、划钩车、飞梯、蝦蟆木、解合车、狐鹿车、影车、高障车、马头车、独行车、运土豚鱼车。○陈皞曰:杜称橹为彭排,非也。若是彭排,即当用此樐字;曹云大楯,庶或近之。盖言候器械全具须三月,距闉又三月,已计六月;将若不待此而生忿速,必多杀士卒。故下云:“将不胜其忿,而蚁附之,灾也。”○杜佑曰:轒辒、上汾下温。修橹,长橹也。轒辒,四轮车。皆可推而往来,冒以攻城。器械,谓云梯、浮格衡、飞石、连弩之属。攻城总名,言修其攻具,经一时乃成也。距闉者,踊土积高而前,以附于城也。积土为山曰堙,以距敌城,观其虚实。《春秋传》曰“楚司马子反乘堙而窥宋城”也。○梅尧臣曰:威智不足以屈人,不获已而攻城也，治攻具须经时也。曹公曰："橹，大楯也。轒辒者，轒床也，其下四轮，从中推至城下也。器械，机关攻守之总名，蜚梯之属也。"谓橹为大楯，非也。兵之具甚众，何独言修大楯耶？今城上守御楼曰橹，橹是轒床上革屋，以蔽矢石者欤？〇张预曰：修橹，大楯也。《传》曰："晋侯登巢车以望楚军。"注云："巢车，车上为橹。"又："晋师围偪阳，鲁人建大车之轮，蒙之以甲以为橹，左执之，右拔戟，以成一队。"注云："橹，大楯也。"以此观之，修橹为大楯明矣。轒辒，四轮车，其下可覆数十人，运土以实隍者。器械，攻城总名也。三月者，约经时成也。或曰：孙子戒心忿而亟攻之，故权言以三月成器械，三月起距堙，其实不必三月也。城尚不能下，则又积土与城齐，使士卒上之，或观其虚实，或毁其楼橹，欲必取也。土山曰堙，楚子反乘堙而窥宋城是也。器械言成者，取其久而成就也。距堙言已者，以其经时而毕上也。皆不得已之谓。**将不胜其忿，而蚁附之，杀士三分之一，而城不拔者，此攻之灾也**。曹操曰：将忿不待攻城器，而使士卒缘城而上，如蚁之缘墙，杀伤士卒也。〇李筌曰：将怒而不待攻城，而使士卒肉薄登城，如蚁之所附墙，为木石所杀之者，三有一焉，而城不拔者，此攻之灾也。〇杜牧曰：此言为敌所辱，不胜忿怒也。后魏太武帝率十万众，寇宋臧质于盱眙。太武帝始就质求酒，质封溲便与之。太武大怒，遂攻城。乃命肉薄登城，分番相代，坠而复升，莫有退者，尸与城平，复杀其高梁王。如此三旬，死者过半。太武闻彭城断其归路，见疾疫甚众，乃解退。《传》曰："一女乘城，可敌十夫。"以此校之，尚恐不啻。〇贾林曰：但使人心外附，士卒内离，城乃自拔。〇杜佑曰：守过二时，敌人不服，将不胜心之忿，多使士卒蚁附其城，杀伤我士民三分之一也。言攻趣不拔，还为己害。故韩非曰："夫一战不胜，则祸暨矣。"〇何氏曰：将心忿急，使士卒如蚁缘而登，死者过半，城且不下，斯害也已。〇张预曰：攻逾二时，敌犹不服，将心忿躁，不能持久，使战士蚁缘而登城，则其士卒为敌人所杀三中之一，而坚城终不可拔，兹攻城之害也已。或曰：将心忿速，不俟六月之久，而亟攻之，则其害如此。**故善用兵者，屈人之兵，而非战也**；李筌曰：以计屈敌，非战之屈者。晋将郭淮围麹城，蜀将姜维来救。淮趋牛头山，断维粮道及归路，维大震，不战而遁，麹城遂降。则不战而屈之义也。〇杜牧曰：周亚夫敌七国，引兵东北壁昌邑，以梁委吴，使轻兵绝吴饷道。吴梁相弊而食竭，吴遁去，因追击，大破之。蜀将姜维使将勾安、李韶守麹城，魏将陈泰围之。姜维来救，出自牛头山，与泰相对。泰曰："兵法贵在不战而屈人，今绝牛头，维无返道，则我之擒也。诸军各守勿战，绝其还路。"维惧，遁走，安等遂降。〇梅尧臣曰：战则伤人。〇王皙曰：若李左军说成安君，请以奇兵三万人，扼韩信于井陉之策是也。〇何氏曰：言伐谋攻交，不至于战。故《司马法》曰："上谋不斗"。其旨见矣。〇张预曰：前所陈者，庸将之为耳。善用兵者则不然，或破其计，或败其交，或绝其粮，或断其路，则可不战而服之。若田穰苴明法令，拊士卒，燕晋闻之，不战而遁，亦是也。**拔人之城，而非攻也**；李筌曰：以计取之。后汉臧侯臧宫围妖贼于原武，连月不拔，士卒疾疠。东海王谓宫曰："今拥兵围必死之虏，非计也。宜撤围，开其生路而示之，彼必逃散，一亭长足擒也。"从之，而拔原武。魏攻壶关，亦其义也。〇杜牧曰：司马文王围诸葛诞于寿春，议者多欲急攻之。文王以诞城固众多，攻之力屈，若有外救，表里受敌，此至危之道也；吾当以全策縻之，可坐制也。诞二年五月反，三年二月破灭，六军按甲，深沟高垒，而诞自困。十六国前燕将慕容恪率兵讨段龛于广固，恪围之，诸将劝恪急攻之。恪曰："军势有缓而克敌，有急而取之。若彼我势既均，外有强援，力足制之，当羁縻守之，以待其毙。"乃筑室反耕，严固围垒，终克广固，曾不血刃也。〇孟氏曰：言以威刑服敌，不攻而取，若郑伯肉袒以迎楚庄王之类。〇梅尧臣曰：攻则伤财。〇王皙曰：若唐太宗降薛仁果是也。〇张预曰：或攻其所必救，使敌弃城而来援，则设伏取之。若耿弇攻临淄而克西安，胁巨里而斩费邑是也。或外绝其强援以久持之，坐俟其毙，若楚师筑室反耕以服宋是也。兹皆不攻而拔城之上也。**毁人之国，而非久也**。曹操曰：毁灭人国，不久露师也。〇李筌曰：以术毁人国，不久而毙。隋文问仆射高颎伐陈之策，颎曰："江外田收，与中国不同。伺彼农时，我正暇豫，征兵掩袭，彼释农守御，候其聚兵，我便解退。再三若此，彼农事疲矣。

又南方地卑，舍悉茅竹，仓库储积，悉依其间，密使行人因风纵火，候其营立更为之。”行其谋，陈始病也。〇杜牧曰：因敌有可乘之势，不失其机，如摧枯朽。沛公入关，晋降孙皓，隋取陈氏，皆不久之。〇贾林曰：兵不可久，久则生变。但毁灭其国，不伤残于人，若武王伐殷，殷人称为父母。〇杜佑曰：若诛理暴逆，毁灭敌国，不暴师众也。〇梅尧臣曰：久则生变。〇王晳同梅尧臣注。〇何氏曰：善攻者不以兵攻，以计困之，令其自拔，令其自毁，非劳久守而取之也。〇张预曰：以顺讨逆，以智伐愚，师不久暴，而敌国灭，何假六月之稽乎！**必以全争于天下，故兵不顿，而利可全，此谋攻之法也**。曹操曰：不与敌战，而必完全得之，立胜于天下，不顿兵血刃也。〇李筌曰：以全胜之计争天下，是以不顿收利也。〇梅尧臣曰：全争者，兵不战，城不攻，毁不久，皆以谋而屈敌，是曰谋攻。故不钝兵利自完。〇张预曰：不战则士不伤，不攻则力不屈，不久财财不费。以完全立胜于天下，故无顿兵血刃之害，而有国富兵强之利，斯良将计攻之术也。**故用兵之法，十则围之**，曹操曰：以十敌一，则围之，是将智勇等而兵利钝均也。若主弱客强，操所以倍兵围下邳，生擒吕布也。〇杜牧曰：围者，谓四面垒合，使敌不得逃逸。凡围四合，必须去敌城稍远，占地既广，守备须严，若非兵多，则有阙漏，故用兵有十倍也。吕布败，是上下相疑。侯成执陈宫委布降，所以能擒，非曹公兵力而能取之。若上下相疑，政令不一，设使不围，自当溃叛，何况围之，固须破灭。孙子所言十则围之，是将勇智等而兵利钝均，不言敌人自有离叛。曹公称倍兵降布，盖非围之力穷也，此不可以训也。〇李筌曰：愚智勇怯等，十倍于敌则围之，攻守殊势也。〇杜佑曰：以十敌一则围之，是为将智勇等而利兵钝均也。若主弱客劲，不用十也，曹公操所以倍兵围下邳，生擒吕布。若敌垒固守，依附险阻，彼一我十，乃可围也。敌虽盛，所据不便，未必十倍，然后围之。〇梅尧臣曰：彼一我十，可以围。〇何氏曰：围者，四面合兵以围城。而校量彼我兵势，将才愚智勇怯等，而我十倍胜于敌人，是以十对一，可以围之，无令越逸也。〇张预曰：吾之众十倍于敌，则四面围合以取之，是为将智勇等而兵利钝均也。若主弱客强，不必十倍，然后围之。尉缭子曰：“守法：一而当十，十而当百，百而当千，千而当万。”言守者十人，而当围者百人，与此法同。**五则攻之**，曹操曰：以五敌一，则三术为正，二术为奇。〇李筌曰：五则攻之，攻守势殊也。〇杜牧曰：术犹道也。言以五敌一，则当取己三分为三道，以攻敌之一面；留己之二，候其无备之处，出奇而乘之。西魏末，梁州刺史宇文仲和据州，不受代，魏将独孤信率兵讨之，仲和婴城固守。信夜令诸将以冲梯攻其东北，信亲帅将士袭其西南，遂克之也。〇陈皞曰：兵说五倍于敌，自是我有余力，彼之势分也，岂止分为三道以攻敌？此独说攻城。故下文云：“小敌之坚，大敌之擒也。”〇杜佑曰：若敌并兵自守，不与我战，彼一我五，乃可攻战也。或无敌人内外之应，未必五倍然后攻。〇梅尧臣同杜佑注。〇王晳曰：谓十围而取五，则攻者皆势力有余，不待其虚懈也。此以下亦谓智勇利钝均耳。〇何氏曰：愚智勇怯等，量我五倍多于敌人，可以三分攻城，二分出奇以取胜。〇张预曰：吾之众五倍于敌，则当惊当掩后，冲东击西；无五倍之众，则不能为此计。曹公谓三术为正，二术为奇，不其然乎？若敌无外援，我有内应，则不须五倍然后攻之。**倍则分之**，曹操曰：以二敌一，则一术为正，一术为奇。〇李筌曰：夫兵者倍于敌，则分半为奇；我众彼寡，动而难制。苻坚至淝水，不分而败；王僧辩至张公州，分而胜也。〇杜牧曰：此言非也。此言以二敌一，则当取己之一，或趣敌之要害，或攻敌之必救，使敌一分之中，复须分减相救，因以一分而击之。夫战法非论众寡，每陈皆有奇正，非待人众，然后能设奇。项羽于乌江二十八骑，尚不聚之，犹设奇正，循环相救，况于其他哉？〇陈皞曰：直言我倍于敌，分兵趋其所必救，即我倍中更倍，以击敌之中分也。杜虽得之，未尽其说也。〇杜佑曰：己二敌一，则一术为正，一术为奇。彼一我二，不足为变，故疑兵分离其军也。故太公曰：“不能分移，不可以语奇。”〇梅尧臣曰：彼一我二，可分其势，〇王晳曰：谓分者，分为二军，使其腹背受敌，则我得一倍之利也。〇何氏曰：兵倍于敌，则分半为奇；我众彼寡，足可分兵。主客力均，善战者胜也。〇张预曰：吾之众一倍于敌，则当分为二部，一以当其前，一以冲其后；彼应前则后击之，应后则前击之，兹所谓一术为正，一术为奇也。杜氏不晓兵分则为奇，聚则为正，而遽非曹公，何误也！**敌则能战之**，曹操曰：己与敌人众等，善者犹当设伏奇以胜之。○李筌曰：主客力敌，惟善者战。○杜牧曰：此说非也。凡己与敌人兵众多少、智勇利钝一旦相敌，则可以战。夫伏兵之设，或在敌前，或在敌后，或因深林丛薄，或因暮夜昏晦，或因隘厄山阪，击敌不备，自名伏兵，非奇兵也。○陈皞曰：料己与敌人众寡相等，先为奇兵可胜之计，则战之，故下文云"不若则能避之"。杜说奇伏，得之也。○梅尧臣曰：势力均则战。○王皙曰：谓能者能感士卒心，得其死战耳。若设奇伏以取胜，是谓智优，不在兵敌也。○何氏曰：敌，言等敌也。唯能者可以战胜耳。○张预曰：彼我相敌，则以正为奇，以奇为正，变化纷纭，使敌莫测；以与之战，兹所谓设奇伏以胜之也。杜氏不晓凡置陈皆有扬奇备伏，而云伏兵当在山林，非也。**少则能逃之**，曹操曰：高壁坚垒，勿与战也。○李筌曰：量力不如，则坚壁不出，挫其锋，待其气懈，而出奇击之。齐将田单守即墨，烧牛尾即杀骑劫，则其义也。○杜牧曰：兵不敌，且避其锋，当俟隙，便奋决求胜。言能者，谓能忍忿受耻，敌人求挑不出也，不似曹咎汜水之战也。○陈皞曰：此说非也。但敌人兵倍于我，则宜避之，以骄其志，用为后图，非谓忍忿受耻。太宗辱宋老生以虏其众，岂是兵力不等也？○贾林曰：彼众我寡，逃匿兵形，不令敌知，当设奇伏以待之，设诈以疑之，亦取胜之道。又一云：逃匿兵形，敌不知所备，惧其变诈，全军亦逃。○杜佑曰：高壁坚垒，勿与战也。彼之众，我之寡，不可敌，则当自逃，守匿其形。○梅尧臣曰：彼众我寡，去而勿战。○王皙曰：逃，伏也，谓能倚固逃伏以自守也。《传》曰："师逃于夫人之宫。"或兵少而有以胜者，盖将优卒强耳。○何氏曰：兵少固壁，观变潜形，见可则进。○张预曰：彼众我寡，宜逃去之，勿与战，是亦为将智勇等而兵利钝均也。若我治彼乱，我奋彼怠，则敌虽众，亦可以合战。若吴起以五百乘破秦五十万众，谢玄以八千卒败苻坚一百万，岂须逃之乎？**不若则能避之**。曹操曰：引兵避之也。○杜牧曰：言不若者，势力、交援俱不如也，则须速去之，不可迁延也。如敌人守我要害，发我津梁，合围于我，则欲去，不复得也。○杜佑曰：引兵备之，强弱不敌，势不相若，则引军避，待利而动。○梅尧臣曰：势力不如，则引而避。○王皙曰：将与兵俱不若，遇敌攻，必败也。○张预曰：兵力谋勇皆劣于敌，则当引而避之，以伺其隙。**故小敌之坚，大敌之擒也**。曹操曰：小不能当大也。○李筌曰：小敌不量力而坚战者，必为大敌所擒也。汉都尉李陵以步卒五千之众，对十万之军，而见殁匈奴也。○杜牧曰：言坚者，将性坚忍，不能逃，不能避，故为大者之所擒也。○孟氏曰：小不能当大也。言小国不量其力，敢与大邦为雠，虽权时坚城固守，然后必见擒获。《春秋传》曰："既不能强，又不能弱，所以败也。"○梅尧臣曰：不逃不避，虽坚亦擒。○王皙注同梅尧臣。○何氏曰：如右将军苏建、前将军赵信将兵三千余人，与大将军卫青分行，独逢单于兵数万。力战一日，汉兵且尽。前将军信胡人，降为翕侯，匈奴诱之，遂将其余骑可八百余，奔降单于。右将军苏建遂尽亡其军，独以身得亡自归。大将军问其正闳、长史安、议郎周霸等，建为云何？霸曰："自大将军出，未尝斩一裨将。今建弃军，可斩以明威重。"闳、安曰："不然。兵法：'小敌之坚，大敌之擒也。'今建独以数千当单于数万，力战一日，余士尽不敢有二心，自归而斩之，是示后人无归意也。"○张预：小敌不度强弱而坚战，必为大敌之所擒，息侯屈于郑伯，李陵降于匈取是也。孟子曰："小固不可以敌大，弱固不可以敌强，寡固不可以敌众。"**夫将者，国之辅也，辅周则国必强**，曹操曰：将周密，谋不泄也。○李筌曰：辅，犹助也。将才足，则兵必强。○杜牧曰：才周也。○贾林曰：国之强弱，必在于将。将辅于君而才周，其国则强；不辅于君，内怀其贰，则弱。择人授任，不可不慎。○何氏曰：周，谓才智具也。得才智周备之将，国乃安强也。**辅隙则国必弱**。曹操曰：形见于外也。○李筌曰：隙，缺也。将才不备，兵必弱。○杜牧曰：才不周也。○梅尧臣曰：得贤则周备，失士则隙缺。○王皙曰：周，谓将贤则忠才兼备；隙，谓有所缺也。○何氏曰：言其才不可不周，用事不可不周知也。故将在军，必先知五事、六行、五权之用，与夫九变、四机之说，然后可以内御士众，外料战形；苟昧于兹，虽一日不可居三军之上矣。○张预曰：将谋周密，则敌不能窥，故其国强；微缺则乘衅而入，故其国弱。太公曰:“得士者昌,失士者亡。”**故君之所以患于军者三:**梅尧臣曰:患君之所不知。○孟氏曰:已下语是。○张预曰:下三事也。**不知军之不可以进而谓之进,不知军之不可以退而谓之退,是谓縻军。**曹操曰:縻,御也。○李筌曰:縻,绊也。不知进退者,军必败,如绊骥足,无驰骋也。楚将龙且逐韩信而败,是不知其进;秦将苻融挥军少却而败,是不知其退。○杜牧曰:犹驾御縻绊,使不自由也。君,国君也。患于军者,为军之患害也。夫授钺凶门,推毂,阃外之事,将军裁之。如赵充国欲为屯田,汉宣必令决战;孙皓临灭,贾充尚请班师。此不知进退之谓也。○贾林曰:军之进退,将可临时制变;君命内御,患莫大焉。故太公曰:“国不可以从外治,军不可以从中御。”○杜佑曰:縻,御也,靡为反。君不知军之形势,而欲从中御也。○梅尧臣曰:君不知进退之宜,而专进退,是縻系其军,《六韬》所谓军不可以从中御。○王晳曰:縻,系也。去此患则当讬以不御之权,故必忠才兼备之臣为之将也。○张预曰:军未可以进而必使之进,军未可以退而必使之退,是谓縻绊其军也。故曰:进退由内御,则功难成。**不知三军之事,而同三军之政者,则军士惑矣;**曹操曰:“军容不入国,国容不入军”,礼不可以治兵也。○李筌曰:任将不以其人也。燕将慕容评出,军所在,因山泉卖樵水,贪鄙积货,为三军帅,不知其政也。○杜牧曰:盖谓礼度法令,自有军法从事,若使同于寻常治国之道,则军士生惑矣。至如周亚夫见天子不拜,汉文知其勇不可犯;魏尚守云中,上首级,为有司所劾,冯唐所以发愤也。○杜佑曰:夫治国尚礼义,兵贵于权诈,形势各异,教化不同,而君不知其变,军国一政,以用治民,则军士疑惑,不知所措。故《兵经》曰“在国以信,在军以诈”也。○陈皞曰:言不知三军之事,违众沮议。《左传》称晋彘季不从军师之谋,而以偏师先进,终为楚之所败也。○梅尧臣曰:不知治军之务,而参其政,则众惑乱也。曹公引《司马法》曰“军容不入国,国容不入军”是也。○何氏曰:军国异容,所治各殊。欲以治国之法以治军旅,则军旅惑乱。○张预曰:仁义可以治国,而不可以治军;权变可以治军,而不可以治国,理然也。虢公不修慈爱,而为晋所灭;晋侯不守四德,而为秦所克:是不以仁义治国也。齐侯不射君子,而败于晋;宋公不擒二毛,而衄于楚:是不以权变治军也。故当仁义而用权谲,则国必危,晋虢是也。当权诈而尚礼义,则兵必败,齐宋是也,然则治国之道,固不可以治军也。**不知三军之权,而同三军之任,则军士疑矣。**曹操曰:不得其人(意)也。○杜牧曰:谓将无权智,不能铨度军士,各任所长,而雷同使之,不尽其材,则三军生疑矣。黄石公曰:“善任人者,使智、使勇、使贪、使愚,智者乐立其功,勇者好行其志,贪者邀趋其利,愚者不顾其死。”○陈皞曰:将在军,权不专制,任不自由,三军之士自然疑也。○杜佑曰:不得其人也。君之任将,当精择焉。将若不知权变,不可付以势位。苟授非其人,则举措失所,军覆败也,若赵不用广武君而用成安君。○梅尧臣曰:不知权谋之道,而参其任用,则众疑贰也。○王晳曰:政也,权也,使不知者同之,则动有违异,必相牵制也,是则军众疑惑矣。裴度所以奏去监军平蔡州也。此皆由君上不能专任贤将,则使同之,故通谓之三患。○何氏曰:不知用兵权谋之人,用之为将,则军不治而士疑。○张预曰:军吏中有不知兵家权谋之人,而使同居将帅之任,则政令不一,而军疑矣。若邲之战,中军帅荀林父欲还,裨将先縠不从,为楚所败是也。近世以中官监军,其患正如此。高崇文伐蜀,因罢之,遂能成功。**三军既惑且疑,则诸侯之难至矣,是谓乱军引胜。**曹操曰:引,夺也。○李筌曰:引,夺也。兵,权道也,不可谬而使处。赵上卿蔺相如言:赵括徒能读其文书,然未知合变,王今以名使括,如胶柱鼓瑟。此则“不知三军之权,而同三军之任”。赵王不从,果有长平之败,诸侯之难至也。○杜牧曰:言我军疑惑,自致扰乱,如引敌人使胜我也。○孟氏曰:三军之众,疑其所任,惑其所为,则邻国诸侯,因其乖错,作难而至也。太公曰:“疑志不可以应敌。”○梅尧臣曰:君徒知制其将,不能用其人,而乃同其政任,俾众疑惑,故诸侯之难作。是自乱其军,自去其胜。○王晳曰:引诸侯胜己也。○何氏曰:士疑惑而无畏则乱,故敌国得以乘我隙衅而至矣。○张预曰:军士疑惑,未肯用命,则诸侯之兵乘隙而至。是自溃其军,自夺其胜也。**故知胜有五:**李筌曰:谓下五事也。○张预曰:下五事也。**知可以战与不可以战者**

胜；李筌曰：料人事递顺，然后以《太一遁甲》算三门遇奇五将无关格，迫胁主客之计者，必胜也。○杜牧曰：下文所谓“知彼知己”是也。○孟氏曰：能料知敌情，审其虚实者胜也。○梅尧臣曰：知可不可之宜。○王皙曰：可则进，否则止，保胜之道也。○何氏曰：审己与敌。○张预曰：可战则进攻，不可战则退守。能审攻守之宜，则无不胜。**识众寡之用者胜**；李筌曰：量力也。○杜牧曰：先知敌之众寡，然后起兵以应之。如王翦伐荆，曰“非六十万不可”是也。○杜佑曰：言兵之形，有众而不可击寡，或可以弱制强，而能变之者胜也。故《春秋传》曰“师克在和不在众”是也。○梅尧臣曰：量力而动。○王皙曰：谓我对敌兵之众寡，围攻分战是也。○张预曰：用兵之法，有以少而胜众者，有以多而胜寡者，在乎度其所用，而不失其宜则善。如吴子所谓“用众者务易，用少者务隘”是也。**上下同欲者胜**；曹操曰：君臣同欲。○李筌曰：观士卒心，上下同欲，如报私仇者胜。○陈皞曰：言上下共同其利欲，则三军无怨，敌可胜也。《传》曰“以欲从人则可，以人从欲鲜济”也。○杜佑曰：言君臣和同，勇而战者胜。故孟子曰：“天时不如地利，地利不如人和。”○梅臣曰：心齐一也。○王皙曰：上下一心。若先縠刚愎以取败，吕布违异以致亡，皆上下不同欲之所致。○何氏曰：《书》云：“受有亿兆夷人，离心离德；予有乱臣十人，同心同德。”商灭而周兴。○张预曰：百将一心，三军同力，人人欲战，则所向无前矣。**以虞待不虞者胜**；李筌杜牧曰：有备预也。○孟氏曰：虞，度也。《左传》曰：“不备不虞，不可以师。”待敌之可胜也。○陈皞曰：谓先为不可胜之师，待敌之可胜也。○杜佑曰：虞，度也。以我有法度之师，击彼无法度之兵。○梅尧臣曰：慎备非常。○王皙曰：以我之虞，待敌之不虞也。○何氏曰：春秋时，城濮之后，晋无楚备，以败于邲。邲之后，楚无晋备，以败于鄢。自鄢已来，晋不失备，而加之以礼，重之以睦，是以楚弗能加晋。又周末，荆人伐陈，吴救之。军行三十里，雨十日夜，不见星。左史倚相谓大将子期曰：“雨十日夜，甲辑兵聚，吴人必至，不如备之。”乃为陈，而吴人至，见荆有备而反。左史曰：“其反复六十里，其君子休，小人为食；我行三十里，击之必克。”从之，遂破吴军。魏大将军南征吴，到积湖。魏将满宠帅诸军在前，与敌隔水相对。宠令诸将曰：“今夕风甚猛，贼必来烧营，宜豫为之备。”诸军皆警。夜半，贼果遣十部来烧营，宠掩击破之。又春秋卫人以燕师伐郑，郑祭足、原繁、洩驾以三军军其前，使曼伯与子元潜军军其后。燕人畏郑三军，而不虞制人。六月，郑二公子以制人败燕师于北制。君子曰：“不备不虞，不可以师。”又楚子重自陈伐莒，围渠丘。渠丘城恶，众溃奔莒，楚入渠丘。莒人囚楚公子平。楚人曰：“勿杀，吾归而俘。”莒人杀之。楚师围莒，莒城亦恶。庚申，莒溃，楚遂入郓。莒无备故也。君子曰：恃陋而不备，罪之大者也；备豫不虞，善之大者也。莒恃其陋而不修城郭，浃辰之间，而楚克其三都，无备也夫！○张预曰：常为不可胜以待敌。故吴起曰：“出门如见敌。”士季曰：“有备不败。”**将能而君不御者胜**。曹操曰：《司马法》曰“进退惟时，无曰寡人”也。○李筌曰：将在外，君命有所不受者胜，真将军也。吴伐楚，吴公子光弟夫概王至，请击楚子常，不许。夫概曰：“所谓见义而行，不待命也。今日我死，楚可入也。”以其属五千，先击子常，败之。审此，则将能而君不能御也。晋宣帝拒诸葛于五丈原，天子使辛毗仗节军门曰：“敢问战者斩。”亮闻笑曰：“苟能制吾，岂千里请战！假言天子不许，示武子众，此是不能之将。”○杜牧曰：尉缭子曰：“夫将者，上不制乎天，下不制乎地，中不制乎人。故兵者，凶器也；将者，死官也。”○杜佑曰：将既精能，晓练兵势，君能专任，事不以中御。故王子曰“指授在君，决战在将”也。○梅尧臣曰：自阃以外，将军制之。○王皙曰：君御能将者，不能绝疑忌耳。若贤明之至，必能知人，固当委任以责成效，推毂授钺，是其义也。攻战之事，一以专之，不以中御，所以一威，且尽其才也。况临敌乘机，间不容发，安可遥制之乎？○何氏曰：古者遣将于太庙，亲操钺，持其首，授其柄，曰：“从是以上至天者，将军制之。”乃复操柄，授与刃，曰：“从是以下到渊者，将军制之。”故李牧之为赵将，居边，军市之租，皆自用飨士，赏赐决于外，不以中御也。周亚夫之军细柳，军中唯闻将军之命，不闻天子之诏也。盖用兵之法，一步百变，见可则进，知难而退。而曰“有王命焉”，是白大人以救火也，未及反命，而煨烬久矣！曰“有临军焉”，是作舍道边也，谋无适从，而终不可成矣！故御能将而责平猾虏者，如绊韩卢而求获狡兔者，又何异焉？○张预曰：将有智勇之能，则当任以责成功，不可以中御也。故曰："阃外之事，将军裁之。"**此五者，知胜之道也**。曹操曰：此上五事也。**故曰：知彼知己者，百战不殆**；李筌曰：量力而拒敌，有何危殆乎？○杜牧曰：以我之政，料敌之将；以我之将，料敌之将；以我之众，料敌之众；以我之食，料敌之食；以我之地，料敌之地。校量已定，优劣短长，皆先见之，然后兵起，故有百战百胜也。○孟氏曰：审知彼己强弱利害之势，虽百战，实无危殆也。○梅尧臣曰：彼己五者尽知之，故无败。○王皙曰：殆，危也。谓校尽彼我之情，知胜而后战，则百战不危。○张预曰：知彼知己者，攻守之谓也。知彼则可以攻，知己则可以守。攻是守之机，守是攻之策。苟能知之，虽百战，不危也。或曰：士会察楚师之不可敌，陈平料刘项之长短，是知彼知己也。**不知彼而知己，一胜一负**；李筌曰：自以己强，而不料敌，则胜负未定。秦主苻坚以百万之众南伐，或谓曰："彼有人焉，谢安、桓冲，江表伟才，不可轻也。"坚曰："我以八州之众，士马百万，投鞭可断江水，何难之有！"后果败绩，则其义也。○杜牧曰：恃我之强，不知敌不可伐者，一胜一负。王猛将终，谏苻坚曰："晋氏虽在江表，而正朔所禀，谢安、桓冲，江表伟人，不可伐也。"及坚南伐，曰："吾士马百万，投鞭可济。"遂有淝水之败也。○陈皞曰：杜说乃是出兵无名，而伐无罪，所以败也。非"一胜一负"之义。○杜佑曰：虽不知敌之形势，恃已能克之者，胜负各半。○梅尧臣曰：自知己者，胜负半也。○王皙曰：但能计己，不知敌之强弱，则或胜或负。○张预曰：唐太宗曰："今之将臣虽未能知彼，苟能知己，则安有不利乎？"所谓知己者，守吾气而有待焉者也。故知守而不知攻，则胜负之半。**不知彼，不知己，每战必殆**。李筌曰：是谓狂寇，不败何待也？○杜佑曰：外不料敌，内不知己，用战必殆。○梅尧臣曰：一不知，何以胜？○王皙曰：全昧于计也。○张预曰：攻守之术皆不知，以战则败。

形篇 曹操曰：军之形也。我动彼应，两敌相察，情也。○李筌曰：形谓主客、攻守、八陈、五营、阴阳、向背之形。○杜牧曰：因形见情。无形者情密，有形者情疏；密则胜，疏则败也。○王皙曰：形者，定形也，谓两敌强弱有定形也。善用兵者，能变化形，因敌以制胜。○张预曰：两军攻守之形也。隐于中，则人不可得而知；见于外，则敌乘隙而至。形因攻守而显，故次《谋攻》。

孙子曰：昔之善战者，先为不可胜，张预曰：所谓知己者也。**以待敌之可胜**。梅尧臣曰：藏形内治，伺其虚懈。○张预曰：所谓知彼者也。**不可胜在己，可胜在敌**。曹操曰：自修理，以待敌之虚懈也。○李筌曰：夫善用兵者：守则深壁，多具军食，善其教练；攻其城，则尚橦棚、云梯、土山、地道；陈则在山川、丘陵，背孤向虚，从疑击间；善战者，掎角势连，首尾相应者，为不可胜也。夫善战者，能为不可胜，不能使敌之必可胜。故曰：胜可知而不可为；不可胜者守也，可胜者攻也。此数者以为可胜也。○杜牧曰：自整军事，长有待敌之备；闭迹藏形，使敌人不能测度。因伺敌人有可乘之便，然后出而攻之。○杜佑曰：先咨之庙堂，虑其危难，然后高垒深沟，使兵练习，以此守备之，故待敌之阙，则可胜之。言制敌在外，故自修理，以候敌之虚懈；已见敌有阙漏之形，然后可胜。○王皙曰：不可胜者，修道保法也；可胜者，有所隙耳。○张预曰：守之故在己，攻之故在彼。**故善战者，能为不可胜**，杜牧曰：不可胜者，上文注解所谓修理军事、闭形藏迹是也。此事在己，故曰能为。○张预曰：藏形晦迹，居常严备，则己能焉。**不能使敌之可胜**。杜牧曰：敌若无形可窥，无虚懈可乘，则我虽操可胜之具，亦安能取胜敌乎？○贾林曰：敌有智谋，深为己备，不能强令不己备。○杜佑曰：若敌晓练军事，策与道合，深为己备者，亦不可强胜之。○梅尧臣曰：在己故能为，在敌故无必。○王皙曰：在敌不在我也。○张预曰：若敌强弱之形不显于外，则我岂能必胜于彼。**故曰：胜可知**，曹操曰：见成形也。○杜牧曰：知者，但能知己之力，可以胜敌也。○陈皞曰：取胜于形，胜可知也。**而不可为**。曹操曰：敌有备故也。○杜牧曰：言我不能使敌人虚懈，为我可胜之资。○贾林曰：敌若隐而无形，不可强为胜败。○杜佑曰：敌有备也。已料敌见敌形者，则胜负可知，若敌密而无形，亦不可强使为败。故范蠡曰：“时不至不可强生，事不究不可强成。”○梅尧臣曰：敌有阙则可知，敌无阙则不可为。○何氏曰：可知之胜在我，我有备也；不可为之胜在敌，敌无形也。○张预曰：己有备则胜可知，敌有备则不可为。**不可胜者，守也**，曹操曰：藏形也。○杜牧曰：言未见敌人有可胜之形，己则藏形，为不可胜之备，以自守也。○杜佑曰：藏形也。若未见其形，彼众我寡，则自守也。○梅尧臣曰：且有待也。○何氏曰：未见敌人形势虚实有可胜之理，则宜固守。○张预曰：知己未可以胜，则守其气而待之。**可胜者，攻也**。曹操曰：敌攻己，乃可胜。○李筌曰：夫善用兵者：守，则高垒坚壁也；攻则橦棚、云梯、土山、地道；陈，左川泽，右丘陵，背孤向虚，以疑击间，识辨五令以节众，犄角势连，首尾相应者，为不可胜也。无此数者，以为可胜也。○杜牧曰：敌人有可胜之形，则当出而攻之。○杜佑曰：敌攻己，乃可胜也。已见其形，彼寡我众，则可攻。○梅尧臣曰：见其阙也。○王晳曰：守者，以于胜不足；攻者，以于胜有余。○张预曰：知彼有可胜之理，则攻其心而取之。**守则不足，攻则有余**。曹操曰：吾所以守者，力不足也；所以攻者，力有余也。○李筌曰：力不足者可以守，力有余者可以攻也。○梅尧臣曰：守则知力不足，攻则知力有余。○张预曰：吾所以守者，谓取敌之事有所不足，故且待之。吾所以攻者，谓胜敌之事已有其余，故出击之。言非百胜不战，非万全不斗也。后人谓不足为弱，有余为强者，非也。**善守者，藏于九地之下；善攻者，动于九天之上。故能自保而全胜也**。曹操曰：因山川丘陵之固者，藏于九地之下；因天时之变者，动于九天之上。○李筌曰：《天一遁甲经》云：“九天之上，可以陈兵；九地之下，可以伏藏。”常以直符加时干，后一所临宫为九天，后二所临宫为九地。地者静而利藏，天者运而利动，故魏武不明二遁，以九地为山川，九天为天时也。夫以天一、太一之遁幽微，知而用之，故全也。《经》云：“知三避五，魁然独处；能知三五，横行天下。”以此法出，不拘诸咎，则其义也。○杜牧曰：守者，韬声灭迹，幽比鬼神，在于地下，不可得而见之。攻者，势迅声烈，疾若雷电，如来天上，不可得而备也。九者，高深，数之极。○陈皞曰：春三月，寅功曹为九天之上，申传送为九地之下；夏三月，午胜先为九天之上，子神后为九地之下；秋三月，申传送为几天之上，寅功曹为九地之下；冬三月，子神后为九天之上，午胜先为九地之下也。○杜佑曰：善守备者，务因其山川之阻，丘陵之固，使不知所攻，言其深密，藏于九地之下。善攻者，务因天时、地利，为水火之变，使敌不知所备，言其雷震发动，若于九天之上也。○梅尧臣曰：九地，言深不可知；九天，言高不可测。盖守备密而攻取迅也。○王晳曰：守者，为未见可攻之利，当潜藏其形，沉静幽默，不使敌人窥测之也。攻者，为见可攻之利，当高远神速，乘其不意，惧敌人觉我而为之备也。九者，极言之耳。○何氏曰：九地、九天，言其深微。尉缭子曰：“治兵者，若秘于地，若邃于天。”言其秘密邃远之甚也。后汉凉州贼王国围陈仓，左将军皇甫嵩督前军董卓救之。卓欲速进赴陈仓，嵩不听。卓曰：“智者不后时，勇者不留决。速救则城全，不救则城灭。全灭之势，在于此也。”嵩曰：“不然。百战百胜，不如不战而屈人之兵。是以先为不可胜，以待敌之可胜。不可胜在我，可胜在彼。彼守不足，我攻有余。有余者动于九天之上，不足者陷于九地之下。今陈仓虽小，城守固备，非九地之陷也；王国虽强，而攻我之所不救，非九天之势也。夫势非九天，攻者受害；陷非九地，守者不拔。国今已陷受害之地，而陈仓保不拔之城，我可不烦兵动众，而取全胜之功，将何救焉！”遂不听。王国围陈仓，自冬迄春，八十余日，城坚守固，竟不能拔。贼众疲弊，果自解去。○张预曰：藏于九地之下，喻幽而不可知也；动于九天之上，喻来而不可备也。尉缭子曰“若秘于地，若邃于天”是也。守则固，是自保也；攻则取，是全胜也。”**见胜不过众人之所知，非善之善者也**；曹操曰：当见未萌。○李筌曰：知不出众知，非善也。韩信破赵，未餐而出井陉，曰：“破赵会食。”时诸将呒然，佯应曰：“诺。”乃背水阵。赵乘壁望见，皆大笑，言汉将不便兵也。乃破赵，食；斩成安君。此则众所不知也。○杜牧曰：众人之所见，破军杀将，然后知胜。我之所见，庙堂之上，樽俎之间，已知胜负者矣。○贾林曰：守必固，攻必克，能自保全而常不失胜；见未然之胜，善知将然之败，谓实微妙通玄，非众人之所见也。○孟氏曰:当见未萌。言两军已交,虽料见胜负,策不能过绝于人,但见近形非远。太公曰:“智与众同,非国师也。”○梅尧臣曰:人所见而见,故非善。○王晳曰:众常之人,见所以胜,而不知制胜之形。○张预曰:众人所知,已成已著也;我之所见,未形未萌也。**战胜而天下曰善,非善之善者也**。曹操曰:争锋也。○李筌曰:争锋力战,天下易见,故非善也。○杜牧曰:天下,犹上文言众也。言天下人皆称战胜者,故破军杀将者也。我之善者,阴谋潜运,攻必伐谋,胜敌之日,曾不血刃。○陈皞曰:潜运其智,专伐其谋,未战而屈人之兵,乃是善之善者也。○梅尧臣曰:见不过众,战虽胜,天下称之,犹不曰善。○王晳曰:以谋屈人,则善矣。○张预曰:战而后能胜,众人称之曰善,是有智名勇功也,故云非善。若见微察隐,取胜于无形,则真善者也。**故举秋毫不为多力,见日月不为明目,闻雷霆不为聪耳**。曹操曰:易见闻也。○李筌曰:易见闻也。以为攻战胜,而天下不曰善也。夫智能之将,人所莫测,为之深谋,故孙武曰“难知如阴”也。○王晳曰:众人之所知不为智,力战而胜人不为善。○何氏曰:此言众人之所见所闻,不足为异也。昔乌获举千钧之鼎为力,离朱百步睹纤芥之物为明,师旷听蚊行蚼步为聪也。兵之成形而见之,谁不能也?故胜于未形,乃为知兵矣。○张预曰:人皆能也。引此以喻众人之见胜也。秋毫谓兔毛,到秋而劲细,言至轻也。**古之所谓善战者,胜于易胜者也**。曹操曰:原微易胜,攻其可胜,不攻其不可胜也。○杜牧曰:敌人之谋,初有萌兆,我则潜运以能攻之,用力既少,制胜既微,故曰易胜也。○梅尧臣曰:力举秋毫,明见日月,聪闻雷霆,不出众人之所能也。故见于著,则胜于艰;见于微,则胜于易。○何氏曰:言敌人之谋,初有萌兆,我则潜运已能攻之,用力既少,制敌甚微,故曰易胜也。○张预曰:交锋接刃,而后能制敌者,是其胜难也。见微察隐,而破于未形者,是其胜易也。故善战者常攻其易胜,而不攻其难胜也。**故善战者之胜也,无智名,无勇功**。曹操曰:敌兵形未成,胜之无赫赫之功也。○李筌曰:胜敌而天下不知,何智名之有?○杜牧曰:胜于未萌,天下不知,故无智名;曾不血刃,敌国已服,故无勇功也。○梅尧臣曰:大智不彰,大功不扬,见微胜易,何勇何智?○何氏曰:患销未形,人谁称智?不战而服,人谁言勇?汉之子房、唐之裴度能之。○张预曰:阴谋潜运,取胜于无形,天下不闻料敌制胜之智,不见搴旗斩将之功,若留侯未尝有战斗功是也。**故其战胜不忒**,李筌曰:百战百胜,有何疑贰也。此筌以“忒”字为“贰”也。○陈皞曰:筹不虚运,策不徒发。○张预曰:力战而求胜,虽善者亦有败时。既见于未形,察于未成,则百战百胜,而无一差忒矣。**不忒者,其所措必胜,胜已败者也**。曹操曰:察敌必可败,不差忒也。○李筌曰:置胜于已败之师,何忒焉?师老卒惰,法令不一,谓已败也。○杜牧曰:措,犹置也。忒,差忒也。我能置胜不忒者何也?盖先见敌人已败之形,然后攻之,故能致必胜之功,不差忒也。○贾林曰:读措为错,错杂也。取敌之胜,理非一途,故杂而料之也。常于胜未形,已见敌之败。○梅尧臣曰:睹其可败,胜则不差。○何氏曰:善料也。○张预曰:所以能胜而不差者,盖察知敌人有必可败之形,然后措兵以能之云耳。**故善战者,立于不败之地,而不失敌之败也**。李筌曰:兵得地者昌,失地者亡。地者,要害之地。秦军败赵,先据北山者胜;宋师伐燕,过大岘而胜。皆得其地也。○杜牧曰:不败之地者,为不可胜之计,使敌人必不能败我也。不失敌人之败者,言窥伺敌人可败之形,不失毫发也。○陈皞注同李筌。○杜佑注同杜牧。○梅尧臣曰:善候敌隙,我则常胜。○王晳曰:常为不可胜,待敌可胜,不失其机。○何氏曰:自恃有备则无患,常伺敌隙则胜之,不失也。立于不败之地利也,言我常为胜所。○张预曰:审吾法令,明吾赏罚,便吾器用,养吾武勇,是立于不败之地也。我有节制,则彼将自衄,是不失敌之败也。**是故胜兵先胜而后求战,败兵先战而后求胜**。曹操曰:有谋与无虑也。○李筌曰:计与不计也。是以薛公知黥布之必败,田丰知魏武之必胜,是其义也。○杜牧曰:管子曰:“天时地利,其数多少,其要必出于计数。故凡攻伐之道,计必先定于内,然后兵出乎境。不明敌人之政,不能加也;不明敌人之积,不能约也。不明敌人之将,不见先军;不明敌人之士,不见先陈。故以众击寡,以理击乱,以富击贫,以能击不能,以教士练卒击殴众白徒,故能百战百胜。”此则先胜而后求战之义也。卫公李靖曰："夫将之上务，在于明察而众和，谋深而虑远，审于天时，稽乎人理。若不料其能，不达权变，及临机对敌，方始趑趄，左顾右盼，计无所出，信任过说，一彼一此，进退狐疑，部伍狼藉，何异趣苍生而赴汤火，驱牛羊而狼虎者乎？"此则先战而后求胜之义也。○贾林曰：不知彼我之情，陈兵轻进，意虽求战，而终自败也。○梅尧臣曰：可胜而战，战则胜矣；未见可胜，胜可得乎？○何氏曰：凡用兵先定必胜之计，而后出军。若不先谋，唯欲恃强，胜未必也。○张预曰：计谋先胜，然后兴师，故以战则克。尉缭子曰："兵不必胜，不可以言战；攻不必拔，不可以言攻。"谓危事不可轻举也。又曰："兵贵先胜于此，则胜彼矣；弗胜于此，则弗胜彼矣。"此之谓也。若赵充国常先计而后战，亦是也。不谋而进，欲幸其成功，敌以战则败。**善用兵者，修道而保法，故能为胜败之政**。曹操曰：善用兵者，先自修治为不可胜之道，保法度，不失敌之败乱也。○李筌曰：以顺讨逆，不伐无罪之国，军至无虏掠，不伐树木、污井灶，所过山川、城社、陵祠，必滌而除之，不习亡国之事，谓之道法也。军严肃，有死无犯，赏罚信义立，将若此者，能胜敌之败政也。○杜牧曰：道者，仁义也；法者，法制也。善用兵者，先修理仁义，保守法制，自为不可胜之政，伺敌有可败之隙，则攻能胜之。○贾林曰：常修用兵之胜道，保赏罚之法度，如此则常为胜，不能则败，故曰"胜败之政"也。○梅尧臣曰：攻守自修，法令自保，在我而已。○王皙曰：法者，下之五事也。○张预曰：修治为战之道，保守制敌之法，故能必胜。或曰：先修饰道义，以和其众；后保守法令，以戢其下。使民爱而畏之，然后能为胜败。**兵法：一曰度**，贾林曰：度，土地也。○王皙曰：丈尺也。**二曰量**，贾林曰：量，人力多少，仓廪虚实。○王皙曰：㪷斛也。**三曰数**，贾林曰：算数也。以数推之，则众寡可知，虚实可见。○王皙曰：百千也。**四曰称**，贾林曰：既知众寡，兼知彼我之德业轻重，才能之长短。○王皙曰：权衡也。**五曰胜**。曹操曰：胜败之政，用兵之法，当以此五事称量，知敌之情。○张预曰：此言安营布阵之法也。李卫公曰："教士犹布棋于盘。若无画路，棋安用之？"**地生度**，曹操曰：因地形势而度之。○李筌曰：既度有情，则量敌而御之。○杜牧曰：度者，计也。言度我国土大小，人户多少，征赋所入，兵车所籍，山河险易，道里迂直，自度此事与敌人如何，然后起兵。夫小不能谋大，弱不能击强，近不能袭远，夷不能攻险，此皆生于地，故先度也。○梅尧臣曰：因地以度军势，○王皙曰：地，人所履也。举兵攻战，先本于地，由地故生度。度，所以度长短，知远近也。凡行军临敌，先须知远近之计。○何氏曰：地者，远近、险易也。度，计也。未出军，先计敌国之险易，道路迂直，兵甲孰多，勇怯孰是。计度可伐，然后兴师动众，可以成功。**度生量**，杜牧曰：量者，酌量也。言度地已熟，然后能酌量彼我之强弱也。○梅尧臣曰：因度地以量敌情。○王皙曰：谓量有大小。言既知远近之计，则须更量其敌之大小也。○何氏曰：量酌彼己之形势。**量生数**，曹操曰：知其远近、广狭，知其人数也。○李筌曰：量敌远近、强弱，须备士卒、军资之数而胜也。○杜牧曰：数者，机数也。言强弱已定，然后能用机变数也。○贾林曰：量地远近、广狭，则知敌人人数多少也。○梅尧臣曰：因量以得众寡之数。○王皙曰：数，所以纪多少。言既知敌之大小，则更计其精劣、多少之数。曹公曰："知其人数。"○何氏曰：数，机变也。先酌量彼我强弱、利害，然后为机数。○张预曰：地有远近、广狭之形，必先度知之，然后量其容人多少之数也。**数生称**，曹操曰：称量己与敌孰愈也。○李筌曰：分数既定，贤智之多少，得贤者重，失贤者轻，如韩信之论楚汉也。须知轻重、别贤愚而称之锱铢则强。○杜牧曰：称，校也。机权之数已行，然后可以称校彼我之胜负也。○梅尧臣曰：因数以权轻重。○王皙曰：称所以知重轻，喻强弱之形势也。能尽知远近之计，大小之举，多少之数，以与敌相形，则知重轻所在。○何氏同杜牧注。**称生胜**。曹操曰：称量之，故知其胜负所在。○李筌曰：称知轻重，胜败之数可知也。○杜牧曰：称校既熟，我胜敌败，分明见也。○梅尧臣曰：因轻重以知胜负。○王皙曰：重胜轻也。○陈皞、杜佑同杜牧上五事注。○何氏曰：上五事，未战先计必胜之法。故孙子引古法，以疏胜败之要也。○张预曰：称，宜也。地形与人数相称，则疏密得宜，故可胜也。尉缭子曰："无过在于度数"。度谓尺寸，数谓什伍。度以量地，数以量兵。地与兵相称则胜。五者皆因地形而得，故自地而生之也。李靖“五陈”随地形而变是也。**故胜兵若以镒称铢**，梅尧臣曰：力易举也。**败兵若以铢称镒**。曹操曰：轻不能举重也。〇李筌曰：二十两为镒。铢之于镒，轻重异位；胜败之数，亦复如之。〇梅尧臣曰：力难制也。〇王皙曰：言铢镒者，以明轻重之至也。〇张预曰：二十两为镒，二十四铢为两。此言有制之兵对无制之兵，轻重不侔也。**胜者之战民也，若决积水于千仞之溪者，形也**。曹操曰：八尺曰仞。决水千仞，其势疾也。〇李筌曰：八尺曰仞，言其势也。杜预伐吴，言兵如破竹，数节之后，皆迎刃自解，则其义也。〇杜牧曰：夫积水在千仞之溪，不可测量，如我之守不见形也。及决水下，湍悍奔注，如我之攻不可御也。〇梅尧臣曰：水决千仞之溪，莫测其迅；兵动九天之上，莫见其迹。此军之形也。〇王皙曰：千仞之溪，至隋绝也，喻不可胜对可胜之形。乘机攻之，决水是也。〇张预曰：水之性，避高而趋下，决之赴深溪，固湍浚而莫之御也。兵之形象水，乘敌之不备，掩敌之不意，避实而击虚，亦莫之制也。或曰：千仞之溪，谓不测之渊，人莫能量其浅深；及决而下之，则其势莫之能御。如善守者匿形晦迹，藏于九地之下，敌莫能测其强弱；及乘虚而出，则其锋莫之能当也。

卷 中

势篇 曹操曰：用兵任势也。○李筌曰：陈以形成，如决建瓴之势，故以是篇次之。○王晳曰：势者，积势之变也。善战者能任势以取胜，不劳力也。○张预曰：兵势已成，然后任势以取胜，故次《形》。**孙子曰：凡治众如治寡，分数是也。**曹操曰：部曲为分，什伍为数。○李筌曰：善用兵者，将鸣一金，举一旗，而三军尽应；号令既定，如寡焉。○杜牧曰：分者，分别也；数者，人数也。言部曲行伍，皆分别其人数多少，各任偏裨长伍，训练升降，皆责成之，故我所治者寡也。韩信曰"多多益办"是也。锻○陈皞曰：若聚兵既众，即须多为部伍。部伍之内，各有小吏以主之。故分其人数，使之训齐决断，遇敌临阵，授以方略，则我统之虽众，治之益寡。○孟氏曰：分，队伍也；数，兵之大数也。分数多少，制置先定。○梅尧臣曰：部伍奇正之分数，各有所统。○王晳曰：分数，谓部曲也。偏裨各有部，分与其人数，若师、旅、卒、两之属。○张预曰：统众既多，必先分偏裨之任，定行伍之数，使不相乱，然后可用。故治兵之法：一人曰独，二人曰比，三人曰参，比参为官，二官为曲，二曲为部，二部为校，二校为裨，二裨为军。递相统属，各加训练，虽治百万之众，如治寡也。**斗众如斗寡，形名是也。**曹操曰：旌旗曰形，金鼓曰名。○杜牧曰：旌旗钟鼓，敌亦有之，我安得独为形名，斗众如斗寡也？夫形者，陈形也；名者，旌旗也。战法曰："陈间容陈，足曳白刃。"故大陈之中，复有小陈，各占地分，皆有陈形。旗者，各依方色，或认以鸟兽，某将某陈，自有名号。形名已定，志专势孤，人自为战，败则自败，胜则自胜，战百万之兵，如战一夫，此之是也。○陈皞曰：夫军士既众，分布必广，临陈对敌，递不相知，故设旌旗之形，使各认之。进退迟速，又不相闻，故设金鼓以节之。所以令之曰："闻鼓则进，闻金则止。"曹说是也。○梅尧臣曰：形以旌旗，名以采章，指麾应速，无有后先。○王晳曰：曹公曰："旌旗曰形，金鼓曰名。"晳谓形者，旌旗金鼓之制度；名者，各有其名号也。○张预曰：《军政》曰："言不相闻，故为鼓铎；视不相见，故为旌旗。"今用兵既众，相去必远，耳目之力，所不闻见，故令士卒望旌旗之形而前却，听金鼓之号而行止，则勇者不得独进，怯者不得独退。故曰：此用众之法也。**三军之众，可使必受敌而无败者，奇正是也。**曹操曰：先出合战为正，后出为奇。○李筌曰：当敌为正，傍出为奇。将三军无奇兵，未可与人争利。汉吴王濞拥兵入大梁，吴将田伯禄说吴王曰："兵屯聚而西，无他奇道，难以立功。臣愿得五万人，别循江淮而上，收淮南、长沙，入武关，与大王会。此亦一奇也。"不从。遂为周亚夫所败。此则有正无奇。○杜牧曰：解在下文。○贾林曰：当敌以正阵取胜，以奇兵前后左右俱能相应，则常胜而不败也。○梅尧臣曰：动为奇，静为正；静以待之，动以胜之。○王晳曰："必"当作"毕"，字误也。奇正还相生，故毕受敌而无败也。○何氏曰：兵体万变，纷纭混沌，无不是正，无不是奇。若兵以义举者，正也；临敌合变者，奇也。我之正，使敌视之为奇；我之奇，使敌视之为正。正亦为奇，奇亦为正。大抵用兵皆有奇正；无奇正而胜者，幸胜也，浪战也。如韩信背水而阵，以兵循山，而拔赵帜，以破其国，则背水正也，循山奇也。信又盛兵临晋，而以木罂从夏阳袭安邑，而虏魏王豹，则临晋正也，夏阳奇也。由是观之，受敌无败者，奇正之谓也。尉缭子曰："今以镆铘之利，犀兕之坚，三军之众有所奇正，则天下莫当其战矣。"○张预曰：三军虽众，使人皆受敌而不败者，在乎奇正也。奇正之说，诸家不同。尉缭子则曰："正兵贵先，奇兵贵后。"曹公则曰："先出合战为正，后出为奇。"李卫公则曰："兵以前向为正，后却为奇。"此皆以正为正，以奇为奇，曾不说相变循环之义。唯唐太宗曰："以奇为正，使敌视以为正，则吾以奇击之；以正为奇，使敌视以为奇，则吾以正击之。混为一法，使敌莫测。"兹最详矣。**兵之所加，如以碫投卵者，虚实是也。**曹操曰：以至实击至虚。○李筌曰：碫实卵虚，以实击虚，其势易也。

○孟氏曰：碫，石也。兵若训练至整，部领分明，更能审料敌情，委知虚实，后以兵而加之，实同以碫石投卵也。○梅尧臣曰：碫，石也，音遐。以实击虚，犹以坚破脆也。○王皙曰：锻，治铁也。○何氏曰：用兵识虚实之势，则无不胜。○张预曰：下篇曰“善战者，致人而不致于人”，此虚实彼我之法也。引致敌来，则彼势常虚；不往赴彼，则我势常实。以实击虚，如举石投卵，其破之必矣。夫合军聚众，先定分数；分数明，然后习形名；形名正，然后分奇正；奇正审，然后虚实可见矣。四事所以次序也。**凡战者，以正合，以奇胜**。曹操曰：正者当敌，奇兵从旁击不备也。○李筌曰：战无其诈，难以胜敌。○杜佑曰：正者当敌，奇者以旁击不备；以正道合战，以奇变取胜也。○梅尧臣曰：用正合战，用奇胜敌。○何氏曰：如战国廉颇为赵将秦使间曰：“秦独畏赵括耳。廉颇易与，且降矣。”会颇军多亡失，数败，坚壁不战；又闻秦反间之言，使括代颇。至，则出军击秦，秦军佯败而走，张二奇兵以劫之。赵军逐胜，追造秦壁，壁坚拒不得入。而秦奇兵二万五千绝赵军后，又五千骑绝赵壁间，赵兵分为二，粮道绝，括卒败。又隋突厥犯塞，炀帝令唐高祖与马邑太守王仁恭率众备边。会虏寇马邑，仁恭以众寡不敌，有惧色。高祖曰：“今主上遐远，孤城绝援，若不死战，难以图全。”于是亲选精骑四千，出为游军，居处饮食，随逐水草，一同于突厥。见虏候骑，但驰骋猎耳，若轻之。及与虏相遇，则掎角置陈，选善射者为别队，持满以待之。虏莫能测，不敢决战。因纵奇兵击走之，获其特勒所乘骏马，斩首千余级。又太宗选精锐千余骑为奇兵，皆黑衣玄甲，分为左右队，建大旗，令骑将秦叔宝、程咬金等分统之。每临寇，太宗躬被玄甲，先锋率之，候机而进，所向摧殄，常以少击众，贼徒气慑。又五代汉高祖在晋阳，郭进往依之，汉祖壮其材。会北虏屠安阳城，因遣进攻拔之，戎人遁去，授坊州刺史。虏主道毙，高祖出奇兵井陉，进以间道先入洺北，因定河北。此皆以奇胜之迹也。○张预曰：两军相临，先以正兵与之合战；徐发奇兵，或捣其旁，或击其后以胜之。若郑伯御燕师，以三军军其前，以潜军军其后是也。**故善出奇者，无穷如天地**，李筌曰：动静也。**不竭如江河**。李筌曰：通流不绝。○杜佑曰：言应变出奇无穷竭。○张预曰：言应变出奇，无有穷竭。**终而复始，日月是也；死而复生，四时是也**。李筌曰：奇变如日月、四时，亏盈、寒暑不停。○杜佑曰：日月运行，入而复出；四时更互，兴而复废。言奇正变化，若或日月之进退，四时之盛衰也。○张预曰：日月运行，入而复出；四时更互，盛而复衰。喻奇正相变，纷纭浑沌，终始无穷也。**声不过五**，李筌曰：宫、商、角、徵、羽也。**五声之变，不可胜听也**。李筌曰：变入八音，奏乐之曲，不可尽听。**色不过五**，李筌曰：青、黄、赤、白、黑也。**五色之变，不可胜观也**。**味不过五**，李筌曰：酸、辛、咸、甘、苦也。**五味之变，不可胜尝也**。曹操曰：自“无穷如天地”已下，皆以喻奇正之无穷也。○李筌曰：五味之变，庖宰鼎饪也。○杜牧曰：自“无穷如天地”已下，皆喻八陈奇正也。○张预曰：引五声、五色、五味之变，以喻奇正相生之无穷。**战势不过奇正，奇正之变，不可胜穷也**。李筌曰：邀截掩袭，万途之势，不可穷尽也。○梅尧臣曰：奇正之变，犹五声、五色、五味之变，无尽也。○王皙曰：奇正者，用兵之钤键，制胜之枢机也。临敌运变，循环不穷，穷则败也。○孟氏曰：《六韬》云：“奇正发于无穷之源。”○张预曰：战阵之势，止于奇正一事而已；及其变而用之，则万途千辙，乌可穷尽？**奇正相生，如循环之无端，孰能穷之**？李筌曰：奇正相依而生，如环团圆，不可穷端倪也。○梅尧臣曰：变动周旋之不极。○王皙曰：敌不能穷我也。○何氏曰：奇正生而转相为变，如循历其环，求首尾之莫穷也。○张预曰：奇亦为正，正亦为奇，变化相生，若循环之无本末，谁能穷诘？**激水之疾，至于漂石者，势也**；孟氏曰：势峻，则巨石虽重，不能止。○杜佑曰：言水性柔弱，石性刚重，至于漂转大石，投之洿下，皆由急疾之流，激得其势。○张预曰：水性柔弱，险径要路，激之疾流，则其势可以转巨石也。**鸷鸟之疾，至于毁折者，节也**。曹操曰：发起击敌。○李筌曰：柔势可以转刚，况于兵者乎？弹射之所以中飞鸟者，善于疾而有节制。○杜牧曰：势者，自高注下，得险疾之势，故能漂石也。节者，节量远近则搏之，故能毁折物也。○杜佑曰：发起讨敌，如鹰鹯之攫撮也，必能挫折禽兽者，皆由伺候之明，邀得屈折之节也。王子曰：“鹰隼一击，百鸟无以争其势；猛虎一奋，万兽无以争其威。"○梅尧臣曰：水虽柔，势迅则漂石；鸷虽微，节劲则折物。○王晳曰：鸷鸟之疾，亦势也，由势然后有搏击之节。下要云险，故先取漂石以喻也。○何氏曰：水能动石，高下之势也。鸷能搏物，能节其远近也。○张预曰：鹰鹯之擒鸟雀，必节量远近，伺候审而后击，故能折物。尉缭子曰："便吾器用，养吾武勇，发之如鸟击。"李靖曰："鸷鸟将击，卑飞敛翼。"皆言待之而后发也。**是故善战者，其势险**，曹操李筌曰：险，犹疾也。○杜牧曰：险者，言战争之势，发则杀人，故下文喻如彍弩。王晳曰：险者，折以致其疾也，如水得险隘而成势。**其节短**。曹操李筌曰：短，近也。○杜牧曰：言以近节也。如鸷鸟之发，近则搏之，力全志专，则必获也。○杜佑曰：短，近也；节，断也。短近言能因危取胜，以卒击近也。○梅尧臣曰：险则迅，短则劲，故战之势，当险疾而短近也。王晳曰：鸷之能搏者，发必中，来势远，而所搏之节至短也。兵之乘机，当如是耳。曹公曰："短者，近也。"○孟氏同杜牧注。○张预曰：险，疾；短，近也。言善战者先度地之远近，形之广狭，然后立阵，使部伍行列相去不远；其进击则以五十步为节，不可过远，故势迅则难御，节近则易胜。**势如彍弩，节如发机**。曹操曰：在度不远，发则中也。○李筌曰：弩不疾则不远，矢不近则不中。势尚疾，节务速。○杜牧曰：彍，张也。如弩已张，发则杀人，故上文云"其势险"也。机者，固须以近节量之，然后必能中，故上文云"其节短"，短乃近也。此言战陈不可远逐敌人，恐有队伍离散断绝，反为敌所乘也。故《牧野誓》曰"六步、七步""四伐、五伐"，是以近也。○陈皞曰：弩之发机，近则易中；战之遇敌，疾则易捷。若趋驰不速，奋击不近，则不能克敌而全胜。○贾林曰：战之势，如弩之张；兵之势，如机之发。○梅尧臣曰：彍音霍。彍，张也。如弩之张，势不逡巡；如机之发，节近易中也。○王晳曰：战势如弩之张者，所以有待也；待其有可乘之势，如发其机。○何氏曰：险，疾也；短，近也。此言击战得形，便如张弩发机，势宜疾速，仍利于便近，不得追击过差也。故太公曰："击如发机者，所以破精微也。"○张预曰：如弩之张，势不可缓；如机之发，节不可远。言趋利尚疾，奋击贵近也。故太公曰："击如发机者，所以破精微也。"**纷纷纭纭，斗乱而不可乱也；浑浑沌沌，形圆而不可败也**。曹操曰：旌旗乱也；示敌若乱，以金鼓齐之。车骑转而形圆者，出入有道，齐整也。○李筌曰：纷纷而斗，示如可乱；建旌有部，鸣金有节，是以不可乱也。浑沌，合杂也；形圆，无向背也。示敌可败而不可败者，号令齐整也。○杜牧曰：此言陈法也。《风后握奇文》曰："四为正，四为奇，余奇为握。奇音机，或总称之，先出游军定两端。"此之是也。奇者，零也。陈数有九，中心有零者，大将握之不动，以制四面八阵，而取准则焉。其人之列，面面相向，背背相承也。《周礼》："搜苗狝狩，车骤徒趋，及表乃止，进退疾徐，疏密之节，一如战陈。"表，乃旗也。旗者，盖与民期于下也。《握奇文》曰："先出游军定两端。"盖游军执本方旗，先定地界，然后军士赴之，兵于旗下，乃出奇正，变为陈也。《周礼》"搜苗狝狩，车骤徒趋，及表乃止"，此则八阵遗制。《握奇》之文，止此而已，其余之词，乃后之作者增加之，以重难其事耳。夫五兵之利，无如弧矢之利，以威天下，五兵同致，天独有弧矢星。圣人独言弧矢能威天下，不言他兵，何也？盖战法利于弧矢者，非得陈不见其利。故黄帝胜于蚩尤，以中夏车徒，制夷虏骑士，此乃弧矢之利也。在于近代，可以验之者：晋武时，羌陷凉州，司马督马隆请募勇士三千平之。募腰引弩三十六钧，弓四钧，立标简试。军西渡温水，虏树机能以众万计遏隆。隆依八陈法，且战且前，弓矢所及，人皆应弦而倒，诛杀万计，凉州遂平。隋时，突厥入寇，杨素击之。先是诸将与虏战，每虞胡骑奔突，皆戎车徒步相参，舁鹿角为方陈，骑在其内。素至，悉除旧法，令诸军各为步骑。突厥闻之，以手加额，仰天曰："天赐我也！"大率精骑十余万而至。素一战大破之。此乃以徒步制骑士，若非有陈法，知开阖首尾之道，安能致胜也？《曲礼》曰："行前朱雀而后玄武，左青龙而右白虎，招摇在上，急缮其怒。"郑司农云："以四兽为军陈，象天也。"孔疏曰："此言军行象天文而作陈法，但不知作之何如耳。"何彻云："画此四兽于旌旗上，以标前后左右之陈也。急缮其怒，言其卒之劲利威怒，如天之怒也。招摇，北斗杓第七星也，举此则六星可知也。陈象天文，即北斗也。"复曰："进退有度。"郑司农注曰："度，谓伐与步数也。"孔疏曰："如《牧野誓》云'六步、七步’‘四伐、五伐’是也。”复曰：“左右有局。”郑司农注曰：“局是步分。”孔疏曰：“言军之左右，各有部分，进则就敌，退则就列，不相差滥也。”下文复曰：“父之雠，弗与共戴天；兄弟之雠，不返兵；交游之雠，不同国。四郊多垒，此卿大夫之辱也。”此言雠辱至于战争，期在必胜，固不可不知陈法也。其文故相次而言，乃圣贤之深旨矣。《军志》曰：“陈间容陈，足曳白刃；队间容队，可与敌对。前御其前，后当其后，左防其左，右防其右。行必鱼贯，立必雁行，长以参短，短以参长。回军转陈，以前为后，以后为前，进无奔进，退无违走。四头八尾，触处为首，敌冲其中，两头俱救。”此亦与《曲礼》之说同。数起于五，而终于八。今夔州州前诸葛武侯以石纵横八行，布为方陈，奇正之出，皆生于此。奇亦为正之正，正亦为奇之奇，彼此相用，循环无穷也。诸葛出斜谷，以兵少，但能正用六数，今盩厔司竹园乃有旧垒。司马懿以十万步骑，不敢决战，盖知其能也。〇杜佑曰：旌旗乱也。示敌若乱，以金鼓齐之。纷纷旌旗，像纭纭士卒貌。言旌旗翻转，一合一离，士卒进退，或往或来，视之若散，扰之若乱。然其法令素定，度职分明，各有分数，扰而不乱者也。车骑齐转，形圆者，出入有道，齐整也。浑浑，车轮转行；沌沌，步骤奔驰。视其行陈纵横，圆而不方，然而指趋，各有所应。故王子曰：“将欲内明而外暗，内治而外混，所以示敌之轻己者也。”〇梅尧臣曰：分数已定，形名已立，离合散聚，似乱而不能乱。形无首尾，应无前后，阳旋阴转，欲败而不能败。〇王皙曰：曹公曰：“旌旗乱也；示敌若乱，以金鼓齐之矣。”皙谓纷纭斗乱之貌也。不可乱者，节制严明耳。又曹公曰：“车骑转而形圆者，出入有道，齐整也。”皙谓浑沌，形圆不测之貌也。不可败者，无所隙缺，又不测故也。〇何氏曰：此言斗势也。善将兵者，进退纷纷似乱，然士马素习，旌旗有节，非乱也。浑沌形势，乍离乍合，人以为败，而号令素明，离合有势，非可败也。形圆，无行列也。〇张预曰：此八阵法也。昔黄帝始立丘井之法，因以制兵。故井分四道，八家处之。井字之形，开方九焉。五为阵法，四为闲地，所谓“数起于五”也。虚其中，大将居之，环其四面，诸部连绕，所谓“终于八”也。及乎变化制敌，则纷纭聚散，斗虽乱而法不乱，浑沌交错，形虽圆而势不散，所谓分而成八，复而为一也。后世武侯之方阵，李靖之六花，唐太宗之破阵乐舞，皆其遗制也。**乱生于治，怯生于勇，弱生于强**。曹操曰：皆毁形匿情也。〇李筌曰：恃治之整，不抚其下而多怨，其乱必生。秦并天下，销兵焚书，以列国为郡县，而秦自称始皇，都关中，以为至万代有之；至胡亥矜骄，陈胜、吴广乘弊而起，所谓乱生于治也。以勇陵人，为敌所败。秦王苻坚鼓行伐晋，勇也；及其败，闻风声鹤唳，以为晋军，是其怯也，所谓怯生于勇也。吴王夫差兵无敌于天下，陵齐于黄池，陵越于会稽，是其强也；为越所败，城门不守，兵围王宫，杀夫差而并其国，所谓弱生于强也。〇杜牧曰：言欲伪为乱形以诱敌人，先须至治，然后能为伪乱也。欲伪为怯形以伺敌人，先须至勇，然后能为伪怯也。欲伪为弱形以骄敌人，先须至强，然后能为伪弱也。〇贾林曰：恃治则乱生，恃勇强则怯弱生。〇梅尧臣曰：治则能伪为乱，勇则能伪为怯，强则能伪为弱。〇王皙同梅尧臣注。〇何氏曰：言战时为奇正形势以破敌也。我兵素治矣，我士素勇矣，我势素强矣，若不匿治、勇、强之势，何以致敌？须张似乱、似怯、似弱之形，以诱敌人，彼惑我诱之之状，破之必矣。〇张预曰：能示敌以羸乱，必己之治也；能示敌以懦怯，必己之勇也；能示敌以羸弱，必己之强也。皆匿形以误敌人。**治乱，数也**；曹操曰：以部曲分名数为之，故不乱也。〇李筌曰：历数也。百六之灾，阴阳之数，不由人兴，时所会也。〇杜牧曰：言行伍各有分画，部曲皆有名数，故能为治，然后能为伪乱也。夫为伪乱者，出入不时，樵采纵横，刁斗不严是也。〇贾林曰：治乱之分，各有度数。〇梅尧臣曰：以治为乱，存之乎分数。〇王皙曰：治乱者，数之变。数谓法制。〇张预曰：实治而伪示以乱，明其部曲行伍之数也。上文所谓“治众如治寡，分数是也”。**勇怯，势也**；李筌曰：夫兵得其势，则怯者勇；失其势，则勇者怯。兵法无定，惟因势而成也。〇杜牧曰：言以勇为怯者也。见有利之势而不动，敌人以我为实怯也。〇陈皞曰：勇者，奋速也；怯者，淹缓也。敌人见我欲进不进，即以我为怯也，必有轻易之心；我因其懈惰，假势以攻之。龙且轻韩信，郑人诱我师是也。〇孟氏注同陈皞。〇梅尧臣曰：以勇为怯，示之以不取。

○王皙曰：勇怯者，势之变。○张预曰：实勇而伪示以怯，因其势也。魏将庞涓攻韩，齐将田忌救之。孙膑谓忌曰："彼三晋之兵，素悍勇而轻齐，齐号为怯。善战者，因其势而利导之，使齐军入魏地，日减其灶。"涓闻之，大喜曰："吾素知齐怯。"乃倍日并行逐之，遂败于马陵。**强弱，形也。**曹操曰：形势所宜。○杜牧曰：以强为弱，须示其形。匈奴冒顿示娄敬以羸老是也。○陈皞曰：楚王毁中军以张随人，用为后图，此类也。○梅尧臣曰：以强为弱，形之以羸懦。○王皙曰：强弱者，形之变。○何氏曰：形势暂变，以诱敌战，非怯非弱也。示乱不乱，队伍本整也。○张预曰：实强而伪示以弱，见其形也。汉高祖欲击匈奴，遣使觇之。匈奴匿其壮士肥马，见其弱兵羸畜，使者十辈皆言可击。惟娄敬曰："两国相攻，宜矜夸所长；今徒见老弱，必有奇兵，不可击也。"帝不从，果有白登之围。**故善动敌者，形之，敌必从之；**曹操曰：见羸形也。○李筌曰：善诱敌者，军或强，能进退其敌也。晋人伐齐，斥山泽之险，虽所不至，必旆而疏陈之，舆曳柴从之。齐人登山而望晋师，见旌旗扬尘，谓其众而夜遁。则晋弱齐为强也。齐伐魏，将田忌用孙膑谋，减灶而趋大梁。魏将庞涓逐之，曰："齐虏何其怯也！入吾境，亡者半矣。"及马陵，为齐人所败，杀庞涓，虏魏太子而旋。形以弱，而敌从之也。○杜牧曰：非止于羸弱也。言我强敌弱，则示以羸形，动之使来；我弱敌强，则示之以强形，动之使去。敌之动作，皆须从我。孙膑曰："齐国号怯，三晋轻之。令入魏境为十万灶，明日为五万灶。"魏庞涓逐之，曰："齐虏何怯也！入吾境土，亡者太半。"因急追之。至马陵，道狭，膑乃斫木书之曰："庞涓死此树下。"伏弩于侧，令曰："见火始发。"涓至，钻燧读之，万弩齐发，庞涓死。此乃示以羸形，能动庞涓，遂来从我而杀之也。隋炀帝于雁门为突厥始毕可汗所围，太宗应募救援，隶将军云定兴营。将行，谓定兴曰："必多赍旗鼓，以设疑兵。且始毕可汗敢围天子，必以我仓卒无援；我张吾军容，令数十里昼则旌旗相续，夜则钲鼓相应，虏必以为救兵云集，睹尘而遁。不然，彼众我寡，不能久矣。"定兴从之。师次崞县，始毕遁去。此乃我弱敌强，示之以强，动之令去。故敌之来去，一皆从我之形也。○梅尧臣曰：形乱弱而必从。○王皙曰：诱敌使必从。○何氏曰：移形变势，诱动敌人；敌昧于战，必落我计中而来，力足制之。○张预曰：形之以羸弱，敌必来从。晋楚相攻，苗贲皇谓晋侯曰："若栾、范易行以诱之，中行、二郤必克二穆。"果败楚师。又楚伐隋，羸师以张之，季良曰："楚之羸，诱我也。"皆此二义也。**予之，敌必取之。**曹操曰：以利诱敌，敌远离其垒，而以便势，击其空虚孤特也。○杜牧曰：曹公与袁绍相持官渡，曹公循河而西，绍于是渡河追公。公营南阪，下马解鞍。时白马辎重就道，诸将以为敌骑多，不如还营。荀攸曰："此所以饵敌也，安可去之?"绍将文丑与刘备将五六千骑，前后继至，或分趋辎重。公曰："可矣。"乃皆上马，时骑不满六百人，遂大破之，斩文丑。○梅尧臣曰：示畏怯而必取。○王皙曰：饵敌使必取。"予"、"与"同。○张预曰：诱之以小利，敌必来取。吴以囚徒诱越，楚以樵者诱绞是也。**以利动之，以卒待之。**曹操曰：以利动敌也。○李筌曰：后汉大司马邓禹之攻赤眉也，赤眉佯北，弃辎重而循，车皆载土，覆之以豆。禹军乏食，竞趋之，不为行列。赤眉伏兵奄至击之，禹大败。则其义也。○杜牧曰：以利动敌，敌既从我，则严兵以待之。上文所解是也。○梅尧臣曰：以上数事，动诱敌而从我，则以精卒待之。○王皙曰：或使之从，或使之取，必先严兵以待之也。○何氏曰：敌贪我利，则失行列；利既能动，则以所待之卒击之，无不胜也。如曹公西征马超，与超夹关为军。公急持之，而潜遣徐晃、朱灵等夜渡蒲坂津，据河西为营。公自潼关北渡，未济，超赴船急战，公放牛马以饵贼。贼乱取牛马，公得渡，循河为甬道而南。贼退距渭口。公乃多设疑兵，潜以舟载兵入渭，为浮桥，夜分兵结营于渭南。贼夜攻营，伏兵奋击，破之。十六国南凉秃发傉檀守姑臧，后秦姚兴遣将姚弼等至于城下。傉檀驱牛羊于野，弼众采掠，傉檀分兵击，大破之。后魏末，大将广阳王元深伐北狄，使于谨单骑入贼中，示以恩信。于是西部铁勒酋长乜列河等三万余户并款附，相率南迁。广阳欲与谨至折敷岭迎接之，谨曰："破六汗拔陵兵众不少，闻乜列河等归附，必来邀击。彼若先据险要，则难与争锋；今以乜列河等饵之，当竞来抄掠，然后设伏而待，必指掌破之。"广阳然其计。拔陵果来邀击，破乜列河于岭上，部众皆没。谨伏兵发，贼遂大败，悉收得乜列河之众。○张预曰：形之既从，予之又取，是能以利动之而来也，则以劲卒待之。李靖以“卒”为“本”，“以本待之”者，谓正兵节制之师。**故善战者，求之于势，不责于人**，杜佑曰：言胜负之道，自图于中，不求之下，责怒师众，强使力进也。若秦穆悔过，不替孟明也。**故能择人任势**。一作“故能择人而任之”。诸家作“任势”者多矣。○曹操曰：求之于势者，专任权也。不责于人者，权变明也。○李筌曰：得势而战，人怯者能勇，故能择其所能任之。夫勇者可战，谨慎者可守，智者可说，无弃物也。○杜牧曰：言善战者先料兵势，然后量人之材，随短长以任之，不责成于不材者也。曹公征张鲁于汉中，张辽、李典、乐进将七千余人守合肥，教与护军薛悌，署函边曰：“贼至乃发。”俄而吴孙权十万人众围合淝，乃共发教曰：“若孙权至者，张、李将军出战，乐将军守，护军勿得与战。”诸将皆疑。辽曰：“公征在外，比救至，彼破我必矣。是以教及其未合逆击之，折其威势，以安众心，然后可守。成败之机，在此一举。”典与辽同出，果大破孙权，吴人夺气。还，修守备，众心乃安。权攻城，十日不拔，乃退。孙盛论曰：“夫兵，诡道也。至于合淝之守，悬弱无援，专任勇者，则好战生患；专任怯者，则惧心难保。且彼众我寡，众者必怀贪惰。我以致命之师，击贪惰之卒，其势必胜。胜而后守，则必固矣。是以魏武杂选武力，参以异同，为之密教，节宣其用，事至而应，若合符契也。”○贾林曰：读为“择人而任势”，言示以必胜之势，使人从之，岂更外责于人，求其胜败？择勇怯之人，任进退之势。○陈皞曰：善战者专求于势，见利速进，不为敌先，专任机权，不责成于人。苟不获已而用人，即须择而任之。○杜佑曰：权变之明，能简置于人，任己之形势也。○梅尧臣曰：用人以势则易，责人以力则难；能者当在择人而任势。○何氏曰：得势自胜，不专责人以力也。○王皙曰：谓将能择人任势以战，则自然胜矣。人者，谓偏裨与？○张预曰：任人之法，使贪、使愚、使智、使勇，各任自然之势，不责人之所不能，故随材大小，择而任之。尉缭子曰：“因其所长而用之。”言之军之中，有长于步者，有长于骑者，因能而用，则人尽其材。又晋侯类能而使之是也。**任势者，其战人也，如转木石。木石之性，安则静，危则动，方则止，圆则行**。曹操曰：任自然势也。○李筌曰：任势御众，当如此也。○杜佑曰：言投之安地则安，投之危地则危，不知有所回避也。任势，自然也。方圆之形，犹兵胜负之形。○梅尧臣曰：木石，重物也，易以势动，难以力移。三军，至众也，可以势战，不可以力使，自然之道也。○何氏同梅尧臣注。○张预曰：木石之性，置之安地则静，置之危地则动，方正则止，圆斜则行，自然之势也。三军之众，甚陷则不惧，无所往则固，不得已则斗，亦自然之道。**故善战人之势，如转圆石于千仞之山者，势也**。李筌曰：蒯通以为坂上走丸，言其易也。○杜牧曰：转石于千仞之山，不可止遏者，在山不在石也。战人有百胜之勇，强弱一贯者，在势不在人也。杜公元凯曰：“昔乐毅藉济西一战，能并强齐，今兵威已成，如破竹数节之后，迎刃自解，无复着手，此势也。势不可失。”乃东下建邺，终灭吴。此篇大抵言兵贵任势，以险迅疾速为本，故能用力少而得功多也。○梅尧臣曰：圆石在山，屹然其势，一人推之，千人莫制也。○王皙曰：石不能自转，因山之势，而不可遏也；战不能妄胜，因兵之势，而不可支也。○张预曰：石转于山，而不可止遏者，由势使之也。兵在于险，而不可制御者，亦势使之也。李靖曰：“兵有三势：将轻敌，士乐战，志励青云，气等飘风，谓之气势；关山狭路，羊肠狗门，一夫守之，千人不过，谓之地势；因敌怠慢，劳役饥渴，前营未舍，后军半济，谓之因势。故用兵任势，如峻坂走丸，用力至微，而成功甚博也。”

虚实篇　曹操曰：能虚实彼己也。○李筌曰：善用兵者，以虚为实；善破敌者，以实为虚。故次其篇。○杜牧曰：夫兵者，避实击虚，先须识彼我之虚实也。○王皙曰：凡自守以实，攻敌以虚也。○张预曰：《形篇》言攻守，《势篇》说奇正。善用兵者，先知攻守两齐之法，然后知奇正；先知奇正相变之术，然后知虚实。盖奇正自攻守而用，虚实由奇正而见。故次《势》。

孙子曰：凡先处战地而待敌者服佚，曹操、李筌并曰：力有余也。○贾林曰：先处形胜之地以待敌者，则有备豫，士马闲逸。〇杜佑同贾林注。〇王皙同曹操注。〇张预曰：形势之地，我先据之，以待敌人之来，则士马闲逸，而力有余。**后处战地而趋战者劳**。李筌曰：力不足也。《太一遁甲》云："彼来攻我，则我为主，彼为客。主易客难也。"是以《太一遁甲》言其定计之义。故知劳佚事不同，先后势异。〇杜牧曰：后周遣将帅突厥之众逼齐，齐将段韶御之。时大雪之后，周人以步卒为前锋，从西而下，去城二里，诸将欲逆击之。韶曰："步人气力势自有限，今积雪既厚，逆战非便，不如陈以待之；彼劳我佚，破之必矣。"既而交战，大破之，前锋尽殪，自余遁矣。〇贾林曰：敌处便利，我则不往，引兵别据，示不敌其军；敌谓我无谋，必来攻袭。如此，则反令敌倦，而我不劳。〇孟氏曰：若敌已处便势之地，己方赴利，士马劳倦，则不利矣。〇梅尧臣曰：先至待敌则力完，后至趋战则力屈。〇何氏曰：战国秦师伐韩，围阏与。赵遣将赵奢救之。军士许历曰："秦人不意赵师至此，其来气盛，将军必厚集其陈以待之，不然必败。"又曰："先据北山得胜，后至者败。"赵奢即发万人趋之。秦兵后至，争山不得上。赵奢纵兵击之，大破秦军，遂解阏与之围。后汉初，诸将征隗嚣，为嚣所败。光武令悉军栒邑。未及至，隗嚣乘胜，使其将王元、行巡将二万余人下陇，因分遣巡取栒邑。汉将冯异即驰马欲先据之。诸将皆曰："虏兵盛而新乘胜，不可与争；宜止军便地，徐思方略。"异曰："虏兵方盛临境，狃忕小利，遂欲深入；若得栒邑，三辅动摇，是吾忧也。夫攻者不足，守者有余，今先据城，以佚待劳，非所以争锋也。"遂潜往，闭城偃旗鼓。行巡不知，驰赴之。异乘其不意，卒击鼓建旗而出，巡军惊乱奔走，追而大破之。东魏将齐神武伐西魏，军过蒲津，涉洛至许原。西魏将周文帝军至沙苑。齐神武闻周文至，引军来会。诘朝，候骑告齐神武军且至，周文步将李弼曰："彼众我寡，不可平地置阵。此东十里有渭曲，可先据以待之。"遂军至渭曲，背水东西为阵。合战，大破之。〇张预曰：便利之地，彼已据之，我方趋彼以战，则士马劳倦，而力不足。或谓所战之地，我宜先到，立阵以待彼，则己佚矣；彼先结阵，我后至，则我劳矣。若宋人已成列、楚师未既济之类。**故善战者，致人而不致于人**。李筌曰：故能致人之劳，不致人之佚也。〇杜牧曰：致令敌来就我，我当蓄力待之。不就敌人，恐我劳也。后汉张步将费邑分遣其弟敢守巨里。耿弇进兵，先胁巨里，使多伐树木，扬言以填坑堑。数日有降者，言邑闻弇欲攻巨里，谋来救之。弇乃严令军中趋修攻具，宣勒诸部，后三日当悉力攻巨里城。阴缓生口，令得亡归。归者以弇期告邑。至日，果自将精兵三万余人来救之。弇喜谓诸将曰："吾修攻具者，欲诱致邑耳；今来，适其所求也。"即分三千人守巨里，自引精兵上冈阪，乘高大破之，遂临阵斩费邑。〇杜佑曰：言两军相远，强弱俱敌，彼可使历险而来，我不可历险而往。必能引致敌人，已不往从也。〇梅尧臣曰：能令敌来，则敌劳；我不往就，则我佚。〇王皙曰：致人者，以佚乘其劳；致于人者，以劳乘其佚。〇何氏曰：令敌自来。〇张预曰：致敌来战，则彼势常虚；不往赴战，则我势常实。此乃虚实彼我之术也。耿弇先逼巨里以诱致费邑近之。**能使敌人自至者，利之也**；曹操曰：诱之以利也。李筌曰：以利诱之，敌则自远而至也。赵将李牧诱匈奴，则其义也。〇杜牧曰：李牧大纵畜牧人众满野，匈奴小入，佯北不胜，以数千人委之。单于大喜，率众来入，牧大破之，杀匈奴十万骑，单于奔走，岁余不敢犯边也。〇梅尧臣曰：何能自来？示之以利。〇何氏曰：以利诱之而来，我佚敌劳。〇张预曰：所以能致敌之来者，诱之以利耳。李牧佯北以致匈奴，杨素毁车以诱突厥是也。**能使敌人不得至者，害之也**。曹操曰：出其所必趋，攻其所必救。〇李筌曰：害其所急，彼必释我而自固也。魏人寇赵邯郸，乞师于齐。齐将田忌欲救赵，孙膑曰："夫解纷者不控卷，救斗者不搏撠；批亢捣虚，形格势禁，则自解尔。今二国相待，轻锐竭于外，疲老殆于内，我袭其虚，彼必解围而奔命，所谓一举存赵而弊魏也。"后魏果释赵而奔大梁，遭齐人于马陵，魏师败绩。〇杜牧曰：曹公攻河北，师次顿丘，黑山贼于毒等攻武阳。曹公乃引兵西入山，攻毒本屯，毒闻之，弃武阳还。曹公要击于内，大破之也。〇陈皞曰：子胥疲楚师，孙膑走魏将之类也。〇杜佑曰：致其所必走，攻其所必救，能守其险害之要路，敌不得自至。故王子曰："一猫当穴，万鼠不敢出；一虎当溪，万鹿不敢过。"〇梅尧臣曰：敌不得来，当制之以害。○王皙曰:以害形之,敌患之而不至。○张预曰:所以能令敌人必不得至者,害其所顾爱耳。孙膑直走大梁,而解邯郸之围是也。**故敌佚能劳之**,曹操曰:以事烦之。○李筌曰:攻其不意,使敌疲于奔命。○杜牧曰:高颎言平陈之策于隋祖曰:"江北寒田收差晚,江南土热,水田早熟。量彼收获之际,征兵上马,声言掩袭,彼必屯兵御守,足得废其农时。彼既聚兵,我便解甲。"于是陈人始病。○梅尧臣曰:挠之使不得休息。○王皙曰:巧致之也。○何氏曰:春秋时,吴王阖庐问于伍员曰:"伐楚何如?"对曰:"楚执政众,莫适任患,若为三师以肄焉:一师至,彼必皆出;彼出则归,彼归则出,彼必道弊。亟肄以疲之,多方以误之;既罢,而后以三军继之,必大克之。"阖庐从之,楚于是乎始病。吴遂入郢。○张预曰:为多方以误之之术,使其不得休息。或曰:彼若先处战地以待我,则是彼佚也,我不可趋而与之战。我既不往,彼必自来,即是变佚为劳也。**饱能饥之**,曹操曰:绝粮道以饥之。○李筌曰:焚其积聚,芟其禾苗,绝其粮道。○杜牧曰:我为主,敌为客,则可以绝粮道而饥之。如我为客,敌为主,则如之何?答曰:饥敌之术,非止绝粮道。但能饥之,则是隋高颎平陈之策曰:"江南土薄,舍多茅竹,有畜积,皆非地窖。密遣人因风纵火,待敌修立,更复烧之,不出数年,自可财力俱尽。"遂行其策,由是陈人益困。三国时,诸葛诞、文钦据寿春,及招吴请援,司马景王讨之,谓诸将曰:"彼当突围,决一朝之命;或谓大军不能久,省食减口,冀有他变。料贼之情,不出此二者,当多方以乱之。"因命合围,遣羸疾寄谷淮北廪,军士豆人三升。诞、钦闻之,果喜。景王愈羸形以示之,诞等益宽恣食。俄而城中粮尽,攻而拔之。隋末,宇文化及率兵攻李密于黎阳。密知化及粮少,因伪和之,以弊其众。化及大喜,恣其兵食,冀密馈之。其后食尽,其将王智略、张童仁等率所部兵归于密,前后相继,化及以此遂败。○陈皞曰:饥敌之术,在临事应机。○梅尧臣曰:要其粮,使不得馈。○王皙曰:谓敌人足食,我能使之饥乏耳。曹公曰:"绝其粮道。"皙谓火积亦是也。○何氏曰:如吴楚反,周亚夫曰:"楚丘剽轻,难与争锋,愿以梁委之,绝其食道,乃可制也。"亚夫会兵荥阳,吴攻梁,梁急请救。亚夫引兵东北走昌邑,深壁而守,使轻骑弓高侯等绝吴楚兵后食道。兵乏粮,饥欲退,数挑战,终不出,乃引兵去。精兵追击,大破之。王莽末,天下乱,光武兄伯升起兵讨莽,为莽将甄阜、梁丘赐所败。复收会兵众,还保于棘阳。阜、赐乘胜留辎重于蓝乡,引精兵十余万人南渡,横临泚水,阻两山间为营,绝后桥,示无还心。伯升于是大飨军士,设盟约,休卒三日,为六部潜师,夜起,袭取蓝乡,尽获其辎重。明晨,自南攻甄阜,下江兵自东南攻梁丘赐。乏食阵溃,遂斩阜、赐。唐辅公祏遣其伪将冯惠亮、陈当世领水军屯于博望山,陈正通、徐绍宗率步骑军于青州山。河间王孝恭至,坚壁不与斗,使奇兵断其粮道。贼渐馁,夜薄我营,孝恭安卧不动。明日,纵羸兵以攻贼垒,使卢祖尚率精骑列阵以待之。俄而攻垒者败走,出追,奔数里,遇祖尚军与战,大败之。正通弃营而走。○张预曰:我先举兵,则我为客,彼为主。为客则食不足,为主则饮有余。若夺其畜积,掠其田野,因粮于彼,馆谷于敌,则我反饱,彼反饥矣,则是变客为主也。不必焚其积聚,废其农时,然后能饥敌矣。或彼为客,则绝其粮道,广武君欲请奇兵以遮绝韩信军后是也。**安能动之**。曹操曰:攻其所必爱,出其所必趋,则使敌不得不相救也。○李筌曰:出其所必趋,击其所不意,攻其所必爱,使不得不救也。○杜牧曰:司马宣王攻公孙文懿于辽东,阻辽水以拒魏军。宣王曰:"贼坚营高垒,以老我师,攻之正入其计。古人云:敌虽高垒,不得不与我战者,攻其所必救。我今直指襄平,则人怀内惧,惧而求战,破之必矣。"遂整阵而过。贼见兵出其后,果来邀之。乃纵击,大破之,竟平辽东。○陈皞曰:《左传》楚伐宋,宋告急于晋。晋先轸曰:"我执曹君,而分曹卫之田以赐宋人,楚爱曹卫,必不许也。喜赂怒顽,能无战乎?"遂破楚师。○孟氏注同曹操。○梅尧臣曰:趋其所顾,使不得止。○王皙同李筌注。○何氏曰:攻其所爱,岂能安视而不动哉?○张预曰:彼方安守,以为自固之术,不欲速战,则当攻其所必救,使不得已而须出。臾骈坚壁,秦伯挑其裨将,遂皆出战是也**出其所不趋,趋其所不意**。曹操曰:使敌不得相往而救之也。○何氏曰:令敌人须应我。**行千里而不劳者,行于无人之地也**。曹操曰:出空击虚,避其所守,击其不意。

○李筌曰：出敌无备，以孤击虚，何人之有！○杜牧曰：梁元帝时，西蜀称帝，率兵东下，将攻元帝。西魏大将周文帝曰："平蜀制梁，在兹一举。"诸将多有异同。文帝谓将军尉迟迥曰："伐蜀之事，一以委公。然计将安出？"迥曰："蜀与中国隔绝百余年矣，恃其山川险阻，不虞我师之至。宜以精甲锐骑，星夜奔袭之。平路则倍道兼行，险途则缓兵渐进。出其不意，冲其腹心，必向风不守。"竟以平蜀。言不劳者，空虚之地，无敌人之虞，行止在我，故不劳也。○陈皞曰：夫言空虚者，非止为敌人不备也。但备之不严，守之不固，将弱兵乱，粮少势孤，我整军临之，彼必望风自溃。是我不劳苦，如行无人之地。○梅尧臣曰：出所不意。○何氏曰：曹公北征乌桓，谋臣郭嘉曰："兵贵神速，今千里袭人，辎重多，难以趋利。且彼闻之，得以为备。不如留辎重，轻兵兼道以出，掩其不意。"公乃密出卢龙塞，直指单于庭。虏卒闻公至，惶怖合战，大破之，斩蹋顿及名王已下。又唐吐谷浑寇边，以李靖为西海道行军大总管，轻途二千里，行空虚之地，平吐谷浑而还。故太宗曰："且李靖三千轻骑，深入虏庭，克复定襄，古今未有也。"○张预曰：掩其空虚，攻其无备，虽千里之征，人不疲劳。若邓艾伐蜀，由阴平之径，行无人之地七百余里是也。**攻而必取者，攻其所不守也**；李筌曰：无虞易取。○杜牧曰：警其东，击其西，诱其前，袭其后。后汉张步都剧，使弟蓝守西安，又令别将守临淄，去临淄四十里，耿弇引军营其间。弇视西安城小而坚，蓝兵又精；临淄名虽大，其实易攻。弇令军吏治攻具，后五日攻西安，纵生口令归。蓝闻之，晨夜守城。至期，夜半，弇勒诸将蓐食，及明，至临淄城下。护军荀梁等争之，以为宜速攻西安。弇曰："西安闻吾欲攻，日夜为备。临淄出其不意，至必惊扰，吾攻之，一日必拔。拔临淄，即西安势孤，所谓击一得两。"尽如其策。后汉末，朱俊击黄巾贼帅韩忠于宛。俊作长围，起土山，以临其城内。因鸣鼓攻其西南，贼悉众赴之；俊自将精兵五千，掩其东北，乘城而入。忠乃退保小城，惶惧乞降。○陈皞曰：国家征上党，王宰知刘稹恃天井之险，不为固守之计。宰悉力攻夺而后守，稹失其险，终陷其巢穴也。○梅尧臣曰：言击其南，实攻其北。○王皙曰：攻其虚也，谓将不能，兵不精，垒不坚，备不严，救不及，食不足，心不一尔。○张预曰：善攻者动于九天之上，使敌人莫之能备。莫之能备，则吾之所攻者，乃敌之所不守也。耿弇之克临淄，朱俊之讨黄巾，但其一端耳。**守而必固者，守其所不攻也**。杜牧曰：不攻尚守，何况其所攻乎？汉太尉周亚夫击七国于昌邑也，贼奔壁东南陬，亚夫使备其西北。俄而贼精卒攻西北，不得入，因遁走，追破之。○陈皞曰：无虑敌不攻，虑我不守。无所不攻，无所不守，乃用兵之计备也。○梅尧臣曰：贼击我西，亦备乎东。○王皙曰：守以实也，谓将能、兵精、垒坚、备严、救及、食足、心一尔。○张预曰：善守者藏于九地之下，使敌人莫之能测。莫之能测，则吾之所守者，乃敌之所不攻也。周亚夫击东南而备西北，亦是其一端也。**故善攻者，敌不知其所守；善守者，敌不知其所攻**。曹操曰：情不泄也。○李筌曰：善攻者，器械多也，东魏高欢攻邺是也。善守，谨备也，周韦孝宽守晋州是也。○杜牧曰：攻取备御之情不泄也。○贾林曰：教令行，人心附，备守坚固，微隐无形，敌人犹豫，智无所措也。○梅尧臣曰：善攻者机密不泄，善守者周备不隙。○王皙曰：善攻者，待敌有可胜之隙，速而攻之，则使其不能守也。善守者，常为不可胜，则使其不能攻也。云不知者，攻守之计不知所出耳。○何氏曰：言攻守之谋，令不可测。○张预曰：夫守则不足，攻则有余。所谓不足者，非力弱也，盖示敌以不足，则敌必来攻，此是敌不知其所攻也。所谓有余者，非力强也，盖示敌以有余，则敌必自守，此是敌不知其所守也。情不外泄，积乎攻守者也。**微乎微乎，至于无形；神乎神乎，至于无声。故能为敌之司命**。李筌曰：言二遁用兵之奇正，攻守微妙，不可形于言说也。微妙神乎，敌之死生悬形于我，故曰司命。○杜牧曰：微者，静也；神者，动也。静者守，动者攻，敌之死生悉悬于我，故如天之司命。○杜佑曰：言其微妙，所不可见也。言变化之形，倏忽若神，故能料敌死生，若天之司命也。○梅尧臣曰：无形，则微密不可得而窥；无声，则神速不可得而知。○王皙曰：微密则难窥，神速则难应，故能制敌之命。○何氏曰：武论虚实之法至于神微，而后见成功之极也。吾之实，使敌视之为虚；吾之虚，使敌视之为实；敌之实，吾能使之为虚；敌之虚，吾能知其非实。盖敌不识吾虚实，而吾能审敌之虚实也。吾欲攻敌也，知彼所守者为实，而所不守者为虚，吾将避其坚，而攻其脆，批其亢，而捣其虚。敌欲攻我也，知彼所攻者为不急，而所不攻者为要，吾将示敌之虚，而斗吾之实，彼示形在东，而吾设备于西。是故吾之攻也，彼不知其所当守；吾之守也，敌不料其所当攻。攻守之变，出于虚实之法。或藏九地之下，以喻吾之守；或动九天之上，以比吾之攻。灭迹而不可见，韬声而不可闻，若从地出天下，倏出间入，星耀鬼行，入乎无间之域，旋乎九泉之渊。微之微者，神之神者，至于天下之明目不能窥其形之微，天下之聪耳不能听其声之神，有形者至于无形，有声者至于无声。非无形也，敌人不能窥也；非无声也，敌人不能听也。虚实之变极也。善学兵者，通于虚实之变，遂可以入于神微之奥；不善者案然寻微穷神，而泥其用兵之迹，不能泯其形声，而至于闻见者，是不知神微之妙固在虚实之变也。三军之众，百万之师，安得无形与声哉？但敌人不能窥听耳。〇张预曰：攻守之术，微妙神密，至于无形之可睹，无声之可闻，故敌人死生之命，皆主于我也。**进而不可御者，冲其虚也；退而不可追者，速而不可及也。**曹操曰：卒往进攻其虚懈，退又疾也。〇李筌曰：进者袭空虚懈怠；退者必辎重在先，行远而大军始退，是以不可追。后赵王石勒兵在葛陂，苦雨，欲班师于邺，惧晋人蹑其后。用张宾计，令辎重先行，远而不可及也。此筌以"速"字为"远"者也。〇杜牧曰：既攻其虚，敌必败；败丧之后，安能追我？我故得以疾退也。〇陈皞曰：杜说非也。曹公之围张绣也，城未拔、力未屈而去之。绣兵出袭其后，贾诩止之，绣不听，果被曹公所败。绣谓诩曰："公既能知其败，必能知其胜。"诩曰："复以败卒袭之。"绣从之，曹公果败。岂是败丧之后，不能追之哉？盖言乘虚而进，敌不知所御；逐利而退，敌不知所追也。〇杜佑曰：冲突其虚空也。〇梅尧臣曰：进乘其虚，则莫我御；退因其弊，则莫我追。〇何氏曰：兵进则冲虚，兵退则利速；我能制敌，而敌不能制我也。〇张预曰：对垒相持之际，见彼之虚隙，则急进而捣之，敌岂能御我也？获利而退，则速还壁以自守，敌岂能追我也？兵之情主速，风来电往，敌不能制。**故我欲战，敌虽高垒深沟，不得不与我战者，攻其所必救也；**曹操李筌曰：绝其粮道，守其归路，攻其君主也。〇杜牧曰：我为主，敌为客，则绝其粮食，守其归路。若我为客，敌为主，则攻其君主。司马宣王攻辽东，直指襄平是也。〇梅尧臣曰：攻其要害。〇王皙曰：曹公曰："绝粮道，守归路，攻君主也。"皙谓敌若坚守，但能攻其所必救，则与我战矣。若耿弇欲攻巨里以致费邑亦是也。〇何氏曰：如魏将司马宣王征公孙文懿，泛舟潜济辽水，作长围，忽弃贼而向襄平。诸将言："不攻贼而作长围，非所以示众也。"宣王曰："贼坚营高垒，欲以老吾兵也。古人言曰：敌虽高垒，不得不与我战者，攻其所必救也。贼大众在此，则窟穴虚矣。我直指襄平，必人怀内惧，惧而求战，破之必矣。"遂整阵而过。贼见兵出其后，果邀之。宣王谓诸将曰："所以不攻其营，正欲致此，不可失也。"乃纵兵逆击，大破之，三战皆捷。唐马燧讨田悦，时军粮少，悦深壁不战。燧令诸军持十日粮，进次仓口，与悦夹洹水而军。李抱真、李芃问曰："粮少而深入，何也？"燧曰："粮少利速战。兵法善于致人，不致于人。今田悦与淄、青、兖三军为首尾，计欲不战以老我师。若分兵击其左右，兵少未可必破，悦且来救，是前后受敌也。兵法所谓攻其必救，彼固当战也。燧为诸军合而破之。"燧乃造三桥，道逾洹水，日挑战，悦不敢出。恒州兵以军少，惧为燧所并，引军合于悦。悦与燧明日复挑战，乃伏兵万人，欲邀燧。燧乃引诸军半夜皆食，先鸡鸣时，击鼓吹角，潜师傍洹水，径赴魏州。令曰："闻贼至，则止为陈。"又令百骑吹鼓角，皆留于后，仍换薪持火，待军毕发，止鼓角，匿其旁，伺悦军毕渡，焚其桥。军行十数里，乃率淄、青、兖州步骑四万余人，逾桥掩其后，乘风纵火，鼓噪而进。燧乃坐甲，令无动，命前除草、斩荆棘，广百步以为陈。募勇力得五千余人，分为前列，以俟贼至。比悦军至，则火止气乏，力少衰，乃纵兵击之，悦军大败。悦走桥，桥已焚矣。悦军乱赴水，斩首二万，淄青军殆尽。〇张预曰：我为客，彼为主，我兵强而食少，彼势弱而粮多，则利在必战。敌人虽有金城汤池之固，不得守其险，而必来与我战者，在攻其所顾爱，使之相救援也。若楚有围宋，晋将救之，狐偃曰："楚始得曹，而新婚于卫。若伐曹、卫，楚必救之，则宋免矣。"从之而解。

又晋宣帝讨公孙文懿，忽弃贼而走襄平，讨其巢穴。贼果出邀之，遂逆击，三战皆捷，亦其义也。**我不欲战，画地而守之，**曹操曰：军不欲烦也。〇李筌曰：拒境自守也。若入敌境，则用《天一遁甲》真人闭六戊之法，以刀画地为营也。〇孟氏曰：以物画地而守，喻其易也。盖我能戾敌人之心，不敢至也。**敌不得与我战者，乖其所之也。**曹操曰：乖，戾也。戾其道，亦以利害，使敌疑也。〇李筌曰：乖，异也。设奇异而疑之，是以敌不可得与我战。汉上谷太守李广纵马卸鞍，疑也。〇杜牧曰：言敌来攻我，我不与战，设权变以疑之，使敌人疑惑不决，与初来之心乖戾，不敢与我战也。曹公争汉中地，蜀先主拒之。时将赵云守别屯，将数十骑轻出，卒遇大军，云且斗且却。公军追至，围云。入营，使大开门，偃旗息鼓。曹公军疑有伏，引去。诸葛武侯屯于阳平，使魏延诸将并兵东下，武侯惟留万人守城。候白司马宣王曰："亮在城中，兵少力弱。"将士失色，亮时意气自若，敕军中悉卧旗息鼓，不得辄出，开四门扫地却洒。宣王疑有伏，于是引去，趋北山。亮谓参佐曰："司马懿谓吾有设伏，循山走矣。"宣王后知，颇以为恨。曹公与吕布相持，公军出收麦，布领众卒至。公营止有千人出陈，半隐于堤下，吕布迟疑不敢进，曰："曹操多诈，勿入伏中。"遂引兵去。〇陈皞曰：《左传》楚令尹子元伐郑，入自纯门，至于逵市，悬门不发。子元曰："郑有人焉。"乃还。〇贾林曰：置疑兵于敌恶之所，屯营于形胜之地，虽未修垒堑，敌人不敢来攻我也。〇梅尧臣曰：画地，喻易也。乖其道而示以利，使其疑而不敢进也。〇王皙曰：画地言易且明，制之必有道也。〇张预曰：我为主，彼为客，我粮多而卒寡，彼食少而兵众，则利在不战。虽不为营垒之固，敌必不敢来与我战者，示以疑形，乖其所往也。若楚人伐郑，郑悬门不发，效楚言而出，楚师不敢进而遁。又司马懿欲攻诸葛亮，亮偃旗卧鼓，开门却洒，懿疑有伏兵，遂引而去，亦其义也。**故形人而我无形，则我专而敌分。**杜佑曰：我专一而敌分散。〇梅尧臣曰：他人有形，我形不见，故敌分兵以备我。〇张预曰：吾之正，使敌视以为奇，吾之奇，使敌视以为正，形人者也。以奇为正，以正为奇，变化纷纭，使敌莫测，无形者也。敌形既见，我乃合众以临之；我形不彰，彼必分势以防备。**我专为一，敌分为十，是以十攻其一也，**杜佑曰：我料见敌形，审其虚实，故所备者少，专为一屯。以我之专，击彼之散卒，为十共击一也。〇梅尧臣曰：离一为十，我常以十分击一分。**则我众而敌寡；**杜佑曰：我专为一，故众；敌分为十，故寡。〇张预曰：见敌虚实，不劳多备，故专为一屯。彼则不然，不见我形，故分为十处。是以我之十分，击敌之一分也。故我不得不众，敌不得不寡。**能以众击寡者，则吾之所与战者，约矣。**杜牧曰：约，犹少也。我深堑高垒，灭迹韬声，出入无形，攻取莫测。或以轻兵健马，冲其空虚；或以强弩长弓，夺其要害。触左履右，突后惊前。昼日误之以旌旗，暮夜惑之以火鼓。故敌人畏慑，分兵防虞。譬如登山瞰城，垂帘视外，敌人分张之势，我则尽知，我之攻守之方，敌则不测。故我能专一，敌则分离。专一者力全，分离者力寡。以全击寡，故能必胜也。〇杜佑曰：言约少而易胜。〇梅尧臣曰：以专击分，则我所敌少也。〇王皙曰：多为之形，使敌备己，其实攻者则无形也，故我专敌分矣。专则众，分则寡。十攻一者，大约言耳。〇何氏同杜牧注。〇张预曰：夫势聚则强，兵散则弱。以众强之势，击寡弱之兵，则众力少而成功多矣。**吾所与战之地不可知，**杜佑曰：言举动微密，情不可见，使彼知所出而不知吾所举，知所举而不知吾所集。〇张预曰：无形势故也。**不可知，则敌所备者多；**梅尧臣曰：敌不知，则处处为备。**敌所备者多，则吾所与战者，寡矣。**曹操曰：形藏敌疑，则分离其众备我也。言少而易击也。〇王皙曰：与敌必战之地，不可使敌知之，知则并力得拒于我。曹公曰："形藏则敌疑。"〇张预曰：不能测吾车果何出，骑果何来，徒果何从，故分离其众，所在辄为备，遂致众散而弱，势分而衰。是以吾所与接战之处，以大众临孤军也。**故备前则后寡，备后则前寡，备左则右寡，备右则左寡，无所不备，则无所不寡。**杜佑曰：言敌之所备者多，则士卒无不分散而少。〇梅尧臣曰：所备皆寡也。**寡者，备人者也；众者，使人备己者也。**曹操曰：上所谓形藏敌疑，则分离其众以备我也。〇李筌曰：陈兵之地，不可令敌人知之；彼疑，则谓众离而备我也。〇杜牧曰：所战之地，不可令敌人知之。我形不泄，则左右、前后、远近、险易，敌人不知，亦不知我何处来攻，何地会战，故分兵彻卫，处处防备。形藏者众，分多者寡，故众者必胜也，寡者必败也。○孟氏曰：备人则我散，备我则彼分。○杜佑曰：敌分散而少者，皆先备人也。敌所以备己多者，由我专而众故也。○梅尧臣曰：使敌愈备，则愈寡也。○王皙曰：左右前后俱备，则俱寡。○何氏同诸注。○张预曰：左右前后，无处不为备，则无处不兵寡也。所以寡者，为兵分而广备于人也；所以众者，为势专而使人备己也。**故知战之地，知战之日，则可千里而会战**。曹操曰：以度量知空虚会战之日。○李筌曰：知战之地，则舟车步骑之所便也。魏武以北土未安，舍鞍马，仗舟楫，与吴越争强，是以有黄盖之败。吴王濞驱吴楚之众，奔驰于梁郑之间，此不知战地日者。故《太一遁甲》曰："计法三门五将，主客成败则可知也。于是千里会战而胜。"○杜牧曰：宋武帝使朱龄石伐谯纵于蜀，宋武曰："往年刘敬宣出内水向黄武，无功而退。贼谓我今应以从外水来，而料我当出其不意，犹从内水来也，如此必以重兵守涪城，以备内道，若向黄武，正堕其计。今以大众自外取成都，疑兵向内水，此则制敌之奇也。"而虑此声先驰，贼知虚实，别有函书全封付龄石。函边书曰："至白帝乃开。"诸军未知处分所由。至白帝，发书曰："众军悉从外水取成都，臧熹、朱林于中水取广汉，使羸弱乘高舰十余，由内水向黄武。"谯纵果以重兵备内水，龄石灭之。○陈皞曰：杜注止言知战之地，未叙知战之日。我若伐敌，至期不得与我战，敌来侵我，我必预备以应之。项羽谓曹咎曰："我十五日必安梁地，复与将军会。"苟不知必战之日，安能为约？○孟氏曰：以度量知空虚，先知战地之形，又审必战之日，则可千里期会，先往以待之。若敌已先至，可不往以劳之。○杜佑曰：夫善战者，必知战之日，知战之地。度道设期，分军杂卒，远者先进，近者后发，千里之会，同时而合，若会都市。其会地之日，无令敌知，知之则所备处少，不知则所备处多。备寡则专，备多则分；分则力散，专则力全。○梅尧臣曰：若能度必战之地，必战之日，虽千里之远，可克期而与战。○王皙曰：必先知地利敌情，然后以兵法之度量，计其远近，知其空虚，审敌趣应之所及战期也。如是，则虽千里可会战而破敌矣。故曹公曰"以度量知空虚会战之日"者是也。○张预曰：凡举兵伐敌，所战之地，必先知之。师至之日，能使敌人如期而来，以与我战。知战地日，则所备者专，所守者固，虽千里之远，可以赴战。若蹇叔知晋人御师必于殽，是知战地也；陈汤料乌孙围兵五日必解，是知战日也。又若孙膑要庞涓于马陵，度日暮必至是也。**不知战地，不知战日，则左不能救右，右不能救左，前不能救后，后不能救前，而况远者数十里，近者数里乎**？杜牧曰：管子曰："计未定而出兵，则战而自毁也。"○杜佑曰：敌已先据形势之地，己方趣利欲战，则左右前后，疑惑进退，不能相救，况十数里之间也？○梅尧臣曰：不能救者，寡也。左右前后，尚不能救，况远乎？○张预曰：不知敌人何地会兵，何日接战，则所备者不专，所守者不固。忽遇劲敌，则仓遽而与之战，左右前后犹不能相援，又况首尾相去之辽乎？**以吾度之，越人之兵虽多，亦奚益于胜败哉**？曹操曰：越人相聚，纷然无知也。或曰：吴越，雠国也。○李筌曰：越，过也。不知战地及战日，兵虽过人，安能知其胜败乎？○陈皞曰：孙子为吴王阖庐论兵，吴与越雠，故言越。谓过人之兵，非义也。○贾林曰：不知战地，不知战日，士众虽多，不能制胜败之政，亦何益也？○梅尧臣曰：吴越，敌国也。言越人虽多，亦当为我分之而寡也。○王皙曰：此武相时料敌也。言越兵虽多，苟不善相救，亦无益于胜败之数。○张预曰："吾"字作"吴"，字之误也。吴越邻国，数相侵伐，故下文云"吴人与越人相恶"也。言越国之兵，虽曰众多，但不知战地战日，当分其势而弱也。

故曰：胜可为也。杜牧曰：为胜在我，故言可为也。○孟氏曰：若使敌不知战地期日，我之必胜，可常有也。○梅尧臣同杜牧注。○王皙、何氏同孟氏注。○张预曰：为胜在我故也。《形篇》云"胜可知而不可为"，今言胜可为者，何也？盖《形篇》论攻守之势，言敌若有备，则不可必为也。今则主以越兵而言，度越人必不能知所战之地日，故云可为也。**敌虽众，可使无斗**。杜牧曰：以下四事度量之，敌兵虽众，使其不能与我斗胜也。○孟氏曰：敌虽多兵，我能多设变诈，分其形势，使不能并力也。○贾林曰：敌虽众多，不知己之兵情，常使急自备，不暇谋斗。○梅尧臣曰：

苟能寡，何有斗？○王皙曰：多益不救，奚所恃而斗？○张预曰：分散其势，不得齐力同进，则焉能与我争？**故策之而知得失之计**，李筌曰：用兵者取胜之(兵)法，可制《太一遁甲》五将之计，以定关格掩迫之数，得失可知也。○孟氏曰：策度敌情，观其施为，则计数可知。○贾林曰：樽俎帷幄之间，以策筹之，我得彼失之计，皆先知也。○杜佑曰：策度敌情，观其所施，计数可知。○梅尧臣曰：彼得失之计，我以算策而知。○王皙曰：策其敌情，以见得失之数。○张预曰：筹策敌情，知其计之得失，若薛公料黥布之三计是也。**作之而知动静之理**，李筌曰：候望云气、风鸟、人情，则动静可知也。王莽时，王寻征昆阳，有云气如坏山，当营而坠，去地数丈，而光武知其必败。梁王僧辩营上有如堤之气，侯景知其必胜。风鸟，贪豺之类也。此筌以"作"字为"候"字者也。○杜牧曰：作，激作也。言激作敌人，使其应我，然后观其动静理乱之形也。魏武侯曰："两军相当，不知其将，如何?"吴起曰："令贱勇者将锐而击，交合而北，北而勿罚，观敌进退，一坐一起，其政以理，奔北不追，见利不取，此将有谋。若其悉众追北，旗幡杂乱，行止纵横，贪利务得，若此之类，将令不行，击而勿疑。"○陈皞曰：作，为也。为之利害，使敌赴之，则知进退之理也。○贾林曰：善觇候者，必知其动静之理。○杜佑曰：喜怒动作，察其举止，则情理可得。故知动静权变，为其胜负也。○梅尧臣曰：彼动静之理，因我所发而见。○王皙曰：候其理当动以否。○张预曰：发作久之，观其喜怒，则动静之理，可得而知也。若晋文公拘宛春，以怒楚将子玉，子玉遂乘晋军，是其躁动也。诸葛亮遗巾帼妇人之饰，以怒司马宣王，宣王终不出战，此是其安静也。**形之而知死生之地**，李筌曰：夫破陈设奇，或偃旗鼓，形之以弱；或虚列灶火幡帜，形之以强。投之以死，致之以生，是以死生因地而成也。韩信下井陉，刘裕过大岘，则其义也。○杜牧曰：死生之地，盖战地也。投之死地必生，置之生地必死。言我多方误挠敌人，以观其应我之形，然后随而制之，则死生之地可知也。○陈皞曰：敌人既有动静，则我得见其形。有谋者所处之地必生，无谋者所投之地必死也。○孟氏曰：形相敌情，观其所据，则地形势生死可得而知。○贾林曰：见所理兵形，则可知其死所。○梅尧臣曰：彼生死之地，我因形见而识。○何氏同杜牧注。○张预曰：形之以弱，则彼必进；形之以强，则彼必退。在其进退之际，则知彼所据之地死与生也。上文云"善动敌者，形之，敌必从之"是也。死地，谓倾覆之地；生地，谓便利之地。**角之而知有余不足之处**。曹操曰：角，量也。○李筌曰：角，量也。量其力精勇，则虚实可知也。○杜牧曰：角，量也。言以我之有余，角量敌人之有余；以我之不足，角量敌人之不足。管子曰："善攻者料众以攻众，料食以攻食；食不存不攻，备不存不攻。"司马宣王伐辽东，司马陈珪曰："昔攻上庸，八部并进，昼夜不息，故能一旬之半，拔坚城，斩孟达。今者远来，而更安缓，愚窃惑焉。"王曰："孟达众少而食支一年，吾将四倍于达，而粮不淹一月。以一月图一年，安可不速？以四击一，正命半解，犹当为之，是以不计死伤，与粮竞也。今贼众我寡，贼饥我饱，雨水乃尔，功力不设，贼粮垂尽，当示无能以安之。"既而雨止，昼夜攻之，竟平辽东。○梅尧臣曰：彼有余不足之处，我以角量而审。○王皙曰：角，谓相角也。角彼我之力，则知有余不足之处，然后可以谋攻守之利也。此而上亦所以量敌知战。○张预曰：有余，强也；不足，弱也。角量敌形，知彼强弱之所。唐太宗曰："凡临阵，常以吾强对敌弱，常以吾弱对敌强。"苟非角量，安得知之？**故形兵之极，至于无形；无形，则深间不能窥，智者不能谋**。李筌曰：形敌之妙，入于无形，间不可窥，智不可谋，是谓形也。○杜牧曰：此言用兵之道，至于臻极，不过于无形。无形，则虽有间者深来窥我，不能知我之虚实。强弱不泄于外，虽有智能之士，亦不能谋我也。○梅尧臣曰：兵本有形，虚实不露，是以无形，此极致也。虽使间者以情钓，智者以谋料，可得乎？○王皙曰：制兵形于无形，是谓极致，孰能窥而谋之哉？○何氏曰：行列在外，机变在内，因形制变，人难窥测，可谓神微。○张预曰：始以虚实形敌，敌不能测，故其极致，卒归于无形。既无形可睹，无迹可求，则间者不能窥其隙，智者无以运其计。**因形而错胜于众，众不能知**。曹操曰：因敌形而立胜。○李筌曰：错，置也。设形险之势，因士卒之勇，而取胜焉。军事尚密，非众人之所知也。○杜牧曰：窥形可置胜败，非智者不能，固非众人所能得知也。○梅尧臣曰：众知我能置胜矣，不知因敌之形。○何氏曰：因敌置胜，众不能知。○张预曰：因敌变动之形以置胜，非众人所能知。**人皆知我所以胜之形，而莫知吾所以制胜之形。**曹操曰：不以一形之胜万形。或曰：不备知也。制胜者，人皆知吾所以胜，莫知吾因敌形制胜也。○李筌曰：战胜，人知之；制胜之法幽密，人莫知。○杜牧曰：言已胜之后，但知我制敌人，使有败形，本自于我，然后我能胜之也。上文云"近而示之远，远而示之近，利而诱之，乱而取之，实而备之，强而避之，怒而挠之，卑而骄之，佚而劳之，亲而离之"，斯皆制胜之道，人莫知之也。○陈皞曰：人但知我胜敌之善，不能知我因敌之败形。○梅尧臣曰：知得胜之迹，而不知作胜之象。○王晳曰：若韩信背水拔帜是也。人但见水上军殊死战，不可败；及赵军惊乱遁走，不知吾能制使之然者以何道也。○张预曰：立胜之迹，人皆知之，但莫测吾因敌形而制此胜也。**故其战胜不复，而应形于无穷。**曹操曰：不重复动而应之也。○李筌曰：不复前谋以取胜，随宜制变也。○杜牧曰：敌每有形，我则始能随而应之以取胜。○杜佑曰：死官也。○贾林曰：应敌形而制胜，乃无穷。○梅尧臣曰：不执故态，应形有机。○王晳曰：夫制胜之理惟一，而所胜之形无穷也。○何氏曰：已胜之分，不再用也。敌来斯应，不遁前法，故不穷。○张预曰：已胜之后，不复更用前谋，但随敌之形而应之，出奇无穷也。**夫兵形象水，**孟氏曰：兵之形势，如水流迟速之势，无常也。**水之形，避高而趋下；**梅尧臣曰：性也。**兵之形，避实而击虚。**梅尧臣曰：利也。○张预曰：水趋下则顺，兵击虚则利。**水因地而制流，**杜牧曰：因地之下。○梅尧臣曰：顺高下也。○张预曰：方圆斜直，因地而成形。**兵因敌而制胜。**李筌曰：不因敌之势，吾何以制哉？夫轻兵不能持久，守之必败；重兵挑之必出。怒兵辱之，强兵缓之，将骄宜卑之，将贪宜利之，将疑宜反间之，故因敌而制胜。○杜牧曰：因敌之虚也。○贾林曰：见敌盛衰之形，我得因而立胜。○杜佑曰：言水因地之倾侧而制其流，兵因敌之示阙而取其胜者也。○梅尧臣曰：随虚实也。○王晳曰：谓堤防疏导之地。○何氏曰：因敌强弱而成功。○张预曰：虚实强弱，随敌而取胜。**故兵无常势，**梅尧臣曰：应敌为势。○张预曰：敌有变动，故无常势。**水无常形，**梅尧臣曰：因地为形。孟氏曰：兵有变化，地有方圆。○张预曰：地有高下，故无常形。**能因敌变化而取胜者，谓之神。**曹操曰：势盛必衰，形露必败，故能因敌变化，取胜若神。○李筌曰：能知此道，谓之神兵也。○杜牧曰：兵之势，因敌乃见，势不在我，故无常势。如水之形，因地乃有，形不在水，故无常形。水因地之下，则可漂石；兵因敌之应，则可变化如神者也。○梅尧臣曰：随而变化，微不可测。○王晳曰：兵有常理，而无常势；水有常性，而无常形。兵有常理者，击虚是也；无常势者，因敌以应之也。水有常性者，就下是也；无常形者，因地以制之也。夫兵势有变，则虽败卒，尚复可使击胜兵，况精锐乎？○何氏曰：行权应变在智略，智略不可测，则神妙者也。○张预曰：兵势已定，能因敌变动，应而胜之，其妙如神。**故五行无常胜，**杜佑曰：五行更王。○王晳曰：迭相克也。**四时无常位，**杜佑曰：四时迭同。○王晳曰：迭相代也。**日有短长，月有死生。**曹操曰：兵无常势，盈缩随敌。○李筌曰：五行者，休囚王相递相胜也。四时者，寒暑往来无常定也。日月者，周天三百六十五度四分度之一。百刻者，春秋二分则日夜均，夏至之日昼六十刻、夜四十刻，冬至之日昼四十刻、夜六十刻，长短不均也。月初为朔，八日为上弦，十五日为望，二十四日为下弦，三十日为晦，则死生义也。孙子以为五行、四时、日月盈缩无常，况于兵之形变，安常定也？○梅尧臣曰：皆所以象兵之随敌也。○王晳曰：皆喻兵之变化非一道也。○张预曰：言五行之休王，四时之代谢，日月之盈昃，皆如兵势之无定也。

军争篇　曹操曰：两军争胜。○李筌曰：争者，趋利也。虚实定，乃可与人争利。○王晳曰：争者，争利；得利则胜。宜先审轻重，计迂直，不可使敌乘我劳也。○张预曰：以军争为名者，谓两军相对而争利也。先知彼我之虚实，然后能与人争胜，故次《虚实》。

孙子曰：凡用兵之法，将受命于君，李筌曰：受君命也。遵庙胜之算，恭行天罚。○张预曰：

受君命，伐叛逆。**合军聚众**，曹操曰：聚国人，结行伍，选部曲，起营为军陈。○梅尧臣曰：聚国之众，合以为军。○王晳曰：大国三军，总三万七千五百人；若悉举其赋，则总七万五千人。此所谓合军聚众。○张预曰：合国人以为军，聚兵众以为陈。**交和而舍**，曹操曰：军门为和门，左右门为旗门，以车为营曰辕门，以人为营曰人门，两军相对为交和。○李筌曰：交间和杂也。合军之后，强弱勇怯，长短向背，间杂而仵之，力相兼，后合诸营垒与敌争之。○杜牧曰：《周礼》"以旌为左右和门"，郑司农曰："军门曰和，今谓之垒门，立两旌旗表之，以叙和出入，明次第也。"交者，言与敌人对垒而舍，和门相交对也。○贾林曰：舍，止也。士众交杂和合，而止于军中，趋利而动。○梅尧臣曰：军门为和门，两军交对而舍也。○何氏曰：和门相望，将合战争利，兵家难事也。○张预曰：军门为和门，言与敌对垒而舍，其门相交对也。或曰：与上下交相和睦，然后可以出兵为营舍。故吴子曰："不合于国，不可以出军；不和于军，不可以出阵。"**莫难于军争**。曹操曰：从始受命，至于交和，军争难也。○杜牧曰：于争利害难也。○梅尧臣曰：自受命至此为最难。○张预曰：与人相对而争利，天下之至难也。**军争之难者，以迂为直，以患为利**。曹操曰：示以远，速其道里，先敌至也。○杜牧曰：言欲争夺，先以迂远为近，以患为利，诳绐敌人，使其慢易，然后急趋也。○陈皞曰：言合军聚众，交和而舍，皆有旧制，惟军争最难也。苟不知以迂为直，以患为利者，即不能与敌争也。○贾林曰：全军而行，争于便利之地，而先据之，若不得其地，则输敌之胜，最其难也。○杜佑曰：敌途本迂，患在道远，则先处形势之地，故曰"以患为利"。○梅尧臣曰：能变迂为近，转患为利，难也。○王晳曰：曹公曰："示以远，速其道里，先敌至。"晳谓示以远者，使其不虞而行，或奇兵从间道出也。○何氏曰：谓所征之国，路由山险，迂曲而远。将欲争利，则当分兵出奇，随逐乡导，由直路乘其不备，急击之，虽有陷险之患，得利亦速也。如钟会伐蜀，而邓艾出奇，先至蜀，蜀无备而降。故下云"不得乡导，不能得地利"是也。○张预曰：变迂曲为近直，转患害为便利，此军争之难也。**故迂其途，而诱之以利，后人发，先人至，此知迂直之计者也**。曹操曰："迂其途"者，示之远也。"后人发，先人至"者，明于度数，先知远近之计也。○李筌曰：故迂其途，示不速进，后人发，先人至也。用兵若此，以患为利者。○杜牧曰：上解曰，以迂为直，是示敌人以迂远，敌意已怠；复诱敌以利，使敌心不专。然后倍道兼行，出其不意，故能后发先至，而得所争之要害也。秦伐韩，军于阏与，赵王令赵奢往救之。却邯郸三十里，而令军中曰："有以军事谏者死。"秦军武安西，秦军鼓噪勒兵，武安屋瓦皆震。军中候有一人言急救武安，奢立斩之。坚壁留二十八日不行，复益增垒。秦间来，奢善食而遣之。间以报秦，秦将大喜曰："夫去国三十里而军不行，乃增垒，阏与非赵地也。"奢既遣秦间，乃卷甲而趋，二日一夜至。令善射者去阏与五十里而军。秦人闻之，悉甲而至。有一卒曰："先据北山者胜。"奢使万人据之，秦人来争不得。奢因纵击，大破之，阏与遂得解。○贾林曰：敌途本近，我能迂之者，或以羸兵，或以小利，于他道诱之，使不得以军争赴也。○梅尧臣曰：远其途，诱以利，款之也；后其发，先其至，争之也。能知此者，变迂转害之谋也。○何氏曰：迂途者，当行之途也。以分兵出奇，则当行之途，示以迂险，设势以诱敌，令得小利縻之，则出奇之兵，虽后发亦先至也。言争利须料迂直之势出奇，故下云分合为变，其疾如风是也。○张预曰：形势之地，争得则胜。凡欲近争便地，先引兵远去，复以小利啖敌，使彼不意我进，又贪我利，故我得以后发而先至。此所谓以迂为直，以患为利也。赵奢据北山而败秦军，郭淮屯北原而走诸葛是也。能后发先至者，明于度数，知以迂为直之谋者也。**故军争为利，军争为危**。曹操曰：善者则以利，不善者则以危。○李筌曰：夫军者，将善则利，不善则危。○杜牧曰：善者，计度审也。○贾林曰：我军先至，得其便利之地，则为利。彼敌先据其地，我三军之众，驰往争之，则敌佚我劳，危之道也。○梅尧臣曰：军争之事，有利也，有危也。○又一本作"军争为利，众争为危"。○何氏曰：此又言出军行师，驱三军之众，与敌人相角逐，以争一日之胜，得之则为利，失之则为危，不可轻举。○张预曰：智者争之则为利，庸人争之则为危。明者知迂直，愚者昧之故也。**举军而争利，则不及**；曹操曰：迟不及也。○李筌曰：

辎重行迟。○贾林曰：行军用师，必趋其利。远近之势，直以举军往争其利，难以速至；可以潜设奇计，迂敌途程，敌不识我谋，则我先而敌后也。○杜佑曰：迟不及也。举军悉行，争赴其利，则道路悉不相逮。○梅尧臣曰：举军中所有而行，则迟缓。○王皙曰：以辎重故。○张预曰：竭军而前，则行缓，而不能及利。**委军而争利，则辎重捐**。曹操曰：置辎重，则恐捐弃也。○李筌曰：委弃辎重，则军资阙也。○杜牧曰：举一军之物行，则重滞迟缓，不及于利；委弃辎重，轻兵前追，则恐辎重因此弃捐也。○贾林曰：恐敌知而绝我后粮也。○杜佑曰：委置库藏，轻师而行，若敌乘虚而来，抄绝其后，则已辎重皆悉弃捐。○梅尧臣曰：委军中所有而行，则辎重弃。○王皙同曹操注。○何氏同杜佑注。○张预曰：委置重滞，轻兵独进，则恐辎重为敌所掠，故弃捐也。**是故卷甲而趋，日夜不处**，曹操曰：不得休息，罢也。**倍道兼行，百里而争利，则擒三将军**，杜佑曰：若不虑上二事，欲从速疾，卷甲束仗，潜军夜行；若敌知其情，邀而击之，则三军之将，为敌所擒也。若秦伯袭郑，三帅皆获是也。**劲者先，疲者后，其法十一而至**；曹操曰：百里而争利，非也，三将军皆以为擒。○李筌曰：一日行一百二十里，则为倍道兼行；行若如此，则劲健者先到，疲者后至。军健者少，疲者多，且十人可一人先到，余悉在后，以此遇敌，何三将军不擒哉？魏武逐刘备，一日一夜行三百里，诸葛亮以为强弩之末不能穿鲁缟，言无力也。是以有赤壁之败。庞涓追孙膑，死于马陵，亦其义也。○杜牧曰：此说未尽也。凡军一日行三十里为一舍；倍道兼行者再舍；昼夜不息，乃得百里。若如此争利，众疲倦，则三将军皆须为敌所擒。其法什一而至者，不得已必须争利，凡十人中择一人，最劲者先往，其余者则令继后而往。万人中先择千人，平旦先至，其余继至；有巳午时至者，有申未时至者，各得不竭其力，相续而至，与先往者足得声响相接。凡争利必是争夺要害，虽千人守之，亦足以拒抗敌人，以待继至者。太宗以三千五百骑先据武牢，窦建德十八万众而不能前，此可知也。○陈皞曰：杜说别是用兵一途，非什一而至之义也。盖言百里争利，劲者先，疲者后，十中得一而至，九皆疲困，一则劲者也。○贾林曰：路远人疲，奔驰为尽，如此则我劳敌佚，被击何疑。百里争利，慎勿为也。○杜佑曰：百里争利，非也，三将军皆为擒也。强弱不复相待，率十有一人至军也。罢音疲。○梅尧臣曰：军日行三十里而舍。今乃昼夜不休行百里，故三将军为其擒也。何则？涉途既远，劲者少，罢者多，十中得一至耳。三将军者，三军之帅也。○王皙曰：罢，羸也。此言争利之道，宜近不宜远耳。夫冲风之衰，不能起毛羽；强弩之末，不能穿鲁缟。苟日夜兼行，百里趋利，纵使一分劲者能至，固已困乏矣。即敌人以佚击我之旁，自当不战而败。故司马宣王曰："吾倍道兼行，此晓兵者之所忌也。"或曰：赵奢亦卷甲而趋，二日一夜卒胜秦者，何也？曰：奢久并气积力，增垒遣间，示怯以骑之，使秦不意其至，兵又坚，奢又去阏与五十里而军，比秦闻之，及发兵至，非二三日不能也。能来，是彼有五十里趋敌之劳，而我固已二三日休息，士卒不胜其佚。且又投之险难，先据高阳，奇正相因，曷为不胜哉？○何氏曰：言三将出奇求利，委军众辎重，卷甲务速，若昼夜百里不息，则劲者能十至其一。我劳敌佚，敌众我寡，击之未必胜也；败则三将俱擒。以此见武之深戒也。○张预曰：卷甲，犹悉甲也。悉甲而进，谓轻重俱行也。凡军日行三十里则止，过六十里已上为倍道，昼夜不息为兼行。言百里之远，与人争利，轻兵在前，辎重在后，人罢马倦，渴者不得饮，饥者不得食；忽遇敌，则以劳对佚，以饥敌饱，又复首尾不相及，故三军之帅，必皆为敌所擒。若晋人获秦三帅是也。轻兵之中，十人得一人劲捷者先至，下九人悉疲困在后，况重兵乎！何以知轻重俱行？下文云"五十里而争利则半至"，若止是轻兵，则一日行五十里不为远也，焉有半至之理？是必重兵偕行也。**五十里而争利，则蹶上将军，其法半至**；曹操曰：蹶，犹挫也。○李筌曰：百里则十人一人至，五十里十人五人至，挫军之威，不至擒也。言道近不至疲。○杜牧曰：半至者，凡十人中择五人劲者先往也。○贾林曰：上犹先也。○杜佑曰：蹶，犹挫也。前军之将，已为敌所蹶败。○梅尧臣曰：十中得五，犹远不能胜。○王皙曰：罢劳之患，减于太半，止挫败而已。○张预曰：路不甚远，十中五至，犹挫军威，况百里乎！蹶上将，谓前军先行也。或问曰：唐太宗征宋金刚，一日一夜行二百余里，亦能克胜者，何也？答曰：此形同而势异也。且金刚既败，众心已沮，迫而灭之，则河东立平；若其缓之，贼必生计。此太宗所以不计疲顿而力逐也。孙子所陈争利之法，盖与此异矣。**三十里而争利，则三分之二至。**曹操曰：道近至者多，故无死败也。〇李筌曰：近不疲也，故无死亡。〇杜牧曰：三十里内，凡十人中可以六七人先往也。不言“其法”者，举上文可知也。〇杜佑曰：道近则至者多，故不言死败，胜负未可知也。古者用师，日行三十里，步骑相须；今走而趋利，三分之二至。〇梅尧臣曰：道近至多，庶或有胜。〇王晳曰：计彼我之势，宜须争者，或亦当然。虽三分二至，盖其精锐者之力未至劳乏，不可决以为败，故不云“其法”也。〇张预曰：路近不疲，至者太半，不失行列之政，不绝人马之力，庶几可以争胜。上三事，皆谓举军而争利也。**是故军无辎重则亡，无粮食则亡，无委积则亡。**曹操曰：无此之者，亡之道也。〇李筌曰：无辎重者，阙所供也。袁绍有十万之众，魏武用荀攸计，焚烧绍辎重，而败绍于官渡。无粮食者，虽有金城，不重于食也。夫子曰：“足食足兵，民信之矣。”故汉赤眉百万众无食，而君臣面缚宜阳。是以善用兵者，先耕而后战。无委积者，财乏阙也。汉高祖无关中，光武无河内，魏武无兖州，军北身遁，岂能复振也？〇杜牧曰：辎重者，器械及军士衣装；委积者，财货也。〇陈皞曰：此说委军争利之难也。〇梅尧臣曰：三者不可无，是不可委军而争利也。〇王晳曰：委积，谓薪刍蔬材之属；军恃此三者以济，不可轻离也。〇张预曰：无辎重则器用不供，无粮食则军饷不足，无委积则财货不充，皆亡覆之道。此三者谓委军而争利也。**故不知诸侯之谋者，不能豫交；**曹操曰：不知敌情谋者，不能结交也。〇李筌曰：豫，备也。知敌之情，必备其交矣。〇杜牧曰：非也。豫，先也；交，交兵也。言诸侯之谋，先须知之，然后可交兵合战；若不知其谋，固不可与交兵也。〇陈皞曰：曹说以为不先知敌人之作谋，即不能预结外援。二说并通。〇梅尧臣曰：不知敌国之谋，则不能预交邻国以为援助也。〇张预曰：先知诸侯之实情，然后可与结交；不知其谋，则恐翻覆为患。其邻国为援，亦军争之事，故下文云“先至而得天下之众者，为衢地”是也。**不知山林、险阻、沮泽之形者，不能行军。**曹操曰：高而崇者为山，众树所聚者为林，坑堑者为险，一高一下者为阻，水草渐洳者为沮，众水所归而不流者为泽。不先知军之所据及山川之形者，则不能行师也。〇梅尧臣曰：山林险阻之形，沮泽泞淖之所，必先审知。〇张预曰：高而崇者为山，众木聚者为林，坑坎者为险，一高一下者为阻，水草渐洳者为沮，众水所归而不流者为泽，凡此地形悉能知之，然后可与人争利而行军。**不用乡导者，不能得地利。**李筌曰：入敌境，恐山川隘狭，地土泥泞，井泉不利，使人导之以得地利。《易》曰：“即鹿无虞。”则其义也。〇杜牧曰：管子曰：“凡兵主者，必先审知地图。轘辕之险，滥车之水，名山通谷，经川陵陆丘阜之所在，苴草林木蒲苇之所茂，道里之远近，城郭之大小，名邑废邑困殖之地，必尽知之，地形出入之相错者尽藏之，然后不失地利。”卫公李靖曰：“凡是贼徒，好相掩袭。须择勇敢之夫，选明察之士，兼使乡导，潜历山林，密其声，晦其迹。或刻为兽足，而却履于中途；或上冠微禽，而幽伏于丛薄。然后倾耳以远听，竦目而深视，专智以度事机，注心而视气色。睹水痕则知敌济之早晚，观树动则可辨来寇之驱驰。故烽火莫若谨而审，旌旗莫若齐而一。赏罚必重而不欺，刑戮必严而不舍。敌之动静，而我有备也；敌之机谋，而我先知也。”〇陈皞曰：凡此地利，非用乡人为导引，则不能知地利也。〇杜佑曰：不任彼乡人而导军者，则不能得道路之便利也。〇梅尧臣曰：凡丘陵原衍之向背，城邑道路之迂直，非人引导，不能得也。〇何氏曰：《乡导略》曰：从禽者若无山虞之官，度其形势之可否，则徒入于林中，终不能获鹿矣。出征者，若无彼乡之人，导其道路之迂直，则虽至于境外，终不能获寇矣。夫以奉辞致讨，趋未历之地，声教未通，音驿所绝，深入其阻，不亦艰哉！我孤军以往，被密严而待，客主之势已相远矣；况其专任诡谲，多方以误我。苟不计而直进，冒危而长驱，跻险则有壅决之害，昼行则有暴来之斗，夜止则有虚惊之忧。仓卒无备，落其彀中，是乃拥熊虎之师，自投于死地，又安能摩逆垒、荡狡穴乎？故敌国之山川、陵陆、丘阜之可以设险者，林木、蒲苇、茂草之可以隐藏者，道里之远近，城郭之小大，邑落之宽狭，田壤之肥瘠，沟渠之深浅，蓄积之丰约，卒乘之众寡，器械之坚脆，必能尽知之，则虏在目中，不足擒也。昔张骞尝使大夏，留匈奴中久，导军知利，善水草处，其军得以无饥渴。兹亦能获其便利也。凡用乡导，或军行虏获其人，须防贼谋，阴持奸计，为其诱误。必在鉴其色，察其情，参验数人之言，始终如一，乃可为准。厚其颁赏，使之怀恩，丰其室家，使之系心，即为吾人，当无翻覆。然不如素畜堪用者，但能谙练行途，不必土人，亦可任也。仍选腹心智勇之士，挟而偕往，则巨细必审，指踪无失矣。〇张预曰：山川之夷险，道路之迂直，必用乡人引而导之，乃可知其所利而争胜。吴伐鲁，鄫人导之以克武城是也。**故兵以诈立**，杜牧曰：诈敌人，使不知我本情，然后能立胜也。〇梅尧臣曰：非诡道不能立事。〇王晳曰：谓以迂为直，以患为利也。〇何氏曰：张形势以误敌也。〇张预曰：以变诈为本，使敌不知吾奇正所在，则我可为立。**以利动**，杜牧曰：利者，见利始动也。〇梅尧臣曰：非利不可动。〇王晳曰：诱之也。〇何氏曰：量敌可击则击。〇张预曰：见利乃动，不妄发也。《传》曰："三军以利动。"**以分合为变者也**。曹操曰：兵一分一合，以敌为变也。〇李筌曰：以诡诈乘其利动，或合或分，以为变化之形。〇杜牧曰：分合者，或分或合，以惑敌人；观其应我之形，然后能变化以取胜也。〇陈皞曰：乍合乍分，随而更变之也。〇孟氏曰：兵法诡诈，以利动敌心；或合或离，为变化之术。〇梅尧臣、王晳同曹操注。〇张预曰：或分散其形，或合聚其势，皆因敌动静而为变化也。或曰：变谓奇正相变，使敌莫测。故《卫公兵法》云："兵散则以合为奇，兵合则以散为奇。三令五申，三散三合，复归于正焉。"**故其疾如风**，曹操曰：击空虚也。〇李筌曰：进退也。其来无迹，其退至疾也。〇梅尧臣曰：来无形迹。〇王晳曰：速乘虚也。〇何氏同梅尧臣注。〇张预曰：其来疾暴，所向皆靡。**其徐如林**，曹操曰：不见利也。〇李筌曰：整阵而行。〇杜牧曰：徐，缓也。言缓行之时，须有行列如林木也，恐为敌人之掩袭也。〇孟氏曰：言缓行须有行列如林，以防其掩袭。〇杜佑曰：不见利不前，如风吹林小动，而其大不移。〇梅尧臣曰：如林之森然不乱也。〇王晳曰：齐肃也。〇张预曰：徐，舒也。舒缓而行，若林木之森森然，谓未见利也。尉缭子曰"重者如山如林，轻者如炮如燔"也。**侵掠如火**，曹操曰：疾也。〇李筌曰：如火燎原无遗草。〇杜牧曰：猛烈不可向也。〇贾林曰：侵掠敌国，若火燎原，不可往复。〇张预曰：《诗》云："如火烈烈，莫我敢遏。"言势如猛火之炽，谁敢御我！**不动如山**，曹操曰：守也。〇李筌曰：驻军也。〇杜牧曰：闭壁屹然，不可动摇也。〇贾林曰：未见便利，敌诱诳我，我因不动，如山之安。〇梅尧臣曰：峻不可犯。〇王晳曰：坚守也。〇何氏曰：止如山之镇静。〇张预曰：所以持重也。《荀子·议兵篇》云："圆居而方正，则若盘石然，触之者角摧。"言不动之时，若山石之不可移，犯之者其角立毁。**难知如阴**，李筌曰：其势不测如阴，不能睹万象。〇杜牧曰：如玄云蔽天，不见三辰。〇梅尧臣曰：幽隐莫测。〇王晳曰：形藏也。〇何氏曰：暗秘而不可料。〇张预曰：如阴云蔽天，莫睹辰象。**动如雷震**。李筌曰：盛怒也。〇杜牧曰：如空中击下，不知所避也。〇贾林曰：其动也疾不及应。太公曰："疾雷不及掩耳。"〇梅尧臣曰：迅不及避。〇王晳曰：不虞而至。〇何氏曰：藏谋以奋如此。〇张预曰：如迅雷忽击，不知所避。故太公曰："疾雷不及掩耳，迅电不及瞬目。"**掠乡分众**，曹操曰：因敌而制胜也。〇李筌曰：抄掠必分兵为数道，惧不虞也。〇杜牧曰：敌之乡邑聚落，无有守兵，六畜财谷，易于剽掠，则须分番次第，使众人皆得往也。不可独有所往。如此，则大小强弱，皆欲与敌争利也。〇陈皞曰：夫乡邑村落，因非一处，察其无备，分兵掠之。〇"掠乡"一作"指向"。〇贾林曰：三军不可言遣，故以旌旗指向；队伍不可语传，故以麾帜分众。故因敌陈形可为势，此尤顺，训练分明，师徒服习也。〇梅尧臣曰：以飨士卒。〇王晳曰：指所乡以分其众。乡音向。〇何氏曰：得掠物，则与众分。〇张预曰：用兵之道，大率务因粮于敌，然而乡邑之民，所积不多，必分兵随处掠之，乃可足用。**廓地分利**，曹操曰：分敌利也。〇李筌曰：得敌地必分守利害。〇杜牧曰：廓，开也。开土拓境，则分割与有功者。韩信言于汉王曰："项王使人有功当封爵者，刻印刓，忍不能与。今大王诚能反其道，以天下城邑封功臣，天下不足取也。"《三略》曰："获地裂之。"〇陈皞曰：言获其土地，则屯兵种莳，以分敌之利也。〇贾林曰：廓，度也。度敌所据地利，分其利也。〇梅尧臣曰：与有功也。〇王皙曰：廓视地形，以据便利，勿使敌专也。〇张预曰：开廓平易之地，必分兵守利，不使敌人得之。或云：得地则分赏有功者。今观上下之文，恐非谓此也。**悬权而动**。曹操曰：量敌而动也。〇李筌曰：权，量秤也。敌轻重与吾有铢镒之别，则动。夫先动为客，后动为主，客难而主易。《太一遁甲》定计之算，明动易也。〇杜牧曰：如衡悬权，秤量已定，然后动也。〇何氏同杜牧注。〇张预曰：如悬权于衡，量知轻重然后动也。尉缭子曰："权敌审将而后举。"言权量敌之轻重，审察将之贤愚，然后举也。**先知迂直之计者胜，此军争之法也**。李筌曰：迂直，道路。劳佚馁寒，生于道路。〇杜牧曰：言军争者，先须计远近迂直，然后可以为胜。其计量之审，如悬权于衡，不失锱铢，然后可以动而取胜。此乃军争胜之法也。〇梅尧臣曰：称量利害而动，在预知远近之方则胜。〇王皙曰：量敌审轻重而动，又如迂直必胜之道也。〇张预曰：凡与人争利，必先量道路之迂直；审察而后动，则无劳顿寒馁之患，而且进退迟速，不失其机，故胜也。**《军政》曰**：梅尧臣曰：军之旧典。〇王皙曰：古军书。**"言不相闻，故为金鼓**；杜佑曰：金，钲铎也。听其音声，以为耳候。〇梅尧臣曰：以威耳也。耳威于声，不可不清。〇王皙曰：鼓鼙钲铎之属。坐作进退，疾徐疏数，皆有其节。**视不相见，故为旌旗。"**杜佑曰：瞻其指麾，以为目候。〇梅尧臣曰：以威目也。目威于色，不得不明。〇王皙曰：表部曲行列齐整也。**夫金鼓旌旗者，所以一人之耳目也**；李筌曰：鼓进铎退，旌赏而旗罚；耳听金鼓，目视旌旗，故不乱也。勇怯不能进退者，由旗鼓正也。〇张预曰：夫用兵既众，占地必广，首尾相辽，耳目不接。故设金鼓之声，使之相闻；立旌旗之形，使之相见，视听均齐，则虽百万之众，进退如一矣。故曰：斗众如斗寡，形名是也。**人既专一，则勇者不得独进，怯者不得独退，此用众之法也**。杜牧曰：旌以出令，旗以应号。盖旗者，即今之信旗也。《军法》曰："当进不进，当退不退者，斩之。"吴起与秦人战，战未合，有一夫不胜其勇，前，获双首而返，吴起斩之。军吏进谏曰："此材士也，不可斩。"吴起曰："信材士，非令也。"乃斩之。〇梅尧臣曰：一人之耳目者，谓使人之视听齐一而不乱也。鼓之则进，金之则止，麾右则右，麾左则左，不可以勇怯而独先也。〇王皙曰：使三军之众，勇怯进退齐一者，鼓铎旌旗之为也。〇张预曰：士卒专心一意，惟在于金鼓旌旗之号令。当进则进，当退则退，一有违者必戮。故曰：令不进而进，与令不退而退，厥罪惟均。尉缭子曰："鼓鸣旗麾，先登者未尝非多力国士也，将者之过也。"言不可赏先登获俊者，恐进退不一耳。**故夜战多火鼓，昼战多旌旗，所以变人之耳目也**。李筌曰：火鼓，夜之所视听；旌旗，昼之所指挥。〇杜牧曰：令军士耳目，皆随旌旗火鼓而变也。或曰：夜战多火鼓，其旨如何？夜黑之后，必无原野列阵，与敌刻期而战也。军袭敌营，鸣鼓燃火，适足以警敌人之耳，明敌人之目，于我返害，其义安在？答曰：富哉问乎！此乃孙武之微旨也。凡夜战者，盖敌人来袭我垒，不得已而与之战，其法在于立营之法，与阵小同。故《志》曰："止则为营，行则为阵。"盖大阵之中，必包小阵；大营之内，亦包小营。盖前后左右之军，各自有营环绕，大将之营，居于中央，诸营环之，隅落钩联，曲折相对，象天之壁垒星。其营相去上不过百步，下不过五十步，道径通达，足以出队列部，壁垒相望，足以弓弩相救。每于十字路口，必立小堡，上致柴薪，穴为暗道，胡梯上之，令人看守。夜黑之后，声鼓四起，即以燔燎。是以贼夜袭我，虽入营门，四顾屹然，复有小营，各自坚守，东西南北，未知所攻。大将营或诸小营中，先知有贼至者，放令尽入，然后击鼓，诸营齐应，众堡燎火，明如昼日；诸营兵士于是闭门登垒，下瞰敌人，劲弩强弓，四向俱发。敌人虽有韩、白之将，鬼神之兵，亦无能计也。唯恐夜不袭我，来则必败。若敌人或能潜入一营，即诸营举火出兵，四面绕之，号令营中，不得辄动，须臾之际，善恶自分，贼若出走，皆在罗网矣。故司马宣王入诸葛亮营垒，见其曲折，曰："此天下之奇才也！"今之立营，通洞豁达，杂以居之，若有贼夜来斫营，万人一时惊扰。虽多致斥候，严为备守，晦黑之后，彼我不分，虽有众力，亦不能用。〇陈皞曰：杜言夜黑之后，必无原野列阵，与敌人刻期而战，非也。天宝末，李光弼以五百骑趋河阳，多列火炬，首尾不息。史思明数万之众，不敢逼之，岂止待贼斫营而已？〇贾林曰：火鼓旌旗，可以听望，故昼夜异用之。○梅尧臣曰：多者，欲以变惑敌人耳目。○王皙曰：多者所以震骇视听，使慹我之威武声气也。《传》曰："多鼓钧声，以夜军之。"○张预曰：凡与敌战，夜则火鼓不息，昼则旌旗相续，所以变乱敌人之耳目，使不知其所以备我之计。越伐吴，夹水而陈。越为左右句卒，使夜或左或右，鼓噪而进。吴师分以御之，遂为越所败。是惑以火鼓也。晋伐齐，使司马斥山泽之险，虽所不至，必旆而疏陈之。齐侯畏而脱归。是惑以旌旗也。**故三军可夺气**，曹操曰：左氏言"一鼓作气，再而衰，三而竭"。○李筌曰：夺气，夺其锐勇。齐伐鲁，战于长勺。齐人一鼓，公将战。曹刿曰："未可。"齐人三鼓，刿曰："可矣。"乃战，齐师败绩。公问其故。刿曰："夫战，勇气也。一鼓作气，再而衰，三而竭。彼竭我盈，故克之。"夺三军之气也。○杜牧曰：《司马法》："战以力久，以气胜。"齐伐鲁，庄公将战于长勺。公将鼓之。曹刿曰："未可。"齐人三鼓，刿曰："可矣。"齐师败绩。公问其故。对曰："夫战，勇气也，一鼓作气；再而衰，三而竭。彼竭我盈，故克之。"晋将毌丘俭、文钦反，诸军屯乐嘉，司马景王衔枚径造之。钦子鸯，年十八，勇冠三军，曰："及其未定，请登城鼓噪击之，可破。"既而三噪之，钦不能应，鸯退，相与引而东。景王谓诸将曰："钦走矣。"发锐军以追之。诸将曰："钦旧将鸯小而锐，引军内人，未有失利，必不走也。"王曰："一鼓作气，再而衰，三而竭。鸯鼓而钦不应，其势已屈，不走何待。"钦果引去。○王皙曰：震慹衰惰，则军气夺矣。○何氏曰：《淮南子》曰："将充勇而轻敌，卒果敢而乐战，三军之众，百万之师，志厉青云，气如飘风，声如雷霆，诚积踰而威加敌人，此谓气势。"吴子曰："三军之众，百万之师，张设轻重，在于一人，是谓气机。"故夺气者有所待，有所乘，则可矣。○张预曰：气者，战之所恃也。夫含生禀血，鼓作斗争，虽死不省者，气使然也。故用兵之法，若激其士卒，令上下同怒，则其锋不可当。故敌人新来而气锐，则且以不战挫之，伺其衰倦而后击，故彼之锐气可以夺也。尉缭子谓"气实则斗，气夺则走"者，此之谓也。曹刿言"一鼓作气"者，谓初来之气盛也；"再而衰、三而竭"者，谓阵久而人倦也。又李靖曰："守者不止完其壁坚其阵而已，必也守吾气，而有待焉。"所谓守其气者，常养吾之气，使锐盛而不衰，然后彼之气可得而夺也。**将军可夺心**。李筌曰：怒之令愤，挠之令乱，间之令疏，卑之令骄，则彼之心可夺也。○杜牧曰：心者，将军心中所倚赖心为军者也。后汉寇恂征隗嚣，嚣将高峻守高平第一。峻遣军将皇甫文出谒恂，辞礼不屈，恂怒斩之，遣其副。峻惶恐，即日开城门降。诸将曰："敢问杀其使而降其城，何也？"恂曰："皇甫文，峻之腹心，其所取计者。今来辞气不屈，必无降心。全之则文得其计，杀之则峻亡其胆，是以降耳。"后燕慕容垂遣子宝率众伐后魏。始宝之来，垂已有疾。自到五原，道武帝断其来路，父子问绝。道武乃诡其行人之辞，令临河造之曰："父已死，何不遽还？"宝兄弟闻之，忧惧以为信然，因夜遁去。道武袭之，大破于参合陂。○梅尧臣曰：以鼓旗之变，惑夺其气；军既夺气，将亦夺心。○王皙曰：纷乱喧哗，则将心夺矣。○何氏曰：先须己心能固，然后可以夺敌将之心。故《传》曰"先人有夺人之心"，《司马法》曰"本心固，新气胜"是也。○张预曰：心者，将之所主也。夫治乱勇怯，皆主于心，故善制敌者，挠之而使乱，激之而使惑，迫之而使惧，故彼之心谋可以夺也。《传》曰："先人有夺人之心。"谓夺其本心之计也。又李靖曰："攻者不止攻其城、击其陈而已，必有攻其心之术焉。"所谓攻其心者，常养吾之心，使安闲而不乱，然后彼之心可得而夺也。**是故朝气锐**，陈皞曰：初来之气，气方盛锐，勿与之争也。○孟氏曰：《司马法》曰："新气胜旧气。"新气即朝气也。○王皙曰：士众凡初举，气锐也。**昼气惰**，王皙曰：渐久少怠。**暮气归**。孟氏曰：朝气，初气也；昼气，再作之气也；暮气，衰竭之气也。○梅尧臣曰：朝，言其始也；昼，言其中也；暮，言其终也。谓兵始而锐，久则惰而思归，故可击。○王皙曰：怠久意归，无复战理。**故善用兵者，避其锐气，击其惰归，此治气者也**。李筌曰：气者，军之气勇。○杜牧曰：阳气生子，成于寅，衰于午，伏于申。凡晨朝阳气初盛，其来必锐，故须避之；候其衰，伏击之，必胜。武德中，太宗与窦建德战于汜水东。建德列阵，弥亘数里。太宗将数骑登高观之，谓诸将曰："贼度险而嚣，是军无政令；逼城而阵，有轻我心。按兵不出，待敌气衰，陈久卒饥，必将自退，退而击之，何往不克！"建德列阵自卯至午，兵士饥倦，悉列坐右，又争饮水。太宗曰："可击矣。"遂战，生擒建德。○陈皞曰：有辰巳列阵，至午未未胜者，午未列阵至申酉未胜者，不必事须晨旦而为阳气，中午而为衰气也。太宗之攻建德也，登高而望之，谓诸将曰："贼尽锐来攻，我当少避之，退则可以骑留之。"以明不须晨旦也。凡彼有锐，则如此避之，不然则否。○杜佑曰：避其精锐之气，击其懈惰欲归，此理气者也。曹刿之说是也。○梅尧臣曰：气盛勿击，衰懈易败。○何氏曰：夫人情莫不乐安而恶危，好生而惧死，无故驱之就卧尸之地，乐趋于兵战之场，其心之所畜，非有忿怒欲斗之气，一旦乘而激之，冒难而不顾，犯危而不畏，则未尝不悔而怯矣。今夫天下懦夫心有所激，则率尔争斗，不啻诸、刿。至于操刃而求者，气之所乘也；气衰则息，恻然而悔矣。故三军之视强寇如视处女者，乘其忿怒，而有所激也。是以即墨之围，五千人击却燕师者，乘燕劓降掘冢之怒也。秦之斗士倍我者，因三施无报之怒，所以我怠而秦奋也。二者，治气有道，而所用乘其机也。○张预曰：朝喻始，昼喻中，暮喻末，非以早晚为辞也。凡人之气，初来新到则勇锐，陈久人倦则衰。故善用兵者，当其锐盛，则坚守以避之，待其惰归，则出兵以击之。此所谓善治己之气，以夺人之气者也。前赵将游子远之败伊余羌，唐武德中太宗之破窦建德，皆用此术。**以治待乱，以静待哗，此治心者也**。李筌曰：伺敌之变，因而乘之。○杜牧曰：《司马法》曰："本心固。"言料敌制胜，本心已定，但当调治之，使安静坚固，不为事挠，不为利惑，候敌之乱，伺敌之哗，则出兵攻之矣。○陈皞曰：政令不一，赏罚不明，谓之乱；旌旗错杂，行伍轻嚣，谓之哗。审敌如是，则出攻之。○贾林曰：以我之整治，待敌之挠乱，以我之清净，待敌之喧哗，此治心者也。故太公曰"事莫大于必克，用莫大于玄默"也。○梅尧臣曰：镇静待敌，众心则宁。○王晳同陈皞注。○何氏曰：夫将以一身之寡，一心之微，连百万之众，对虎狼之敌，利害之相杂，胜负之纷揉，权智万变，而措置于胸臆之中，非其中廓然，方寸不乱，岂能应变而不穷，处事而不迷，卒然遇大难而不惊，案然接万物而不惑？吾之治足以待乱，吾之静足以待哗，前有百万之敌，而吾视之，则如遇小寇。亚夫之御寇也，坚卧而不起；栾箴之临敌也，好以整，又好以暇。夫审此二人者，蕴以何术哉？盖其心治之有素，养之有余也。○张预曰：治以待乱，静以待哗，安以待躁，忍以待忿，严以待懈，此所谓善治己之心，以夺人之心者也。**以近待远，以佚待劳，以饱待饥，此治力者也**。李筌曰：客主之势。○杜牧曰：上文云"致人而不致于人"是也。○杜佑曰：以我之近，待彼之远；以我之闲佚，待彼之疲劳；以我之充饱，待彼之饥虚。此理人力者也。○梅尧臣曰：无困竭人力以自弊。○王晳曰：以余制不足，善治力也。○张预曰：近以待远，佚以待劳，饱以待饥，诱以待来，重以待轻，此所谓善治己之力，以困人之力者也。**无邀正正之旗，勿击堂堂之陈，此治变者也**。曹操曰：正正，齐也；堂堂，大也。○李筌曰：正正者，齐整也；堂堂者，部分也。○杜牧曰：堂堂者，无惧也。兵者，随敌而变；敌有如此，则勿击之，是能治变也。后汉曹公围邺，袁尚来救。公曰："尚若从大道来，当避之；若循西山来，此成擒耳。"尚果循西山来，逆击大破之也。○梅尧臣曰：正正而来，堂堂而陈，示无惧也，必有奇变。○王晳曰：本可要击，以视整齐盛大，故变。○何氏曰：所谓"强则避之"。○张预曰：正正，谓形名齐整也；堂堂，谓行陈广大也。敌人如此，岂可轻战？《军政》曰："见可而进，知难而退。"又曰："强而避之。"言须识变通。此所谓善治变化之道，以应敌人者也。**故用兵之法，高陵勿向，背丘勿逆**，李筌曰：地势也。○杜牧曰：向者，仰也。背者，倚也。逆者，迎也。言敌在高处，不可仰攻；敌倚丘山下来求战，不可逆之。此言自下趋高者力乏，自高趋下者势顺也，故不可向迎。○孟氏曰：敌背丘陵为陈，无有后患，则当引军平地，勿迎击之。○杜佑曰：敌若依据丘陵险阻，陈兵待敌，勿轻攻趋也。既地势不便，有殒石之冲也。○梅尧臣曰："高陵勿向"者，敌处其高，不可仰击。"背丘勿逆"者，敌自高而来，不可逆战。势不便也。○王晳曰：如此不便，则当严陈以待变也。○何氏曰：秦伐韩，赵王令赵救奢之。秦人闻之，悉甲而至。军士许历请以军事谏，曰："秦人不意赵师至此，其来气盛，将军必厚集其陈以待之，不然必败。今先据北山上者胜，后至者败。"奢从之，即发万人趋之。秦兵后至，争山不得上，奢纵兵击之，大破秦军。后周遣将伐高齐，围洛阳。齐将段韶御之，登邙坂，聊欲观周军形势。至太和谷，便值周军，即遣驰告请营，与诸将结陈以待之。周军以步人在前，上山逆战。韶以彼步我骑，且却且引，得其力弊，乃遣下马击之。短兵始交，周人大溃，并即奔遁。〇张预曰：敌处高为陈，不可仰攻，人马之驰逐，弧矢之施发，皆不便也。故诸葛亮曰："山陵之战，不仰其高。敌从高而来，不可迎之，势不顺也。引至平地，然后合战。"**佯北勿从**，李筌杜牧曰：恐有伏兵也。〇贾林曰：敌未衰忽然奔北，必有奇伏，要击我兵，谨勒将士，勿令逐追。〇杜佑曰：北，奔走也。敌方战，气势未衰，便奔走而陈兵者，必有奇伏，勿深入从之。故太公曰："夫出甲陈兵，纵卒乱行者，欲以为变也。"〇梅尧臣同杜牧注。〇王皙曰：势不至北，必有诈也，则勿逐。〇何氏曰：如战国秦师伐赵，赵奢之子括代廉颇将，拒秦于长平。秦阴使白起为上将军。赵出兵击秦，秦军佯败而走，张二奇兵以劫之。赵军逐胜，追造秦壁，壁坚不得入。而秦奇兵二万五千人，绝赵军后；又一军五千骑，绝赵壁间。赵军分而为二，粮道绝。而秦出轻兵击之，赵战不利，因筑壁坚守，以待救至。秦闻赵食道绝，王自之河内，发卒遮绝赵救及粮食。赵卒不得食四十六日，阴相杀食。括中射而死。蜀刘表遣刘备北侵至邺，曹公遣夏侯惇、李典拒之。一朝备烧屯去，惇遣诸将追击之。典曰："贼无故退，疑必有伏。南道窄狭，草木深，不可追也。"不听。惇等果入贼伏里。典往救，备见救至，乃退。西魏末，遣将史宁与突厥同伐吐谷浑，遂至树敦，即吐谷浑之旧都，多诸珍藏。而其主先已奔贺真城，留其征南王及数千人固守。宁攻之，伪退。吐谷浑人果开门逐之。因回兵夺门，门未及阖，宁兵遂得入，生获其征南王，俘获男女财宝，尽归诸突厥。北齐高澄立，侯景叛归梁，而围鼓城。澄遣慕容绍宗讨之。将战，绍宗以梁人剽悍，恐其众之挠也，召将帅而语之曰："我当佯退，诱梁人使前，汝可击其背。"申明诫之。景又命梁人曰："逐北勿过二里。"会战，绍宗走，梁人不用景言，乘败深入。魏人以绍宗之言为信，争掩击，遂大败之。唐安禄山反，郭子仪围卫州，伪郑王庆绪率兵来援，分为三军。子仪陈以待之，预选射者三千人，伏于壁内，诫之曰："俟吾小却，贼必争进，则登城鼓噪，弓弩齐发以逼之。"既战，子仪伪退，而贼果乘之。乃开垒门，遽闻鼓噪，矢注如雨，贼徒震骇。整众追之，遂虏庆绪。〇张预曰：敌人奔北，必审真伪。若旗鼓齐应，号令如一，纷纷纭纭，虽退走，非败也，必有奇也，不可从之。若旗靡辙乱，人嚣马骇，此真败却也。**锐卒勿攻**，李筌曰：避强气也。〇杜牧曰：避实也。楚子伐隋，隋臣季良曰："楚人尚左，君必左，无与王遇。且攻其右，右无良焉，必败。偏败，众乃携矣。"隋少师曰："不当王，非敌也。"不从，隋师败绩。〇陈皞曰：此说是避敌所长，非锐卒勿攻之旨之。盖言士卒轻锐，且勿攻之；待其懈惰，然后击之。所谓千里远斗，其锋莫当，盖近之尔。〇梅尧臣曰：伺其气挫。〇何氏曰：如蜀先主率大众东伐吴，吴将陆逊拒之。蜀主从建平连围至夷陵界，立数十屯，以金帛爵赏诱动诸夷。先遣将吴班以数千人，于平地立营，欲以挑战。诸将皆欲击之。逊曰："备举军东至，锐气始盛，且乘高守险，难可卒攻。攻之纵下，犹难尽克；若有不利，损我必大。今但且奖励将士，广施方略，以观其变。"备知其计不行，乃引伏兵八千人，从谷中出。逊曰："所以不听诸军击班者，揣之必有巧故也。"诸将并曰："攻备当在初，今乃令人五六百里相衔持，经七八月，其诸要害，贼已固守，击之必无利矣。"逊曰："备是猾虏，其军始集，思虑精专，未可干也。今住已久，不得我便，兵疲意沮，计不复生。犄角此寇，正在今日！"乃先攻一营，不利。逊曰："吾已晓破之之术。"乃令各持一把茅，以火攻，拔之。备因夜遁。魏末，吴将诸葛恪围新城，司马景王使毌丘俭、文钦等拒之。俭、钦请战，景王曰："恪卷甲深入，投兵死地，其锋未易当。且新城小而固，攻之未可拔。"遂令诸将高垒以弊之。相持数日，恪攻城力屈，死伤大半。景王乃令钦督锐卒趣合榆，断其归路，恪惧而遁。前赵刘曜遣将讨羌，大酋权渠率众保险阻，曜将游子远频败之。权渠欲降，其子伊余大言于众中曰："往年刘曜自来，犹无若我何。"晨，压子远垒门。左右劝出战，子远曰："吾闻伊余有专诸之勇，庆忌之捷，其父新败，怒气甚盛。且西戎劲悍，其锋不可拟也，不如缓之，使气竭而击之。"乃坚壁不战。伊余有骄色。子远候其无备，夜分誓众，秣马蓐食，先晨具甲扫垒而出，迟明设覆而战，生擒伊余于陈。唐武德中，太宗率师往河东讨刘武周，江夏王道宗从军。太宗登玉壁城睹贼，顾谓道宗曰："贼恃其众，来邀我战，汝谓如何?"对曰："群贼锋不可当，易以计屈，难与力争。令众深壁高垒，以挫其锋。乌合之徒，莫能持久，粮运致竭，自当离散，可不战而擒。"太宗曰："汝意见暗与我合。"后贼食尽夜遁，一战败之。又太宗征薛仁杲于折墌城，贼十有余万，兵锋甚锐，数来挑战。诸将请战，太宗曰："我卒新经挫衄，锐气犹少；贼骤胜，必轻进好斗。我且闭壁以折之，待其气衰而后击，可一战而破。此万全计也。"因令军中曰："敢言战者斩。"相持久之，贼粮尽，军中颇携贰，其将相继来降。太宗知仁杲心腹内离，谓诸将曰："可以战矣。"令总管梁实营于浅水原以诱之。贼大将宗罗睺自恃骄悍，求战不得，气愤者久之；及是尽锐攻梁实，冀逞其志，梁实固险不出，以挫其锋。罗睺攻之愈急。太宗度贼已疲，复谓诸将曰："彼气将衰，吾当取之必矣。"申令诸将迟明合战。令将军庞玉陈子浅水原南，出贼之右，先饵之。罗睺并军共战，玉军几败。太宗亲御大军，奄自原北，出其不意。罗睺回师相拒，我师表里齐奋，呼声动天。罗睺气夺，于是大溃。又李靖从河间王孝恭讨萧铣，兵至夷陵，铣将文士弘率精卒数万屯清江。孝恭欲击之，靖曰："士弘，铣之健将，士卒骁勇。今新出荆门，尽兵出战，此是救败之师，恐不可当也。宜且治南岸，勿与争锋，待其气衰，然后奋击，破之必矣。"孝恭不从，留靖守营，与贼战。孝恭果败，奔于南岸。○张预曰：敌若乘锐而来，其锋不可当，宜少避之，以伺疲挫。晋楚相持，楚晨压晋军而陈，军吏患之。栾书曰："楚师轻窕，固垒以待之，三日必退。退而击之，必获胜焉。"又唐太宗征薛仁杲，贼兵锋甚锐，数来挑战。诸将请战，太宗曰："当且闭垒以折之，待其气衰，可一战而破也。"果然。**饵兵勿食**，李筌曰：秦人毒泾上流。○杜牧曰：敌忽弃饮食而去，先须尝试，不可便食，虑毒也。后魏文帝时，库莫奚侵扰，诏济阴王新成率众讨之。王乃多为毒酒，贼既渐逼，使弃营而去。贼至，喜，竞饮，酒酣毒作。王简轻骑纵击，俘获万计。○陈皞曰：此之获胜，盖亦偶然，固非为将之道，垂后世法也。孙子岂以他人不能致毒于人腹中哉？此言喻鱼若见饵，不可食也；敌若悬利，不可贪也。曹公与袁绍将文丑等战，诸将以为敌骑多，不如还营。荀攸曰："此所以饵敌也，安可去之?"即知饵兵非止谓置毒也。"食"字疑或为"贪"字也。○梅尧臣曰：鱼贪饵而亡，兵贪饵而败。敌以兵来约我，我不可从。○王皙曰：饵我以利，必有奇伏。○何氏曰：如春秋时，楚伐绞，军其南门。莫敖屈瑕曰："绞小而轻，轻则寡谋。请无扞采樵者以诱之。"从之。绞人获三十人。明日，绞人争出，驱楚役徒于山中。楚人坐其北门而覆诸山下，大败之，为城下之盟而还。又如赤眉佯败，弃辎重走，车载土，以豆覆其上。邓弘取之，为赤眉所败。曹公未得济而放牛马，马超取之，而公得渡。又如曹公弃辎重，文丑、刘备分取之，而为公所破。又如后魏广阳王元深以乜列河诱拔陵，竟来抄掠，拔陵为于谨伏兵所破。此皆饵之之术也。○张预曰：《三略》曰："香饵之下，必有悬鱼。"言鱼贪饵则为钓者所得，兵贪利则为敌人所败。夫饵非止谓置毒饮食，但以利留敌，皆为饵也。若曹公以畜产饵马超，以辎重饵袁绍，李矩以牛马饵石勒之类，皆是也。**归师勿遏**，李筌曰：士卒思归，志不可遏也。○杜牧曰：曹公自征张绣于穰，刘表遣兵救绣，以绝军后。公将引还，绣兵来追，公军不得进。表与绣复合兵守险，公军前后受敌。公乃夜凿险为地道，悉过辎重，设奇兵。会明，贼谓公为遁也，悉军来追，纵奇兵，步骑夹攻，大破之。公谓荀文若曰："虏遏吾归师，而与吾死地，吾是以知胜矣。"○孟氏曰：人怀归心，必能死战，则不可止而击也。○杜佑曰：人人有室家乡国之往，不可遏截之，徐观其变而制之。○梅尧臣曰：敌必死战。○王皙曰：人自为战也，勿遏塞之。若犹有他虑，则可要而击。曹公攻邺，袁尚来救。诸将以为归师，不如避之。公曰："尚从大道来，则避之；若循西山来者，此成擒耳。"盖大道来则归意全，循山来则顾负险，且有惧心也。○何氏曰：如魏初曹操围张绣于穰，刘表遣兵救绣，以绝军后。公将引还，绣兵来追，公军不得进，连营稍前到安众。绣与表合兵守险，公军前后受敌。公乃夜凿险为地道，悉过辎重，设奇兵。会明，贼谓公为遁也，悉军来追。乃纵奇兵，步骑夹攻，大破之。公谓荀彧曰："虏遏吾归师，与吾死地，是以知胜。"齐建武二年，魏国钟离，张欣泰为军主，随崔慧景救援。及魏军退，而邵阳洲上余兵万人，求输马五百匹假道。慧景欲断路攻之，欣泰说慧景曰："归师勿遏，古人畏之。兵在死地，不可轻也。"慧景乃听过也。前秦苻坚征晋，至寿春，兵败还。长安慕容泓起兵于华泽，坚将苻叡、窦冲、姚苌讨之。苻叡勇果轻敌，不恤士众。泓闻其至也，惧，率众将奔关东。叡驰兵邀之。姚苌谏曰："鲜卑有思归之心，宜驱令出关，不可遏也。"叡弗从。战于华泽，叡败绩被杀。后凉吕弘攻段业于张掖，不胜，将东走。业议欲击之。其将沮梁蒙逊谏曰："归师勿遏，穷寇勿追，此兵家之戒。不如纵之以为后图。"业曰："一日纵敌，悔将无及。"遂率众追之，为弘所败。○张预曰：兵之在外，人人思归，当路邀之，必致死战。韩信曰："从思东归之士，何所不克?"曹公既破刘表，谓荀彧曰："虏遏吾归师，吾是以知胜。"又吕弘攻段业，不胜，将东走，业欲击之，或谏曰："归师勿遏，兵家之戒。不如纵之，以为后图。"业不从，率众追之，为弘所败。古人似此者多，不可悉陈。**围师必阙**，曹操曰：《司马法》曰："围其三面，阙其一面，所以示生路也。"○李筌曰：夫围敌必空其一面，示不固也。若四面围之，敌必坚守不拔也。项羽坑外黄，魏武围壶关，即其义也。○杜牧曰：示以生路，令无必死之心，因而击之。后汉妖巫维汜弟子单臣、傅镇等相聚，入原武城劫掠吏人，自称将军。光武遣臧宫将北军数千人围之。贼食多，数攻不下，士卒死伤。帝召公卿诸侯王问方略。明帝时为东海王，对曰："妖巫相劫，势无久立，其中必有悔者；但外围急，不得走耳。小挺缓令得逃亡，则一亭长足以擒矣。"帝即勅令开围缓守，贼众分散，遂斩臣、镇等。大唐天宝末，李光弼领朔方军，与史思明战于土门，贼众退散，四面围合。光弼令开东南角以纵之。贼见开围，弃甲急走，因追击之，尽歼其众。是开一面也。○杜佑曰：若围敌平陆之地，必空一面以示其虚，欲使战守不固，而有去留之心。若敌临危据险，强救在表，当坚固守之，未必阙也。此用兵之法。○梅尧臣同曹操注。○何氏曰：如后汉初，张步据齐地，汉将耿弇总兵讨之。步使其大将费邑军历下，又分守祝阿、钟城。弇先击祝阿，自晨攻城，未日中而拔。故开围一角，令其众得奔归钟城。钟城人闻祝阿已溃，大恐惧，遂空壁亡去。又朱俊与徐璆共讨黄巾余贼，韩忠据宛乞降，不许。因急攻之，连城不克。俊登山睹之，顾谓张超曰："吾知之矣！贼今外围坚固，内营急逼，乞降不受，欲出不得，所以死战也。万人一心，犹不可当，况十万乎？其害甚矣。今不如彻围，并兵入城，忠见围解，则势必自出。出则意散，易破之道也。"既而解围，忠果出战，俊因破之。又魏太祖围壶关，下令曰："城拔尽坑之。"连月不下。曹仁曰："围城必示之活门，所以开其生路也。今公告之必死，将人自为守。且城固而粮多，攻之则士卒伤，守之则日久。今顿兵坚城之下，攻必死之虏，非良计也。"太祖从之，开城，遂降。又后魏末，齐神武起义兵于河北。尒朱兆、天光、度律、仲远等四将同会邺南，士马精强，号二十万，围神武于南陵山。是时神武马二千，步卒不满三万人。兆等设围不合，神武连系牛驴，自塞归道，于是将士死战，四面奋击，大破兆等。○张预曰：围其三面，开其一角，示以生路，使不坚战。后汉朱俊讨贼帅韩忠于宛，急攻不克。因谓军吏曰："贼今外围坚固，所以死战。若我解围，势必自出。出则意散，易破之道也。"果如其言。又曹公围壶关，谓之曰："城破皆坑之。"连攻不下。曹仁谓公曰："夫围城必示之活门，所以开其生路也。今公许之必死，令人自守，非计也。"公从之，遂拔其城是也。**穷寇勿迫**。杜牧曰：春秋时，吴伐楚，楚师败走，及清发，阖庐复将击之。夫概王曰："困兽犹斗，况人乎？若知不免而致死，必败我。若使半济，而后可击也。"从之，又败之。汉宣帝时，赵充国讨先零羌。羌睹大军，弃辎重，欲渡湟水，道阨狭，充国徐行驱之。或曰："逐利行迟。"充国曰："穷寇也，不可迫。缓之则走不顾，争之则还致死。"诸将曰："善。"虏果赴水，溺死者数万，于是大破之也。○陈皞曰：鸟穷则搏，兽穷则噬也。○梅尧臣曰：困兽犹斗，物理然也。○何氏曰：前燕吕护据野王，阴通晋。事觉，燕将慕容恪等率众讨之。将军傅颜言之恪曰："护穷寇假合，王师既临，则上下丧气。殿下前以广固天险，守易攻难，故为长久之策；今贼形不与往同，宜急攻之，以省千金之费。"恪曰："护，老贼，经变多矣。观其为备之道，则未易卒图也。今围之于穷城，樵采路绝，内无蓄积，外无强援，不过于十旬，弊之必矣。何必残士卒之命，而趋一时之利哉？此谓兵不血刃，而坐以制胜也。”遂列长围守之。凡经六月，而野王溃，护南奔于晋，悉降其众。五代晋将符彦卿、杜重威经略北鄙，遇虏于阳城。戎人十万，围晋师于中野，乏水，军人凿井，取泥衣绞而吮之，人马渴死甚众。彦卿曰：“与其束手就擒，曷若以身殉国？我今穷蹙！”乃率劲骑出击之。会大风扬尘，乘势决战，戎人大溃。此彦卿为虏十万所围，乃穷蹙之寇，遂致死力以求生，戎人不悟之，致败也。〇张预曰：敌若焚舟破釜，来决一战，则不可逼迫，盖兽穷则搏也。晋师败齐于鞌，齐侯请盟，晋人不许。齐侯曰：“请收合余烬，背城借一。”晋人惧而与之盟。吴夫概王谓“困兽犹斗”，汉赵充国言“缓之则走不顾，急之则还致死”，盖亦近之。**此用兵之法也**。

九变篇 曹操曰：变其正，得其所用九也。〇王皙曰：皙谓九者数之极；用兵之法，当极其变耳。《逸诗》云：“九变复贯。”不知曹公谓何为九。或曰：九地之变也。〇张预曰：变者，不拘常法，临事适变，以宜而行之之谓也。凡与人争利，必知九地之变，故次《军争》。

孙子曰：凡用兵之法，将受命于君，合军聚众。张预曰：已解上文。**圮地无舍**，曹操曰：无所依也。水毁曰圮。〇李筌曰：地下曰圮，行必水淹也。〇陈皞曰：圮，低下也。孔明谓之地狱。狱者，中下，四面高也。〇孟氏曰：太下则为敌所囚。〇杜佑曰：择地顿兵，当趋利而避害也。〇梅尧臣曰：山林、险阻、沮泽之地，不可舍止，无所依也。〇何氏曰：下篇言“圮地则吾将进其涂”，谓少固之地，宜速去之也。〇张预曰：山林、险阻、沮泽，凡难行之道为圮地。以其无所依，故不可舍止。**衢地交合**，曹操曰：结诸侯也。〇李筌曰：四通曰衢，结诸侯之交地也。〇贾林曰：结诸侯以为援。〇梅尧臣曰：夫四通之地，与旁国相通，当结其交也。〇何氏曰：下篇云“衢地吾将固其结”，言交结诸侯，使牢固也。〇张预曰：四通之地，旁有邻国，先往结之，以为交援。**绝地无留**，曹操曰：无久止也。〇李筌曰：地无泉井、畜牧、采樵之处，为绝地，不可留也。〇贾林曰：溪谷坎险，前无通路曰绝，当速去无留。〇梅尧臣曰：始去国，始出境，犹不居轻地，是不可久留也。张预曰：去国越境而师者，绝地也。危绝之地，过于重地，故不可淹留久止也。**围地则谋**，曹操曰：发奇谋也。〇李筌曰：因地能通。〇贾林曰：居四险之中曰围地，敌可往来，我难出入。居此地者，可预设奇谋，使敌不为我患，乃可济也。〇梅尧臣曰：往返险迂，当出奇谋。〇何氏曰：下篇亦云“围地则谋”，言在艰险之地，与敌相持，须用奇险诡谲之谋，不至于害也。〇张预曰：居前隘后固之地，当发奇谋。若汉高为匈奴所围，用陈平奇计得出，兹近之。**死地则战**。曹操曰，殊死战也。〇李筌曰：置兵于必死之地，人自为私斗，韩信破赵，此是也。〇梅尧臣曰：前后有碍，决在死战。此而上举九地之大约也。〇王皙注上之五地并同曹公。〇何氏曰：下篇亦云“死地则战”者，此地速为死战则生；若缓而不战，气衰粮绝，不死何待也！〇张预曰：走无所往，当殊死战，淮阴背水陈是也。从“圮地无舍”至此为九变，止陈五事者，举其大略也。《九地篇》中说九地之变，唯言六事，亦陈其大略也。凡地有势有变，《九地篇》上所陈者是其势也，下所叙者是其变也。何以知九变为九地之变？下文云：“将不通九变，虽知地形，不能得地利。”又《九地篇》云：“九地之变，屈伸之利，不可不察。”以此观之，义可见也。下既说九地，此复言九变者，孙子欲叙五利，故先陈九变。盖九变、五利相须而用，故兼言之。**涂有所不由**，曹操曰：隘难之地，所不当从；不得已从之，故为变。〇李筌曰：道有险狭，惧其邀伏，不可由也。〇杜牧曰：后汉光武遣将军马援、耿舒讨武陵五溪蛮，军次下隽，今辰州也。有两道可入，以壶头则路近而水险，从充道则路夷而运远。帝初以为疑。及军至，耿舒欲以充道，援以为弃日费粮，不如进壶头，搤其咽喉，则贼自破。以事上之帝，从援策，乃进营壶头。贼乘高守隘，水疾，船不得上。会暑湿，士卒多疫死，援亦中病卒。耿舒与兄好畤侯书曰：“舒前上言，当先击充道，虽难运而兵马得用，军人数万，争欲先奋。今壶头竟不得进，大众怫郁行死，诚可痛惜！”〇贾林曰：由，从也。途且不利，虽近不从。〇杜佑曰：厄难之地，所不当从也。不得已从之，故为变也。〇梅尧臣曰：避其险厄也。〇王皙曰：途虽可从，而有所不从，虑奇伏也。若赵涉说周亚夫，避殽黾厄陿之间，虑置伏兵，请兵蓝田，出武关，抵洛阳，间不过差一二日是也。〇张预曰：险厄之地，车不得方轨，骑不得成列，故不可由也。不得已而行之，必为权变。韩信知陈余不用李左车计，乃敢入井陉口是也。**军有所不击**，曹操曰：军虽可击，以险难久，留之失前利，若得之则利薄，困穷之兵，必死战也。〇杜牧曰：盖以锐卒勿攻，归师勿遏，穷寇勿迫，死地不可攻。或我强敌弱，敌前军先至，亦不可击，恐惊之退走也。言有如此之军，皆不可击。斯统言为将须知有此不可击之军，即须不击，益为知变也。故列于《九变篇》中。〇陈皞曰：见小利不能倾敌，则勿击之，恐重劳人也。〇贾林曰：军可威怀，势将降伏，则不击。寇穷据险，击则死战，可自固守，待其心惰取之。〇杜佑曰：军虽可击，以地险难久，留之失前利，若得之利薄也。穷困之卒，隘陷之军，不可攻，为死战也；当固守之，以待隙也。〇梅尧臣曰：往无利也。〇王皙曰：曹公曰："军虽可击，以地险难久，留之失前利，若得之则利薄。"皙谓饵兵锐卒，正正之旗，堂堂之阵，亦是也。〇张预曰：纵之而无所损，克之而无所利，则不须击也。又若我弱彼强，我曲彼直，亦不可击。如晋楚相持，士会曰："楚人德刑、政事、典礼不易，不可敌也。不为是征。"义相近也。**城有所不攻**，曹操曰：城小而固，粮饶，不可攻也。操所以置华、费而深入徐州，得十四县也。〇杜牧曰：操舍华、费不攻，故能兵力完全，深入徐州，得十四县也。盖言敌于要害之地，深峻城隍，多积粮食，欲留我师；若攻拔之，未足为利，不拔则挫我兵势，故不可攻也。宋顺帝时，荆州守沈攸之反。素蓄士马，资用丰积，战士十万，甲马二千。军至郢城，功曹臧寅以为：攻守异势，非旬日所拔；若不时举，挫锐损威。今顺流长驱，计日可捷；既倾根本，则郢城岂能自固？故兵法曰"城有所不攻"是也。攸之不从。郢郡守柳世隆拒攸之。攸之尽锐攻之，不克，众溃走，入林自缢。后周武帝欲出兵于河阳以伐齐，吏部宇文弢进曰："今用兵须择地。河阳要冲，精兵所聚，尽力攻之，恐难得志。如臣所见，彼汾之曲，戍小山平，攻之易拔，用武之地，莫过于此。"帝不纳，师竟无功。复大举伐齐，卒用弢计以灭齐。国家自元和三年至于今三十年间，凡四攻寇。魏薄攻寇之南宫县，上党攻寇之临城县，太原攻寇之河星镇。是寇三城池浚壁坚，刍粟米石，金炭麻膏，凡城守之资，常为不可胜之计以备。官军击虏，攻既不拔，兵顿力疲，寇以劲兵来救，故百战百败。故三十年间，困天下之功力，攻数万之寇，四围其境，通计十岁，竟无尺寸之功者，盖常堕寇计中，不能知变也。〇贾林曰：臣忠义重禀命坚守者，亦不可攻也。〇梅尧臣曰：有所害也。〇王皙曰：城非控要，虽可攻，然惧于钝兵挫锐，或非坚实，而得士死力；又克虽有期，而救兵至，吾虽得之，利不胜其所害也。〇张预曰：拔之而不能守，委之而不为患，则不须攻也。又若深沟高垒，卒不能下，亦不可攻。如士匄请伐偪阳，荀罃曰"城小而固，胜之不武，弗服为笑"是也。**地有所不争**，曹操曰：小利之地，方争得而失之，则不争也。〇杜牧曰：言得之难守，失之无害。伍子胥谏夫差曰："今我伐齐，获其地，犹石田也。"东晋陶侃镇武昌，议者以武昌北岸有邾城，宜分兵镇之，侃每不答，而言者不已。侃乃渡水猎，引诸将佐语之曰："我所以设险而御寇，正以长江耳。邾城隔在江北，内无所倚，外接群夷；夷中利深，晋人贪利，夷不堪命，必引寇虏。乃致祸之由，非御寇也。且今纵有兵守之，亦无益于江南；若羯虏有可乘之会，此又非所资也。"后庾亮戍之，果大败也。〇梅尧臣曰：得之无益者。〇王皙曰：谓地虽要害，敌已据之；或得之无所用，若难守者。〇张预曰：得之不便于战，失之无害于己，则不须争也。又若辽远之地，虽得之，终非己有，亦不可争。如吴子伐齐，伍员谏曰："得地于齐，犹获石田也；不如早从事于越。"不听，为越所灭是也。**君命有所不受**。曹操曰：苟便于事，不拘于君命也。〇李筌曰：苟便于事，不拘君命。穰苴斩庄贾，魏绛戮杨干是也。〇杜牧曰：尉缭子曰："兵者，凶器也。争者，逆德也。将者，死官也。无天于上，无地于下，无敌于前，无主于后。"贾林曰：决必胜之机，不可推于君命；苟利社稷，专之可也。〇孟氏曰：无敌于前，无君于后，阃外之事，将军制之。〇梅尧臣曰：从宜而行也。此而上，五利也。〇张预曰：苟便于事，不从君命。夫概王曰"见义而行不待命"是也。自"涂有所不由"至此，为五利。或曰：自涂"圮地无舍"至"地有所不争"为九变，谓此九变，皆不从中覆，但临时制宜，故统之以"君命有所不受"。**故将通于九变**

之地利者，知用兵矣；李筌曰：谓上之九事也。○杜佑曰：九事之变，皆临时制宜，不由常道，故言变也。○贾林曰：九变，上九事。将帅之任机权，遇势则变，因利则制，不拘常道，然后得其通变之利。变之则九，数之则十，故君命不在常变例也。○梅尧臣曰：达九地之势，变而为利也。○王晳曰：非贤智不能尽事理之变也。○何氏曰：孙子以"九变"名篇，解者十有余家，皆不条其九变之目者，何也？盖自"圮地无舍"而下，至"君命有所不受"，其数十矣，使人不得不惑。愚熟观文意上下，止述其地之利害尔；且十事之中，"君命有所不受"且非地事，昭然不类矣。盖孙子之意，言凡受命之将，合聚军众，如经此九地，有害而无利，则当变之，虽君命使之舍、留、攻、争，亦不受也。况下文言"将不通于九变之利者，虽知地形，不能得地之利矣"，其君命岂得与地形而同算也？况下之《地形篇》云："战道必胜，主曰无战，必战可也。战道不胜，主曰必战，无战可也。"厥旨尽在此矣。○张预曰：更变常道，而得其利者，知用兵之道矣。**将不通于九变之利者，虽知地形，不能得地之利矣**。贾林曰：虽知地形，心无通变，岂惟不得其利，亦恐反受害也。将贵适变也。○梅尧臣曰：知地不知变，安得地之利？○张预曰：凡地有形有变，知形而不晓变，岂能得地之利？**治兵不知九变之术，虽知五利，不能得人之用矣**。曹操曰：谓下五事也。九变，一云五变。○贾林曰：五利、五变，亦在九变之中。遇势能变则利，不变则害。在人，故无常体。能尽此理，乃得人之用地。五变谓：途虽近，知有险阻、奇伏之变而不由；军虽可击，知有穷蹙、死斗之变而不击；城虽势孤可攻，知有粮充、兵锐、将智、臣忠不测之变而不攻；地虽可争，知得之难守、得之无利、有反夺伤人之变而不争；君命虽宜从之，知有内御不利之害而不受。此五变者，临时制宜，不可预定。贪五利者：途近则由，军势孤则击，城势危则攻，地可取则争，军可用则受命。贪此五利，不知其变，岂惟不得人用，抑亦败军伤士也。○梅尧臣曰：知利不知变，安得人而用？○王晳曰：虽知五地之利，不通其变，如胶柱鼓瑟耳。○张预曰：凡兵有利有变，知利而不识变，岂能得人之用？曹公言下五事为五利者，谓九变之下五事也，非谓"杂于利害"已下五事也。**是故智者之虑，必杂于利害**。曹操曰：在利思害，在害思利，当难行权也。○李筌曰：害彼利此之虑。○贾林曰：杂一为亲，一为难。言利害相参杂，智者能虑之慎之，乃得其利也。○梅尧臣同曹操注。○王晳曰：将通九变，则利害尽矣。○张预曰：智者虑事，虽处利地，必思所以害；虽处害地，必思所以利。此亦通变之谓也。**杂于利，而务可信也**；曹操曰：计敌不能依五地为我害，所务可信也。○杜牧曰：信，申也。言我欲取利于敌人，不可但见取敌人之利，先须以敌人害我之事参杂而计量之，然后我所务之利，乃可申行也。○贾林曰：在利之时，则思害以自慎。一云：以害杂利行之，威令以临之，刑法以戮之，己不二三，则众务皆信，人不敢欺也。○梅尧臣曰：以害参利，则事可行。○王晳曰：曲尽其利，则可胜矣。○张预曰：以所害而参所利，可以伸己之事。郑师克蔡，国人皆喜，惟子产惧曰："小国无文德而有武功，祸莫大焉。"后楚果伐郑。此是在利思害也。**杂于害，而患可解也**。曹操曰：既参于利，则亦计于害，虽有患，可解也。○李筌曰：智者为利害之事，必合于道，不至于极。○杜牧曰：我欲解敌人之患，不可但见敌能害我之事，亦须先以我能取敌人之利，参杂而计量之，然后有患乃可解释也。故上文云"智者之虑，必杂于利害"也。譬如敌人围我，我若但知突围而去，志必懈怠，即必为追击；未若励士奋击，因战胜之利，以解围也。举一可知也。○贾林曰：在害之时，则思利而免害，故措之死地则生，投之亡地则存，是其患解也。○梅尧臣曰：以利参害，则祸可脱。○王晳曰：周知其害，则不败矣。○何氏曰：利害相生，明者常虑。○张预曰：以所利而参所害，可以解己之难。张方入洛阳，连战皆败，或劝方宵遁，方曰："兵之利钝是常，贵因败以为成耳。"夜潜进逼敌，遂致克捷。此是在害思利也。**是故屈诸侯者以害**，曹操曰：害其所恶也。○李筌曰：害其政也。○杜牧曰：恶，音一路反。言敌人苟有其所恶之事，我能乘而害之，不失其机，则能屈敌也。○贾林曰：为害之计，理非一途。或诱其贤智，令彼无臣；或遗以奸人，破其政令；或为巧作，间其君臣；或遗工巧，使其人疲财耗；或馈淫乐，变其风俗；或与美人，惑乱其心。此数事若能潜运阴谋，密行不泄，皆能害人，使之屈折也。○梅尧臣曰：制之以害，则屈也。〇王皙曰：穷屈于必害之地，勿使可解也。〇张预曰：致之于受害之地，则自屈服。或曰：间之使君臣相疑，劳之使民失业，所以害之也。若韦孝宽间斛律光，高颎平陈之策是也。**役诸侯者以业，**曹操曰：业，事也。使其烦劳，若彼入我出，彼出我入也。〇李筌曰：烦其农也。〇杜牧曰：言劳役敌人，使不得休，我须先有事业，乃可为也。事业者，兵众，国富、人和、令行也。〇杜佑曰：能以事劳役诸侯之人，令不得安佚。韩人令秦凿渠之类是也。或以奇技艺业、淫巧功能，令其耽之心目，内役诸侯，若此而劳。〇梅尧臣曰：挠之以事则劳。〇王皙曰：常若为攻袭之业，以弊敌也。田常曰："吾兵业已加鲁矣。"〇张预曰：以事劳之，使不得休。或曰：压之以富强之业，则可役使。若晋楚国强，郑人以牺牲玉帛奔走以事之是也。**趋诸侯者以利。**曹操曰：令自来也。〇李筌曰：诱之以利。〇杜牧曰：言以利诱之，使自来至我也，堕吾画中。〇孟氏曰：趋，速也。善示以利，令忘变而速至，我作变以制之，亦谓得人之用也。〇梅尧臣同杜牧注。〇王皙曰：趋敌之间，当周旋我利也。〇张预曰：动之以小利，使之必趋。**故用兵之法，无恃其不来，恃吾有以待也；**梅尧臣曰：所恃者，不懈也。**无恃其不攻，恃吾有所不可攻也。**曹操曰：安不忘危，常设备也。〇李筌曰：预备不可阙也。〇杜佑曰：安则思危，存则思亡，常有备。〇梅尧臣曰：所赖者，有备也。〇王皙曰：备者，实也。〇何氏曰：《吴略》曰："君子当安平之世，刀剑不离身。"古诸侯相见，兵卫不彻警，盖虽有文事，必有武备，况守边固圉，交刃之际欤？凡兵所以胜者，谓击其空虚，袭其懈怠，苟严整终事，则敌人不至。《传》曰："不备不虞，不可以师。"昔晋人御秦，深垒固军以待之，秦师不能久。楚为阵，而吴人至，见有备而返。程不识将屯，正部曲行伍营陈，击刁斗，吏治军簿，虏不得犯。朱然为军师，虽世无事，每朝夕严鼓兵，在营者咸行装就队，使敌不知所备，故出辄有功。是谓能外御其侮者乎！常能居安思危，在治思乱，戒之于无形，防之于未然，斯善之善者也。其次莫如险其走集，明其伍候，慎固其封守，缮完其沟隍，或多调军食，或益修战械。故曰：物不素具，不可以应卒。又曰：惟事事乃其有备，有备无患。常使彼劳我佚，彼老我壮，亦可谓先人有夺人之心，不战而屈人之师也。若夫莒以恃陋而溃，齐以狎敌而歼，虢以易晋而亡，鲁以果邾而败，莫敖小罗而无次，吴子入巢而自轻，斯皆可以作鉴也。故吾有以待、吾有所不可攻者，能豫备之之谓也。〇张预曰：言须思患而预防之。《传》曰："不备不虞，不可以师。"**故将有五危：**李筌张预曰：下五事也。〇**必死，可杀也；**曹操曰：勇而无虑，必欲死斗，不可屈挠，可以奇伏中之。〇李筌曰：勇而无谋也。〇杜牧曰：将愚而勇者，患也。黄石公曰："勇者好行其志，愚者不顾其死。"吴子曰："凡人之论将，常观于勇；勇之于将，乃数分之一耳。夫勇者必轻合，轻合而不知利，未可将也。"〇梅尧臣同李筌注。〇何氏曰：《司马法》曰："上死不胜。"言贵其谋胜也。〇张预曰：勇而无谋，必欲死斗，不可与力争，当以奇伏诱致而杀之。故《司马法》曰："上死不胜。"言将无策略，止能以死先士卒，则不胜也。**必生，可虏也；**曹操曰：见利畏怯不进也。〇李筌曰：疑怯可虏也。〇杜牧曰：晋将刘裕诉江追桓玄，战于峥嵘洲。于时义军数千，玄兵甚盛；而玄惧有败衄，常漾轻舸于舫侧，故其众莫有斗心。义军乘风纵火，尽锐争先，玄众是以大败也。〇孟氏曰：将之怯弱，志必生返，意不亲战，士卒不精，上下犹豫，可急击而取之。《新训》曰："为将怯懦，见利而不能进。"太公曰："失利后时，反受其殃。"〇梅尧臣曰：怯而不果。〇王皙曰：无斗志。曹公曰："见利怯不进也。"皙谓见害亦轻走矣。〇何氏曰：《司马法》曰："上生多疑。"疑为大患也。〇张预曰：临阵畏怯，必欲生返，当鼓噪乘之，可以虏也。晋楚相攻，晋将赵婴齐令其徒先具舟于河，欲败而先济是也。**忿速，可侮也；**曹操曰：疾急之人，可忿怒侮而致之也。〇李筌曰：急疾之人，性刚而可侮致也。太宗杀宋老生而平霍邑。〇杜牧曰：忿者，刚怒也；速者，褊急也，性不厚重也。若敌人如此，可以陵侮，使之轻进而败之也。十六国姚襄攻黄落，前秦苻生遣苻黄眉、邓羌讨之。襄深沟高垒，固守不战。邓羌说黄眉曰："襄性刚很，易以刚动。若长驱鼓行，直压其垒，必忿而出师，可一战而擒也。"黄眉从之。襄怒，出战，黄眉等斩之。〇杜佑曰：急疾之人，可忿怒而致死。忿速易怒者，狷戆疾急，不计其难，可动作欺侮。

○梅尧臣曰：狷急易动。○王皙曰：将性贵持重，忿狷则易挠。○张预曰：刚愎褊急之人，可凌侮而致之。楚子玉刚忿，晋人执其使以怒之，果从晋师，遂为所败是也。**廉洁，可辱也**；曹操曰：廉洁之人，可污辱致之也。○李筌曰：矜疾之人，可辱也。○杜牧曰：此言敌人若高壁固垒，欲老我师，我势不可留，利在速战。揣知其将多忿急，则轻侮而致之；性本廉洁，则污辱之。如诸葛孔明遗司马仲达以巾帼，欲使怒而出战；仲达忿怒欲济师，魏帝遣辛毗仗节以止之。仲达之才，犹不胜其忿，况常才之人乎！○梅尧臣曰：徇名不顾。○王皙同曹操注。○张预曰：清洁爱民之士，可垢辱以挠之，必可致也。**爱民，可烦也**。曹操曰：出其所必趋，爱民者，则必倍道兼行以救之，救之则烦劳也。○李筌曰：攻其所爱，必卷甲而救；爱其人，乃可以计疲。○杜牧曰：言仁人爱人者，惟恐杀伤，不能舍短以长，弃彼取此，不度远近，不量事力，凡为我次，则必来救。如此，可以烦之，令其劳顿，而后取之也。○陈皞曰：兵有须救、不必救者，项羽救赵，此须救也；亚夫委梁，不必救也。○贾林曰：廉洁之人，不好侵掠，爱人之仁，不好斗战，辱而烦之，其动必败。○梅尧臣曰：力疲则困。○王皙曰：以奇兵若将攻城邑者，彼爱民必数救，则烦劳也。○张预曰：民虽可爱，当审利害。若无微不救，无远不援，则出其所必趋，使烦而困也。**凡此五者，将之过也，用兵之灾也**。陈皞曰：良将则不然。不必死，不必生，随事而用；不忿速，不耻辱，见可如虎，否则闭户；动静以计，不可喜怒也。○梅尧臣曰：皆将之失，为兵之凶。○何氏曰：将材古今难之，其性往往失于一偏尔。故孙子首篇言将者，智、信、仁、勇、严，贵其全也。○张预曰：庸常之将，守一而不知变，故取则于己，为凶于兵。智者则不然，虽勇而不必死，虽怯而不必生，虽刚而不可侮，虽廉而不可辱，虽仁而不可烦也。**覆军杀将，必以五危，不可不察也**。贾林曰：此五种之人，不可任为大将，用兵必败也。○梅尧臣曰：当慎重焉。○张预曰：言须识权变，不可执一道也。

行军篇　曹操曰：择便利而行也。○王皙曰：行军当据地，便察敌情也。○张预曰：知九地之变，然后可以择利而行军，故次《九变》。

孙子曰：凡处军、相敌：王皙曰：处军凡有四，相敌凡三十有一。○张预曰：自“绝山依谷”，至“伏奸之所处”，则处军之事也；自“敌近而静”，至“必谨察之”，则相敌之事也。相，犹察也，料也。**绝山依谷**，曹操曰：近水草利便也。○李筌曰：军，我；敌，彼也。相其依止，则胜败之数、彼我之势可知也。绝山，守险也；依谷，近水草。夫列营垒，必先分卒守隘，纵畜牧，收樵采，而后宁。○杜牧曰：绝，过也；依，近也。言行军经过山险，须近谷而有水草之利也。吴子曰：“无当天灶大谷之口。”言不可当谷，但近谷而处可也。○贾林曰：两军相当敌，宜择利而动。绝山，跨山；依谷，傍谷也。跨山无后患，依谷有水草也。○梅尧臣曰：前为山所隔，则依谷以为固。○王皙曰：绝，度也；依，谓附近耳。曹公曰：“近水草利便也。”○张预曰：绝，犹越也。凡行军越过山险，必依附溪谷而居，一则利水草，二则负险固。后汉武都羌为寇，马援讨之。羌在山上，援据便地，夺其水草。不与战。羌穷困，悉降。羌不知依谷之利也。**视生处高**，曹操曰：生者，阳也。○李筌曰：向阳曰生，在山曰高。生高之地可居也。○杜牧曰：言须处高而面南也。○陈皞曰：若地有东西，其法何如？答曰：然则面东也。○贾林曰：居阳曰生。视生，为无蔽冒物也。处军当在高。○杜佑曰：高，阳也。视，谓目前生地。处军当在高。○梅尧臣曰：若在陵之上，必向阳而居，处高乘便也。○张预曰：视生，谓面阳也。处军当在高阜。**战隆无登**，曹操曰：无迎高也。○李筌曰：敌自高而下，我无登而取之。○杜牧曰：隆，高也。言敌人在高，我不可自下往高，迎敌人而接战也。一作“战降无登”。降，下也。○贾林曰：战宜乘下，不可迎高也。○杜佑曰：无迎高也。降，下也，谓山下也。战于山下，敌引之上山，无登逐也。○梅尧臣曰：敌处地之高，不可登而战。○张预曰：敌处隆高之地，不可登迎与战。一本作“战降无登迎”，谓敌下山来战，引我上山，则不可登迎。**此处山之军也**。梅尧臣曰：处山当知此三者。○张预曰：凡高而崇者，皆谓之山。处山拒敌，以上三事为法。**绝水必远水**；曹操、李筌曰：引敌使渡。〇杜牧曰：魏将郭淮在汉中，蜀主刘备欲渡汉水来攻，诸将议众寡不敌，欲依水为阵以拒之。淮曰："此示弱而不足挫敌，不如远水为陈，引而致之，半济而后击，备可破也。"既列陈，备疑，不敢渡。〇梅尧臣曰：前为水所隔，则远水以引敌。〇王晳曰：我绝水也。曹说是也。〇张预曰：凡行军过水，欲舍止者，必去水稍远，一则引敌使渡，一则进退无碍。郭淮远水为陈，刘备悟之而不渡是也。**客绝水而来，勿迎之于水内，令半济而击之，利**；李筌曰：韩信杀龙且于潍水，夫概败楚子于清发是也。〇杜牧曰：楚汉相持，项羽自击彭越，令其大司马曹咎守成皋。汉军挑战，咎涉汜水战。汉军候半涉，击，大破之。"水内"，乃"汭"也，误为"内"耳。〇梅尧臣曰：敌之方来，迎于水滨，则不渡。〇王晳曰："内"当作"汭"。迎于水汭，则敌不敢济；远则趋利不及，当得其宜也。〇何氏曰：如春秋时，宋公及楚人战于泓。宋人既成列，楚人未既济。司马曰："彼众我寡，及其未既济也，请击之。"公曰："不可。"既济而未成列，又以告。公曰："未可。"既陈而后击之，宋师败绩，公伤股，门官歼焉。宋公违之，故败也。吴伐楚，楚师败；及清发，将击之。夫概王曰："困兽犹斗，况人乎？若知不免而致死，必败我；若使先济者知免，后者慕之，蔑有斗心矣。半济，而后可击也。"从之，又败之。魏将郭淮在汉中，蜀主刘备欲渡汉水来攻。时诸将等议曰："众寡不敌。"欲依水为陈以拒之。淮曰："此则示弱，而不足以挫敌，非算也。不如远水为陈，引而致之，半济而后击，备可破也。"既陈，备疑，不敢渡。唐武德中，薛万均与罗艺守幽燕，窦建德率众十万寇范阳，万均谓艺曰："众寡不敌，今若出斗，百战百败，当以计取之。可令羸兵弱马，阻水背城为陈以诱之。贼若渡水交兵，请公精骑百人，伏于城侧，待其半渡而击之。"从之。建德渡水，万均击破之。〇张预曰：敌若引兵渡水来战，不可迎之于水边，俟其半济，行列未定，首尾不接，击之必胜。公孙瓒败黄巾贼于东光，薛万均破窦建德于范阳，皆用此术也。**欲战者，无附于水而迎客**；曹操曰：附，近也。〇李筌曰：附水迎客，敌必不得渡而与我战。〇杜牧曰：言我欲用战，不可近水迎敌，恐敌人疑我，不渡也。义与上同，但客主词异耳。〇杜牧曰：附，近也。近水待敌，不得渡也。〇梅尧臣曰：必欲战，亦莫若远水。〇王晳曰：我利在战，则当差远，使敌必渡而与之战也。〇张预曰：我欲必战，勿近水迎敌，恐其不得渡；我不欲战，则阻水拒之，使不能济。晋将阳处父与楚将子上夹泜水而军。阳子退舍，欲使楚人渡；子上亦退舍，欲令晋师渡。遂皆不战而归。**视生处高**，曹操曰：水上亦当处其高也。前向水，后当依高而处之。〇梅尧臣曰：水上亦据高而向阳。〇王晳曰：曹公曰："水上亦当处其高。"晳谓非谓近水之地。下曹注云："恐溉我也。"疑当在此下。〇何氏曰：视生向阳，远视也。军处高，远见敌势，则敌人不得潜来出我不意也。〇张预曰：或岸边为陈，或水上泊舟，皆须面阳而居高。**无迎水流**。曹操曰：恐溉我也。〇李筌曰：恐溉我也。智伯灌赵襄子，光武溃王寻，迎水处高乃败之。〇杜牧曰：水流就下，不可于卑下处军也。恐敌人开决，灌浸我也。上文云"视生处高"也。诸葛武侯曰："水上之阵，不逆其流。"此言我军舟船，亦不可泊于下流，言敌人得以乘流而薄我也。〇贾林曰：水流之地，可以溉吾军，可以流毒药。迎，逆也。一云：逆流而营军，兵家所忌。〇梅尧臣曰：无军下流，防其决灌。舳舻之战，逆亦非便。〇王晳曰：当乘上流。魏曹仁征吴，欲攻濡须洲中。蒋济曰："贼据西岸，列船上流，而兵入洲中，是谓自内地狱，危亡之道也。"仁不从而败。〇何氏曰：顺流而战，则易为力。〇张预曰：卑地勿居，恐决水溉我。舟战亦不可处下流，以彼沿我溯战不便也。兼虑敌人投毒于上流。楚尹拒吴，卜战不吉。司马子鱼曰："我得上流，何故不吉？"遂决战，果胜。是军须居上流也。**此处水上之军也**。梅尧臣曰：处水上当知此五者。〇张预曰：凡近水为阵，皆谓水上之军。水上拒敌，以上五事为法。**绝斥泽，惟亟去无留**；陈皞曰：斥，咸卤之地，水草恶，渐洳不可处军。《新训》曰"地固斥泽，不生五谷"者是也。〇贾林曰：咸卤之地，多无水草，不可久留。〇梅尧臣曰：斥，远也。旷荡难守，故不可留。〇王晳曰：斥，卤也。地广且下，而无所依。〇张预曰：《刑法志》云："山川沈斥。"颜师古注曰："沈，深水之下；斥，咸卤之地。"然则"斥泽"谓瘠卤渐洳之所也。以其地气湿润，水草薄恶，故宜急过。

若交军于斥泽之中，必依水草而背众树。曹操曰：不得已与敌会于斥泽中。〇李筌曰：急过不得，战必依水背树。夫有水树，其地无陷溺也。〇杜牧曰：斥卤之地，草木不生，谓之飞锋。言于此忽遇敌，即须择有水草林木而止之。〇杜佑曰：一本作“背众木”。言不得已与敌战，而会斥泽之中，当背稠树以为固守，盖地利，兵之助也。〇梅尧臣曰：不得已而会敌，则依近水草，背倚众木。〇王皙曰：猝与敌遇于此，亦必就利而背固也。〇张预曰：不得已而会兵于此地，必依近水草，以便樵汲；背倚林木，以为险阻。**此处斥泽之军也**。梅尧臣曰：处斥泽，当知此二者。〇张预曰：处斥泽之地，以上二事为法。**平陆处易**，曹操曰：车骑之利也。〇杜牧曰：言于平陆，必择就其中坦易平稳之处以处军，使我车骑得以驰逐。〇王皙同曹操注。〇何氏同杜牧注。〇张预曰：平原十野，车骑之地，必择其坦易无坎陷之处以居军，所以利于驰突也。**而右背高，前死后生**，曹操曰：战便也。〇李筌曰：夫人利用，皆便于右，是以背之。前死，致敌之地；后生，我自处。〇杜牧曰：太公曰：“军必左川泽而右丘陵。”死者，下也；生者，高也。下不可以御高，故战便于军马也。〇贾林曰：岗阜曰生，战地曰死。后岗阜，处军稳；前临地，用兵便；高在右，回转顺也。〇梅尧臣曰：择其坦易，车骑便利；右背丘陵，势则有凭；前低后隆，战者所便。〇王皙曰：凡兵皆宜向阳。即后背山，即前生后死，疑文误也。〇张预曰：虽是平陆，须有高阜，必右背之，所以恃为形势者也。前低后高，所以便乎奔击也。**此处平陆之军也**。梅尧臣曰：处平陆当知此二者。〇张预曰：居平陆之地，以上二事为法。**凡此四军之利**，李筌曰：四者，山、水、斥泽、平陆也。〇张预曰：山、水、斥泽、平陆之四军也。诸葛亮曰：“山陆之战，不升其高；水上之战，不逆其流；草上之战，不涉其深；平地之战，不逆其虚。此兵之利也。”**黄帝之所以胜四帝也**。曹操曰：黄帝始立，四方诸侯无不称帝，以此四地胜之也。〇李筌曰：黄帝始受兵法于风后，而灭四方，故曰胜四帝也。〇梅尧臣曰：“四帝”当为“四军”，字之误欤？言黄帝得四者之利，处山则胜山，处水上则胜水上，处斥泽则胜斥泽，处平陆则胜平陆也。〇王皙曰：“四帝”或曰当作“四军”。曹公曰：“黄帝始立，四方诸侯无不称帝，以此四地胜之也。”一本无作亦。〇何氏曰：梅氏之说得之。〇张预曰：黄帝始立，四方诸侯亦称帝，以此四地胜之。按《史记·黄帝纪》云：“与炎帝战于阪泉，与蚩尤战于涿鹿，北逐荤粥。”又太公《六韬》言黄帝七十战而定天下。此即是有四方诸侯战也。兵家之法，皆始于黄帝，故云然也。**凡军好高而恶下**，梅尧臣曰：高则爽垲，所以安和，亦以便势；下则卑湿，所以生疾，亦以难战。〇王皙曰：有降无登，且远水患也。〇张预曰：居高则便于觇望，利于驰遂；处下则难以为固，易以生疾。**贵阳而贱阴**，梅尧臣曰：处阳则明顺，处阴则晦逆。〇王皙曰：久处阴湿之地，则生忧疾，且弊军器也。〇张预曰：东南为阳，西北为阴。**养生而处实**，曹操曰：恃满实也。养生，向水草，可放牧，养畜乘。实，犹高也。〇梅尧臣曰：养生便水草，处实利粮道。〇王皙曰：养生谓水草粮糒之属；处实者，倚固之谓。〇张预曰：养生，谓就善水草放牧也；处实，谓倚隆高之地以居也。**军无百疾，是谓必胜**。李筌曰：夫人处卑下必疠疾，惟高阳之地可居也。〇杜牧曰：生者，阳也；实者，高也。言养之于高，则无卑湿阴翳，故百疾不生，然后必可胜也。〇梅尧臣曰：能知上三者，则势胜可必，疾气不生。〇张预曰：居高面阳，养生处厚，可以必胜；地气干熯，故疾疠不作。**失陵堤防，必处其阳，而右背之**。杜牧曰：凡遇丘陵堤防之地，常居其东南也。〇梅尧臣曰：虽非至高，亦当前向明而右依实。〇王皙曰：处阳则人舒以和，器健以利也。〇张预曰：面阳所以贵明显，背高所以为险固。**此兵之利，地之助也**。梅尧臣曰：兵所利者，得形势以为助。〇张预曰：用兵之利，得地之助。**上雨，水沫至，欲涉者，待其定也**。曹操曰：恐半涉而水遽涨也。〇李筌曰：恐水暴涨。〇杜牧曰：言过溪涧，见上流有沫，此乃上源有雨，待其沫尽水定，乃可涉；不尔，半涉，恐有瀑水卒至也。〇杜佑曰：恐半渡水而遂涨。上雨，水当清，而反浊沫至，此敌人上遏水之占也，欲以中绝军。凡地有水欲涨，沫先至，皆为绝军，当待其定也。〇梅尧臣曰：流沫未定，恐有暴涨。〇王皙曰：水涨则沫，涉，步济也。曹说是也。〇张预曰：渡未及毕济，而大水忽至也。沫，谓水上泡沤。**凡地，有绝涧**、**前后险峻，水横其**

中。**天井**、四面峻坂，涧壑所归。**天牢**、三面环绝，易入难出。**天罗**、草木蒙密，锋镝莫施。**天陷**、卑下污泞，车骑不通。**天隙**，两山相向，洞道狭恶。六害皆梅尧臣注。**必亟去之，勿近也**。曹操曰：山深水大者为绝涧；四方高、中央下为天井；深山所过，若蒙笼者，为天牢；可以罗绝人者，为天罗；地形陷者，为天陷；山涧道迫狭，地形深数尺、长数丈者，为天隙。○杜牧曰：《军谶》曰："地形坳下，大水所及，谓之天井；山涧迫狭，可以绝人，谓之天牢；涧水澄阔，不测浅深，道路泥泞，人马不通，谓之天陷；地多沟坑、坎陷、木石，谓之天隙；林木隐蔽，蒹葭深远，谓之天罗。"○贾林曰：两岸深阔，断人行，为绝涧；下中之下，为天井；四边涧险，水草相兼，中央倾侧，出入皆难，为天牢；道路崎岖，或宽或狭，细涩难行，为天罗；地多沮洳，为天陷；两边险绝，形狭长而数里，中间难通人行，可以绝塞出入，为天隙。此六害之地，不可近背也。○梅尧臣曰：六害尚不可近，况可留乎？○王皙曰：皙谓"绝涧"当作"绝天涧"，脱"天"字耳。此六者皆自然之形也。牢，谓如狱牢；罗，谓如网罗也；隐，谓沟坑淤泞之属；隙，谓木石若隙罅之地。军行过此勿近，不然，则脱有不虞，智力无所施也。○张预曰：溪谷深峻，莫可过者，为绝涧；外高中下，众水所归者，为天井；山险环绕，所入者隘，为天牢；林木纵横，葭苇隐蔽者，为天罗；陂池泥泞，渐车凝骑者，为天陷；道路迫狭，地多坑坎者，为天隙。凡遇此地，宜远过，不可近也。**吾远之，敌近之；吾迎之，敌背之**。曹操曰：用兵常远六害，令敌近背之，则我利敌凶。○李筌曰：善用兵者，致敌之受害之地也。○杜牧曰：迎，向也；背，倚也。言遇此六害之地，吾远之向之，则进止自由；敌人近之倚之，则举动有阻。故我利而敌凶也。○梅尧臣曰：言六害当使我远而敌附，我向而敌倚，则我利敌凶。○张预曰：六害之地，我既远之向之，敌自近之倚之；我则行止有利，彼则进退多凶也。**军行有险阻、潢井、葭苇、山林、蘙荟者，必谨覆索之，此伏奸之所处也**。曹操曰：险者，一高一下之地；阻者，多水也；潢者，池也；井者，下也；葭苇者，众草所聚；山林者，众木所居也；蘙荟者，可屏蔽之处也。此以上论地形也，以下相敌情也。○李筌曰：以下恐敌之奇伏诱诈也。○梅尧臣曰：险阻，隘也，山林之所产；潢井，下也，葭苇之所生。皆蘙荟足以蒙蔽，当掩搜，恐有伏兵。○张预曰：险阻，丘阜之地，多生山林；潢井，卑下之处，多产葭苇。皆蘙荟可以蒙蔽。必降索之，恐兵伏其中。又虑奸细潜隐，觇我虚实，听我号令。"伏""奸"当为两事。**敌近而静者，恃其险也**；梅尧臣曰：近而不动，倚险故也。○王皙曰：恃险，故不恐也。**远而挑战者，欲人之进也**；杜牧曰：若近以挑我，则有相薄之势，恐我不进，故远也。○陈皞曰：敌人相近而不挑战，恃其守险也；若远而挑战者，欲诱我使进，然后乘利奋击也。○梅尧臣同陈皞注。○王皙曰：欲致人也。挑，谓挺骁敌求战。○张预曰：两军相近而终不动者，倚恃险固也；两军相远而数挑战者，欲诱我之进也。尉缭子曰："分险者，无战心。"言敌人先分得险地，则我勿与之战也。又曰："挑战者，无全气。"言相去远则挑战；而延诱我进，即不可以全气击之，与此法同也。**其所居易者，利也**。曹操曰：所居利也。○李筌曰：居易之地，致人之利。○杜牧曰：言敌不居险阻，而居平易，必有以便利于事也。一本云：士争其所居者，易利也。○陈皞曰：言敌人得其地利，则将士争以居之也。○贾林曰：敌之所居地多便利，故挑我，使前就己之便，战则易获其利，慎勿从也。○梅尧臣曰：所居易利，故来挑战。○王皙同曹操注。○张预曰：敌人舍险而居易者，必有利也。或曰：敌欲人之进，故处于平易，以示利而诱我也。**众树动者，来也**；曹操曰：斩伐树木，除道进来，故动。○梅尧臣同曹操注。○张预曰：凡军，必遣善视者登高觇敌，若见林木动摇者，是斩木除道而来也。或曰：不止除道，亦将为兵器也。若晋人伐木益兵是也。**众草多障者，疑也**。曹操曰：结草为障，欲使我疑也。○杜牧曰：言敌人或营垒未成，或拔军潜去，恐我来追，或为掩袭，故结草使往往相聚，如有人伏藏之状，使我疑而不敢进也。○贾林曰：结草多为障蔽者，欲使我疑之，于中兵必不实，欲别为攻袭，宜审备之。○杜佑曰：结草多障，欲使我疑。稠草中多障蔽者，敌必避去，恐追及，多作障蔽，使人疑有伏焉。○张预曰：或敌欲追我，多为障蔽，设留形而遁，以避其追。或欲袭我，丛聚草木以为人屯，使我备东而击西。皆所以为疑也。**鸟起者，伏也**；曹操曰：鸟起其上，下有伏兵。○李筌曰：

藏兵曰伏。○杜佑曰:下有伏兵住藏,触鸟而惊起也。○张预曰:鸟适平飞,至彼忽高起者,下有伏兵也。**兽骇者,覆也**。曹操曰:敌广陈张翼,来覆我也。○李筌曰:不意而至曰覆。○杜牧曰:凡敌欲覆我,必由他道险阻林木之中,故驱起伏兽骇逸也。覆者,来袭我也。○陈皞曰:覆者,谓隐于林木之内,潜来掩我。候两军战酣,或出其左右,或出其前后,若惊骇伏兽也。○梅尧臣曰:兽惊而奔,旁有覆。○张预曰:凡欲掩覆人者,必由险阻草木中来,故惊起伏兽奔骇也。**尘高而锐者,车来也**;杜牧曰:车马行疾,仍须鱼贯,故尘高而尖。○杜佑曰:车马行疾,尘相冲,故高也。○梅尧臣曰:蹄轮势重,尘必高锐。○张预曰:车马行疾而势重,又辙迹相次而进,故尘埃高起而锐直也。凡军行,须有探候之人在前,若见敌尘,必驰报主将。如潘党望晋尘,使骋而告是也。**卑而广者,徒来也**;杜牧曰:步人行迟,可以并列,故尘低而阔也。○梅尧臣曰:人步低轻,尘必卑广。○王晳曰:车马起尘猛,步人则差缓也。○张预曰:徒步行缓而迹轻,又行列疏远,故尘低而来。**散而条达者,樵采也**;李筌曰:烟尘之候,晋师伐齐,曳柴从之。齐人登山,望而畏其众,乃夜遁。薪来即其义也。此筌以"樵采"二字为"薪来"字。○杜牧曰:樵采者,各随所向,故尘埃散衍。条达,纵横断绝貌也。○梅尧臣曰:樵采随处,尘必纵横。○王晳曰:条达,纤微断续之貌。○张预曰:分遣厮役,随处樵采,故尘埃散乱而成隧道。**少而往来者,营军也**。杜牧曰:欲立营垒,以轻兵往来为斥候,故尘少也。○梅尧臣曰:轻兵定营,往来尘少。○张预曰:凡分栅营者,必遣轻骑,四面近视其地,欲周知险易广狭之形,故尘微而来。**辞卑而益备者,进也**;曹操曰:其使来卑辞,使间视之,敌人增备也。○杜牧曰:言敌人使来,言辞卑逊,复增垒涂壁,若惧我者,是欲骄我使懈怠,必来攻我也。赵奢救阏与,去邯郸三十里,增垒不进。秦间来,必善食遣之。间以报秦将。秦将果大喜曰:"阏与非赵所有矣!"奢既遣秦间,乃倍道兼行,掩秦不备,击之,遂大破秦军也。○梅尧臣曰:欲进者,外则卑辞,内则益备,款我也。○张预曰:使来辞逊,敌复增备,欲骄我而后进也。田单守即墨,燕将骑劫围之。单身操版插,与士卒分功,使妻妾编行伍之间,散食飨士。乃使女子乘城约降。燕大喜。又收民金千镒,令富豪遣使遗燕将书曰:"城即降,愿无虏妻妾。"燕人益懈。乃出兵击,大破之。**辞强而进驱者,退也**;曹操曰:诡诈也。○杜牧曰:吴王夫差北征,会晋定公于黄池,越王勾践伐吴,吴晋方争长未定。吴王惧,乃合大夫而谋曰:"无会而归,与会而先晋,孰利?"王孙雒曰:"必会而先之。"吴王曰:"先之若何?"雒曰:"今夕必挑战,以广民心,乃能至也。"于是吴王以带甲三万人,去晋军一里,声动天地。晋使董褐视之,吴王亲对曰:"孤之事君在今日,不得事君亦在今日。"董褐曰:"臣观吴王之色,类有大忧;吴将毒我,不可与战。"乃许先歃。吴王既会,遂还焉。○杜佑曰:诡诈驱驰,示无所畏,是知欲退也。○梅尧臣曰:欲退者,使既词壮,兵又强进,胁我也。○王晳曰:辞强示进形,欲我不虞其去也。○张预曰:使来辞壮,军又前进,欲胁我而求退也。秦行人夜戒晋师曰:"两军之士,皆未慭也。来日请相见。"晋臾骈曰:"使者目动而言肆,惧我也。"秦果宵遁。**轻车先出,居其侧者,陈也**;曹操曰:陈兵欲战也。○杜牧曰:出轻车,先定战阵疆界也。○贾林曰:轻车前御,欲结阵而来也。○张预曰:轻车,战车也。出军其旁,陈兵欲战也。按鱼丽之阵,先偏后伍,言以车居前,以伍次之。然则是欲战者,车先出其侧也。**无约而请和者,谋也**;李筌曰:无质盟之约请和者,必有谋于人。田单作骑劫,纪信诳项羽,即其义也。○杜牧曰:贞元三年,吐蕃首领尚结赞因侵掠河曲,遇疫疠,人马死者太半,恐不得回,乃诈与侍中马燧款恳,因奏请盟会。燧乃盟之。时河中节度使浑瑊奏曰:"若国家勒兵境上,以谋伐为计,蕃戎请盟,亦听信之。今吐蕃无所求于国家,遽请盟会,必恐不实。"上不纳。浑瑊率众二万,屯泾州平凉县。盟坛在县西三十里。五月十三日,瑊率三千人会坛所,吐蕃果衷甲劫盟焉。○陈皞曰:因盟相劫,不独国朝。晋楚会于宋,楚人衷甲,欲袭晋,晋人知之,是以失信也。今言无约而请和,盖总论两国之师,或侵或伐,彼我皆未屈弱,而无故请和好者,此必敌人国内有忧危之事,欲为苟且暂安之计;不然,则知我有可图之势,欲使不疑,先求和好,然后乘我不备而来取也。石勒之破王浚也,先密为和好,又臣服于浚;知浚不疑,乃请修朝觐之礼。浚许之。及入，因诛浚而灭之。○杜佑曰：未有要约而便来请和，有间谍也。○梅尧臣曰：无约请和，必有奸谋。○王晳曰：无故骤请和者，宜防他谋也。○张预曰：无故请和，必有奸谋。汉高祖欲击秦军，使郦食其持重宝啖其将贾竖，秦将果欲连和。高祖因其怠而击之，秦师大败。又晋将李矩守荥阳，刘畅以三万人讨之。矩遣使奉牛酒请降，潜匿精兵，见其弱卒。畅大飨士卒，人皆醉饱。矩夜袭之，畅仅以身免。**奔走而陈兵车者，期也**；李筌曰：战有期，及将用，是以奔走之。○杜牧曰：上文"轻车先出，居其侧者，陈也"，盖先出车定战场界，立旗为表，奔走赴表；以为陈也。旗者，期也，与民期于下也。《周礼·大蒐》曰"车骤徒趋，及表乃止"是也。○贾林曰：寻常之期不合奔走，必有远兵相应；有晷刻之期，必欲合势同来攻我，宜速备之。○梅尧臣曰：立旗为表，奔以赴列。○王晳曰：阵而期民，将求战也。○张预曰：立旗为表，与民期于下，故奔走以赴之。《周札》曰"车骤徒趋，及表乃止"是也。**半进半退者，诱也**。李筌曰：散于前。○杜牧曰：伪为杂乱不整之状，诱我使进也。○梅尧臣曰：进退不一，欲以诱我。○王晳曰：诡乱形也。○张预曰：诈为乱形，是诱我也。若吴子以囚徒示不整，以诱楚师之类也。**杖而立者，饥也**；李筌曰：困不能齐。○杜牧曰：不食必困，故杖也。一本从此"仗"字。○杜佑曰：倚仗矛戟而立者，饥之意。○梅尧臣曰：倚兵而立者，足见饥弊之色。○王晳曰：倚仗者，困馁之相。○张预曰：凡人不食则困，故倚兵器而立。三军饮食，上下同时，故一人饥，则三军皆然。**汲而先饮者，渴也**；李筌曰：汲未至，先饮者，士卒之渴。○杜牧曰：命之汲水，未及而先取者，渴也。睹一人，三军可知也。○梅尧臣同杜牧注。○王晳曰：以此见其众行驱饥渴也。○张预曰：汲者未及归营，而先饮水，是三军渴也。**见利而不进者，劳也**。曹操曰：士卒之疲劳也。○李筌曰：士卒难用也。○杜佑曰：士疲倦也。敌人来，见我利而不能击进者，疲劳也。○梅尧臣曰：人其困乏，何利之趋！○张预曰：士卒疲劳，不可使战，故虽见利，将不敢进也。**鸟集者，虚也**；李筌曰：城上有乌，师其遁也。○杜牧曰：设留形而遁。齐与晋相持，叔向曰："鸟乌之声乐，齐师其遁。"后周齐王宪伐高齐，将班师，乃以柏叶为幕，烧粪壤去。高齐视之，二日乃知其空营，追之不及。此乃设留形而遁走也。○陈皞曰：此言敌人若去，营幕必空，禽鸟既无畏，乃鸣集其上。楚子元伐郑，将奔，谍者告曰："楚幕有乌。"乃止。则知其是设留形而遁也。此篇盖孙子辨敌之情伪也。○杜佑曰：敌大作营垒，示我众；而鸟集止其中者，虚也。○梅尧臣曰：敌人既去，营垒空虚，鸟乌无猜，来集其上。○张预曰：凡敌潜退，必存营幕，禽鸟见空，鸣集其上。楚伐郑，郑人将奔，谍告曰："楚幕有乌。"乃止。又晋伐齐，叔向曰："城上有乌，齐师其遁。"此乃设留形而遁也。**夜呼者，恐也**；曹操曰：军士夜呼，将不勇也。○李筌曰：士卒怯而将懦，故惊恐相呼。○杜牧曰：恐惧不安，故夜呼以自壮也。○陈皞曰：十人中一人有勇，虽九人怯懦，恃一人之勇，亦可自安。今军士夜呼，盖是将无勇。曹说是也。○孟氏同陈皞注。○张预曰：三军以将为主，将无胆勇，不能安众，故士卒恐惧而夜呼。若晋军终夜有声是也。**军扰者，将不重也**；李筌曰：将无威重则军扰。○杜牧曰：言举退举止，轻佻率易，无威重，军士亦扰乱也。○陈皞曰：将法令不严，威容不重，士因以扰乱也。○梅尧臣同陈皞注。○张预曰：军中多惊扰者，将不持重也。张辽屯长社，夜，军中忽乱，一军尽扰，辽谓左右勿动，是必有造变者，欲以动乱人耳。乃令军士安坐，辽中阵而立，有顷即定。此则能持重也。**旌旗动者，乱也**；杜牧曰：鲁庄公败齐于长勺，曹刿请逐之。公曰："若何？"对曰："视其辙乱而旗靡，故逐之。"○杜佑曰：旌旗谬动，抵东触西倾倚者，乱也。○梅尧臣曰：旌旗辄动，偃亚不次，无纪律也。○张预曰：旌旗所以齐众也，而动摇无定，是部伍杂乱也。**吏怒者，倦也**；杜牧曰：众悉倦弊，故吏不畏而忿怒也。○陈皞曰：将兴不急之役，故人人倦弊也。○贾林曰：人困则多怒。○梅尧臣曰：吏士倦烦，怒不畏避也。○张预曰：政令不一，则人情倦，故吏多怒也。晋楚相攻，晋禅将赵旃、魏锜怒而欲败晋军，皆奉命于楚。郤克曰"二憾往矣，弗备必败"是也。**粟马肉食，军无悬瓿，不返其舍者，穷寇也**。一云：杀马肉食者，军无粮也；军无悬瓿，不返其舍者，穷寇也。○李筌曰：杀其马而食肉，故曰军无粮也。不返舍者，穷迫不及灶也。

○杜牧曰：粟马，言以粮谷秣马也。肉食者，杀牛马飨士也。军无悬瓿者，悉破之，示不复炊也。不返其舍者，昼夜结部伍也。如此皆是穷寇，必欲决一战尔。瓿音府，炊器也。○梅尧臣曰：给粮以秣乎马，杀畜以飨乎士，弃瓿不复炊，暴露不返舍，是欲决战而求胜也。○王皙曰：粟马肉食，所以为力且久也；军无瓿，不复饮食也；不返舍，无回心也。皆谓以死决战耳。敌如此者，当坚守以待其弊也。○张预曰：捐粮谷以秣马，杀牛畜以飨士，破釜及瓿，不复炊爨，暴露兵众，不复反舍，兹穷寇也。孟明焚舟、楚军破釜之类是也。**谆谆翕翕，徐与人言者，失众也；**曹操曰：谆谆，语貌；翕翕，失志貌。○李筌曰：谆谆翕翕，窃语貌。士卒之心恐，上则私语而言，是失众也。○杜牧曰：谆谆者，乏气声促也；翕翕者，颠倒失次貌。如此者，忧在内，是自失其众心也。○贾林曰：谆谆，窃议貌；翕翕，不安貌；徐与人言，递相问貌。如此者，必散失部曲也。○梅尧臣曰：谆谆，吐诚恳也；翕翕，旷职事也；缓言，强安恐众离也。○王皙曰：谆谆，语诚恳之貌；翕翕者，患其上也。将失人心，则众相与语，诚恳而患其上也。○何氏曰：两人窃语，诽议主将者也。○张预曰：谆谆，语也；翕翕，聚也；徐，缓也。言士卒相聚私语，低缓而言，以非其上，是不得众心也。**数赏者，窘也；**李筌曰：窘则数赏以劝进。○杜牧曰：势力穷窘，恐众为叛，数赏以悦之。○孟氏曰：军实窘也，恐士卒心怠，故别行小惠也。○梅尧臣曰：势穷忧叛离，屡赏以悦众。○王皙曰：众窘而不和裕，则数赏以悦之。○张预曰：势窘则易离，故屡赏以抚士。**数罚者，困也；**李筌曰：困则数罚以励士。○杜牧曰：人力困弊，不畏刑罚，故数罚以惧之。○梅尧臣曰：人弊不堪命，屡罚以立威。○王皙曰：众困而不精勤，则数罚以胁之也。○张预曰：力困则难用，故频罚以畏众。**先暴而后畏其众者，不精之至也；**曹操曰：先轻敌，后闻其众，则心恶之也。○李筌曰：先轻后畏，是勇而无刚者，不精之甚也。○杜牧曰：料敌不精之甚。○贾林曰：教令不能分明，士卒又非精练，如此之将先欲强暴伐人，众悖则惧也，至懦之极也。○梅尧臣曰：先行乎严暴，后畏其众离，训罚不精之极也。○王皙曰：敌先行列暴，后畏其众离，为将不精之甚也。○何氏曰：宽猛相济，精于将事也。○张预曰：先轻敌，后畏人。或曰：先刻暴御下，后畏众叛己，是用威行爱，不精之甚。故上文以数赏数罚而言也。**来委谢者，欲休息也。**李筌曰：徐前而疾后曰委谢。○杜牧曰：所以委质来谢，此乃势已穷，或有他故，必欲休息也。○贾林曰：气委而言谢者，欲求两解。○杜佑曰：战未相伏，而下意气相委谢者，欲休息也。○梅尧臣曰：力屈欲休兵，委质以来谢。○王皙曰：势不能久。○张预曰：以所亲爱委质来谢，是势力穷极，欲休兵息战也。**兵怒而相迎，久而不合，又不相去，必谨察之。**曹操曰：备奇伏也。○李筌曰：是军必有奇伏，须谨察之。○杜牧曰：盛怒出阵，久不交刃，复不解去，有所待也。当谨伺察之，恐有奇伏旁起也。○孟氏曰：备有别应。○梅尧臣曰：怒而来逆我，久而不接战，且又不解去，必有奇伏以待我。此以上论敌情。○张预曰：勇怒而来，既不合战，又不引退，当密伺之，必有奇伏也。**兵非益多也，**曹操曰：权力均。○一云“兵非贵益多”。○贾林曰：不贵众击寡，所贵寡击众。○王皙曰：皙谓权力均足矣，不以多为益。○张预曰：兵非增多于敌，谓权力均也。**惟无武进，**曹操曰：未见便也。○贾林曰：武不足专进，专进则暴。○王皙曰：不可但恃武也，当以计智料敌而行。○张预曰：武，刚也。未能用刚武以轻进，谓未见利也。**足以并力、料敌、取人而已。**曹操曰：厮养足也。○李筌曰：兵众武，用力均，惟得人者胜也。○杜牧曰：言我与敌人兵力皆均，惟未能用武前进者，盖未得见其人也。但能于厮养之中，拣择其材，亦足并力料敌而取胜，不假求于他也。○陈皞曰：言我兵力不多于敌，又无利便可进，不必他国乞师，但于厮养中并力取人，亦可破敌也。○贾林曰：虽无武勇之力而轻进，足以智谋料敌，并力而取敌人也。○梅尧臣曰：武，继也。兵虽不足以继进，足以并给役厮养之力，量敌而取胜也。○王皙曰：皙谓善分合之变者，足以并力乘敌间，取胜人而已。故虽厮养之辈可也，况精兵乎？曹说是也。○张预曰：兵力既均，又未见便，虽未足刚进，足以取人于厮养之中，以并兵合力，察敌而取胜，不必假他兵以助己。故尉缭子曰：“天下助卒，名为十万，其实不过数万。其兵来者，无不谓其将曰：无为天下先战。”此言助卒无益，不如己有兵法也。

夫惟无虑而易敌者，必擒于人。杜牧曰：无有深谋远虑，但恃一夫之勇，轻易不顾者，必为敌人所擒也。〇陈皞曰：惟，犹独也。此言殊无远虑，但轻敌者，必为其所擒，不独言其勇也。《左传》曰："蜂虿有毒，而况国乎？"则小敌亦不可轻。〇王晳曰：唯不能料敌，但以武进，则必为敌所擒，明患不在于不多也。〇张预曰：不能料人，反轻敌以武进，必为人所擒也。齐晋相攻，齐侯曰："吾姑灭此而朝食。"不介马而驰之，为晋所败是也。**卒未亲附而罚之，则不服，不服则难用也。**杜牧曰：恩信未洽，不可以刑罚齐之。〇梅尧臣曰：傅，至也。德以至之，恩以亲之；恩德未敷，罚则不服，故怨而难使。〇王晳曰：恩信非素浃洽于人心，未附也。〇张预曰：骤居将帅之位，恩信未加于民，而遽以刑法齐之，则怒恚而难用。故田穰苴曰："臣素卑贱，士卒未附，百姓不信。"又伍参曰"晋之从政者新，未能行令"是也。**卒已亲附而罚不行，则不可用也。**曹操曰：恩信已洽，若无刑罚，则骄惰难用也。〇梅尧臣曰：恩德既洽，刑罚不行，则骄不可用。〇王晳曰：所谓若骄子也。〇张预曰：恩信素洽，士心已附，刑罚宽缓，则骄不可用也。**故令之以文，齐之以武，**曹操曰：文，仁也；武，法也。〇李筌曰：文，仁恩；武，威罚。〇杜牧曰：晏子举司马穰苴文能附众，武能威敌也。〇王晳曰：吴起云："总文武者，军之将兼刚柔者，兵之事也。"**是谓必取。**杜牧曰：文武既行，必也取胜。〇梅尧臣曰：令以仁恩，齐以威刑，恩威并著，则能必胜。〇张预曰：文恩以悦之，武威以肃之，畏爱相兼，故战必胜、攻必取。或问曰：《书》云："威克厥爱允济，爱克厥威允罔功。"言先威也。孙武先爱，何也？曰：《书》之所称，仁人之兵也。王者之于民，恩德素厚，人心已附，及其用之，惟患乎寡威也。武之所陈，战国之兵也。霸者之于民，法令素酷，人心易离，及其用之，惟患乎少恩也。**令素行以教其民，则民服；**梅尧臣曰：素，旧也。威令旧立，教乃听服。〇张预曰：将令素行，其民已信，教而用之，人人听服。**令不素行以教其民，则民不服。**〇王晳曰：民不素教，难卒为用。〇何氏曰：人既失训，安得服教？**令素行者，与众相得也。**杜牧曰：素，先也。言为将居常无事之时，须恩信威令先著于人，然后对敌之时，行令立法，人人信伏。韩信曰："我非素得附循士大夫，所谓驱市人而战也。所以使之背水，令其人人自战。"以其非素受恩信，威令之从也。〇陈皞曰：晋文公始入国，教其民二年，欲用之。子犯曰："民未知义，未安其居。"此言欲令民不苟其生也。于是出定襄王。此言示以事君之大义，入务利民，民怀生矣。又将用之，子犯曰："民未知信，未宣其用。"于是伐原，以示之信。此言在往年伐原，不贪其利，而守其信，民易资者，不求丰焉。此言人无贪诈也，明征其辞。公曰："可矣。"子犯曰："民未知礼，未生其恭。"于是大蒐，以示之礼。及战之时，少长有礼，其可用也。此五者，教人之本也。夫令要在先申，使人听之不惑；法要在必行，使人守之无轻信者也。三令五申，示人不惑也；法令简当，议在必行，然后可以与众相得也。〇梅尧臣曰：信服已久，何事不从？〇王晳曰：知此者，始可言其并力胜敌矣。〇张预曰：上以信使民，民以信服上，是上下相得也。尉缭子曰："令之之法，小过无更，小疑无申。"言号令一出，不可反易。自非大过大疑，则不须更改申明，所以使民信也。诸葛亮与魏军战，以寡对众，卒有当代者，不留而遣之。曰："信不可失。"于是人人愿留一战，遂大败魏兵是也。

卷 下

地形篇 曹操曰：欲战，审地形以立胜也。〇李筌曰：军出之后，必有地形变动。〇王皙曰：地利当周知险、隘、支、挂之形也。〇张预曰：凡军有所行，先五十里内山川形势，使军士伺其伏兵，将乃自行视敌之势，因而图之，知其险易。故行师越境，审地形而立胜。故次《行军》。

孙子曰：地形有通者，梅尧臣曰：道路交达。**有挂者，**梅尧臣曰：网罗之地，往必挂缀。**有支者，**梅尧臣曰：相持之地。**有隘者，**梅尧臣曰：两山通谷之间。**有险者，**梅尧臣曰：山川丘陵也。**有远者。**曹操曰：此六者，地之形也。〇梅尧臣曰：平陆也。〇杜佑曰：此六地之名，教民居之得便利则胜也。〇张预曰：地形有此六者之别也。**我可以往，彼可以来，曰通。**杜佑曰：谓俱在平陆，往来通利也。〇张预曰：俱在平陆，往来通达。**通形者，先居高阳，利粮道，以战则利。**曹操曰：宁致人，无致于人。〇李筌曰：先之以待敌。〇杜牧曰：通者，四战之地，须先据高阳之处，勿使敌人先得，而我后至也。利粮道者，每于津厄，或敌人要冲，则筑垒或作甬道以护之。〇贾林曰：通形者，无有岗坂，亦无要害，故两通往来。处高易于望候，向阳视生，通粮道便宜转运，于此利于战也。〇杜佑曰：宁致人，无致于人。已先据高地，分为屯守于归来之路，无使敌绝己粮道也。〇梅尧臣曰：先据高阳，利粮通厄，敌人来至，我战则利。〇王皙注同曹操。〇何氏同杜佑注。〇张预曰：先处战地以待敌，则致人而不致于人。我虽居高面阳，坐以致敌，亦虑敌人不来赴战，故须使粮饷不绝，然后为利。**可以往，难以返，曰挂。**杜佑曰：挂者，牵挂也。**挂形者，敌无备，出而胜之；敌若有备，出而不胜，难以返，不利。**李筌曰：往不宜返曰挂。〇杜牧曰：挂者，险阻之地，与敌共有，犬牙相错，动有挂碍也。往攻敌，敌若无备，攻之必胜，则虽与险阻相错，敌人已败，不得复邀我归路矣。若往攻敌人，敌人有备，不能胜之，则为敌人守险阻，邀我归路，难以返也。〇陈皞曰：不得已陷在此，则须为持久之计，掠取敌人之粮，以伺利便而击之。〇杜佑曰：敌无备，出攻之，胜可也；有备，不得胜之，则难还返也。〇梅尧臣曰：出其不意，往则获利；若其有备，往必受制。〇张预曰：察知敌情果为无备，一举而胜之，则可矣。若其有备，出而弗克，欲战则不可留，欲归则不得返，非所利也。**我出而不利，彼出而不利，曰支。**杜佑曰：支，久也，俱不便久相持也。〇张预曰：各守险固，以相支持。**支形者，敌虽利我，我无出也；引而去之，令敌半出而击之，利。**李筌曰：支者，两俱不利，如挂之形，故各分其势。〇杜牧曰：支者，我与敌人各守高险，对垒而军，中有平地，狭而且长，出军则不能成阵，遇敌则自下御上，彼我之势，俱不利便。如此，则堂堂引去，伏卒待之；敌若蹑我，候其半出，发兵击之则利。若敌人先去以诱我，我不可出也。〇陈皞曰：此说理繁而语倒。但彼此出军，地形不便，敌若设利诱我而去，我慎勿追之。我若引去，敌止则已；若来袭我，候其半出，则急击之。〇贾林曰：支者，隔险隘可以相要截，足得相支持，故不利先出也。〇杜佑曰：利，利我也。佯背我去，我无出逐，待其引而击之，可败也。〇梅尧臣曰：各居所险，先出必败。利而诱我，我不可爱，伪去引敌，半出而击。〇王皙曰：敌不肯至，则设奇伏而退；且诡之，令必出。〇张预曰：利我，谓佯背我去也，不可出攻，我舍险则反为所乘，当自引去。敌若来追，伺其半出，行列未定，锐卒攻之，必获利焉。李靖《兵法》曰："彼此不利之地，引而佯去，待其半出而邀击之。"**隘形者，我先居之，必盈之以待敌；**杜佑曰：盈，满也。以兵陈满隘形，欲使敌不得进退也。**若敌先居之，盈而勿从，不盈而从之。**曹操曰：隘形者，两山间通谷也，敌势不得挠我也。我先居之，必前齐隘口，陈而守之，以出奇也。敌若先居此地，齐口陈，勿从也。即半隘陈者从之，而与敌共此利也。〇李筌曰：盈，平也。敌先守隘，我去之。赵不守井陉之口，韩信下之；陈豨不守漳水，高祖下之是也。〇杜牧曰：盈者，满也。言遇两山之间，中有通谷，则须当山口为营，与两山口齐，如水之在器而盈满。○杜佑曰：谓齐口，亦满也。如水之满器，与口齐也。若我居之，平易险阻，皆制在我，然后出奇以制敌。若敌人据隘之半，不知齐口满盈之道，我则入隘以从之；盖敌亦在隘，我亦在隘，俱得地形，胜败在我，不在地形也。夫齐口盈满之术，非惟隘形独解有口，譬如平坡迥泽，车马不通，舟楫不胜，中有一迳，亦须据其路口，使敌不得进也。诸可知矣。○陈皞曰：隘口，言陈是也，言营非也。○贾林曰：从，逐也；盈，实也。敌若实而满之，则不可逐讨；若虚而无备，则入而讨之。○梅尧臣同杜牧注。○王晳同曹操注。○张预曰：左右高山，中有平谷，我先至之，必齐满山口以为陈，使敌不得进也。我可以出奇兵，彼不能以挠我。敌若先居此地，盈塞隘口而陈者，不可从也。若虽守隘口，俱不齐满者，入而从之，与敌共此险阻之利。吴起曰："无当天灶。"天灶者，大谷之口，言不可迎隘口而居之也。**险形者，我先居之，必居高阳以待敌**；杜佑曰：居高阳之地，以待敌人；敌人从其下阴而来，击之则胜。**若敌先居之，引而去之，勿从也**。曹操曰：地形险隘，尤不可致于人。○李筌曰：若险阻之地，不可后于人。○杜牧曰：险者，山峻谷深，非人力所能作为，必居高阳以待敌。若敌人先据之，必不可以争，则当引去。阳者，南面之地，恐敌人持久，我居阴而生疾也。今若于崤渑遇敌，则先据北山，此乃是面阴而背阳也。高、阳二者，止可舍阳而就高，不可舍高而就阳。孙子乃统而言之也。○杜佑曰：地险先据，则不致于人也。○梅尧臣曰：先得险固，居高就阳，待敌则强。敌苟先之，就战则殆，引去勿疑。○王晳曰：此亦争地，若唐太宗先据武牢，以待窦建德是也。○张预曰：平陆之地，尚宜先据，况险厄之所，岂可以致于人？故先处高阳，以佚待劳，则胜矣。若敌已据此地，宜速引退，不可与战。裴行俭讨突厥，尝际晚下营，堑垒方周，忽令移就崇冈。将士不悦，以谓不可劳众。行俭不从，速令徙之。是夜，风雨暴至，前设营所，水深丈余，将吏惊服。以此观之，居高阳不惟战便，亦无水涝之患也。**远形者，势均，难以挑战，战而不利**。曹操曰：挑战者，延敌也。○李筌曰：力敌而挑，则利未可知也。○杜牧曰：譬如我与敌垒相去三十里，若我来就敌垒，而延敌欲战者，是我困敌锐，故战者不利。若敌来就我垒，延我欲战者，是我佚敌劳，敌亦不利。故言势均。然则如何？曰：欲必战者，则移相近也。○陈皞曰：夫与敌营垒相远，兵力又均，难以挑战，战则不利。故下文云"势均，以一击十，曰走"是也。夫挑战，先须料我兵众强弱，可以加敌，则为之；不然，则不可轻进，自取败也。○孟氏曰：兵势既均，我远入挑，则不利也。○杜佑曰：挑，迎敌也。远形，去国远也。地势均等，无独便利，先挑之战，不利也。○梅尧臣曰：势既均一，挑战则劳，致敌则佚。○王晳曰：以远致我，劳也。○张预曰：营垒相远，势力又均，止可坐以致敌，不宜挑人而求战也。**凡此六者，地之道也，将之至任，不可不察也**。李筌曰：此地形之势也，将不知者以败。○贾林曰：天生地形，可以目察。○梅尧臣曰：夫地形者，助兵立胜之本，岂得不度也？○张预曰：六地之形，将不可不知。**故兵有走者，有弛者，有陷者，有崩者，有乱者，有北者。凡此六者，非天之灾，将之过也**。贾林曰：走、弛、陷、崩、乱、北，皆败坏大小变易之名也。○张预曰：凡此六败，咎在人事。**夫势均，以一击十，曰走**；曹操曰：不料力。○李筌曰：不量力也。若得形便之地，用奇伏之计，则可矣。○杜牧曰：一夫以击十之道，先须敌人与我将之智谋、兵之勇怯、天时地利、饥饱劳佚，十倍相悬，然后可以奋一击十。若势均力敌，不能自料以我之一击敌之十，则须奔走，不能返舍复为驻止矣。○梅尧臣曰：势虽均而兵甚寡，以寡击众，必走之也。○王晳曰：不待斗而走也。○张预曰：势均谓将之智勇、兵之利钝一切相敌也。夫体敌势等，自不可轻战；况奋寡以击众，能无走乎？**卒强吏弱，曰弛**；曹操曰：吏不能统，故弛坏。○杜牧曰：言卒伍豪强，将帅懦弱，不能驱率，故弛坼坏散也。国家长庆初，命田布帅魏以伐王延凑。布长在魏，魏人轻易之，数万人皆乘驴行营，布不能禁。居数月，欲合战，兵士溃散，布自刭身死。○贾林曰：令之不从，威之不服，见敌则乱，不坏何为？○梅尧臣曰：吏无统率者，则军政弛坏。○王晳同曹操注。○何氏曰：言卒伍豪强，将帅懦弱，不能驱领，故弛坼坏散也。○张预曰：士卒豪悍，将吏懦弱，不能统辖约束，故军政弛坏也。吴楚相攻，吴公子光曰："楚军多宠，政令不一，帅贱而不能整，无大威命，楚可败。”果大败楚师也。**吏强卒弱，曰陷**；曹操曰：吏强欲进，卒弱辄陷，败也。〇李筌曰：陷，败也。卒弱不一，则难以为战，是以强陷也。〇杜牧曰：言欲为攻取，士卒怯弱，不量其力强进之，则陷没于死地也。〇陈皞曰：夫人皆有血气，谁无斗敌之心？若将乏刑德，士乏训练，则人皆懦怯，不可用也。〇贾林曰：士卒皆羸，鼓之不进；吏强独战，徒陷其身也。〇梅尧臣曰：吏虽强进，不能激之以勇，故陷于死。〇王皙曰：为下所陷。〇张预曰：将吏刚勇欲战，而士卒素乏训练，不能齐勇同奋，苟用之，必陷于亡败。**大吏怒而不服，遇敌怼而自战，将不知其能，曰崩**；曹操曰：大吏，小将也。大将怒之，心不压服，忿而赴敌，不量轻重，则必崩坏。〇李筌曰：将为敌所怒，不料强弱，驱士卒如命者，必崩坏。〇杜牧曰：春秋时，楚子伐郑，晋师救之。伍参言于楚子曰：“晋之从政者新，未能行令；其佐先縠刚愎不仁，未肯用命；其三帅者，专行不获，听而无上，众无适从。此行也，晋师必败。”晋魏锜求公族未得而怒，欲败晋师，请致师，不许；请使，许之。遂往请战而还。赵旃求卿未得，请挑战，不许；召盟，许之。与魏锜皆命而往。郤克曰：“二憾往矣，弗备必败。”随会曰：“若二子怒楚，楚人乘我，丧师无日矣！不如备之。”先縠曰：“不可。”随会使巩朔、韩穿师七覆于敖前，故上军不败，而中军、下军果败。七覆，七处伏兵也；敖，山名也。〇陈皞曰：此大将无理而怒小将，使之心内怀不服，因缘怨怒，遇敌便战，不顾能否，所以大败也。〇贾林曰：自上坠下曰崩。大吏、小将不相压伏，崩坏之道；将又不量己之能否，不知卒之勇怯，强与敌斗，自取贼害，岂非自上而崩乎？〇梅尧臣曰：小将心怒而不服，遇敌怨怼而不顾，自取崩败者，盖将不知其能也。〇王皙曰：谓将怒不以理，且不知裨佐之才，激致其凶怼，如山之崩坏也。〇何氏曰：三军同力，上下一心，则胜也。〇张预曰：大凡百将一心，三军同力，则能胜敌。今小将恚怒，而不服于大将之令，意欲俱败。逢敌便战，不量能否，故必崩覆。晋伐秦，荀偃行令是也。曰：“鸡鸣而驾，唯余马首是瞻。”栾书怒曰：“晋国之命，未是有也！”遂弃之归。又赵穿恶臾骈而逐秦，魏锜怒晋师而乘楚。**将弱不严，教道不明，吏卒无常，陈兵纵横，曰乱**；曹操曰：为将若此，乱之道也。〇李筌曰：将或有一于此，乱之道也。〇杜牧曰：言吏卒皆不拘常度，故引兵出阵，或纵或横，皆自乱之也。〇贾林曰：威令既不严明，士卒则无常禀，如此军幕不乱何为？谓将无严令，赏罚不行之故。〇梅尧臣曰：懦而不严，则士无常检；教而不明，则出陈纵横不整。乱之道也。〇王皙曰：乱者不胜其败。〇张预曰：将弱不严，谓将帅无威德也；教道不明，谓教阅无古法也；吏卒无常，谓将臣无久任也；陈兵纵横，谓士卒无节制也。为将若此，自乱之道。**将不能料敌，以少合众，以弱击强，兵无选锋，曰北**。曹操曰：其势若此，必走之兵也。〇李筌曰：军败曰北，不料敌也。〇杜牧曰：卫公李靖兵法有战锋队，言拣择敢勇之士，每战皆为先锋。《司马法》曰：“选良次兵，益人之强。”注曰：“勇猛劲捷，战不得功，后战必选于前，当以激致其锐气也。”东晋大将军谢玄北镇广陵时，苻坚强盛，玄多募勇劲。刘牢之、何谦、诸葛侃、高衡、刘轨、田洛、孙无终等以骁猛应募，玄以牢之领精锐为前锋，百战百胜，号为北府兵。敌人畏之，所向必克也。〇贾林曰：兵锋不选利钝，士卒不知勇怯，如此用兵，自取背道也。〇梅尧臣曰：不能量敌情，以少当众；不能选精锐，以弱击强；皆奔北之理也。〇何氏曰：夫士卒疲勇，不可混同为一，一则勇士不劝，疲兵因有所容，出而不战，自败也。故《兵法》曰：“兵无选锋曰北。”昔齐以伎击强，魏以武卒奋，秦以锐士胜，汉有三河侠士、剑客奇材，吴谓之解烦，齐谓之决命，唐谓之跳荡，是皆选锋之别名也。兵之胜术，无先于此。凡军众既具，则大将勒诸营，各选精锐之士，须趫健出众、武艺轶格者，部为别队，大约十人选一人，万人选千人。所选务寡，要在必当，择腹心健将统率，自大将、亲兵、前锋、奇伏之类，皆品量配之也。〇张预曰：设若奋寡以击众，驱弱以敌强，又不选骁勇之士，使为先锋，兵必败北也。凡战必用精锐为前锋者，一则壮吾志，一则挫敌威也。故尉缭子曰：“武士不选，则众不强。”曹公以张辽为先锋而败鲜卑，谢玄以刘牢之领精锐而拒苻坚是也。**凡此六者，败之道也**；陈皞曰：一曰不量寡众，二曰本乏刑德，三曰失于训练，四曰非理兴怒，五曰法令不行，六曰不择骁果，此名六败也。**将之至任，不可不察也**。张预曰：已上六事，必败之道。**夫地形者，兵之助也**。杜牧曰：夫兵之主，在于仁义节制而已。若得地形，可以为兵之助，所以取胜也。助，一作易。〇陈皞曰：天时不如地利。〇孟氏曰：地利待人而险。〇贾林曰：战虽在兵，得地易胜，故曰“兵之易也”。山可障，水可灌，高胜卑，险胜平也。〇王皙曰：兵道则在人。〇张预曰：能审地形者，兵之助耳，乃末也。料敌制胜者，兵之本也。**料敌制胜，计险厄远近，上将之道也**。杜牧曰：馈用之费，人马之力，攻守之便，皆在险厄远近也。言若能料此以制敌，乃为将臻极之道。〇王皙曰：料敌穷极之情，险厄远近之利害，此兵道也。〇何氏曰：知敌知地，将军之职。〇张预曰：既能料敌虚实强弱之情，又能度地险厄远近之形，本末皆知，为将之道毕矣。**知此而用战者必胜，不知此而用战者必败**。杜牧曰：谓知险厄远近也。〇梅尧臣曰：将知地形，又知军政，则胜；不知，则败。〇张预曰：既知敌情，又知地利，以战则胜；俱不知之，以战即败。**故战道必胜，主曰无战，必战可也；战道不胜，主曰必战，无战可也**。李筌曰：得战胜之道，必可战也；失战胜之道，必无战可也。立主人者，发其行也。〇杜牧曰：主者，君也。黄石公曰：“出军行师，将在自专；进退内御，则功难成。故圣主明王，跪而推毂曰：阃外之事，将军裁之。”〇孟氏曰：宁违于君，不逆士众。〇梅尧臣曰：将在军，君命有所不受。〇张预曰：苟有必胜之道，虽君命不战，或必战也；苟无必战之道，虽君命必战，可不战也。与其从令而败事，不若违制而成功，故曰：“军中不闻天子之诏。”**故进不求名，退不避罪**，王皙曰：皆忠以为国也。〇何氏曰：进岂求名也？见利于国家士民则进也；退岂避罪也？见其蹙国残民之害，虽君命使进而不进，罪及其身，不悔也。**唯人是保，而利合于主，国之宝也**。李筌曰：进退皆保人，非为身也。〇杜牧曰：进不求战胜之名，退不避违命之罪也。如此之将，国家之珍宝，言其少得也。〇陈皞曰：合，犹归也。〇梅尧臣曰：宁违命而取胜，勿顺命而致败。〇王皙曰战与不战，皆在保民利主而已矣。〇张预曰：进退违命，非为己也，皆所以保民命而合主利，此忠臣，国家之宝也。**视卒如婴儿，故可与之赴深谿；视卒如爱子，故可与之俱死**。李筌曰：若抚之如此，得其死力也。故楚子一言，三军之士皆如挟纩也。〇杜牧曰：战国时，吴起为将，与士卒最下者同衣食，卧不设席，行不乘骑，亲裹赢粮，与士卒分劳苦。卒有病疽，吴起吮之，其卒母闻而哭之。或问曰：“子，卒也，而将军自吮疽，何为而哭？”母曰：“往年吴公吮其父，其父不旋踵而死于敌；今复吮此子，妾不知其死所矣！”〇梅尧臣曰：抚而育之，则亲而不离；爱而勖之，则信而不疑。故虽死与死，虽危与危。〇王皙曰：以仁恩结人心也。〇何氏曰：如后汉段颎为破羌将军，以征西羌，行军仁爱，士卒伤者，亲自瞻省，手为裹疮。在边十余年，未尝一日蓐寝，与将士同苦，故皆乐为死战也。晋王濬为巴郡太守，郡边吴境，兵士苦役，生男多不举。濬乃严其科条，宽其徭课，其产育者皆与休复，所全活者数千人。及后伐吴，先在巴郡之所全活者，皆堪徭役供军。其父母戒之曰：“王府君生尔，尔必勉之，无爱死也。”故吴子有父子之兵。〇张预曰：将视卒如子，则卒视将如父，未有父在危难，而子不致死。故荀卿曰：“臣之于君也，下之于上也，如子弟之事父兄，手足之捍头目也。”夫美酒泛流，三军皆醉，温言一抚，士同挟纩。信乎，以恩遇下，古人所重也。故《兵法》曰：“勤劳之师，将必先已，暑不张盖，寒不重衣，险必下步，军井成而后饮，军食熟而后饭，军垒成而后舍。”**厚而不能使，爱而不能令，乱而不能治，譬若骄子，不可用也**。曹操曰：恩不可专用，罚不可独任，若骄子之喜怒，对目还害，而不可用也。〇李筌曰：虽厚爱人，不令如骄子者，有勃逆之心，不可用也。〇杜牧曰：黄石公曰：“士卒可下而不可骄。”夫恩以养士，谦以接之，故曰“可下”；制之以法，故曰“不可骄”。《阴符》曰：“害生于恩。”吴起曰：“夫鼓鼙金铎，所以威耳；旌旗麾章，所以威目；禁令刑罚，所以威心。耳威于声，不得不清；目威于色，不得不明；心威于刑，不得不严。三者不立，必败于敌。故曰：将之所抝，莫不从移；将之所指，莫不前死。”卫公李靖曰：“古之善为将者，必能十卒而杀其三，次者十杀其一。十杀其三，威振于敌国；十杀其一，令行于三军。是知畏我者不畏敌，畏敌者不畏我。”善无细而不赏，恶无微而不贬。马谡军败，葛亮对泣而行诛；乡人盗笠，吕蒙垂涕而后斩；马逸犯禾，曹公割发而自刑；两掾辞屈，黄盖诘问而俱斩。故能威克其爱，虽少必济；爱加其威，虽多必败。○孟氏曰：唯务行恩，恩势已成，刑之必怨；唯务行刑，刑怨已深，恩之不附。必使恩威相参，赏罚并用，然后可以为将，可以统众也。○梅尧臣曰：厚养而不使，爱宠而不教，乱法而不治，犹如骄子，安得而用也？○王皙曰：恩不以严，未可济也。○何氏曰：言恩不可纯任，纯任则还为己害。○张预曰：恩不可以专用，罚不可以独行。专用恩，则卒如骄子而不能使。此曹公所以割发而自刑，卧龙所以垂泣而行戮，杨素所以流血盈前而言笑自若，李靖所以十杀其三使畏我而不畏敌也。独行罚，则士不亲附，而不可用。此古将所以投酒，楚子所以挟纩，吴起所以分衣食，阖庐所以同劳佚也。在《易》之《师》初六曰“师出以律”，谓齐众以法也；九二曰“师中承天宠”，谓劝士以赏也。以此观之，王者之兵，亦德刑参任，而恩威并行矣。尉缭子曰：“不爱悦其心者，不我用也；不严畏其心者，不我举也。”故善将者，爱与畏而已。**知吾卒之可以击，而不知敌之不可击，胜之半也**；梅尧臣曰：知己而不知彼，或有胜耳。**知敌之可击，而不知吾卒之不可以击，胜之半也**；杜牧曰：可击者，勇敢轻死也；不可击者，顿弊怯弱也。○陈皞曰：此说非也。可击、不可击者，所谓兵众孰强、士卒孰练、赏罚孰明也。○梅尧臣曰：知彼而不知己，或有胜耳。○王皙曰：知己不知彼，知彼不知己，皆未可以决胜也。○张预曰：或知己而不知彼，或知彼而不知己，则有胜有负也。唐太宗曰：“吾尝临阵，先料敌心与己之心孰审，然后彼可得而知焉；察敌气与己之气孰治，然后我可得而知焉。”言料心审治乱，察气见强弱形也，可战与不可战也。**知敌之可击，知吾卒之可以击，而不知地形之不可以战，胜之半也**。曹操、李筌曰：胜之半者，未可知也。○杜牧曰：地形者，险易、远近、出入、迂直也。○梅尧臣曰：知彼知己，而不知地形，亦或不胜。○王皙曰：虽知彼己可以战，然不可亏地利也。○张预曰：既知己，而又知彼，但不得地形之助，亦不可全胜。**故知兵者，动而不迷，举而不穷**。杜牧曰：未动未举，胜负已定，故动则不迷，举则不穷也。一云“动而不困，举而不顿”。○陈皞曰：穷者，困也。我若识彼此之动否，量地形之得失，则进而不迷，战而不困者也。○梅尧臣曰：无所不知，则动不迷暗，举不困穷也。○张预曰：不妄动，故动则不误；不轻举，故举则不困。识彼我之虚实，得地形之便利，而后战也。**故曰：知彼知己，胜乃不殆**；张预曰：晓攻守之术，则有胜而无危。**知天知地，胜乃不穷**。李筌曰：人事、天时、地利三者同知，则百战百胜。○杜佑曰：知地之便，知天之时。地之便，依险阻、向高阳也；天之时，顺寒暑、法刑德也。既能知彼知己，又按地形、法天道，胜乃可全，又何难也。○梅尧臣曰：知彼利，知此利，故不危；知天时，知地形，故不极。○王皙同梅尧臣注。○张预曰：顺天时，得地利，取胜无极。

九地篇　曹操曰：欲战之地有九。○李筌曰：胜敌之地有九，故次《地形》之下。○王皙曰：用兵之地，利害有九也。○张预曰：用兵之地，其势有九。此论地势，故次《地形》。

孙子曰：用兵之法，有散地，有轻地，有争地，有交地，有衢地，有重地，有圮地，有围地，有死地。曹操曰：此九地之名也。○张预曰：此九地之名。**诸侯自战其地，为散地**。曹操曰：士卒恋土，道近易散。○李筌曰：卒恃土，怀妻子，急则散，是为散地也。○杜牧曰：士卒近家，进无必死之心，退有归投之处。○杜佑曰：战其境内之地，士卒意不专，有溃散之心，故曰散地。○梅尧臣同杜牧注。○王皙同曹操注。○何氏曰：散地，士卒恃土，怀恋妻子，急则散走，是为散地。一曰地无关键，士卒易散走，居此地者，不可数战。又曰地远四平，更无要害，志意不坚而易离，故曰散地。吴王问孙武曰：“散地，士卒顾家，不可与战，则必固守不出。若敌攻我小城，掠吾田野，禁吾樵采，塞吾要道，待吾空虚而急来攻，则如之何？”武曰：“敌人深入吾都，多背城邑，士卒以军为家，专志轻斗；吾兵在国，安士怀生，以陈则不坚，以斗则不胜。当集人合众，聚谷蓄帛，保城备险，遣轻兵绝其粮道；彼挑战不得，转输不至，野无所掠，三军困馁，因而诱之，可以有功。若欲野战，则必因势依险设伏，无险则隐于天气阴晦昏雾，出其不意，袭其懈怠，可以有功。”○张预曰：战于境内，士卒顾家，是易散之地也。郧人将伐楚师，楚斗廉曰：“郧人军其郊，必不诫；恃近其城，莫有斗志。”果为楚师所败是也。**入人之地而不深者，为轻地**。曹操曰：士卒皆轻返也。○杜牧曰：师出越境，必焚舟梁，示民无返顾之心。○李筌曰：轻于退也。○梅尧臣曰：入敌未远，道近轻返。○王皙曰：初涉敌境势轻，士未有斗志也。○何氏曰：轻地者，轻于退也。入敌境未深，往返轻易，不可止息，将不得数动劳人。吴王问孙武曰：“吾至轻地，始入敌境，士卒思返，难进易退；未背险阻，三军恐惧；大将欲进，士卒欲退，上下异心。敌守其城垒，整其车骑，或当吾前，或击吾后，则如之何？”武曰：“军至轻地，士卒未专，以入为务，无以战为。故无近其名城，无由其通路，设疑佯惑，示若将去；选骁骑，衔枚先入，掠其牛马六畜。三军见得进，乃不惧。分吾良卒，密有所伏，敌人若来，击之勿疑；若其不至，舍之而去。”又曰：“军入敌境，敌人固垒不战，士卒思归，欲退且难，谓之轻地。当选骁兵伏要路，我退敌追，来则击之也。”○张预曰：始入敌境，士卒思还，是轻返之地也。尉缭子曰：“征役分军而归，或临阵自北，则逃伤甚焉。”言民兵四集，分屯占地，使北来者当北道，则多逃，以其开之耳。**我得则利，彼得亦利者，为争地**。曹操曰：可以少胜众，弱击强。○李筌曰：此厄喉守险地，先居者胜，是为争地也。○杜牧曰：必争之地，乃险要也。前秦苻坚先遣大将吕光讨西域，坚败绩。后光自西域还，师至宜禾，坚凉州刺史梁熙谋拒之。高昌太守杨翰曰：“吕光新定西国，兵强气锐，其锋不可当。若出流沙，其势难测。高梧谷口险要，宜先守之，而夺其水；彼既困渴，人自然投戈。如以为远不可守，伊吾之关，亦可拒之。若废此二要，难为计矣。地有所必争，真此机也。”熙不从，竟为光所灭也。○陈皞曰：彼我若先得其地者，则可以少胜众、弱胜强也。○杜佑曰：谓山水厄口，有险固之利，两敌所争。○梅尧臣曰：无我无彼，先得则利。○王皙同陈皞注。○何氏曰：争地，便利之地，先居者胜，是以争之。吴王问孙武曰：“敌若先至，据要保利，精兵练卒，或出或守，以备我奇，则如之何？”武曰：“争地之法，先据为利；敌得其处，慎勿攻之。引而佯走，建旗鸣鼓，趣其所爱，曳柴扬尘，惑其耳目；分吾良卒，密有所伏，敌必出救。人欲我与，人弃我取，此争先之道也。若我先至而敌用此术，则选吾锐卒，固守其所，轻兵追之，分伏险阻，敌人还斗，伏兵旁起，此全胜之道。”○张预曰：险固之利，彼我得之，皆可以少胜众、弱胜强者，是必争之地也。唐太宗以五千人守成皋之险，坐困窦建德十万之众是也。**我可以往，彼可以来者，为交地**。曹操曰：道正相交错也。○杜牧曰：川广地平，可来可往，足以交战对垒。○陈皞曰：交错是也。言其道路交横，彼我可以来往。如此之地，则须兵士首尾不绝，切宜备之。故下文云“交地，吾将谨其守”，其义可见也。○杜佑曰：交地有数道往来，交通无可绝。○梅尧臣同陈皞注。○何氏曰：交地，平原交通也。一曰：可以交结，不可杜绝之，绝之致隙。又曰：交通四远，不可遏绝。吴王问孙武曰：“交地，吾将绝敌，使不得来。必令吾边城修其守备，深绝通路，固其隘塞。若不先图之，敌人已备，彼可得而来，吾不得而往，众寡又均，则如之何？”武曰：“既我不可以往，彼可以来，吾分卒匿之，守而易怠，示其不能。敌人且至，设伏隐庐，出其不意，可以有功也。”○张预曰：地有数道，往来通达，而不可阻绝者，是交错之地也。**诸侯之地三属**，曹操曰：我与敌相当，而旁有他国也。○孟氏曰：若郑界于齐、楚、晋是也。**先至而得天下之众者，为衢地**。○曹操曰：先至得其国助也。○李筌曰：对敌之傍，有一国为之属，先往而通之，得其众也。○杜牧曰：衢地者，三属之地，我须先至其冲，据其形势，结其旁国也。天下，犹言诸侯也。○梅尧臣曰：彼我相当，有旁国之面之会，先至则得诸侯之助也。○王皙曰：曹公云：“先至得其国助。”皙谓先至者，结交先至也。言天下者，谓能广助，则天下可从。○何氏曰：衢地者，地要冲，控带数道，先据此地，众必从之，故得之则安，失之则危也。吴王问孙武曰：“衢地必先。若吾道远发后，虽驰车骤马，至不能先，则如之何？”武曰：“诸侯参属，其道四通，我与敌相当，而旁有他国。所谓先者，必先重币轻使，约和旁国，交亲结恩，兵虽后至，众已属矣。我有众助，彼失其党，诸国犄角，震鼓齐攻，敌人惊恐，莫知所当。”○张预曰：衢者，四通之地。我所敌者，当其一面，而旁有邻国，三面相连属，当往结之，以为己援。先至者，谓先遣使以重币约和旁国也。兵虽后至，已得其国助矣。**入人之地深，背城邑多者，为重地**。曹操曰：难返之地。○李筌曰：坚志也。白起攻楚，乐毅伐齐，皆为重地。〇杜牧曰：入人之境已深，过人之城已多，津梁皆为所恃，要冲皆为所据，还师返旆，不可得也。〇杜佑曰：难返还也。背，去也。背与倍同。多，道里多也。远去己城郭，深入敌地，心专意一，谓之重地也。〇梅尧臣曰：乘虚而入，涉地愈深，过城已多，津要绝塞，故曰重难之地。〇王皙曰：兵至此者，事势重也。〇何氏曰：重地者，入敌已深，国粮难应资给。将士不掠何取？吴王问孙武曰："吾引兵深入重地，多所逾越，粮道绝塞，设欲归还，势不可过，欲食于敌，持兵不失，则如之何？"武曰："凡居重地，士卒劲勇，转输不通，则掠以继食，下得粟帛，皆贡于上，多者有赏，士卒无归意。若欲还出，即为戒备，深沟高垒，示敌且久。敌疑通途，私除要害之道，乃令轻车衔枚而行，以牛马为饵。敌人若出，鸣鼓随之，阴伏吾士，与之中期，内外相应，其败可知也。"〇张预曰：深涉敌境，多过敌城，士卒心专，无有归志，是难退之地也。司马景王谓诸葛恪卷甲深入，其锋不可当是也。**行山林、险阻、沮泽，凡难行之道者，为圮地。**曹操曰：少固也。〇贾林曰：经水所毁曰圮。沮洳圮地，不得久留，宜速去也。〇梅尧臣曰：水所毁圮，行则犹难，况战守乎？〇何氏曰：圮地者，少固之地也，不可为城垒沟隍，宜速去之。吴王问孙武曰："吾入圮地，山川险阻，难从之道，行久卒劳；敌在吾前，而伏吾后，营在吾左，而守吾右；良车骁骑，要吾隘道，则如之何？"武曰："先进轻车，去军十里，与敌相候，接期险阻；或分而左，或分而右，大将四观，择空而取，皆会中道，倦而乃止。"〇张预曰：险阻，渐洳之地，进退艰难，而无所依。**所由入者隘，所从归者迂，彼寡可以击吾之众者，为围地。**李筌曰：举动难也。〇杜牧曰：出入艰难，易设奇伏覆胜也。〇杜佑曰：所从入厄险，归道远也，持久则粮乏。故敌可以击吾众者，为围地也。〇梅尧臣曰：山川围绕，入则隘，归则迂也。〇何氏曰：围地，入则隘险，归则迂回，进退无从，虽众何用？能为奇变，此地可由。吴王问孙武曰："吾入围地，前有强敌，后有险难，敌绝我粮道，利我走势，敌鼓噪不进，以观吾能，则如之何？"武曰："围地之宜，必塞其阙，示无所往，则以军为家，万人同心，三军齐力，并炊数日，无见火烟，故为毁乱寡弱之形。敌人见我，备之必轻，则告励士卒，令其奋怒，陈伏良卒，左右险阻，击鼓而出。敌人若当，疾击务突，我则前斗后拓，左右犄角也。"又曰："敌在吾围，伏而深谋，示我以利，萦我以旗，纷纭若乱，不知所之，奈何？"武曰："千人操旌，分塞要道，轻兵进挑，陈而勿搏，交而勿去，此败谋之法。"〇张预曰：前狭后险之地，一人守之，千人莫向，则以奇伏胜。**疾战则存，不疾战则亡者，为死地。**曹操曰：前有高山，后有大水，进则不得，退则有碍。〇李筌曰：阻山、背水、食尽，利速不利缓也。〇杜牧曰：卫公李靖曰："或有进军行师，不因乡导，陷于危败，为敌所制。左谷右山，束马悬车之迳；前穷后绝，雁行鱼贯之岩。兵陈未整，而强敌忽临，进无所凭，退无所固，求战不得，自守莫安。驻则日月稽留，动则首尾受敌。野无水草，军乏资粮，马困人疲，智穷力极。一人守隘，万夫莫向。如彼要害，敌先据之，如此之利，我已失守，纵有骁兵利器，亦何以施其用乎？若此死地，疾战则存，不疾战则亡。当须上下同心，并气一力，抽肠溅血，一死于前，因败为功，转祸为福。"此乃是也。〇陈皞曰：人在死地，如坐漏船，伏烧屋。〇贾林曰：左右高山，前后绝涧，外来则易，内出则难，误居此地，速为死战则生；若待士卒气挫，粮储又无而持久，不死何待！〇梅尧臣曰：前不得进，后不得退，旁不得走，不得不速战也。〇何氏曰：死地力战或生，守隅则死。吴王问孙武曰："吾师出境，军于敌人之地。敌人大至，围我数重，欲突以出，四塞不通；欲励士激众，使之投命溃围，则如之何？"武曰："深沟高垒，示为守备；安静勿动，以隐吾能；告令三军，示不得已；杀牛燔车，以飨吾士。烧尽粮食，填夷井灶，割发捐冠，绝去生虑，将无余谋，士有死志。于是砥甲砺刃，并气一力，或攻两旁，震鼓疾噪，敌人亦惧，莫知所当。锐卒分行，疾攻其后，此是失道而求生。故曰：困而不谋者穷，穷而不战者亡。"吴王曰："若吾围敌，则如之何？"武曰："山峻谷险，难以逾越，谓之穷寇。击之之法，伏卒隐庐，开其去道，示其走路，求生透出，必无斗意，因而击之，虽众必破。"《兵法》又曰："若敌人在死地，士卒勇气，欲击之法，顺而勿抗，阴守其利，必开去道，以精骑分塞要路，轻兵进而诱之，陈而勿战，败谋之法也。"〇张预曰：山川险隘，进退不能，粮绝于中，敌临于外，当此之际，励士决战，而不可缓也，**是故散地则无战**，李筌曰：恐走散也。○杜牧曰：已具其上。○贾林曰：地无关阂，卒易散走，居此地者，不可数战。地形之说，一家之理，若号令严明，士卒爱服，死且不顾，何散之有？○梅尧臣曰：我兵在国，安土怀生，陈则不坚，斗则不胜，是不可以战也。○王晳曰：决于战则惧散。○张预曰：士卒怀生，不可轻战。吴王问孙武曰："散地不可战，则必固守不出。若敌攻我小城，掠吾田野，禁吾樵采，塞吾要道，待吾空虚而来急攻，则如之何?"武曰："敌人深入，专志轻斗，吾兵安土，陈则不坚，战则不胜；当集人聚谷，保城备险，轻兵绝其粮道。彼挑战不得，转输不至，野无所掠，三军困馁，因而诱之，可以有功。若欲野战，则必因势依险设伏，无险则隐于阴晦，出其不意，袭其懈怠。"**轻地则无止**，李筌曰：恐逃。○杜牧曰：兵法之所谓轻地者，出军行师，始入敌境，未背险要，士卒思还，难进易退，以入为难，故曰轻地也。当必选精骑，密有所伏，敌人卒至，击之勿疑，若是不至，逾之速去。○杜佑曰：志未坚，不可遇敌。○梅尧臣曰：始入敌境，未背险阻，士心不专，无以战为。勿近名城，勿由通路，以速进为利。○王晳曰：无故不当止也。○张预曰：士卒轻返，不可辄留。吴王曰："士卒思还，难进易退，未背险阻，三军恐惧，则如之何?"武曰："军在轻地，士卒未专以入为务，无以战为。故无近其名城，无由其通路，设疑佯惑，示若将去。乃选精骑，衔枚先入，掠其六畜，三军见得进，乃不惧。分吾良卒，密有所伏，敌人若来，击之勿疑，若其不至，舍之而去。"**争地则无攻**，曹操曰：不当攻，当先至为利也。○李筌曰：敌先居地险，不可攻。○杜牧曰：无攻者，言敌人若已先得其地，则不可攻也。○梅尧臣曰：形胜之地，先据乎利；敌若已得其处，则不可攻。○张预曰：不当攻而争之，当后发先至也。吴王曰："敌若先至，据要保利，简兵练卒，或出或守，以备我奇，则如之何?"武曰："争地之法，让之者得，求之者失。敌得其处，慎勿攻之，引而佯走，建旗鸣鼓，趣其所爱，曳柴扬尘，惑其耳目；分吾良卒，密有所伏，敌必出救。人欲我与，人弃我取，此争先之道也。若我先至，而敌用此术，则选吾锐卒，固守其所，轻兵追之，分伏险阻，敌人还斗，伏兵旁起，此全胜之道也。"**交地则无绝**，曹操曰：相及属也。○李筌曰：不可绝间也。○杜牧曰：川广地平，四面交战，须车骑部伍，首尾联属，不可使之断绝，恐敌人因而乘我。○贾林曰：可以交结，不可杜绝，绝之致隙。○杜佑曰：相及属也。俱可进退，不可以兵绝之。○梅尧臣曰：道既错通，恐其邀截，当令部伍相及，不可断也。○王晳曰：利粮道也。交相往来之地，亦谓之通地。居高阳以待敌，宜无绝粮道。○张预曰：往来交通，不可以兵阻绝其路，当以奇伏胜也。吴王曰："交地吾将绝敌，使不得来，必令吾边城修其守备，深绝通道，固其隘塞。若不先图之，敌人已备，彼可得而来，吾不得而往，众寡又均，则如之何?"武曰："既我不可以往，彼可以来，则分卒匿之，守而易怠，示其不能，敌人且至，设伏隐庐，出其不意。"**衢地则合交**，曹操曰：结诸侯也。○李筌曰：结行也。○杜牧曰：诸侯，即上交云旁国也。○孟氏曰：得交则安，失交则危也。○梅尧臣曰：地虽四通，何以得天下之助，当以重币合。○王晳曰：四通之境，非交援不强。○张预曰：四通之地，先交结旁国也。吴王曰："衢地贵先。若吾道远而发后，虽驰车骤马，至不得先，则如之何?"武曰："诸侯参属，其道四通，我与敌相当，而旁有他国。所谓先者，必重币轻使，约和旁国，交亲结恩，兵虽后至，众已属矣。简兵练卒，阻利而处，我有众助，彼失其党，诸国掎角，敌人莫当。"**重地则掠**，曹操曰：畜积粮食也。○李筌曰：深入敌境，不可非义失人心也。汉高祖入秦，无犯妇女，无取宝货，得人心如此。筌以"掠"字为"无掠"字。○杜牧曰：言居于重地，进未有利，退复不得，则须运粮为持久之计，以伺敌也。○孟氏曰：因粮于敌也。○梅尧臣曰：去国既远，多背城邑，粮道必绝，则掠畜积以继食。○王晳曰：深入敌境，则掠其饶野以丰储也。难地食少则危。○张预曰：深入敌境，馈饷不继，当励士掠食，以备其乏也。吴王曰："重地多逾城邑，粮道绝塞，设欲归还，势不可过，则如之何?"武曰："凡居重地，士卒轻勇，转输不通，则掠以继食，下得粟帛，皆贡于上，多者有赏。若欲还出，深沟高垒，示敌且久，敌疑通途，私除要害，乃令轻车衔枚而行，扬其尘埃，饵以牛马。敌人若出，鸣鼓随之，阴伏吾士，与之中期，内外相应，其败可知。"**圮地则行**，曹操曰：无稽留也。○李筌曰：不可为沟隍，宜急去之。○梅尧臣曰：既毁圮不可依止，则当速行，勿稽留也。○王晳曰：合聚军众，圮无舍止。○张预曰：难行之地，不可稽留也。吴王曰："山川险阻，难从之道，行久卒劳。敌在吾前，而伏吾后；营在吾左，而守吾右；良车骁骑，要吾隘道，则如之何？"武曰："先进轻车，去军十里，与敌相候，接期险阻，或分而左，或分而右，大将四观，择空而取，皆会中道，倦而乃止。"**围地则谋**，曹操曰：发奇谋也。○李筌曰：智者不困。○杜牧曰：难阻之地，与敌相持，须用奇险诡谲之计。○杜佑曰：居此当权谋作谲，可以免难。○梅尧臣曰：前有隘，后有险，归道又迂，则发谋虑以取胜。○张预曰：难以力胜，易以谋取也。吴王曰："前有强敌，后有险难，敌绝我粮道，利我走势，彼鼓噪不进，以观吾能，则如之何？"武曰："围地必塞其阙，示无所往，则以军为家，万人同心，三军齐力，并炊数日，无见火烟，故为毁乱寡弱之形。敌人见我，备之必轻，则告励士卒，令其奋怒，陈伏良卒，左右险阻，击鼓而出。敌人若当，疾击务突，我则前斗后拓，左右掎角。"**死地则战**。曹操曰：殊死战也。○李筌曰：殊死战，不求生矣。○陈皞曰：陷在死地，则军中人人自战。故曰"置之死地而后生"也。○贾林曰：力战或生，守隅则死。○梅尧臣曰：前后左右无所之，示必死，人人自战也。○张预曰：陷在死地，则人自为战。吴王曰："敌人大至，围我数重，欲突以出，四塞不通；欲励士激众，使之投命，则如之何？"武曰："深沟高垒，安静勿动；告令三军，示不得已；杀牛燔车，以飨吾士；烧尽粮食，填夷井灶；割发捐冠，绝去生虑；砥甲砺刃，并气一力。或攻两旁，震鼓疾噪，敌人亦惧，莫知所当。锐卒分行，疾攻其后，此是失道而求生。故曰：困而不谋者穷，穷而不战者亡。"**所谓古之善用兵者，能使敌人前后不相及**，梅尧臣曰：设奇冲掩。**众寡不相恃**，梅尧臣曰：惊挠之也。**贵贱不相救**，梅尧臣曰：散乱也。**上下不相收**，梅尧臣曰：仓惶也。**卒离而不集，兵合而不齐**。李筌曰：设变以疑之，救左则击其右，惶乱不暇计。○杜牧曰：多设变诈以乱敌人。或冲前掩后，或惊东击西，或立伪形，或张奇势，我则无形以合战，敌则必备而众分。使其意慑离散，上下惊扰，不能和合，不得齐集，此善用兵也。○孟氏曰：多设疑事，出东见西，攻南引北，使彼狂惑散扰，而集聚不得也。○梅尧臣曰：或已离而不能集，或虽合而不能齐。○王晳曰：将有优劣则然；要在于奇正相生，手足相应也。○张预曰：出其不意，掩其无备；骁兵锐卒，猝然突击。彼救前则后虚，应左则右隙；使仓惶散乱，不知所御，将吏士卒，不能相赴。其卒已散而不复聚，其兵虽合而不能一。**合于利而动，不合于利而止**。曹操曰：暴之使离，乱之使不齐，动兵而战。○李筌曰：挠之令见利乃动，不乱则止。○梅尧臣曰：然能使敌若此，当须有利则动，无利则止。○张预曰：彼虽惊扰，亦当有利则动，无利则止。**敢问：敌众整而将来，待之若何？**曹操曰：或问也。○梅尧臣曰：此设疑以自问。言敌人甚众，将又严整，我何以待之耶？○张预曰：前所陈者，须兵众相敌，然后可为。故或人问武曰："彼兵众于我，而又整肃，则以何术待之也？"**曰：先夺其所爱，则听矣**。曹操曰：夺其所恃之利。若先据利地，则我所欲必得也。○李筌曰：孙子故立此问者，以此为秘要也。所爱，谓敌所便爱也，或财帛子女，吾先困辱之，则敌进退皆听也。○杜牧曰：据我便地，略我田野，利其粮道，斯三者，敌人之所爱惜倚恃者也。若能俱夺之，则敌人虽强，进退胜败，皆须听我也。○陈皞曰：爱者不止所恃利，但敌人所顾之事，皆可夺也。○梅尧臣曰：当先夺其所顾爱，则我志得行，然后使其惊挠散乱，无所不至也。○王晳曰：先据利地，以奇兵绝其粮道，则如我之谋也。○张预曰：武曰："敌所爱者，便地与粮食耳；我先夺之，则无不从我之计。"**兵之情主速，乘人之不及，由不虞之道，攻其所不戒也**。曹操曰：孙子应难以复陈兵情也。○李筌曰：不虞不戒，破敌之速。○杜牧曰：此统言兵之情状，以乘敌间隙。由不虞之道，攻其不戒之处，此乃兵之深情，将之至事也。○陈皞曰：此言乘敌人有不及、不虞、不戒之便，则须速进，不可迟疑也。盖孙子之旨，言用兵贵疾速也。○梅尧臣曰：兵机贵速，当乘人之不备，乘人之不备者，行不虞之道，攻不戒之所也。○王晳曰：兵上神速，夺爱尤当然也。○何氏曰：如蜀将孟达之降魏，魏朝以达领新城太守，达复连吴固蜀，潜图中国。谋泄，司马宣王秉政，恐达速发，以书给达以安之。达得书，犹豫不决。宣王乃潜军进讨，诸将皆言达与二贼交构，且审察而后动。宣王曰："达无信义，此其相疑之时也。当及其未定，往讨之。"乃倍道兼行，八日到其城下。吴蜀各遣其将向西城安桥木阑塞以救达，宣王分诸将拒之。初，达与诸葛亮书曰："宛去路八百里，去吾一千一百里，闻吾举事，当表上天子，比相反复，一月间也，则吾城已固，诸军足办。所在深险，司马公必不自来；诸将来，吾无患矣。"及兵到，达又告亮曰："吾举事八日而兵至城下，何其神速也！"上庸城三面阻水，达于城下为木栅以自固。宣王渡水，破其栅，直造城下，八道攻之。旬有六日，达甥邓贤、将李辅等开门出降，遂斩达。李靖征萧铣，集兵于夔州。铣以时属秋潦，江水泛涨，三峡路陷，必谓靖不能进，遂休兵不设备。九月，靖乃率师而进，将下峡，诸将皆请停兵待水退，靖曰："兵贵神速，机不可失。今兵始集，铣尚未知。若乘水涨之势，倏忽至城下，所谓疾雷不及掩耳，此兵家上策。纵被知我，仓卒征兵，无以应敌，此必成擒也。"遂降萧铣。《卫公兵法》曰："兵用上神，战贵其速。简练士卒，申明号令，晓其目以麾帜，习其耳以鼓金，严赏罚以诫之，重刍豢以养之，浚沟堑以防之，指山川以导之，召才能以任之，述奇正以教之。如此，则虽敌人有雷电之疾，而我则有所待也，若兵无先备则不应卒，卒不应则失于机，失于机则后于事，后于事则不制胜，而军覆矣。"故《吕氏春秋》云："凡兵者欲急捷，所以一决取胜，不可久而用之矣。"或曰：兵之情虽主速，乘人之不及。然敌将多谋，戎卒辑睦，令行禁止，兵利甲坚，气锐而严，力全而劲，岂可速而犯之邪？答曰：若此则当卷迹藏声、蓄盈待竭，避其锋势，与其持久，安可犯之哉！廉颇之拒白起，守而不战；宣王之抗武侯，抑而不进是也。○张预曰：复谓或人曰：用兵之理，惟尚神速。所贵乎速者，乘人之仓卒，使不及为备也。出兵于不虞之径，以掩其不戒，故敌惊扰散乱，而前后不相及，众寡不相待也。**凡为客之道：深入则专，主人不克；**李筌曰：夫为客，深入则志坚，主人不能御也。○杜牧曰：言大凡为攻伐之道，若深入敌人之境，士卒有必死之志，其心专一，主人不能胜我也。克者，胜也。○梅尧臣曰：为客者，入人之地深，则士卒专精，主人不能克我。○张预曰：深涉敌境，士卒心专，则为主者不能胜也。客在重地、主在轻地故耳。赵广武君谓韩信去国远斗，其锋不可当是也。**掠于饶野，三军足食；**王皙曰：饶野多稼穑。**谨养而勿劳，并气积力；运兵计谋，为不可测。**曹操曰：养士并气运兵，为不可测度之计。○李筌曰：气盛力积，加之以谋虑，则非敌之可测。○杜牧曰：斯言深入敌人之境，须掠田野，使我足食；然后闭壁养之，勿使劳苦。气全力盛，一发取胜，动用变化，使敌人不能测我也。○陈皞曰：所处之野，须水草便近，积蓄不乏，谨其来往，善抚士卒。王翦伐楚，楚人挑战，翦不出，勤于抚御，并兵一力。闻士卒投石为戏，知其养勇思战，然后用之，一举遂灭楚。但深入敌境，未见可胜之利，则须为此计。○梅尧臣曰：掠其富饶，以足军食；息人之力，并兵为不可测之计。○王皙曰：谨养，谓抚循饮食周谨之也。并锐气，积余力，形藏谋密，使敌不测，俟其有可胜之隙，则进之。○张预曰：兵在重地，须掠粮于富饶之野，以丰吾食；乃坚壁自守，勤抚士卒，勿任以劳苦。令气盛而力全，常为不可测度之计。伺敌可击，则一举而克。王翦伐荆，常用此术。**投之无所往，死且不北，**李筌曰：能得其力者，投之无往之地。○杜牧曰：投之无所往，谓前后进退，皆无所之，士以此皆求力战，虽死不北也。○梅尧臣曰：置在必战之地，知死而不退走。○张预曰：置之危地，左右前后，皆无所往，则守战至死，而不奔北矣。**死焉不得，**曹操曰：士死，安不得也。○杜牧曰：言士必死，安有不得胜之理。○孟氏曰：士死，无不得也。○梅尧臣曰：兵焉得不用命？○张预曰：士卒死战，安不得志？尉缭子曰："一贼仗剑击于市，万人无不避之者，非一人之独勇，万人皆不肖也，必死与必生不侔也。"**士人尽力。**曹操曰：在难地，心并也。○梅尧臣曰：士安得不竭力以赴战？○王皙曰：人在死地，岂不尽力？○何氏曰：兽困犹斗，鸟穷则啄，况灵万物者人乎？○张预曰：同在难地，安得不共竭其力。**兵士甚陷则不惧，**杜牧曰：陷于危险，势不独死，三军同心，故不惧也。○梅尧臣同杜牧注。○王皙曰：陷在难地则不惧，不惧则斗志坚也。○张预曰：陷在危亡之地，人持必死之志，岂复畏敌也。**无所往则固，深入则拘，**曹操曰：拘，缚也。○李筌曰：固，整也。○杜牧曰：往，走也。言深入敌境，走无生路，则人心坚固如拘缚者也。〇梅尧臣曰：投无所往，则自然心固；入深，则自然志专也。〇张预曰：动无所之，人心坚固；兵在重地，走无所适，则如拘系也。**不得已则斗**。曹操曰：人穷则死战也。〇李筌曰：决命。〇杜牧曰：不得已者，皆疑陷在死地，必不生；以死救死，尽不得已也，则人皆悉力而斗也。〇梅尧臣、何氏同杜牧注。〇张预曰：势不获已，须力斗也。**是故其兵不修而戒，不求而得，不约而亲，不令而信**，曹操曰：不求索其意，自得力也。〇李筌曰：投之必死，不令而得其用也。〇杜牧曰：此言兵在死地，上下同志，不待修整而自戒惧，不待收索而自得心，不待约令而自亲信也。〇孟氏曰：不求其胜，而胜自得也。〇梅尧臣曰：不修而兵自戒，不索而情自得，不约而众自亲，不令而人自信，皆所以陷于危难，故三军同心也。〇王皙曰：谓死难之地，人心自然故也。〇张预曰：危难之地，人自同力，不修整而自戒慎，不求索而得情意，不约束而亲上，不号令而信命，所谓同舟而济，则吴越何患乎异心也！**禁祥去疑，至死无所之**。曹操曰：禁妖祥之言，去疑惑之计。〇一本作"至死无所灾"。〇李筌曰：妖祥之言、疑惑之事而禁之，故无所灾。〇杜牧曰：黄石公曰："禁巫祝不得为吏士卜问军之吉凶，恐乱军士之心。"言既去疑惑之路，则士卒至死无有异志也。〇梅尧臣曰：妖祥之事不作，疑惑之言不入，则军必不乱，死而后已。〇王皙曰：灾祥神异，有以惑人，故禁止之。〇张预曰：欲士死战，则禁止军吏，不得言妖祥之事，恐惑众也；去疑惑之计，则至死无他虑。《司马法》曰："灭厉祥。"此之谓也。傥士卒未有必战之心，则亦有假妖祥以使众者。田单守即墨，命一卒为神，每出入约束必称神，遂破燕是也。**吾士无余财，非恶货也；无余命，非恶寿也**。曹操曰：皆烧焚财物，非恶货之多也；弃财致死者，不得已也。〇杜牧曰：若有财货，恐士卒顾恋，有苟生之意，无必死之心也。〇梅尧臣曰：不得已竭财货，不得已尽死战。〇王皙曰：足用而已，士顾财富则偷生；死战而已，士顾生路则无斗志矣。〇张预曰：货与寿，人之所爱也，所以烧掷财宝、割弃性命者，非憎恶之也，不得已也。**令发之日，士卒坐者涕沾襟，偃卧者涕交颐**。曹操曰：皆持必死之计。〇李筌曰：弃财与命，有必死之志，故割而流涕也。〇杜牧曰：士皆以死为约，未战之日，先令曰："今日之事，在此一举；若不用命，身膏草野，为禽兽所食也。"〇梅尧臣曰：决以死力，牧说是也。〇王皙曰：感励之使然。〇张预曰：感激之，故涕泣也。未战之日，先令曰："今日之事，在此一举；若不用命，身膏草野，为禽兽所食。"或曰：凡行军飨士使酒，拔剑起舞，作朋角抵，伐鼓叫呼，所以增其气。若令涕泣，无乃挫其壮心乎？答曰：先决其死力，后激其锐气，则无不胜。傥无必死之心，其气虽盛，何由克之？若荆轲于易水，士皆垂泪涕泣；及复为羽声忼慷，则皆瞋目、发上指冠是也。**投之无所往者，诸、刿之勇也**。李筌曰：夫兽穷则搏，鸟穷则啄，令急迫，则专诸、曹刿之勇也。〇杜牧曰：言所投之处，皆为专诸、曹刿之勇。〇梅尧臣曰：既令以必死，则所往皆有专诸、曹刿之勇。〇张预曰：人怀必死，则所向皆有专诸、曹刿之勇也。专诸，吴公子光使刺杀吴王僚者；刿当为沫，曹沫以勇力事鲁庄公，尝执匕首劫齐桓公。**故善用兵者，譬如率然**。梅尧臣曰：相应之容易也。**率然者，常山之蛇也。击其首则尾至，击其尾则首至，击其中则首尾俱至**。梅尧臣曰：蛇之为物也，不可击；击之，则率然相应。〇张预曰：率，犹速也。击之则速然相应，此喻阵法也。《八陈图》曰："以后为前，以前为后，四头八尾，触处为首，敌冲击中，首尾俱救。"**敢问：兵可使如率然乎**？梅尧臣曰：可使兵首尾率然相应如一体乎？**曰：可。夫吴人与越人相恶也，当其同舟而济，遇风，其相救也如左右手**。梅尧臣曰：势使之然。〇张预曰：吴、越，仇雠也，同处危难，则相救如两手。况非仇雠者，岂不犹率然之相应乎？**是故方马埋轮，未足恃也**；曹操曰：方，缚马也。埋轮，示不动也。此言专难不如权巧，故曰：虽方马埋轮，不足恃也。〇李筌曰：投兵无所往之地，人自斗，如蛇之首尾，故吴越之人，同舟相救，虽缚马埋轮，未足恃也。〇杜牧曰：缚马使为方阵，埋轮使不动，虽如此，亦未足称为专固而足为恃。须任权变，置士于必死之地，使人自为战，相救如两手，此乃守固必胜之道而足为恃也。〇陈皞曰：人之相恶，莫甚吴越，同舟遇风，而犹相救。何则？势使之然也。夫用兵之道，若陷在必战之地，使怀俱死之忧，则首尾前后，不得不相救也。有吴越之恶，犹如两手相救，况无吴越之恶乎？盖言贵于设变使之，则勇怯之心一也。〇梅尧臣同杜牧注。〇王皙曰：此谓在难地自相救耳。蛇之首尾，人之左右手，皆喻相救之敏也。同舟而济，在险难也，吴越犹无异心，况三军乎？故其足恃，甚于方马埋轮。曹公说是也。〇张预曰：上文历言置兵于死地，使人心专固。然此未足为善也。虽置之危地，亦须用权智使人，令相救如左右手，则胜矣。故曰：虽缚马埋轮，未足恃固以取胜；所可必恃者，要使士卒相应如一体也。**齐勇若一，政之道也**；李筌曰：齐勇者，将之道。〇杜牧曰：齐正勇敢，三军如一，此皆在于为政者也。〇陈皞曰：政令严明，则勇者不得独进，怯者不得独退，三军之士如一也。〇梅尧臣曰：使人齐勇如一心而无怯者，得军政之道也。〇王皙同梅尧臣注。〇张预曰：既置之危地，又使之相救，则三军之众，齐力同勇如一夫，是军政得其道也。**刚柔皆得，地之理也**。曹操曰：强弱一势也。〇李筌曰：刚柔得者，因地之势也。〇杜牧曰：强弱之势，须因地形而制之也。〇梅尧臣曰：兵无强弱，皆得用者，是因地之势也。〇王皙曰：刚柔，犹强弱也。言三军之士，强弱皆得其用者，地利使之然也。曹公曰"强弱一势"是也。〇张预曰：得地利，则柔弱之卒亦可以克敌，况刚强之兵乎？刚柔俱获其用者，地势使之然也。**故善用兵者，携手若使一人，不得已也**。曹操曰：齐一貌也。〇李筌曰：理众如理寡也。〇杜牧曰：言使三军之士，如牵一夫之手，不得已皆须从我之命，喻易也。〇贾林曰：携手，翻迭之貌，便于回运。以前为后，以后为前，以左为右，以右为左，故百万之众如一人也。〇梅尧臣曰：用之军如携手使一人者，势不得已，自然皆从我所挥也。〇王皙曰：携使左右前后，率从我也。〇张预曰：三军虽众，如提一人之手而使之，言齐一也。故曰：将之所挥，莫不从移；将之所指，莫不从死。**将军之事，静以幽，正以治**。曹操曰：谓清净、幽深、平正。〇杜牧曰：清净简易，幽深难测，平正无偏，故能致治。〇梅尧臣曰：静而幽邃，人不能测；正而自治，人不能挠。〇王皙曰：静则不挠，幽则不测，正则不偷，治则不乱。〇张预曰：其谋事，则安静而幽深，人不能测；其御下，则公正而整治，人不敢慢。**能愚士卒之耳目，使之无知**；曹操曰：愚，误也。民可以乐成，不可与虑始。〇李筌曰：为谋未熟，不欲令士卒知之，可以乐成，不可与谋始。是以先愚其耳目，使无见知。〇杜牧曰：言使军士非将军之令，其他皆不知，如聋如瞽也。〇梅尧臣曰：凡军之权谋，使由之，而不使知之。〇王皙曰：杜其见闻。〇何氏同杜牧注。〇张预曰：士卒懵然无所闻见，但从命而已。**易其事，革其谋，使人无识**；李筌曰：谋事成变，而不识其原。〇杜牧曰：所为之事，所有之谋，不使知其造意之端，识其所缘之本也。〇梅尧臣曰：改其所行之事，变其所为之谋，无使人能识也。〇王皙曰：已行之事，已施之谋，当革易之，不可再也。〇何氏曰：将术以不穷为奇也。〇张预曰：前所行之事，旧所发之谋，皆变易之，使人不可知也。若裴行俭令军士下营讫，忽使移就崇冈，初将吏皆不悦。是夜风雨暴至，前设营所，水深丈余，将士惊服。因问曰："何以知风雨也？"行俭笑曰："自今但依吾节制，何须问我所由知也！"**易其居，迂其途，使人不得虑**。李筌曰：行路之便，众人不得知其情。〇杜牧曰：易其居，去安从危；迂其途，舍近即远，士卒有必死之心。〇陈皞曰：将帅凡举一事，切委曲而致之，无使人得计虑者。〇贾林曰：居我要害，能使自移，途近于我，能使迂之，发机微，路人不能知也。〇梅尧臣曰：更其所安之居，迂其所趋之途，无使人能虑也。〇王皙曰：处易者，将致敌以求战也；迂途者，示远而密袭也。〇张预曰：其居则去险而就易，其途则舍近而从远，人初不晓其旨，及胜乃服。太白山人曰："兵贵诡道者，非止诡敌也，抑诡我士卒，使由之而不使知之也。"**帅与之期，如登高而去其梯**；梅尧臣曰：可进而不可退也。**帅与之深入诸侯之地，而发其机**，杜牧曰：使无退心，孟明焚舟是也。〇一本"帅与之登高"。〇陈皞曰：发其心机。〇贾林曰：动我机权，随事应变。〇梅尧臣曰：发其危机，使人尽命。〇王皙曰：皆励决战之志也。机之发，无复回也。贾诩劝曹公曰"必决其机"是也。〇张预曰：去其梯，可进而不可退；发其机，可往而不可返。项羽济河沉舟之类也。**焚舟破釜，若驱群羊，驱而往，驱而来，莫知所之**。曹操曰：一其心也。〇李筌曰：还师者，皆焚舟梁，坚其志，既不知谋，又无返顾之心，是以加驱羊也。〇杜牧曰：三军但知进退之命，不知攻取之端也。〇梅尧臣曰：但驯然从驱，莫知其他也。○何氏曰：士之往来，惟将之令，如羊之从牧者。○张预曰：群羊往来，牧者之随；三军进退，惟将之挥。**聚三军之众，投之于险，此谓将军之事也**。曹操曰：险，难也。○梅尧臣曰：措三军于险难而取胜者，为将之所务也。○张预曰：去梯发机，置兵于危险以取胜者，此将军之所务也。**九地之变，屈伸之利，人情之理，不可不察**。曹操曰：人情见利而进，见害而退。○杜牧曰：言屈伸之利害，人情之常理，皆因九地以变化。今欲下文重举九地，故于此重言，发端张本也。○梅尧臣曰：九地之变，有可屈可伸之利，人情之常理，须审察之。○王皙曰：明九地之利害，亦当极其变耳。言屈伸之利者，未见便则屈，见便则伸。言人情之理者，深专、浅散、围御之谓也。○张预曰：九地之法，不可拘泥，须识变通，可屈则屈，可伸则伸，审所利而已。此乃人情之常理，不可不察。**凡为客之道，深则专，浅则散**。梅尧臣曰：深则专固，浅则散归。此而下重言九地者，孙子勤勤于九变也。○张预曰：先举兵者为客，入深则专固，入浅则士散，此而下言九地之变。**去国越境而师者，绝地也**；梅尧臣曰：进不及轻，退不及散，在二地之间也。○王皙曰：此越邻国之境也，是谓孤绝之地，当速决其事。若吴王伐齐。近之兵如此者鲜，故不同九地之例。○张预曰：去已国，越人境而用师者，危绝之地也。若秦师过周而袭郑是也。此在九地之外而言之者，战国时间有之也。**四达者，衢地也**；梅尧臣曰：驰道四出，敌当一面。○张预曰：敌当一面，旁国四属。**入深者，重地也**；梅尧臣曰：士卒以军为家，故心无散乱。**入浅者，轻地也**；梅尧臣曰：归国尚近，心不能专。**背固前隘者，围地也**；梅尧臣曰：背负险固，前当厄塞。○张预曰：前狭后险，进退受制于人也。**无所往者，死地也**。梅尧臣曰：穷无所之。○张预曰：左右前后，穷无所之地。**是故散地，吾将一其志**；李筌曰：一卒之心。○杜牧曰：守则志一，战则易散。○梅尧臣曰：保城备险，一志坚守，候其虚懈，出而袭之。○张预曰：集人聚谷，一志固守，依险设伏，攻敌不意。**轻地，吾将使之属**；曹操李筌曰：使相及属。○杜牧曰：部伍营垒，密近联属，盖以轻散之地，一者备其逃逸，二者恐其敌至，使易相救。○杜佑曰：使，相仍也。轻地还师，当安地促行，然令相属续，以备不虞也。○梅尧臣曰：行则队校相继，止则营垒联属，脱有敌至，不有散逸也。○王皙曰：绝则人不相恃。○张预曰：密营促队，使相属续，以备不虞，以防逃遁。**争地，吾将趋其后**；曹操曰：利地在前，当速进其后也。○李筌曰：利地必争，益其备也。此筌以“趋”字为“多”字。○杜牧曰：必争之地，我若已后，当疾趋而争，况其不后哉！○陈皞曰：二说皆非也。若敌据地利，我后争之，不亦后据战地而趋战之劳乎？所谓争地必趋其后者，若地利在前，先分精锐以据之。彼若恃众来争，我以大众趋其后，无不克者，赵奢所以破秦军也。○杜佑曰：利地在前，当进其后，争地先据者胜，不得者负。故从其后，使相及也。○梅尧臣曰：敌未至其地，我若在后，则当疾趋以争之。○张预曰：争地贵速，若前驱至而后不及，则未可；故当疾进其后，使首尾俱至。或曰：趋其后，谓后发先至也。**交地，吾将谨其守**；杜牧曰：严壁垒也。○梅尧臣曰：谨守壁垒，断其通道。○王皙曰：惧袭我也。○张预曰：不当阻绝其路，但严壁固守，候其来，则设伏击之。**衢地，吾将固其结**；杜牧曰：结交诸侯，使之牢固。○梅尧臣曰：结诸侯，使之坚固，勿令敌先。○王皙曰：固以德礼威信，且示以利害之计。○张预曰：财币以利之，盟誓以要之，坚固不渝，则必为我助。**重地，吾将继其食**；曹操曰：掠彼也。○李筌曰：馆谷于敌也。“继”一作“掠”。○贾林曰：使粮相继而不绝也。○杜佑曰：深入，当继其粮饷。○梅尧臣曰：道既遐绝，不可归国取粮，当掠彼以食军。○张预曰：兵在重地，转输不通，不可乏粮，当掠彼以续食。**圮地，吾将进其涂**；曹操曰：疾过去也。○李筌曰：不可留也。○杜佑曰：疾行无舍此地。○梅尧臣曰：无所依，当速过。○张预曰：遇圮毁之地，宜引兵速过。**围地，吾将塞其阙**；曹操曰李筌曰：以一士心也。○杜牧曰：兵法围师必阙，示以生路，令无死志，因而击之。今若我在围地，敌开生路以诱我卒，我返自塞之，令士卒有必死之心。后魏末，齐神武起义兵于河北，为尒朱兆、天光、度律、仲远等四将会于邺南，士马精强，号二十万，围神武于南陵山。时神武马三千，步军不满三万。兆等设围不合，神武连系牛驴自塞之。于是将士死战，四面奋击，大破兆等四将也。○孟氏曰：意欲突围，示以守固。○杜佑曰：塞其阙，不欲走之意。○梅尧臣曰：自塞其旁道，使士卒必死战也。○王皙曰：惧人有走心。○张预曰：吾在敌围，敌开生路，当自塞之，以一士心。齐神武系牛马以塞路，而士卒死战是也。**死地，吾将示之以不活**。曹操李筌曰：励志也。○杜牧曰：示之必死，令其自奋以求生也。○贾林曰：禁财弃粮，堙井破灶，示必死也。○杜佑曰：励士也。焚辎重，弃粮食，塞井夷灶，亦无生意，必殊死战也。○梅尧臣曰：必死可生，人尽力也。○王皙同梅尧臣注。○何氏同杜牧注。○张预曰：焚辎重，弃粮食，塞井夷灶，亦以无活，励之使死战也。**故兵之情：围则御**，曹操曰：相持御也。○李筌曰：敌围我则御之。○杜牧曰：言兵在围地，始乃人人有御敌持胜之心，相御持也。穷则同心守御。○梅尧臣同杜牧注。○张预曰：在围则自然持御。**不得已则斗**，曹操曰：势有不得已也。○李筌曰：有不得已则战。○梅尧臣曰：势无所往必斗。○王皙曰：脱死难者，唯斗而已。○张预曰：势不可已，须悉力而斗。**过则从**。曹操曰：陷之甚过，则从计也。○李筌曰：过则审蹑。又云：陷之于过，则谋从之。○孟氏曰：甚陷则无所不从。○梅尧臣同孟氏注。○张预曰：深陷于危难之地，则无不从计。若班超在鄯善，欲与麾下数十人杀虏使，乃谆谕之，其士卒曰"今在危亡之地，死生从司马"是也。**是故不知诸侯之谋者，不能预交；不知山林、险阻、沮泽之形者，不能行军；不用乡导者，不能得地利**。曹操曰：上已陈此之事，而复云者，力恶不能用兵，故复言之。○李筌曰：三事，军之要也。○梅尧臣曰：已解《军争篇》中。重陈此三者，盖言敌之情状，地之利害，当预知焉。○王皙曰：再陈者，勤戒也。○张预曰：知此三事，然后能审九地之利害，故再陈于此也。**四五者，不知一，非霸王之兵也**。曹操曰：谓九地之利害。或曰：上四五事也。○张预曰：四五，谓九地之利害，有一不知，未能全胜。**夫霸王之兵，伐大国，则其众不得聚；威加于敌，则其交不得合**。李筌曰：夫并兵震威，则诸侯自顾，不敢预交。○杜牧曰：权力有余也，能分散敌也。○孟氏曰：以义制人，人谁敢拒？○陈皞曰：虽有霸王之势，伐大国，则我众不得聚，要在结交外援。若不如此，但以威加于敌，逞己之强，则必败也。○梅尧臣曰：伐大国，能分其众，则权力有余也。权力有余，则威加敌；威加敌，则旁国惧；旁国惧，则敌交不得合也。○王皙曰：能知敌谋，能得地利，又能形之，使其不相救，不相恃，则虽大国，岂能聚众而拒我哉？威之所加者大，则敌交不得合。○张预曰：恃富强之势，而亟伐大国，则己之民众将怨苦而不得聚也。甲兵之威，倍胜于敌国，则诸侯惧，而不敢与我合交也。或曰：侵伐大国，若大国一败，则小国离而不聚矣。若晋楚争郑，晋胜则郑附，晋败则郑叛也。小国既离，则敌国之权力分而弱矣。或我之兵威，得以增胜于彼，是则诸侯岂敢与敌人交合乎？**是故不争天下之交，不养天下之权，信**音伸**己之私，威加于敌，故其城可拔，其国可隳**。曹操曰：霸者，不结成天下诸侯之权也。绝天下之交，夺天下之权，故己威得伸而自私。○李筌曰：能绝天下之交，惟得伸己之私志，威而无外交者。○杜牧曰：信，伸也。言不结邻援，不蓄养机权之计，但逞兵威，加于敌国，贵伸己之私欲，若此者则其城可拔，其国可隳。齐桓公问于管仲曰："必先顿甲兵、修文德、正封疆而亲四邻，则可矣。"于是复鲁、卫、燕所侵地，而以好成，四邻大亲。乃南伐楚，北伐山戎，东制令支，折孤竹，西服流沙，兵车之会六，乘车之会三。乃率诸侯而朝天子。吴夫差破越于会稽，败齐于艾陵，阙沟于商鲁，会晋于黄池，争长而反，威加诸侯，诸侯不敢与争。勾践伐之，乞师齐楚，齐楚不应，民疲兵顿，为越所灭。越王勾践问战于申包胥曰："越国南则楚，西则晋，北则齐，春秋皮币玉帛子女以宾服焉，未尝敢绝，求以报吴，愿以此战。"包胥曰："善哉！蔑以加焉！"遂伐吴，灭之。○贾林曰：诸侯既惧，不得附聚，不敢合从，我之智谋威力有余，诸侯自归，何用养交之也？○"不养"一作"不事"。○陈皞曰：智力既全，威权在我，但自养士卒，为不可胜之谋，天下诸侯，无权可事也。仁智义谋，己之私有，用以济众，故曰：伸私，威振天下。德光四海，恩沾品物，信及豚鱼，百姓归心，无思不服。故攻城必拔，伐国必隳也。○梅尧臣曰：敌既不得与诸侯合交，则我亦不争其交，不养其权，用己力而已尔。威亦增胜于敌矣，故可拔其城，可隳其国。此谓霸王之兵也。○王皙曰：结交养权，则天下可从；申私损威，则国城不保。〇张预曰：不争交援，则势孤而助寡；不养权力，则人离而国弱；伸一己之私忿，暴兵威于敌国，则终取败亡也。或曰：敌国众既不得聚，交又不得合，则我当绝其交，夺其权，得伸己所欲，而威倍于敌国，故人城可得而拔，人国可得而隳也。**施无法之赏，悬无政之令**，贾林曰：欲拔城隳国之时，故悬法外之赏罚，行政外之威令，故不守常法、常政。故曰“无法”“无政”。〇梅尧臣曰：瞻攻行赏，法不预设；临敌作誓，政不先悬。〇王皙曰：杜奸媮也。曹公曰：“军法令不预施悬之。”《司马法》曰：“见敌作誓，瞻攻行赏。”此之谓也。〇张预曰：法不先施，政不预告，皆临事立制，以励士心。《司马法》曰：“见敌作誓，瞻功行赏。”**犯三军之众，若使一人**。曹操曰：犯，用也。言明赏罚，虽用众，若使一人也。〇李筌曰：善用兵者，为法作政，而人不知；悬事无令，而人从之。是以犯众如一人也。〇梅尧臣曰：犯，用也。赏罚严明，用多若用寡也。〇张预曰：赏功不逾时，罚罪不迁列。赏罚之典既明且速，则用众如寡也。**犯之以事，勿告以言**；梅尧臣曰：但用以战，不告以谋。〇王皙曰：情泄则谋乖。〇张预曰：任用之于战斗，勿谕之以权谋；人知谋则疑也。若裴行俭不告士卒以徙营之由是也。**犯之以利，勿告以害**。曹操曰：勿使知害。〇李筌曰：犯，用也。卒知言与害，则生疑难。〇梅尧臣曰：用令知利，不令知害。〇王皙曰：虑疑惧也。〇张预曰：人情见利则进，知害则避，故勿告以害也。**投之亡地然后存，陷之死地然后生**。曹操曰：必殊死战，在亡地无败者。孙膑曰：“兵恐不投之死地也。”〇李筌曰：兵居死地，必决命而斗以求生。韩信水上军，则其义也。〇梅尧臣曰：地虽曰亡，力战不亡；地虽曰死，死战不死。故亡者存之基，死者生之本也。〇何氏曰：如汉王遣将韩信击赵，未至井陉口三十里，止舍。夜半传发，选轻骑二千人，人持一赤帜，从间道草山而观赵军。诫曰：“赵见我走，必空壁逐我；汝疾入赵壁，拔赵帜，立汉帜。”令其裨将传餐曰：“今日破赵会食。”信乃使万人先行，出，背水陈。赵军遥见而大笑。平旦，信建大将军之旗鼓，行出井陉口，赵开壁击之，大战良久。于是信走水上军。赵空壁逐信。信已入水上军，军皆殊死战，不可败。信所出奇兵二千骑，驰入赵壁，皆拔赵帜，立汉赤帜。赵军攻信，既不得，还壁，见汉帜，大惊，遂乱，遁走。于是汉兵夹击，大破虏赵军，斩陈余泜水上，擒赵王。诸将因问信曰：“兵法：右背山陵，前左水泽。今者将军令臣等反背水阵，曰‘破赵会食’，臣等不服。然竟以胜，此何求也？”信曰：“此在兵法，顾诸君不察耳。兵法不曰‘陷之死地而后生，置之亡地而后存’乎？且信非得素抚循士大夫也，此后谓驱市人而战，其势非置之死地，使人人自为战。今与之生地，皆走，宁尚可得而用之乎？”诸将皆服，曰：“非所及也！”梁将陈庆之守涡阳城，与后魏军相持，自春至冬，数十百战，师老气衰。魏之援兵复欲筑垒于军后，诸将恐腹背受敌，议退师。庆之曰：“共来至此，涉历一岁，糜费粮仗，其数极多。诸军并无斗心，皆谋退缩，岂是欲立功名，直聚为钞暴耳！吾闻置兵死地，乃可求生，须虏大合，然后与战，必捷。”诸将壮其计，从之。魏人掎角作十三城，庆之衔枚夜出，陷其四垒。所余九城，兵甲犹盛。乃陈其俘馘，鼓噪而攻，遂大奔溃，斩获略尽。后魏末，齐神武兴义兵于河北。时尒朱兆等四将，兵马号二十万，夹洹水而军。时神武士兵不满三万，以众寡不敌，遂于韩陵山为圆陈，系牛驴以塞道。于是将士皆死战，四面奋击，大破之。齐神武兵少天光等兵十倍，围而缺之，神武乃自塞其缺，士皆有必死之志，是以破敌也。高齐北豫州刺史司马消难请降后周，周将杨忠与柱国达奚武援之。于是共率骑士五千人，各乘马一匹，从间道驰入齐境五百里，前后遣三使报消难，而皆不反命。去豫州三十里，武疑有变，欲还。忠曰：“有进死，无退生！”独以千骑，夜趣城下，四面峭绝，徒闻击柝之声。武亲来，麾数百骑以西；忠勒余骑不动，候门开而入。乃驰遣召武。时齐镇城将伏敬远勒甲士二千人据东陴，举烽严警。武惮之，不欲保城，乃多取财帛，以消难及其属先归。忠以三千骑为殿，到洛南，皆解鞍而卧，齐众来追，至于洛北。忠谓将士曰：“但饱食。今在死地，贼必不敢渡水以当吾锋。”食毕，齐兵佯若渡水，忠驰将击之，齐兵不敢逼，遂徐引而退。〇张预曰：置之死亡之地，则人自为战，乃可存活也。项羽救赵，破釜焚庐，示以必死，诸侯从壁上观，楚战士无不一当十，遂虏秦将是也。**夫众陷于害，然后能为胜败**。梅尧臣曰：未陷难地，则士卒心不专；既陷危难，然后胜败在人为之尔。○张预曰：士卒用命，则胜败之事在我所为。**故为兵之事，在于顺详敌之意**，曹操曰：佯，愚也。或曰：彼欲进，设伏而退；欲击，开而击之。○李筌曰：敌欲攻，我以守待之；敌欲战，我以奇待之。退伏利诱，皆顺其所欲。○杜牧曰：夫顺敌之意，盖言我欲击敌，未见其隙，则藏形闭迹，敌人之所为，顺之勿惊。假如强以陵我，我则示怯而伏，且顺其强，以骄其意，候其懈怠而攻之。假如欲退而归，则开围使去，以顺其退，使无斗心，遂因而击之。皆顺敌之旨也。○陈皞曰：顺敌之旨，不假多说，但强示之弱，进示之退，使敌心不戒，然后攻而破之必矣。○梅尧臣曰：佯怯、佯弱、佯乱、佯北，敌人轻来，我志乃得。○张预曰：彼欲进则诱之令进，彼欲退则缓之令退，奉顺其旨，设奇伏以取之。或曰：敌有所欲，当顺其意以骄之，留为后图。若东胡遣使谓冒顿曰："欲得头曼千里马。"冒顿与之。复遣使来曰："愿得单于一阏氏。"冒顿又与之。及其骄怠而击之，遂灭东胡是也。**并敌一向，千里杀将**，曹操曰：并兵向敌，虽千里能擒其将也。○杜牧曰：上文言为兵之事，在顺敌人之意，此乃未见敌人之隙耳。若已见其隙，有可攻之势，则须并兵专力，以向敌人，虽千里之远，亦可以杀其将也。○贾林曰：能以利诱敌人，使一向趋之，则我虽远千里，亦可擒杀其将。○梅尧臣曰：随敌一向，然后发伏出奇，则能远擒其将。○王皙曰：顺敌意，随敌形，及其空虚不虞，并兵一力以向之，乘势可千里而覆军杀将也。○张预曰：敌既骄惰，则并兵力以向之，可以覆其军，杀其将，则明如冒顿灭东胡之事是也。**此谓巧能成事者也**。曹操曰：是成事巧者也。○一作"是谓巧攻成事"。○梅尧臣曰：能顺敌而取胜，机巧者也。○何氏曰：能如此者，是巧攻之成事也。○张预曰：始顺其意，后杀其将，成事之巧也。**是故政举之日，夷关折符，无通其使**，曹操曰：谋定，则闭关以绝其符信，勿通其使。○李筌曰：政令既行，闭关折符，无得有所沮议，恐惑众士心也。○杜牧曰：其所不通，岂敌人之使乎？若敌人之使不受，则何必夷关折符，然后为不通乎？答曰：夷关折符者，不令国人出入。盖恐敌人有间使潜来，或藏形隐迹，由危历险，或窃符盗信，假托姓名，而来窥我也。无通其使者，敌人若有使来聘，亦不可受之，恐有智能之士，如张孟谈、娄敬之属，见其微而知著，测我虚实也。此乃兵形未成，恐敌人先事以制我也。兵形已成，出境之后，则使在其间，古之道也。○梅尧臣曰：夷，灭也；折，断也。举政之日，灭塞关梁，断毁符节，使不通也。使不通者，恐泄我事也。○张预曰：庙算已定，军谋已成，则夷塞关梁，毁折符信，勿通使命，恐泄我事也。彼有使来，则当纳之，故下文云"敌之开阖，必亟入之"。**厉于廊庙之上，以诛其事**。曹操曰：诛，治也。○杜牧曰：厉，揣厉也。言廊庙之上，诛治其事，成败先定，然后兴师。一本作"以谋其事"。○梅尧臣曰：严整于廊庙之上，以计其事，言其密也。○何氏曰：磨厉庙胜之策，以责成其事。○张预曰：兵者大事，不可轻议，当惕厉于庙堂之上，密治其事，贵谋不外泄也。**敌人开阖，必亟入之**。曹操曰：敌有间隙，当急入之也。○李筌曰：敌开阖未定，必急来也。○孟氏曰：开阖，间者也。有间来，则疾内之。○梅尧臣同孟氏注。○张预曰：开阖，谓间使也。敌有间来，当急受之。或曰：谓敌人或开或阖，出入无常，进退未决，则宜速乘之。**先其所爱**，曹操曰：据利便也。○李筌曰：先攻其积聚及妻子，利不择其用也。○杜牧曰：凡是敌人所爱惜倚恃以为军者，则先夺之也。○梅尧臣曰：先察其便利爱惜之所也。○何氏同杜牧注。**微与之期**。曹操曰：后人发，先人至。○杜牧曰：微者，潜也。言以敌人所爱利便之处，为期将欲谋夺之，故潜往赴期，不令敌人知也。○陈皞曰：我若先夺便地，而敌不至，虽有其利，亦奚用之？是以欲取其爱惜之处，必先微与敌人相期，误之使必至。○梅尧臣曰：微露之期，使间归告，然后我后人发，先人至也。后发者，欲其必赴也；先至者，夺其所爱也。○王皙曰：权谲也。微者，所以示密。曹公曰："先敌至也。"○张预曰：兵所爱者便利之地，我欲先据，当微露其意，与之相期；敌方趋之，我乃后发而先至也。所以使敌先趋者，恐我至而敌不来也。故曰：争地，吾将趋其后。**践墨随敌，以决战事**。曹操曰：行践规矩，无常也。○李筌曰：墨者，出道也。出迟道而从之恐不及。○杜牧曰：墨，规矩也。言我常须践履规矩，深守法制，随敌人之形；若有可乘之势，而出而决战也。○陈皞曰：兵虽要在迅速以决战事，然自始及末，须守法制，纵获胜捷，亦不可争竞赛扰乱也。城濮之战，晋文公登有莘之墟以望其师，曰："少长有礼，其可用也。"〇"践墨"一作"划墨"。〇贾林曰：划，除也；墨，绳墨也。随敌计以决战事，惟胜是利，不可守以绳墨而为。〇梅尧臣曰：举动必践法度，而随敌屈伸，因利以决战也。〇王皙曰：践兵法如绳墨，然后可以顺敌决胜。〇张预曰：循守法度，践履规矩，随敌变化，形势无常，乃可以决战取胜。墨，绳墨也，"妇人左右、前后、跪起皆中规矩绳墨"是也。**是故始如处女，敌人开户；后如脱兔，敌不及拒**。曹操李筌曰：处女示弱，脱兔往疾也。〇杜牧曰：言敌人初时谓我无所能为，如处女之弱；我因急去攻之，险迅疾速，如兔之脱走，不可捍拒也。或曰：我避敌走如脱兔。曰：非也。〇梅尧臣曰：始若处女，践规矩之谓也；后若脱兔，应敌决战之速也。〇王皙曰：处女，随敌也；开户，不虞也；脱兔，疾也。若田单守即墨而破燕军是也。〇张预曰：守则如处女之弱，令敌懈怠，是以启隙；攻则犹脱兔之疾，乘敌仓卒，是以莫御。太史公谓田单守即墨攻骑劫，正如此语，不其然乎？

火攻篇 曹操曰：以火攻人，当择时日也。〇王皙曰：助兵取胜，戒虚发也。〇张预曰：以火攻敌，当使奸细潜行，地里之远近，途径之险易，先熟知之，乃可往。故次《九地》。

孙子曰：凡火攻有五：一曰火人，李筌曰：焚其营，杀其士卒也。〇杜牧曰：焚其营栅，因烧兵士。吴起曰："凡军居荒泽，草木幽秽，可焚而灭。"蜀先主伐吴，吴将陆逊拒之于夷陵，先攻一营不利。诸将曰："空杀兵也。"逊曰："吾已晓破敌之术矣。"乃敕各持一把茅，以火攻拔之。一尔势成，通率诸军，同时俱攻。斩张南、冯习及胡王沙摩柯等，破四十余营，死者万数。备因夜遁，军资器械略尽，遂欧血而殂。〇梅尧臣曰：焚营栅荒秽，以助攻战也。〇何氏曰：鲁桓公世，焚邾娄之咸丘，始以火攻也。后世兵家者流，故有五火之攻，以佐取胜之道也。如后汉班超使西域，到鄯善。初夜，将吏士奔虏营。会天大风，超令十人持鼓藏虏舍后，约曰："见火燃，皆当鸣鼓大呼。"余人悉持兵弩夹门而伏。超顺风纵火，前后鼓噪，虏众惊乱。超手格杀三人，余众悉烧死。又皇甫嵩率兵讨黄巾贼张角，嵩保长社，贼来围城，嵩兵少，军中皆恐。召军吏谓曰："兵有奇变，不在众寡。今贼依草结营，易为风火；若因夜纵火，必大惊乱，吾出兵击之，其功可成。"其夕遂大风，嵩乃约勒军士，皆束苣乘城，使锐士间出围外纵火，大呼，城上举燎应之。嵩因鼓而奔其陈，贼惊乱奔走，大破之。又五代梁太祖乾宁中，亲领大军，由郓州东路北次于鱼山。朱宣瑾觇知，即以兵径至，且图速战。帝整军出砦。时宣瑾已陈于前。须臾，东南风大起，帝军旌旗失次，甚有惧色。帝即令骑士扬鞭呼啸，俄而西北风骤发。时两军皆在草莽中，帝因令纵火。既而烟焰亘天，乘势以攻贼陈，宣瑾大破，余众拥入清河。因筑京观于鱼山之下。又后唐伐蜀，工部任圜以大军至汉州，康延孝来逆战。圜命董璋以东川懦卒当其锋，伏精兵于其后。延孝击退东川之军，急追之，遇伏兵。延孝败，驰入汉州，闭壁不出。西川孟知祥以兵二万，与圜合势攻之。汉州四面树竹木为栅。三月，圜陈于金雁桥，即率诸军鼓噪而进，四面纵火，风焰亘空。延孝危急，引骑出陈于金雁桥，又大败之。〇张预曰：焚彼营舍，以杀其士，火攻之先也。班超烧匈奴使者是也。**二曰火积**，李筌曰：焚积聚也。〇杜牧曰：积者，积蓄也，粮食薪刍是也。高祖与项羽相持成皋，为羽所败，北渡河，得张耳、韩信军。军修武，深沟高垒。使刘贾将二万人、骑数百，渡白马津，入楚地，烧其积聚，以破其业。楚军乏食。隋文帝时，高颎献取陈之策，曰："江南土薄，舍多茅竹，所有储积，皆非地窖。可密遣行人，因风纵火，待彼修葺，复更烧之。不出数年，自可财力俱尽。"帝行其策，由是陈人益弊。〇梅尧臣曰：焚其委积，以困刍粮。〇张预曰：焚其积聚，使刍粮不足。故曰：军无委积则亡。刘贾烧积聚是也。**三曰火辎，四曰火库**，李筌曰：烧其辎重，焚其库室。〇杜牧曰：器械财货及军士衣装，在军中上道未止曰辎，在城营垒已有止舍曰库，其所藏二者皆同。后汉末，袁绍相许攸降曹公，曰："今袁氏辎重有万余两车，屯军不严；今以轻兵袭之，不意而至，焚其积聚，不过三日，袁氏自败。"公大喜，选精骑五千，皆用袁氏旗帜，衔枚缚马口，从间道出入，抱束薪。所历道有问者，语之曰："袁公恐曹操抄略后军，遣兵以益备。"闻者信以为然，皆自若，既至围屯，大放火，营中惊乱，因大破之，辎重悉焚之矣。○陈皞曰：夫敌有爱惜之物，亦可以攻之。彼若出救，是我以火分其势也。更遇其心神挠惑，自可破军杀将也。○梅尧臣曰：焚其辎重，以窘货财；焚其库室，以空蓄聚。○何氏曰：如前秦苻坚遣将王猛伐前燕慕容暐，师至潞川，燕将慕容评率兵四十万御之，以持久制之。猛遣将郭庆率步骑五千，夜从间道，起火于晋山，烧评辎重，火见邺中。因而灭之。○张预曰：焚其辎重，使器用不供。故曰：军无辎重则亡。曹操烧袁绍辎重是也。焚其府库，使财货不充。故曰：军无财，则士不来。**五曰火队**。李筌曰：焚其队仗兵器。○杜牧曰：焚其行伍，因乱而击之。○梅尧臣曰：焚其队仗，以夺兵具。○"队"一作"隧"。○贾林曰：隧，道也。烧绝粮道及转运也。○何氏同贾林注。○张预曰：焚其队仗，使兵无战具。故曰：器械不利，则难以应敌也。**行火必有因**，曹操曰：因奸人。○李筌曰：因奸人而内应也。○陈皞曰：须得其便，不独奸人。○贾林曰：因风燥而焚之。○张预曰：凡火攻，皆因天时燥旱，营舍茅竹，积刍聚粮，居近草莽，因风而焚之。**烟火必素具**。曹操曰：烟火，烧具也。○李筌曰：干苕、蒿艾、粮粪之属。○杜牧曰：艾蒿、荻苇、薪苕、膏油之属，先须修事以备用。兵法有火箭、火帘、火杏、火兵、火兽、火禽、火盗、火弩，凡此者皆可用也。○梅尧臣曰：潜奸伺隙，必有便也；秉秆持燧，必先备也。《传》曰："惟事事有备，乃无患也。"○张预曰：贮火之器，燃火之物，常须预备，伺便而发。**发火有时，起火有日**。梅尧臣曰：不妄发也。○张预曰：不可偶然，当伺时日。**时者，天之燥也**；曹操曰：燥者，旱也。○梅尧臣曰：旱熯易燎。○张预曰：天时旱燥，则火易燃。**日者，月在箕、壁、翼、轸也，凡此四宿者，风起之日也**。李筌曰：《天文志》："月宿此者多风。"《玉经》云："常以月加日，从营室顺数十五至翼，月在宿于此也。"○杜牧曰：宿者，月之所宿也。四宿者，风之使也。○梅尧臣曰：箕，龙尾也；壁，东壁也；翼、轸，鹑尾也。宿在者，谓月之所次也。四宿好风，月离必起。○张预曰：四星好风，月宿则起。当推步躔次，知所宿之日，则行火。一说：春丙丁，夏戊己，秋壬癸，冬甲乙，此日有疾风猛雨。又占风法：取鸡羽重八两，挂于五丈竿上，以候风所从来。四宿，即箕、壁、翼、轸也。**凡火攻，必因五火之变而应之**。梅尧臣曰：因火为变，以兵应之。○张预曰：因其火变，以兵应之。五火，即人、积、辎、库、队也。**火发于内，则早应之于外**。曹操曰：以兵应之也。○李筌曰：乘火势而应之也。○杜牧曰：凡火，乃使敌人惊乱，因而击之，非谓空以火败敌人也。闻火初作即攻之；若火阑众定而攻之，当无益，故曰早也。○杜佑曰：使间人纵火于敌营内，当速进以攻其外也。○梅尧臣曰：内若惊乱，外以兵击。○张预曰：火才发于内，则兵急击于外，表里齐攻，敌易惊乱。**火发兵静者，待而勿攻**；杜牧曰：火作不惊，敌素有备，不可遽攻，须待其变者也。○梅尧臣曰：不惊挠者，必有备也。○王皙曰：以不变也。○何氏曰：火作而敌不惊呼者，有备也；我往攻，则反或受害。○张预曰：火虽发而兵不乱者，敌有备也；复防其变，故不可攻。**极其火力，可从而从之，不可从而止**。曹操曰：见可而进，知难而退。○李筌曰：夫火发兵不乱，不可攻。○杜牧曰：俟火尽已来，若敌人扰乱则攻之；若敌终静不扰，则收兵而退也。○杜佑曰：见利则进，知难则退。极，尽也。尽火力，可则应，不可则止，无使敌知其所为。○梅尧臣曰：极其火势，待其变则攻，不变则勿攻。○王皙曰：伺其变乱则乘之；终不变乱，则自治而蓄力。○何氏曰：如魏满宠征吴，敕诸将曰："今夕风甚猛，贼必来烧我营，宜为之备。"诸军皆警。夜半，果来烧营，宠掩击破之者是也。○张预曰：尽其火势，变乱则攻，安静则退。**火可发于外，无待于内，以时发之**。李筌曰：魏武破袁绍于官渡，用许攸计，烧辎重万余，则其义也。○杜牧曰：上文云五火变须发于内，若敌居荒泽草秽，或营栅可焚之地，即须及时发火，不必更待内发作然后应之，恐敌人自烧野草，我起火无益。汉时李陵征匈奴，战败，为单于所逐，及于大泽。匈奴于上风纵火，陵亦先放火烧断蒹葭，用绝火势。○陈皞曰：以时发之，所谓天之燥、月之宿在四星也。○贾林曰：火可发于外，不必待内应；得时即应发，不可拘于常势也。○梅尧臣同杜牧注。○张预曰：火亦可发于外，不必须待作于内；但有便则应时而发。黄巾贼张角围汉将皇甫嵩于长社，贼依草结营，嵩使锐士间出围外，纵火大呼，城上举燎应之。嵩因鼓而奔其阵，贼惊乱，遂败走。**火发上风，无攻下风**。曹操曰：不便也。○李筌曰：隋江东贼刘元进攻王世充于延陵，令把草东方，因风纵火。俄而回风，悉烧元进营，军人多死者。○杜牧曰：若是东，则焚敌之东，我亦随以攻其东。若火发东面，攻其西，则与敌人同受也。故无攻下风，则顺风也。若举东，可知其他也。○梅尧臣曰：逆火势，非便也，敌必死战。○王皙曰：或击其左右可也，○张预曰：烧之必退，退而逆击之必死战，故不便也。○**昼风久，夜风止**。曹操曰：数当然也。○李筌曰：不终始也。○杜牧曰：老子曰："飘风不终朝。"○梅尧臣曰：凡昼风必夜止，夜风必昼止，数当然也。○王皙同梅尧臣注。○张预曰：昼起则夜息，数当然也。故老子曰："飘风不终朝。"**凡军必知有五火之变，以数守之**。杜牧曰：须算星躔之数，守风起日，乃可发火，不可偶然而为之。○杜佑曰：既知五火五变，当复以数消息其可否。○梅尧臣曰：数星之躔，以候风起之日，然而发火，亦当自防其变。○张预曰：不可止知以火攻人，亦当防人攻己。推四星之度数，知风起之日，则严备守之。**故以火佐攻者明**，梅尧臣曰：明白易胜。○张预曰：用火助攻，灼然可以取胜。○**以水佐攻者强**。杜佑曰：水以为冲，故强。○梅尧臣曰：势之强也。○张预曰：水能分敌之军，彼势分则我势强。**水可以绝，不可以夺**。曹操曰：火佐者，取胜明也。水佐者，但可以绝敌道，分敌军，不可以夺敌蓄积。○李筌曰：军者，必守术数，而佐之水火，所以明强也。光武之败王莽，魏武之擒吕布，皆其义也。以水绝敌人之军，分为二则可，难以夺敌人之蓄积。○杜牧曰：水可绝敌粮道，绝敌救援，绝敌奔逸，绝敌冲击，不可以水夺险要蓄积也。○王皙曰：强者，取其决注之暴。○张预曰：水止能隔绝敌军，使前后不相及，取其一时之胜，然不若火能焚夺敌人积聚，使之灭亡。若韩信决水斩楚将龙且，是一时之胜也；曹公焚袁绍辎重，绍因以败，是使之灭亡也。水不若火，故详于火而略于水。**夫战胜攻取，而不修具功者，凶，命曰费留**。曹操曰：若水之留，不复还也。或曰：赏不以时，但费留也，赏善不逾日也。○李筌曰：赏不逾日，罚不逾时，若功立而不赏，有罪而不罚，则士卒疑惑，日有费也。○杜牧曰：修者，举也。夫战胜攻取，若不藉有功举而赏之，则三军之士必不用命也；则有凶咎，徒留滞费耗，终不成事也。○贾林曰：费留，惜费也。○梅尧臣曰：欲战必胜、攻必取者，在因利乘便，能作为功也。作为功者，修火攻、水攻之类，不可坐收其利也。坐守其利者，凶也，是谓费留矣。○王皙曰：战胜攻取，而不修功赏之差，则人不劝；不劝则费财老师，凶害也已。○张预曰：战攻所以能必胜必取者，水火之助也。水火所以能破军败敌者，士卒之用命也。不修举有攻而赏之，凶咎之道也。财竭师老而不得归，费留之谓也。**故曰：明主虑之，良将修之**。杜牧曰：黄石公曰："夫霸者，制士以权，结士以信，使士以赏。信衰则士疏，赏亏则士不为用。"○贾林曰：明主虑其事，良将修其功。○梅尧臣曰：始则君发其虑，终则将修其功。○张预曰：君当谋虑攻战之事，将当修举克捷之功。**非利不动**，李筌曰：明主贤将，非见利不起兵。○杜牧曰：先见起兵之利，然后兵起。○梅尧臣曰：凡兵非利于民，不兴也。一作"非利不起"也。**非得不用**，杜牧曰：先见敌人可得，然后用兵。○贾林曰：非得其利不用也。**非危不战**。曹操曰：不得已而用兵。○李筌曰：非至危不战。○梅尧臣曰：凡用兵，非危急不战也，所以重凶器也。○张预曰：兵，凶器；战，危事。须防祸败，不可轻举，不得已而后用。○**主不可以怒而兴师**，○王皙曰：不可但以怒也，若息侯伐郑。○张预曰：因怒兴师，不亡者鲜。若息侯与郑伯有违言而伐郑，君子是以知息之将亡。**将不可以愠而致战**；○王皙曰：不可但以愠也，若晋赵穿。○张预曰：因忿而战，罕有不败。若姚襄怒苻黄眉压垒而阵，因出战，为黄眉所败是也。怒大于愠，故以主言之；愠小于怒，故以将言之。君则可以兴兵，将则止可言战。**合于利而动，不合于利而止**；曹操曰：不得以己之喜怒而用兵也。○贾林曰：愠怒内作，不顾安危，固不可也。○杜佑曰：人主聚众兴军，以道理胜负之计，不可以己之私怒；将举兵则以策，不可以愠恚之故而合战也。○梅尧臣曰：兵以义动，无以怒兴；战以利胜，无以愠败。○张预曰：不可因己之喜怒而用兵，当顾利害所在。尉缭子曰："兵起非可以忿也。见胜则兴，不见胜则止。"**怒可以复喜，愠可以复悦**；张预曰：见于色者谓之喜，得于心者谓之悦。**亡国不可以复存，死者不可以**

复生。杜牧曰：亡国者，非能亡人之国也。言不度德，不量力，因怒兴师，因愠合战，则其兵自死，其国自亡者也。〇杜佑曰：凡主怒兴军伐人，无素谋明计，则破亡矣。将愠怒而斗，仓卒而合战，所伤杀必多。怒愠复可以悦喜，言亡国不可复存、死者不可复生者，言当慎之。〇梅尧臣曰：一时之怒，可返而喜也；一时之愠，可返而悦也。国亡军死，不可复已。〇王皙曰：喜怒无常，则威信去矣。〇张预曰：君因怒而兴兵，则国必亡；将因愠而轻战，则士必死。**故明君慎之，良将警之，此安国全军之道也**。杜牧曰：警，言戒之也。〇梅尧臣曰：主当慎重，将当警惧。〇张预曰：君常慎于用兵，则可以安国；将常戒于轻战，则可以全军。

用间篇　曹操、李筌曰：战者必用间谍，以知敌之情实也。〇张预曰：欲素知敌情者，非间不可也。然用间之道，尤须微密，故次《火攻》也。

孙子曰：凡兴师十万，出征千里，百姓之费，公家之奉，日费千金；内外骚动，怠于道路，不得操事者，七十万家。曹操曰：古者八家为邻，一家从军，七家奉之，言十万之师举，不事耕稼者七十万家。〇李筌曰：古者发一家之兵，则邻里三族共资之。是以不得耕作者七十万家，而资十万之众矣。〇杜牧曰：古者一夫田一顷。夫九顷之地，中心一顷凿井树庐，八家居之，是为井田。怠，疲也。言七十万家奉十万之师，转输疲于道路也。〇梅尧臣曰：输粮供用，公私烦役，疲于道路，废于耒耜也。曹说是也。〇张预曰：井田之法，八家为邻，一家从军，七家奉之。兴兵十万，则辍耕作者七十万家也。或问曰：重地则掠，疲于道路而转输，何也？曰：非止运粮，亦供器用也。且兵贵掠敌者，谓深践敌境，则当备其乏，故须掠以继食，非专馆谷于敌也。亦有碛卤之地，无粮可因，得不饷乎？**相守数年，以争一日之胜，而爱爵禄百金，不知敌之情者，不仁之至也**，李筌曰：惜爵赏不与间谍，令窥敌之动静，是为不仁之至也。〇杜牧曰：言不能以厚利使间也。〇梅尧臣曰：相守数年，则七十万家所费多矣；而乃惜爵禄百金之微，不以遗间钓情取胜，是不仁之极也。〇王皙曰：悋财赏，不用间也。〇张预曰：相持且久，七十万家财力一困。不知恤此，而反靳惜爵赏之细，不以啖间求索知敌情者，不仁之甚也。**非人之将也**，梅尧臣曰：非将人成功者也。**非主之佐也**，一本作"非仁之佐"也。〇梅尧臣曰：非以仁佐国者也。**非胜之主也**。梅尧臣曰：非致胜主利者也。〇张预曰：不可以将人，不可以佐主，不可以主胜。勤勤而言者，叹惜之也。**故明君贤将，所以动而胜人，成功出于众者，先知也**。李筌曰：为间也。〇杜牧曰：知敌情也。〇梅尧臣曰：主不妄动，动必胜人；将不苟功，功必出众。所以者何也？在预知敌情也。〇王皙曰：先知敌情，制胜如神也。〇何氏曰：《周官》士师掌邦谋，盖异国间伺之谓也。故兵家之有四机、二权，曰事机，曰智权，皆善用间谍者也。故能敌人动静，我预知矣。韦孝宽为骠骑大将军，镇玉壁。孝宽善于抚御，能得人心。所遣间谍入齐者，皆为尽力；亦有齐人得孝宽金货，遥通书疏。故齐之动静，朝廷皆先知之。时有主帅许盆，孝宽委以心膂，令守一戍，盆乃以城东人。孝宽怒，遣谍取之。俄而斩首而还。其能致物情如此。又李达为都督义州、弘农等二十一防诸军事，每厚抚境外之人，使为间谋，敌中动静，必先知之。至有事泄被诛戮者，亦不以为悔。其得人心也如此。〇张预曰：先知敌情，故动则胜人，功业卓然，超绝群众。**先知者，不可取于鬼神**，张预曰：视之不见，听之不闻，不可以祷祀而取。**不可象于事**，曹操曰：不可以祷祀而求，亦不可以事类而求也。〇李筌曰：不可取于鬼神象类，唯间者能知敌之情。〇杜牧曰：象者，类也。言不可以他事比类而求。〇梅尧臣曰：不可以卜筮知也，不可以象类求也。〇张预曰：不可以事之相类者，拟象而求。**不可验于度**，曹操曰：不可以事数度也。〇李筌曰：度，数也。夫长短、阔狭、远近、大小，即可验之于度数；人之情伪，度不能知也。〇梅尧臣曰：不可以度数验也。言先知之难也。〇张预曰：不可以度数推验而知。**必取于人，知敌之情者也**。曹操曰：因人也。〇李筌曰：因间人也。〇梅尧臣曰：鬼神之情，可以卜筮知；形气之物，可以象类求；天地之理，可以度数验。唯敌之情，必由间者而后知也。〇张预曰：鬼神象类度数，皆不可以求先知，必因人而后知敌情也。**故用间有五：有因间，有内间，有反间，有死间，有生间**。梅尧臣曰：五间之名也。○张预曰：此五间之名，“因间”当为“乡间”，故下文云“乡间可得而使”。**五间俱起，莫知其道，是谓神纪，人君之宝也**。曹操曰：同时任用五间也。○李筌曰：五间者，因五人用之。○杜牧曰：五间俱起者，敌人不知其情泄形露之道，乃神鬼之纲纪，人君之重宝也。○梅尧臣曰：五间俱起以间敌，而莫知我用之之道，是曰神妙之纲纪，人君之所贵也。○王皙曰：五间俱起，人不之测，是用兵神妙之大纪，人主之重宝也。○贾林曰：纪，理也。言敌人但莫知我以何道，如通神理也。○张预曰：五间循环而用，人莫能测其理，兹乃神妙之纲纪，人君之重宝也。**因间者，因其乡人而用之**。杜牧曰：因敌乡国之人而厚抚之，使为间也。晋豫州刺史祖逖之镇雍丘，爱人下士，虽疏交贱隶，皆恩礼而遇之。河上堡因先有任子在胡者，皆听两属；时遣游军伪抄之，明其未附。诸坞生感戴，胡有异图，辄密以闻。前后克获，盖由于此。西魏韦孝宽使齐人斩许盆而来，犹其义也。○贾林曰：读“因间”为“乡间”。○杜佑曰：因敌乡人，知敌表里虚实之情，故就而用之，可使伺候也。○梅尧臣曰：因其国人，利而使之。○何氏曰：如春秋时楚师伐宋，九月不服，将去宋，楚大夫申叔时曰：“筑室反耕者，宋必听命。”楚子从之。宋人惧，使华元夜入楚师，登子反之床，起之，曰：“寡君使元以病告，曰：弊邑易子而食，析骸而爨；虽然，城下之盟，有以国毙，不能从也。去我三十里，唯命是听。”子反惧，与之盟，而告楚子，退三十里。宋及楚平。○张预曰：因敌国人。知其底里，就而用之，可使伺候也。韦孝宽以金帛啖齐人，而齐人遥通书疏是也。**内间者，因其官人而用之**。李筌曰：因敌人失职之官，魏用许攸也。○杜牧曰：敌之官人，有贤而失职者，有过而被刑者，亦有宠嬖而贪财者，有屈在下位者，有不得任使者，有欲因败丧以求展己之材能者，有翻覆变诈、常持两端之心者。如此之官，皆可以潜通问遗，厚贶金帛而结之。因求其国中之情，察其谋我之事，复间其君臣，使不和同也。○杜佑曰：因在其官失职者，若刑戮之子孙与受罚之家也。因其有隙，就而用之。○梅尧臣曰：因其官属，结而用之。○何氏曰：如益州牧罗尚遣将隗伯，攻蜀贼李雄于郫城，互有胜负。雄乃募武都人朴泰，鞭之见血，使谲罗尚，欲为内应，以火为期。尚信之，悉出精兵，遣隗伯等率兵从泰击雄。雄将李骧于道设伏，泰以长梯倚城而举火。伯军见火起，而争缘梯，泰又以绳汲上尚军百余人，皆斩之。雄因放兵，内外击之，大破尚军。此用内间之势也。又隋阴寿为幽州总管，高宝宁举兵反，寿讨之。宝宁奔于碛北，寿班师，留开府成道昂镇之。宝宁遣其子僧伽率轻骑掠城下而去，寻引契丹靺鞨之众来攻。道昂苦战，连月乃退。寿患之，于是重购宝宁，又遣人阴间其所亲任者赵世模、王威等。月余，世模率其众降。宝宁复走契丹，为其麾下赵修罗所杀，北边遂安。又唐太宗讨窦建德，入武牢，进薄其营，多所伤杀。凌敬进说曰：“宜悉兵济河，攻取怀州河阳，使重将居守；更率众鸣鼓建旗，逾太行，入上党，先声后实，传檄而定；渐趋壶口，稍骇蒲津，收河东之地。此策之上也。行必有三利：一则入无人之境，师有万全；二则拓土得兵；三则郑围自解。”建德将从之，王世充之使长孙安世阴资金玉，啖其诸将，以乱其谋。众咸进谏曰：“凌敬书生耳，岂可与言战乎！”建德从之，退而谢敬曰：“今众心甚锐，此天赞我矣！因此决战，必然大捷，已依众议，不得从公言也。”敬固争，建德怒，扶出焉。于是悉众进逼武牢。太宗按甲挫其锐，建德中枪，窜于牛口诸，车骑将军白士让、杨武威生获之。又王翦为秦将攻赵，赵使李牧、司马尚御之。李牧数破走秦军，杀秦将桓齮。翦恶之，乃多与赵王宠臣郭开等金，使为反间，曰：“李牧，司马尚欲与秦反赵，以多取封于秦。”赵王疑之，使赵葱及颜聚代将，斩李牧，废司马尚。后三月，翦因急击赵，大破，杀赵葱，虏赵王迁及其将颜聚也。○张预曰：因其失意之官，或刑戮之子弟，凡有隙者，厚利使之。晋任析公，吴纳子胥，皆近之。**反间者，因其敌间而用之**。李筌曰：敌有间来窥我得失，我厚赂之，而令反为我间也。○杜牧曰：敌有间来窥我，我必先知之，或厚赂诱之，反为我用；或佯为不觉，亦以伪情而纵之，则敌人之间，反为我用也。陈平初为汉王护军尉，项羽围于荥阳城，汉王患之，请割荥阳以西和，项王弗听。平曰：“顾楚有可乱者，彼项王骨鲠之臣，亚父、钟离眛、龙且、周殷之属，不过数人耳。大王能出捐数万斤金，行反间，间其君臣，以疑其心；项王为人意忌信谗，必内相诛。汉因举兵而攻之。破楚必矣。”汉王以为然，乃出黄金四万斤与平，恣所为，不问出入。平既多以金，纵反间于楚军，宣言：诸将钟离昧等为项王将，功多矣，然终不得列地而王，欲与汉为一，以灭项氏，分王其地。项王果疑之，使使至汉，汉为太牢之具，举进，见楚使，即阳惊曰：“吾以为亚父使，乃项王使也！”复持去，以恶草具进楚使。使归，具以报，项王果大疑亚父。亚父欲急击下荥阳城，项王不信，不肯听亚父。亚父闻项王疑之，乃大怒，疽发而死。卒用陈平之计灭楚也。〇梅尧臣曰：或以伪事给之，或以厚利啖之。〇王皙曰：反间，反为我间也。或留之使言其情，又或示以诡形而遣之。〇何氏曰：如燕昭王以乐毅为将，破齐七十余城。及惠王立，与乐毅有隙。齐将田单乃纵反间于燕，宣言曰：“齐王已死，城之不拔者二耳。乐毅畏诛而不敢归，以伐齐为名，实欲连兵南面而王齐。齐人未附，故且缓即墨，以待其事。齐人所惧，唯恐他将之来，即墨残矣。”燕王以为然，使骑劫代乐毅。燕人士卒离心。单又纵反间曰：“吾惧燕人掘吾城外冢墓，戮辱先人。”燕军从之，即墨人激怒请战，大破燕师，所亡七十余城悉复之。又秦师围赵阏与，赵将赵奢救之，去赵国都三十里不进。秦间来，奢善食遣之，间以报秦将，以为奢师怯弱而止不行。奢随而卷甲趋秦师，击破之。又范雎为秦昭王相，使左庶长王龁攻韩，取上党，上党民走赵。赵军长平。龁因攻赵，赵使廉颇将。廉颇坚壁以待秦，秦数挑战，赵兵不出。赵王数以为让。而雎使人行千金于赵，为反间曰：“秦之所恶，独畏赵括耳。廉颇军易与，且降矣。”赵王既怒廉颇军多亡失，数败，又反坚壁不战，又闻秦反间之言，因使括代颇。秦间括将，以白起为上将军，射杀括，及坑降卒四十万。〇张预曰：敌有间来，或重赂厚礼以结之，告以伪辞；或佯为不知，疏而慢之，示以虚事，使之归报，则反为我利也。赵奢善食秦间，汉军佯惊楚使是也。**死间者，为诳事于外，令吾间知之，而传于敌间也。**李筌曰：情诈为不足信，吾知之，令吾动此间而待之。此筌以“待”字为“非传”也。〇杜牧曰：诳者，诈也。言吾间在敌，未知事情，我则诈立事迹，令吾间凭其诈迹，以输诚于敌，而得敌信也。若我进取，与诈迹不同，间者不能脱，则为敌所杀，故曰死间也。汉王使郦生说齐，下之，齐罢守备，韩信因而袭之。田横怒，烹郦生。此事相近。〇杜佑曰：作诳诈之事于外，佯漏泄之，使吾间知之。吾间至敌中，为敌所得，必以诳事输敌，敌从而备之。吾所行不然，间则死矣。又云：敌间来，间我诳事，以持归，然皆非所图也。二间皆不能知幽隐深密，故曰死间也。萧世诚曰：“所获敌人及己叛亡军士，有重罪系者，故为贷免，相勑勿泄，佯不秘密，令敌间窃闻之。吾因纵之使亡，亡必归，敌必信焉，往必死，故曰死间。〇梅尧臣曰：以诳告敌，事乖必杀。〇王皙曰：诈吾间，使敌得之；间以吾诈告敌，事决，必杀之也。〇何氏曰：如战国郑武公欲伐胡，先以其子妻胡，因问群臣曰：“吾欲用兵，谁可伐者？”大夫关思期曰：“胡可。”武公怒而戮之，曰：“胡，兄弟之国；子言伐之，何也！”胡君闻之，以郑为亲己，不备，郑袭而取之。此用死间之势也。又班超发于阗诸国兵击莎车、龟兹二国，扬言兵少不敌，罢散。乃阴缓生口归，以告。龟兹王喜而不虞。超即潜勒兵，驰赴莎车，大破，降之。斯亦同死间之势。又李靖伐突厥，颉利可汗以唐俭先在突厥结和亲，突厥不备，靖因掩击破之。〇张预曰：欲使敌人杀其贤能，乃令死士持虚伪以赴之；吾间至敌，为彼所得，彼以诳事为实，必俱杀之。我朝曹大尉尝贷人死，使伪为僧，吞蜡弹入西夏。至，则为其所囚。僧以弹告，即下之。开读，乃所遗彼谋臣书也。戎主怒，诛其臣，并杀间僧。此其义也。然死间之事非一，或使吾间诣敌约和，我反伐之，则间者立死。郦生烹于齐王、唐俭杀于突厥是也。**生间者，反报也。**李筌曰：往来之使。〇杜牧曰：往来相通报也。生间者，必取内明外愚，形劣心壮，矫捷劲勇，闲于鄙事，能忍饥寒垢耻者为之。〇贾林曰：身则公行，心乃私觇，往反报复，常无所害，故曰生间。〇杜佑曰：择己有贤材智谋，能自开通于敌之亲贵，察其动静，知其事计，彼所为已知其实，还以报我，故曰生间。〇梅尧臣曰：使智辨者往觇其情，而以归报也。〇何氏曰：如华元登子反之床而归。又如隋达奚武为东秦刺史时，齐神武趣沙苑，太祖遣武觇之。武从三骑，皆衣敌人衣服，至日暮，去营数百步，下马潜听，得其军号。因上马历营，若警夜者;有不如法者,往往挞之。具知敌之情状,以告太祖,太祖深嘉焉,遂破之。○张预曰:选智能之士,往视敌情,归以报我。若娄敬知匈奴之强,以告高祖之类。然生间之事亦众:或己欲退,告敌以战;或己欲战,告敌以退。若秦行人夜戒晋师曰:"来日请相见。"臾骈曰:"使者目动而言肆,惧我也。"秦果夜遁。又吕延攻乞伏乾归,大败之。乾归乃遣间称东奔成纪,延信而追之。耿稚曰:"告者视高而色动,必有奸计。"延不从,遂为所败是也。**故三军之事,莫亲于间,**杜牧曰:受辞指踪,在于卧内。○杜佑曰:若不亲抚,重以禄赏,则反为敌用,泄我情实。○梅尧臣曰:入幄受词,最为亲近。○王皙曰:以腹心亲结之。○张预曰:三军之士,然皆亲抚,独于间者以腹心相委,是最为亲密也。**赏莫厚于间,**杜佑曰:以重赏赏之,而赖其用。○梅尧臣曰:爵禄金帛,我无爱焉。○王皙曰:军功之赏,莫厚于此。○张预曰:非高爵厚利,不能使间。陈平曰:"愿出黄金四十万斤,间楚君臣。"**事莫密于间。**杜牧曰:出口入耳也。"密"一作"审"。○杜佑曰:间事不密,则为己害。○梅尧臣曰:几事不密则害成。○王皙曰:独将与谋。○张预曰:惟将与间,得间其事,非密与?**非圣智不能用间,**杜牧曰:先量间者之性,诚实多智,然后可用之。厚貌深情,险于山川,非圣人莫能知。○梅尧臣曰:知其情伪,辨其邪正,则能用。○王皙曰:圣通而先识,智明于事。○张预曰:圣则事无不通,智则洞照几先,然后能为间事。或曰:圣智则能知人。**非仁义不能使间,**陈皞曰:仁者有恩以及人,义者得宜而制事。主将者既能仁结而义使,则间者尽心而觇察,乐为我用也。○孟氏曰:太公曰:"仁义著,则贤者归之。"贤者归之,则其间可用也。○梅尧臣曰:抚之以仁,示之以义,则能使。○王皙曰:仁结其心,义激其节;仁义使人,有何不可?○张预曰:仁则不爱爵赏,义则果决无疑。既啖以厚利,又待以至诚,则间者竭力。**非微妙不能得间之实。**杜牧曰:间亦有利于财宝,不得敌之实情,但将虚辞以赴我约,此须用心渊妙,乃能酌其情伪虚实也。○杜佑曰:用意密而不漏。○梅尧臣曰:防间反为敌所使,思虑故宜几微臻妙。○王皙曰:谓间者必性识微妙,乃能得所间之事实。○张预曰:问以利害来告,须用心渊微精妙,乃能察其真伪。**微哉微哉,无所不用间也!**杜牧曰:言每事皆须先知也。○梅尧臣曰:微之又微,则何所不知。○王皙曰:丁宁之,当事事知敌之情也。○张预曰:密之又密,则事无巨细,皆先知也。**间事未发,而先闻者,间与所告者皆死。**杜牧曰:告者非诱间者,则不得知间者之情,杀之可也。○陈皞曰:间者未发其事,有人来告,其闻者、所告者亦与间者俱杀以灭口,无令敌人知之。○梅尧臣曰:杀间者,恶其泄;杀告者,灭其言。○何氏曰:兵谋大事,泄者当诛;告人亦杀,恐传诸众。○张预曰:间敌之事,谋定而未发,忽有闻者来告,必与间俱杀之,一恶其泄,一灭其口。秦已间赵不用廉颇,秦乃以白起为将,令军中曰:"有泄武安君将者,斩。"此是已发其事,尚不欲泄,况未发乎?**凡军之所欲击,城之所欲攻,人之所欲杀,必先知其守将、左右、谒者、门者、舍人之姓名,令吾间必索知之。**李筌曰:知其姓名,则易取也。○杜牧曰:凡欲攻战,先须知敌所用之人贤愚巧拙,则量材以应之。汉王遣韩信、曹参、灌婴击魏豹,问曰:"魏大将谁也?"对曰:"柏直。"汉王曰:"是口尚乳臭,不能当韩信。骑将谁也?"曰:"冯敬。"曰:"是秦将冯无择子也,虽贤,不能当灌婴。步卒将谁也?"曰:"项它。"曰:"是不能当曹参。吾无患矣!"○陈皞曰:此言敌人左右姓名,必须我先知之。或敌使间来,我当使间去,若不知其左右姓名,则不能成间者之说。汉高伐秦,至峣关。张良曰:"吾闻其将贾竖尔,可以利啖之。"又曰:"其将虽曰欲和,其军士未肯,不如因其懈而击之。"乃进兵击破之。又宋华元夜登子反之床,以告宋病,若非素知门人、舍人、左右姓名,先使间导之,又何由得登其床也?"○杜佑曰:守,谓官守职任者;谒,告也,主告事者也;门者,守门者也;舍人,守舍之人也。必先知之为亲旧,有急则呼之,则不可不知,亦因此知敌之情。○梅尧臣曰:凡敌之左右前后之姓名,皆须审省,而令吾间先知,则吾间可行矣。○王皙曰:不可临事求也。○张预曰:守将,守官任职之将也;谒者,典宾客之官也;门者,阍吏也;舍人,守舍之人也。凡欲击其军,欲攻其城,欲杀其人,必先知此左右之姓名则可也。欲潜入其军,则呼其姓名而往。若华元夜登子反之床,以告宋病,杜元凯注引此文,谓元用此术得以自通是也。又汉高祖入韩信卧内，取其印，亦近之。**必索敌人之间来间我者，因而利之，导而舍之，**杜佑曰：舍，居止也。令吾人遗以重利，复遇而舍之，则可令诡其辞。**故反间可得而用也。**曹操曰：舍，居止也。〇杜牧曰：敌间之来，必诱以厚利，而止舍之，使为我反间也。〇杜佑曰：故能取敌之间而用之。〇梅尧臣曰：必探索知敌之来间者，因而利诱之，引而舍止之，然后可为我反间也。〇王皙曰：此留敌间以询其情者也。必谨舍之，曲为辩说，深致情爱，然后啖以大利，威以大刑，自非至忠于其君王者，皆为我用矣。〇张预曰：索，求也。求敌间之来窥我者，因以厚利诱导而馆舍之，使反为我间也。言舍之者，谓稽留其使也。淹延既久，论事必多，我因得察敌之情。下文言四间皆因反间而知，非久留其人，极论其事，则何以悉知？**因是而知之，故乡间、内间可得而使也。**杜牧曰：若敌间以利导之，尚可使为我反间，因此乃知厚利亦可使乡间、内间也。此言使间非利不可。故上文云："相守数年，争一日之胜，而爱爵禄百金，不知敌情者，不仁之至也。"下文皆同其义也。〇陈皞曰：此说疏也。言敌使间来，以利啖之，诱令止舍，因得之敌情。因间、内间，可使反间诱而使之。〇杜佑曰：因反敌间而知敌情，乡间、内间者皆可得使。〇梅尧臣曰：其国人之可使者，其官人之可用者，皆因反间而知之。〇张预曰：因是反间，知彼乡人之贪利者，官人之有隙者，诱而使之。**因是而知之，故死间为诳事，可使告敌。**张预曰：因是反间，知彼可诳之事，使死间往告之。**因是而知之，故生间可使如期。**杜牧曰：可使往来如期。〇陈皞曰：言五间皆循环相因，惟生间可使如期。〇杜佑曰：因诳事而知敌情，生间往返，可使知其敌之腹心所在。〇梅尧臣曰：令吾间以诳告敌者，须因反间，而知敌之可诳也。生间以利害觇敌情，须因反间，而知疏密，则可往得实而归如期也。〇张预曰：因是反间，知彼之情，故生间可往复如期也。**五间之事，主必知之，**李筌曰：孙子殷勤于五间，主切知之。**知之必在于反间，故反间不可不厚也。**杜牧曰：乡间、内间、死间、生间，四间者，皆因反间知敌情而能用之，故反间最切，不可不厚也。〇杜佑曰：人主当知五间之用，厚其禄，丰其财。而反间者，又五间之本，事之要也，故当在厚待。〇梅尧臣曰：五间之始，皆因缘于反间，故当厚遇之。〇张预曰：人主当用五间以知敌情。然五间皆因反间而用，则是反间者，岂可不厚待之耶？**昔殷之兴也，伊挚在夏；**曹操曰：伊挚，伊尹也。**周之兴也，吕牙在殷。**曹操曰：吕牙，太公也。〇梅尧臣曰：伊尹、吕牙，非叛于国也，夏不能任而殷任之，殷不能用而周用之，其成大功者，为民也。〇何氏曰：伊、吕，圣人之耦，岂为人间哉？今孙子引之者，言五间之用，须上智之人，如伊、吕之才智者，可以用间。盖重之之辞耳。〇张预曰：伊尹，夏臣也，后归于殷。吕望，殷臣也，报归于周。伊、吕相汤、武，以兵定天下者，顺乎天而应乎人也，非同伯州犁之奔楚、苗贲皇之适晋、狐庸之在吴、士会之居秦也。**故惟明君贤将，能以上智为间者，必成大功，此兵之要，三军之所恃而动也。**李筌曰：孙子论兵，始于计而终于间者，盖不以攻为主，为将者可不慎之哉！〇杜牧曰：不知敌情，军不可动；知敌之情，非间不可。故曰"三军所恃而动"。李靖曰："夫战之取胜，此岂求于天地？在乎因人以成之。历观古人之用间，其妙非一，即有间其君者，有间其亲者，有间其贤者，有间其能者，有间其助者，有间其邻好者，有间其左右者，有间其纵横者，故子贡、史廖、陈轸、苏秦、张仪、范雎等，皆凭此而成功也。且间之道有五焉：有因其邑人，使潜伺察，而致辞焉；有因其仕子，故泄虚假，令告示焉；有因敌之使，矫其事而返之焉；有审择贤能，使觇彼向背虚实，而归说之焉；有佯缓罪戾，微漏我伪情浮计，使亡报之焉。凡此五间，皆须隐秘，重之以赏，密之又密，始可行焉。若敌有宠嬖，任以腹心者，我当使间遗其珍玩，恣有所欲，顺而旁诱之。敌有重臣失势，不满其志者，我则啖以厚利，诡相亲附，采其情实而致之。敌有亲贵左右，多辞夸诞，好论利害者，我则使间曲情尊奉，厚遗珍宝，揣其所间而反间之。敌若使聘于我，我则稽留其使，令人与之共处，矫致殷勤，伪相亲暱，朝夕慰谕，倍供珍味，观其辞色而察之；仍朝夕令使独与己伴居，我遣聪耳者，潜于复壁中听之；使既迟违，恐彼怪责，必是窃论心事，我知事计，遣使用之。且夫用间间人，人亦用间以间己；己以密往，人以密来。理须独察于心，参会于事，则不失矣。若敌人来，欲候我虚实，察我动静，觇知事计而行其间者，我当佯为不觉，舍止而善饭之，微以我伪言诳事，示以前却期会，则我之所须，为彼之所失者，因其有间而反间之。彼若将我虚以为实，我即乘之而得志矣。夫水所以能济舟，亦有因水而覆没者；间所以能成功，亦有凭间而倾败者。若束发事主，当朝正色，忠以尽节，信以竭诚，不诡伏以自容，不权宜以为利，虽有善间，其可用乎？”○陈皞曰：晋伯州犁奔楚，楚苗贲皇奔晋，及晋楚合战于鄢陵，苗贲皇在晋侯之侧，伯州犁侍于楚王，二人各言旧国长短之情。然则晋所以胜楚者，楚所以败者，其故何也？二子则有优劣也。是知用间之道，间敌之情，得不慎择其人，深究其说也？故上文云“非圣智莫能用间”者，夫圣智知人，人即附之；贤者受知，则戮力为效；非圣非智，必猜必忌。公道不启，仁义不施，则义士贤人因而衔愤，此将上天不祐，幽有鬼神，设无人事之变，恐有阴诛之祸，岂上智之士为其用哉？故上文云“非仁义莫能使间”。然则汤、武之圣，伊、吕宜用；伊、吕获用，事宜必济。圣贤一会，交泰时乘，道合乾坤，功格寰宇，当其耕夫于畎亩，钓叟于渭滨，知我者，谁能无念也？○贾林曰：军无五间，如人之无耳目也。○王晳曰：未知敌情者，不可动也。○张预曰：用师之本，在知敌情，故曰“此兵之要”也。未知敌情，则军不可举，故曰“三军所恃而动”也。然处十三篇之末者，盖用非兵之常也。若计、战、攻、形、势、虚实之类，兵动则用之；至于火攻与间，则有时而为耳。

《十一家注孙子》注者简介

汉代以来，流传的兵书不少，曹操作了鉴选，注《孙子》十三篇。南北朝至宋出现许多新注本，成“十家注”，又从唐杜佑《通典》引《孙子》文的注语而成十一家注本。

曹操——即魏武帝。字孟德，小名阿瞒。谯（今安徽亳县）人。三国时政治家、军事家、诗人。东汉末，在镇压黄巾起义中，逐渐扩充军事力量。迎汉献帝于许昌，用献帝名义先后削平吕布等割据势力，继而在大破世族军阀袁绍后，逐渐统一了中国北方。进位为丞相，封魏王。率军南下，被孙权、刘备联军击败。他兴修水利，用人唯才，崇尚刑名；精兵法，著《孙子略解》《兵书接要》等；善诗歌，有《曹操集》。

历来尝谓《孙子兵法》原有80余篇，经曹操整理后成为十三篇，仅知此传说便可，无烦考究。

李筌——唐学者，居少室山，号少室山达观子。里籍不详。曾任荆南节度副使、刺史等。认为天地为阴阳二气构成。战争的胜负主要决定于人事。著有《太白阴经》。曾注《孙子兵法》和《阴符经》。平生反对卜筮迷信，人谓“入山访道，不知所终”，恐非实。

杜佑（739—817）——唐史学家，字君卿，京兆万年（今陕西西安）人。历任岭南、淮南等节度使，后封岐国公。以三十年时间著《通典》二百卷，为我国第一部记述典章制度的通史。《通典》中曾引《孙子》的注语。

杜牧（803—852）——唐文学家，字牧之，京兆万年（今陕西西安）人，杜佑孙。太和进士。任监察御史，黄、池、睦诸州观察使等。以济世之才自负。曾继注曹操所注《孙子兵法》十三篇。平时好谈兵事，写过《战论》《守论》等。讨伐泽潞、抵抗回纥时，曾上书陈述作战方略。在文学上有比较进步的见解，主张文章应“以‘意’为主，以‘气’为辅，以‘辞彩章句’为兵卫”。

王晳——宋太原人。天禧中官翰林学士，有《春秋皇纲论》及《春秋通议异义》等撰述。

梅尧臣（1003—1060）——字圣俞，宋宣城（今安徽宣城）人。赐进士出身，授国子鉴直讲，官至尚书都官员外郎，曾预修《唐书》。文学上有一定成就，入《宋史·文苑传》。著有《宛陵集》六十卷，附录一卷。其诗注重政治内容，不满靡丽文风，对宋代诗风转变有一定影响，受陆游等人推崇。

生平事迹尚不详者有：

张预——东光人，字公立，有《百将传》。

贾林——唐代人。《新唐书·艺文志》提及,但未详。

陈皞(hào)——唐代人。《新唐书·艺文志》提及,但未详。

孟氏——南朝梁代人,身世不详。

何氏——名延锡。晁公武《郡斋读书志》提及。

丙编——孙子学接要

《孙子兵法》全书表解

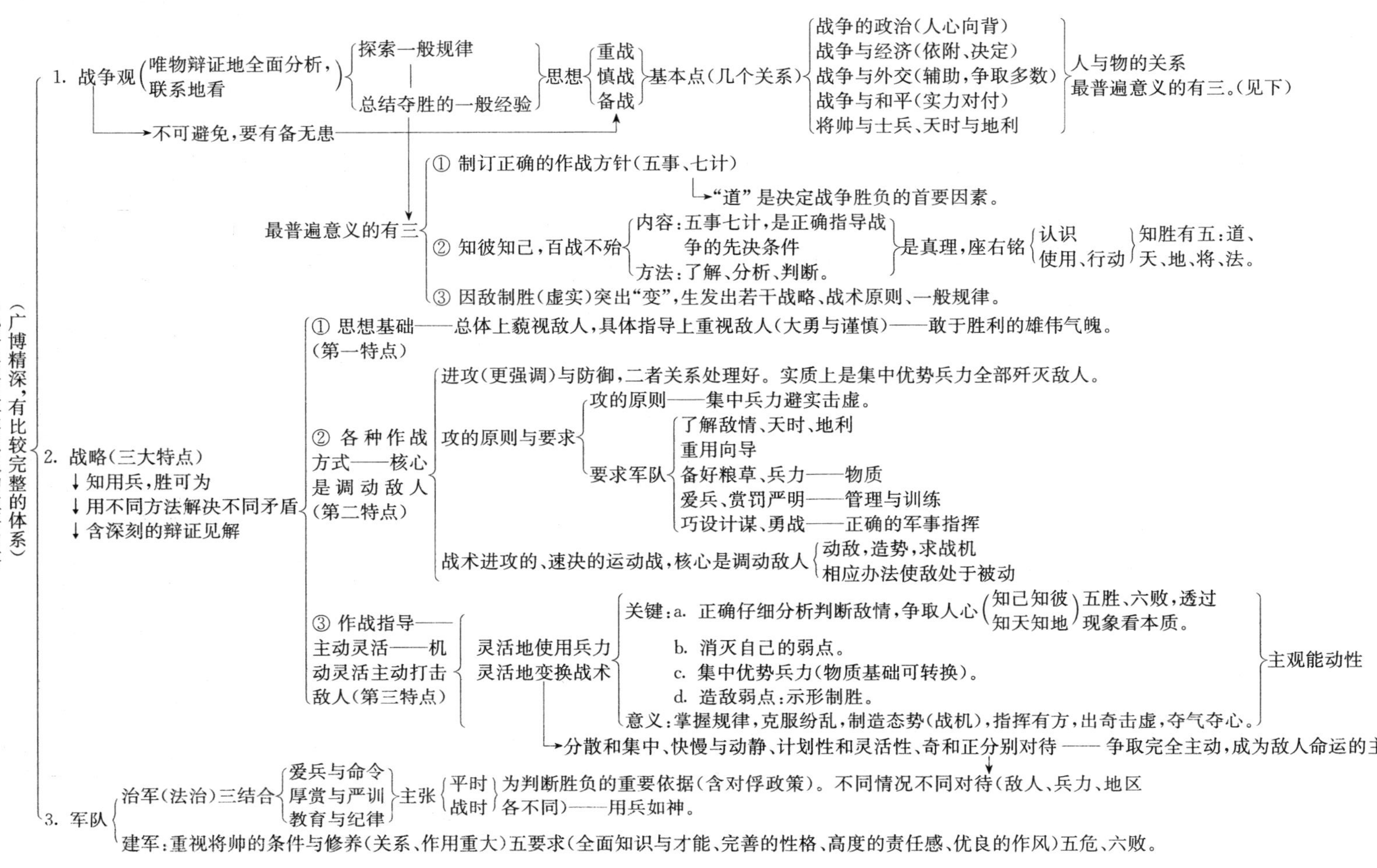

《孙子兵法》军事思想的主要内容
（广博精深，有比较完整的体系）
1. 战争观
唯物辩证地全面分析，联系地看
探索一般规律
总结夺胜的一般经验
思想
重战
慎战
备战
基本点（几个关系）
战争的政治（人心向背）
战争与经济（依附、决定）
战争与外交（辅助，争取多数）
战争与和平（实力对付）
将帅与士兵、天时与地利
人与物的关系
最普遍意义的有三。（见下）
不可避免，要有备无患
最普遍意义的有三
① 制订正确的作战方针（五事、七计）
“道”是决定战争胜负的首要因素。
② 知彼知己，百战不殆
内容：五事七计，是正确指导战争的先决条件
方法：了解、分析、判断。
是真理，座右铭
认识
使用、行动
知胜有五：道、天、地、将、法。
③ 因敌制胜（虚实）突出“变”，生发出若干战略、战术原则、一般规律。
2. 战略（三大特点）
↓知用兵，胜可为
↓用不同方法解决不同矛盾
↓含深刻的辩证见解
① 思想基础（第一特点）——总体上藐视敌人，具体指导上重视敌人（大勇与谨慎）——敢于胜利的雄伟气魄。
② 各种作战方式——核心是调动敌人（第二特点）
进攻（更强调）与防御，二者关系处理好。实质上是集中优势兵力全部歼灭敌人。
攻的原则与要求
攻的原则——集中兵力避实击虚。
要求军队
了解敌情、天时、地利
重用向导
备好粮草、兵力——物质
爱兵、赏罚严明——管理与训练
巧设计谋、勇战——正确的军事指挥
战术进攻的、速决的运动战，核心是调动敌人
动敌，造势，求战机
相应办法使敌处于被动
③ 作战指导——主动灵活——机动灵活主动打击敌人（第三特点）
灵活地使用兵力
灵活地变换战术
关键：a. 正确仔细分析判断敌情，争取人心
知己知彼
知天知地
五胜、六败，透过现象看本质。
b. 消灭自己的弱点。
c. 集中优势兵力（物质基础可转换）。
d. 造敌弱点：示形制胜。
意义：掌握规律，克服纷乱，制造态势（战机），指挥有方，出奇击虚，夺气夺心。
主观能动性
分散和集中、快慢与动静、计划性和灵活性、奇和正分别对待——争取完全主动，成为敌人命运的主宰。
3. 军队
治军（法治）三结合
爱兵与命令
厚赏与严训
教育与纪律
主张
平时
战时
为判断胜负的重要依据（含对俘政策）。不同情况不同对待（敌人、兵力、地区各不同）——用兵如神。
建军：重视将帅的条件与修养（关系、作用重大）五要求（全面知识与才能、完善的性格、高度的责任感、优良的作风）五危、六败。

试谈《孙子兵法》哲学思想

孙武在他六千余字的《孙子兵法》这部具有二千年以上历史的不朽的军事名著中，之所以能提出若干精辟的军事理论原则，反映独特的新颖思想，并在军事理论上取得辉煌的成就，在世界军事史上具有划时代的意义，乃是以他伟大的哲学思想为基础，是与他那充满了朴素的唯物主义自然观和原始的辩证法思想紧密相联系在一起的。从哲学观点讲，“唯物主义是人们在社会实践的基础上发展起来的对客观世界的实事求是的认识”。早在二千多年前，他就能够综合与战争有关的社会诸现象，汲取前人兵法的成果，揭示许多战争中带有普遍性的规律，较全面地论述战争中制胜的因素，反映出比较丰富的唯物主义和原始辩证法思想，是极为难能可贵的。在哲学领域内，《孙子兵法》虽然还没有自己完整的哲学体系，但它所反映的军事哲学思想却有着丰富的内容、卓越的命题。孙子哲学思想的精华，是朴素的唯物论战争观和自发的军事辩证法。他以军事哲学上的突出成就，丰富了我国古代进步的哲学思想，在古代诸子百家的思想宝藏中，它独树一帜，光辉璨烂，富有生命力和实用价值。今天我们学习、探索他的军事哲学思想，从大量的素材中归纳出以下几个特点。

第一，他建立了唯物论的战争观，强调人的主观能动作用(性)。

自商代以来，奴隶主阶级的宗教天命论长期统治着人们的思想，从甲骨文和青铜器的铭文中可以看到“中国古代在出兵征战前总要进行占卜来预知战争胜败”的记载。春秋末年，随着奴隶主政治统治的动摇，在哲学思想上天命与反天命、宗教唯心主义与无神论的唯物主义的对立与斗争十分激烈，而无神论和有神论两种世界观的长期斗争至今仍在继续。在这场斗争中，孙武是站在唯物主义的自然观的一方，集中反映在他在军事上不相信鬼神、坚决反对迷信鬼神的无神论思想，他不问卜，不凭老经验机械地去类比往事，鄙视用星辰运行去推测凶吉祸福。他的无神论能奠基于二千多年以前，这是我们民族文化遗产的骄傲。

他对“天”的认识，在《计篇》中对天作了明确的唯物主义的解释：“天者，阴阳、寒暑、时制也。”这完全是属于唯物主义范畴的，与宗教神学把“天”看作人格神的“天”是水火不相容的，是很可贵的。在战争中，他不受制于“天命”，而是面向现实，最大限度地发挥人的主观能动作用。他竭力主张“禁祥去疑”(《九地篇》)，“先知者，不可取于鬼神，不可象于事，不可验于度，必取于人——知敌之情者也”(《用间篇》)，竭力反对用迷信的方法去预测胜负。他的“必取于人，知敌之情者也”的原则不仅指的用间(攫取情报的思想是唯物主义的，即重视人的作用)，在“令民与上同意”、“庙算”、“伐谋”、“伐交”以及“日费千金，则十万之师举矣”一系列属于政治、经济、外交等作用于战争的诸因素中，都非常强调人的作用，实质上就是实事求是的思想、朴素唯物主义思想在《孙子兵法》中的大量反映，我们处处都可以看到。

他看到自然界的“天”的运动是有规律的，而人是可以认识、可以利用的。“四时无常位，日有短长，月有死生”(《虚实篇》)，一切都处于运动变化之中。对于自然界的天时、地利，可以使其服务于军事斗争，他对天时的利用有许多古朴而珍贵的论述，如《火攻篇》“昼风久，夜风止”，意思是说白天刮了一天风，夜晚风势就会减弱直到停止，因而这一夜就不宜发起火攻；他发现月在箕、壁、翼、轸四个星宿位置时，必然有大风，可以采取火攻(这是个天文学上的问题)。诸如此类具有远见卓识的关于利用自然界的客观规律为战争服务的观点，无可辩驳地说明了他的宇宙观是唯物主义的。在古代，有个关于“甲子日”出兵不吉利问题的争论，一些具有唯物主义思想的军事家曾向持有迷信观点的军事家举出“牧野之战(公元前 1098 年)正是在‘甲子日’进行的”的例子，结果是以周武王胜利而殷纣王灭亡来反驳有神论。这个具有代表性的实例，证明孙武在二千年以前所揭示的无神论的唯物主义思想是多么的可贵。

他充分认识到战争有赖于经济力量，因而竭力反对进攻的持久战（将导致民穷财尽而破坏国家经济）；非常重视利用国家的资财、人力，他的“因粮于敌”的思想“食敌一钟，当吾二十钟；萁秆一石，当吾二十石”（《作战篇》）产生了“胜敌而益强”的原则，这在古今中外的战争史上曾为不少军事家所运用。他还正确地指出力量是决定进攻、防御的客观条件，在战争中，之所以要采取防御是由于力量不足（劣势），之所以要采取进攻是由于力量有余（优势），这是不能由主观愿望去决定的。他综合了无数次战争的经验，全面地看到战争胜败的客观因素：政治和经济、天时和地利、将帅和士兵等客观物质条件，指出力量对比的不同（双方土地大小、物产多少、人口众寡……），是构成胜败的物质基础。他对战争的认识，注意到空间和时间在军事中的作用，《形篇》“地生度，度生量，量生数，数生称，称生胜”是他在时空观上从战区的作战容量推测胜负的重要见解。他是兵贵神速的倡导者，是速战速胜的力主者，“兵贵胜，不贵久”（《作战篇》），“兵之情主速”（《九地篇》），表明他很重视时间因素在战争中的作用。他非常强调调查研究，要使主观估计能完全符合客观实际，就必须强调要从了解敌人情况的俘虏中进行调查，以求了解敌人、了解自己、熟悉天时、熟悉地利。“知彼知己者，百战不殆”（《谋攻篇》）这样一个具有普遍规律的思想，是前无古人的，是孙武思想的精华之一。从哲学上讲，是实事求是的朴素的唯物主义思想。总之，战争的胜败是不能单凭主观愿望而是取决于客观条件的，这正是孙武关于战争问题的唯物论观点。

在看待客观条件上，也不是机械的，他非常强调在客观物质基础上发挥人的主观能动作用。从哲学上看，“形”是运动的物质，“势”是物质的运动。《孙子兵法》中的《形篇》就是讲客观物质力量的积聚，而《势篇》则是讲主观能动作用的发挥（在军事上表现是多方面的），这两篇是紧密联系不可分割的。战场正是人们高度发挥能动性的场所，只有客观条件，那只是胜败的可能性还不是现实的胜败，要把可能性变为现实性还必须经过主观的努力去争斗（集中表现在他的主动性、灵活性等军事思想上）。他认为要灵活地指挥军队夺取军队行动的自由权，首先要正确判断情况，使主观的决心与处置能符合客观实际情况；其次要消灭自己的弱点，免给敌人以可乘之隙；然后集中优势兵力于一处，以造成我方的优势（在时间、地区上的优势）；最后要掌握敌人行动的规律，造成敌人的弱点，以争取“先胜而后求战”（《形篇》）。“胜可为也”（《虚实篇》）正是他驾驭客观条件的主观能动性的最概括的反映。

他努力探索战争的规律，提出“知彼知己，百战不殆”（《谋攻篇》）“知天知地，胜乃不穷”（《地形篇》）的著名论断，这是他“知胜”（关于战争预测）的重要原则。“知胜”的内容，从战争全局说就是“五事”、“七计”（表现军事实力的“称”），这是他预见胜利的客观基础；从战场全局说就是“知胜有五：……”（《谋攻篇》），这是他对“五事”、“七计”的进一步发挥；“知胜”的方法，从战争全局说，他主张“以上智为间”、“五间俱起”（《用间篇》），实施战略侦察；从战场全局说，他提出了观察的“相敌三十二法”（《行军篇》），又提出“策之而知得失之计，作之而知动静之理，形之而知死生之地，角之而知有余不足之处”（《虚实篇》）。总之，正确了解敌我双方在各方面的情况，作出客观力量对比的正确估价，为制定作战方针提供必要的依据，这都贯穿着唯物主义反映论的认识路线。他在看到“彼、己”客观实际的同时，也看到主观因素在战争中的重要作用。强调“善战者”所表现的“任势”、“动敌”、“示形”、“奇正多变”等等主观指导能力，都是对战争胜负起着极为重要的作用。古人说“孙子尚智”，这“智”就表现为他对战争指导的高标准要求。如在打、不打的问题上，他要求“先胜而后求战”（《形篇》），要懂得“知吾卒之可以击，而不知敌之不可以击，胜之半也；知敌之可以击，而不知吾卒之不可以击，胜之半也；知敌之可以击，知吾卒之可以击，而不知地形之不可以战，胜之半也”（《地形篇》），这就要求将领在认识过程中必须依据自己的战争经验，加上正确的思维，排除各种错觉和假象，寻求事物的本质，才能科学地预见能不能打，能不能胜的问题，这样的分析是多么缜密，又多么深刻啊！主观精神因素还包括军心士气，他在《军争篇》中提出“三军可夺气，将军可夺心”，这里的“治气、治心”都是讲精神因素，“治气”是指广大士兵而言，“治心”乃是对将领的要求。对于敌人就可以根据其士气的不同，采取“避其锐气，击其惰归”(《军争篇》)的“治气”方法打击它；而夺敌之心则可“以治待乱，以静待哗”对付之。在二千多年前，他能够把精神因素的“士气”看作是军队战斗力的重要组成部分，是值得高度评价的。他继承发展前人的思想之处在于对“士气”作了进一步的具体分析，提出了掌握和运用士气达到克敌制胜的方法(由于其局限性，毕竟不可能揭示军队士气的本质)。他把人与物、客观与主观的关系辩证地统一起来，在认识论上反映了物质第一性、意识第二性这一朴素的唯物主义思想。

第二，他用辩证法宇宙观来观察和应用战争的规律。

他看到一切事物都存在着相反相成的对立面，他要求全面地、联系地看待事物，反对片面地、孤立地看问题。《孙子兵法》在这方面所反映的原始辩证法思想也非常多，我们可随意举出他在用兵时关于对立统一法则的许多提法，诸如：奇正、虚实、迂直、攻守、强弱、胜败、利害、患利、敌我、众寡、劳逸、饱饥、安动、静哗、进退、治乱、远近、得失、安危及勇怯等等，对立双方在战争中都是互相依存、利害相联，可以相互转化的。又如讲到战争，就联系到经济、政治、外交、天文(气象)、地理诸综合因素的作用，他从“不尽知用兵之害，则不能尽知用兵之利”这一朴素的辩证法思想出发，力主判断情况杂于利害，既要看到战争之利，也要看到战争之害。在《九变篇》中提到“是故智者之虑，必杂于利害。杂于利，而务可信也；杂于害，而患可解也”，这是他认识和解决战争中各种矛盾的一把钥匙。

对于战争胜败因素的估计，列举了“五事”、“七计”；谈到将帅，就提出“五危”、“六败”。他观察分析战争问题，总是从敌我、主客、众寡、强弱、奇正、虚实、攻守、进退、动静、勇怯、治乱、久速、胜败等对立的范畴出发，因而就能得出比较全面的结论。下面择要略加阐述。他论奇正、虚实，主张虚中有实，虚虚实实，变化无穷。他在《势篇》中认为：“战势不过奇正，奇正之变，不可胜穷也”；“三军之众，可使毕受敌而无败者，奇正是也”；“如环之无端，孰能穷之？”奇和正二者关系是对立统一的，既相互区别，又相互联系。奇正之变可指导现代意义的战略、战术，因而受到后世军事学家的高度重视，认为“奇正者，用兵之钤键，制胜之枢机也”。他在《军争篇》中指出“故善用兵者，避其锐气，击其惰归，此治气者也。以治待乱，以静待哗，此治心者也。以近待远，以佚待劳，以饱待饥，此治力者也。无邀正正之旗，勿击堂堂之阵，此治变者也”，从以上所论的诸关系之中，可以看出在他的思想里有着许许多多原始的对立统一的辩证法思想。

他还主张从发展中去观察事物的运动，反对把战争中的一切事物看成是静止的、不变的。认为自然界和社会的一切现象都是发展变化着的，发展就是事物的对立面的相互推移(它表现在“四时、五行、日月”以及“治乱、勇怯、强弱”，详见《虚实篇》和《势篇》)。自然界和社会的发展变化都是有一定规律的，因而战争的客观规律也是完全可以认识、可以掌握的，认识和掌握了战争的规律，人们就可以胜利地指挥战争。他提出的“避实击虚”的规律，就是战争的普遍规律之一，尽管敌人防御严实，但由于“备前则后寡，备后则前寡，备左则右寡，备右则左寡，无不备者，无不寡”(《虚实篇》)，不可能天衣无缝，总有弱点、疏漏，要善于捕捉敌人的过失，乘机攻战。守不忘攻，攻不忘守，攻守结合，这是孙武高人一筹之处，也是《孙子兵法》的精义所在。因此，如果避其实而击其虚，敌人的主动地位就可以转化为被动地位，掌握这一规律就可以调动敌人，所以他肯定地说“佚(饱、安)”向其对立面“劳(饥、动)”转化，这种触及矛盾转化的朴素思想，对于以弱敌强、以少敌多、以小敌大的国家和军队，无疑是一件锐利的思想武器，有着重要的进步意义。做好这种转化工作，在有效地指挥军队勇敢作战的同时，可以预见胜利并造成胜利，“能为胜败之政”、“能为敌之司命”，这种战争指导上的自由，正是对战争规律必然性的认识。用联系的、发展的观点去揭示战争规律，并善于应用战争规律去指导战争，这是孙子哲学思想的第二个特点。

第三，他自觉或不自觉地意识到矛盾的普遍性，分析了矛盾的特殊性，指出要用不同的战法去处理不同的战况。矛盾的普遍性或绝对性使他看到战争本身就是对立统一体，有利也有害；他看到敌人到处都有矛盾，发现有“乘敌之隙的可能”，因为敌人无论怎样配备自己，总是有实必有虚，因此在战略上可以而且应该“避实而击虚”；他看到人民与统治者是有矛盾的，所以在军队问题上必须用开明的政治求得暂时的统一。他以矛盾的观点去谈将帅的修养，看出将帅在各种性格上存在的缺陷（有勇无谋的人容易被杀，贪生怕死的人容易被俘，廉洁的人经不起侮辱，仁爱的人不容易果断等等）。用这种辩证的方法去观察敌人，就可以有藐视敌人和敢于胜利的雄伟气概；用这种方法来观察自己就能承认自己内部也有矛盾，也应用正确的方法去解决它。同时，他也认识到矛盾是各种各样各不相同的，即矛盾的特殊性和相对性，绝不能用千篇一律的方法去对待，必须要采取区别对待的办法。《孙子兵法》中关于灵活用兵，有极为精彩的论述，他主张“兵无成势，无恒形，能与敌变化而取胜者，谓之神”（《虚实篇》），行军、布阵、用兵要如常山之蛇“击其首则尾至，击其尾则首至，击其中身则首尾俱至”（《九地篇》）；主张“因敌而制胜”（《虚实篇》），“践墨随敌，以决战争”（《九地篇》），要求敌变我也变，不要迟疑坐困，墨守成规，反对战争中呆板的作战战术，反对战争中的机械唯物论，反对固守过去老一套的经验主义的作法。实质上也就是奇正变化，虚虚实实，真真假假，使敌人无法捉摸，以达到胜利的目的。对于各种不同情况的敌人，也要用不同的战法去对待（在他提到的十二条战法中就有八条是针对不同的情况采取不同的对付办法，比如对贪利的敌人要用利去引诱他；对骄傲的敌人，要用卑词示弱使他麻痹松懈；对强大的敌人要暂时避免决战；对休整的敌人，要使他疲劳等等），在一定条件下产生的战法，绝不能在不同的条件下去生搬硬套，一定要从实际出发去研究、创造新的战法。在兵力对比不同的情况下，要用不同的打法（我兵力居优势，就采取进攻，居劣势，就采取防御；比敌人多十倍就包围，多一倍就设法分散它）。在不同的地区行动，就应采取不同的方针；在不同的地形上行军作战，应采取不同的战术处置等等。这种不是千篇一律而是分别对待的方法，正符合我们现在所说的“用不同的方法去解决不同的矛盾”、“具体地分析具体情况”的原则。这种灵活应变、变化无穷的军事辩证法思想，在二千多年前是难能可贵的。承认矛盾的普遍性，分析矛盾的特殊性，用不同的战法去处理战争中不同的战况，解决不同的问题，这是孙子哲学思想的第三个特点。

第四，从现象到本质的分析方法。分析问题总是要从看得见、摸得着、听得清的现象出发，去揭露出被现象所隐蔽的本质来。战争经常是处在迷蒙不清的情况中，比其他事物更带有不确实性，因而透过迷蒙复杂的情况（现象）去探求敌人行动的企图（本质），就更加困难又更加需要。他注意从敌人行动的情况中分析敌人的意图，要区别真象与假象，从假象中看出敌人的企图，从而指导战争。他还懂得要从现象的联系与发展中去揭示本质。他分析了敌使措词“谦逊”与“强硬”的不同，敌军真备战与装前进的区别，发现敌使的态度与敌军动态的相互矛盾，从而找出敌人准备前进或准备后退的企图来。他从分析“逼近”与“远隔”的不同情况中，发现“逼近”和“安静”的矛盾、“远隔”和“挑战”的矛盾，从而找出敌人恃己之险和欲人之进的企图（本质），这是查明情况的正确方法。实际上用辩证唯物主义的思想，从本质上去观察分析，就会发现，无论前进与后退、进攻与防守、强兵与弱兵、优势与劣势、主动与被动，无一不是相关联着的两个方面，并在一定的条件下向着对方转化。从大量的、经常见到的现象出发，去发掘隐蔽在现象后面的本质，从而驾驭战争的规律，这是孙子哲学思想的第四个特点。

以上特点，都表现出他的哲学思想基本上已是唯物的辩证的战争论了。我们从极为丰富的十三篇内容中学习、探索其军事哲学思想，看到了他的思想是比较系统、客观的，从他对事物的性质、法则的论证看，其逻辑思维也是比较严谨的，特别许多名篇警句，思想容量极其丰富，这都是难能可贵的。在它问世二千多年后的今天，我们不能不为它博大精深的内容、庄重严谨的结构、浑然如一的体系而惊慕不已，更不能不为我们中华民族产生这样一部伟大的军事典籍而感到自豪和骄傲。结合现代世界、现代战争，确实还有不少军事哲理问题值得我们进一步去探索，如毛泽东同志在《矛盾论》一文中指出的："辩证法的宇宙观，不论在中国，在欧洲，在古代就产生了，但是古代的辩证法带着自发的朴素的性质，根据当时的社会历史条件，还不可能有完备的理论，因而不能完全解释宇宙。"

真理是随着时代的前进而不断发展的，毛泽东在《实践论》中指出："客观现实世界的变化运动永远没有完结，人们在实践中对于真理的认识也永远没有完结。"用这一尺度来衡量这部具有二千年以上历史的军事名著，是可以得出比较正确的结论，就作品的时代背景而言，它已达到了当时所能达到的高度，由于阶级和时代的局限，他的哲学思想，也同他的军事思想一样，不免还存在着缺陷和不足之处，这就是在唯物主义和辩证法方面还有不彻底的地方（即在某些问题上不可避免地存在着唯心论和形而上学的观点），这种不彻底性已成为其军事思想缺陷的一个原因。比如他在对战争的认识和解释上，最主要的是没有阐述战争的性质。春秋时代，发生过大小战争四五百次，孟子"春秋无义战"，春秋大国争霸的战争肯定是非正义的，但公元前六、七世纪《左传》记载的多次奴隶起义是阶级矛盾的激化，被压迫阶级的反抗是正义的立场，正义之战在《孙子兵法》中应该反映而没有反映，这是一大缺点。他还不能进一步认识那些战争的本质、区别正义战争与非正义战争，这样也就不可能真正发现这两种战争是有着根本不同的发展规律，也就必然会产生严重的后果。他在治军问题上还存在一些糟粕，过分强调将帅个人的作用，"故知兵之将，民之司命，国安危之主也"（《作战篇》），这多少有欠缺之处；轻视军队中广大士兵的集体作用，无视战地居民的人心向背，就大者而言是愚民政策。《九地篇》中"能愚士卒之耳目，使之无知"，"若驱群羊，驱而往，驱而来，莫知所之"，"师之与期，如登高而去其梯"等等，可以说是极端轻视士卒的当时的地主阶级反动思想。他的发展观，反映在对自然现象上，即只看到"终而复始"，"死而复生"，"如此循环之无端"，未能指出事物的运动发展是螺旋形上升、波浪式前进的。他只讲量的众寡，不讲质的变化；只讲快速的进攻，不提持久的防御以及"百战百胜，非善之善者也，不战而屈人之兵，善之善者也"（《谋攻篇》）；"归师必遏，围师遗（必）阙，穷寇勿迫"（《军争篇》）等，与有些提法相矛盾（如"避其锐气，击其惰归"是绝对正确的，"十则围之"是歼灭战的思想），明显地表现了思想方法上的片面性和过于机械性。

尽管如此，从整体上看这些都无损于孙武思想的光辉，《孙子兵法》毕竟是二千多年前的一部古代最有价值的兵书，是军事领域的文化奇峰，是历史上遗留下来的一笔珍贵的文化遗产，也是我们民族对世界文化的重要贡献。它精华多而糟粕少，其中许多原理原则、规律至今仍具有宝贵的借鉴作用、某种程度的指导意义和普遍的现实意义。今天我们学习它，一定要努力汲取其精华而剔除其糟粕，古为今用；要继承发扬，有所创造，有所发展。

《孙子兵法》的管理学价值例说

一、综　　述

《孙子兵法》是我国古代的一部兵书，讲的是用兵之道。它是世界现存最早的军事理论著作，它以深邃的战争哲理告诉人们，中国古代的军事学术是走在世界前列的。作为兵书圣典，它所包含的军事思想精深宏富，卓越地揭示了战争的规律。他以十三篇、六千多字的篇幅，把两国运筹千里之斗志，两军短兵相接之斗勇，作了广博议论，精微描述，使人们如睹廊庙君臣密谋筹划之状，似闻沙场相扑厮杀之声，真是达到了出神入化的地步。它有助于深刻领会毛泽东军事思想，并为建立具有中国特色的现代军事科学体系提供养料。它反映的唯物论和辩证法，不仅体现中国古代辩证法的源头，而且形成了具有中国特色的古代军事哲学（即军事辩证法）思想体系，成为哲学的一个重要组成部分，在我国哲学史上占有重要地位。正如哲学家冯友兰所称，《孙子》"它是古代一部优秀的书，也是一部出色的哲学著作"（《中国哲学史新编》第一册 192 页，人民出版社 1982 年版）。

在信息时代，由于各学科之间的互相交叉，互相渗透，互为借鉴，加上兵书本身又包含多学科的知识，其价值是多方面的。《孙子兵法》它不仅有很高的军事学术价值、哲学价值，而且具有很高的管理学价值，是一份珍贵的古代管理史料。军事学与管理学（包括经济、政治以及各个行业的现代科学管理）之间有着紧密的联系。军事行动是人类最早的大规模管理实践，积累了丰富的管理经验。兵书中的决策思想、谋略思想、将才思想、指挥艺术和治军方法等，都适用于企事业乃至各项具体经济管理工作，有意识地把《孙子兵法》的一些科学思想和方法引入到现代科学管理中来，特别是与创建具有中国特色的科学管理学联系起来，开拓管理学的领域，正是我们这个伟大时代的迫切需求。创建具有中国特色的科学管理学的指导思想，从根本上来说是以马克思主义、毛泽东思想邓小平理论等重要思想为指导，从《孙子兵法》这个古代文化的宝库中去挖掘有益于搞好企事业科学管理的财富，来促进我国现代化建设的发展，是很有积极意义的。

要运用《孙子》的科学思想与方法去研究现代的科学管理，首先就要弄清什么是管理。管理是个含义十分广泛的词，存在于人类的一切共同活动之中。这正如马克思所说："一切规模较大的直接社会劳动或共同劳动，都或多或少地需要指挥，以协调个人的活动，并执行生产总体的运动……"由此可见，在共同劳动过程中所需要的管理是具有普遍性质的；它是促成有效分工与协作所需要的，是促成资源（人力、物力、财力、技术、信息、时间等）的有效结合所需要的。有人类的文明史，就有管理，管理是人类的一种实践。人们在长期的实践活动（政治的、经济的、军事的、文化的、宗教的等等）中积累、总结了如计划、组织、指挥、控制、协调、决策等概念和方法，这些就是管理的职能。管理既是一门科学，又是一门艺术。它既要努力地按照自然规律、经济规律的要求，用精确的计量去筹划尽量正确的行动，又因为与管理相关的那些资源、条件及各种"己"、"彼"因素总是变化的，所以有效的管理是随机的，是适应情况变异而变异的管理。

企事业的科学管理在我国以前是比较落后的。在"四人帮"横行的日子，科学管理曾被污蔑为"修正主义、资本主义的货色"，提倡科学管理不可能，更谈不上用《孙子兵法》思想去研究管理科学。十一届三中全会后，党的工作重点转移到现代化建设上来，在现代化建设中就有不少有心人开始研究如何搞好企业、事业管理，把建设搞上去，还要把《孙子兵法》的科学思想与方法，运用于企事业的管理中去。但总的来说，无论在理论或实践上，目前的情况还是不很理想的。

作为炎黄子孙理应奋起直追，努力开发古代文化，使这部在历史总结中产生、在历史进步中被肯定、并必将被今天的历史现实所发扬的、不朽的军事巨著，古为今用，军为民用。

二、《孙子》管理思想举要

《孙子兵法》所包含的、可供现代管理所借鉴的科学管理原则和管理思想极为丰富，择其菁华，主要有：①系统管理思想。如“治众如治寡，分数是也”（《势篇》）。意思是：管理几十万人的大部队和管理几十人的小分队道理是相同的，都要按级统率，层层节制，使各部分协调一致，行动起来好像“率然”（古代传说中的恒山之蛇）一样“击其首则尾至，击其尾则首至，击其中则首尾俱至”（《九地篇》）。②重人重智的管理思想。如“五事”之中，“道”和“将”就是重人的管理思想的体现：“道者，令民与上同意也，故可以与之死，可以与之生，而不畏危”（《计篇》）；“夫将者，国之辅也，辅周则国必强，辅隙则国必弱”（《谋攻篇》）；“知兵之将，民之‘司命’，国家安危之主也”（《作战篇》）；“将者，智、信、仁、勇、严”，是对将帅才能和品质的全面要求；“将孰有能”，则为衡量军队管理水平高低和能否带好军队打胜仗的重要标志。在决策方面提出：“君命有所不受”（《九变篇》），“将能而君不御者胜”（《谋攻篇》）；决策情报准确可靠，“不可取于鬼神，不可象于事，不可验于度，必取于人，知敌之情者也”（《用间篇》）；对情报要整理、筛选，“故经之以五事，校之以计，而索其情”，“主孰有道？将孰有能？天地孰得？法令孰行？兵众孰强？士卒孰练？赏罚孰明？”（《计篇》）；决策选择的最高标准是“不战而屈人之兵”（《谋攻篇》）；实现决策选择的方法要“先为不可胜，以待敌之可胜”（《形篇》），“致人而不致于人”，“因敌变化而取胜”（《虚实篇》）等等。③教戒为先、恩威相济的管理思想。强调将帅要“视卒如婴儿，故可与之赴深溪；视卒如爱子，故可与之俱死。厚而不能使，爱而不能令，乱而不能治，譬如骄子，不可用也”（《地形篇》）；同时主张严格管理，管教并重，“卒未亲附而罚之，则不服，不服则难用也”（《行军篇》）等等。④功利主义的管理思想。总的要求是：“兵不顿而利可全”（《谋攻篇》）；要以最小的代价去换取最大的胜利。具体要求是“合于利而动，不合于利而止”（《九地篇》）；“非利不动，非得不用”（《火攻篇》）等。以上管理思想若用于企事业的管理，其效果显然是不能低估的。

三、《孙子》管理思想应用示例

《孙子》施之于现代管理的实践，最具有普遍意义的简述如下：

（一）“五事”、“七计”以道为首，重人重智

《孙子兵法》开篇讲了研究战争问题的重要性，接着便论述“经五事”、“校七计”的问题。“五事、七计”的观点是提契全书的纲，是关系到国家大事、死生之地、存亡之道的首要问题，是孙子对用兵规律的高度概括，也是其威力凝聚之所在。他从五事的五个方面分析、研究战争胜败的可能性，而“道”和“将”是重人管理思想的集中体现。他把“道”视为“五事”之冠、“七计”之首，得道、失道，看政治路线、方针政策是否得民心、顺民意。这个思想闪烁着朴素的辩证唯物主义与历史唯物主义的光辉，具有普遍意义，十分精辟。联系企事业的管理工作，也有个“经五事”、“校七计”的问题，特别要把握好这个“道”字。思想、方法、方针、目标对头了，选好德才兼备的“将”，定计、用计、干群意见统一、步调一致，事业的成功就有了大半。美国著名的管理学家C·S·乔治在《管理思想史》一书中指出《孙子兵法》在用人方面的论述，对今天企事业管理有很大价值，甚至说：“你若想成为管理人才，必须读《孙子兵法》。”这是把《孙子》用之于管理实践的经验之谈。

（二）“知彼知己，百战不殆”重知重谋

“知彼知己，百战不殆”语见《谋攻篇》《地形篇》，它是唯物论的命题。突出一个“知”字，是《孙子》朴素唯物论的反映。毛泽东同志说：“孙子的规律，‘知彼知己，百战不殆’仍是科学真理。”“‘知彼知己，百战不殆’，是包括学习和使用两个阶段而说的，包括从认识客观实际中的发展规律，并按照这个规律去决定自己的行动，克服当前的敌人而说的，我们不要看轻这句话。”战争想要取胜，事业想要成功，不知己，不知彼；或只知己，不知彼；或只知彼，不知己，胜利、成功又从何而来呢？“知彼知己”才能“百战不殆”，这是举世公认的至理名言，不仅为古今中外军事家所推崇，而且它作为一种谋略原则已被广泛运用于政治、经济等领域，曾使古今中外多少事业获得了成功，启发了无数有为之士在自己的事业上作出了贡献。当今许多企事业家正在把这句格言视为经营、管理活动的座右铭，成为他们决策的信条之一。在日本管理学中的《孙子兵法》派、企业家大桥武夫著有《兵法经营》一书，说：他的公司从《孙子兵法》的军事理论中获得了很多的益处，使他所经营的业务很快发展起来了。在我国，运用兵法指导经营管理也有着悠久的历史，特别是近几年管理学者们非常重视发掘《孙子兵法》中的管理学资源。比如1986年北京300多名厂长、经理汇集劳动人民文化宫科技馆，研究兵法与现代化管理，为发展具有中国特色的企业管理思想和方法开拓新路。据中国企业管理学会、古代管理思想研究会负责人介绍，我国的企业家们已把眼光投向中国古代管理思想，研究和运用以《孙子》为代表的古代兵书中的管理思想。目前，在我国一些地区和其他行业也已作为新的探讨课题，今后将会有更多的人从不同的角度、多层次地去开发这些宝库，宏观和微观研究将密切结合，相辅相成。新的“孙子热”将是研究与应用的一个发展趋势。

（三）**因敌制胜，动态管理**

这是《虚实篇》中很重要的朴素辩证法观点。所谓“因敌制胜”，就是要根据变化了的敌情而去制订或修订计划。用兵作战没有固定的方式方法，就像流水没有固定的形状一样，能依据敌情变化而取胜的，就叫做用兵如神。“因敌制胜”突出--个“变”字，承认事物总是发展变化的，强调动态管理，即因敌情的变化、发展来制定我方用兵谋略，指挥军队作战。由此可见，《孙子兵法》的若干战略、战术原则，都是从“因敌制胜”这一原则生发出来的。我们在企事业管理工作中也有许多种冲突和一对对矛盾，我们的方针、计划也有个“因敌而变，因变而制胜”的问题，企事业的管理也应该是动态管理。军事管理无常势，企事业管理无常形，“因敌制胜”的原则，是企事业管理必须实行的原则，也是能否生存与发展的关键所在，企事业的管理都应该善于根据变化了的情况、竞争对象的情况，制定出各种因变的计划来。

总之，我们要抓住管理的三大环节，在决策阶段，要着重研究《孙子兵法》的“计”和“谋”的思想，如何用于制订计划；在管理阶段，要着重研究《孙子兵法》的组织、指挥、治众的原则，如何用于管理；在产销方面出成果、出人才的阶段，要着重研究如何借鉴《孙子兵法》的对抗谋略搞好行销、输送人才。此外，还有个探讨企事业管理中的研究“将帅”（领导者）素质修养（“五德皆备，可为大将”）的一大关键问题。学习《孙子兵法》探讨兵法与管理，将《孙子兵法》中许多脍炙人口的至理名言和现代科学管理中的革新实例有机地结合起来，在更大范围内运用《孙子兵法》精义于现代社会的活动，必将大有裨益。

《孙子兵法》全书补议

本“补议”系笔者应邀在苏州大学唐文治研究会、苏州文治国学院联合举办的中国传统文化讲座第一讲的讲稿，其中有些内容已在本书开头的“《孙子兵法》刍议”里出现过，这里作为“全书通解”，为顾及全貌，就不一一避复了。(也许前后照应，更为有利。)

一、引　　言

(一) 作者及传本(包括出土《简本》)

《孙子兵法》又称《孙子》，是春秋末期齐国人孙武(字长卿)所著。孙武故里是现在的山东省惠民县，孙武的祖先是陈国君主，曾祖父孙书是齐国将领。公元前532年，孙武避开齐国内乱到吴国。当时伍子胥避开楚国平王的陷害到吴国，和孙武结交，成为志同道合的知心朋友。伍子胥“与吴王论兵，七荐孙子”(《吴越春秋·阖庐内传》)。孙武思想深刻，体魄健壮，“声如骇虎”(同上引)。他总结春秋以及以前的战争经验，根据当时的政治军事形势，写成兵法进献吴王阖庐，而被阖庐重用为将领，大破强楚，进军楚国都城(郢)。楚昭王惊慌失措，放出火象，践踏吴军，才勉强逃命。战争结束，他就引退了。

孙武治军，纪律严明，在吴宫训练宫女时，杀掉违犯军令的吴王两个宠姬。吴王曾经希望不要杀，他坚持“将在外君命有所不受”的为将之道。

汉代以来，流传的兵书不少，曹操认为《孙子》战略上主张“审计重举(详审的计谋，慎战的思想)，明画深图(明智的策略，深远的运筹)”，对《孙子》进行鉴别整理，注《孙子》十三篇。从南北朝到宋代，出现了许多新的注本，成为“十家注”，后来又从唐杜佑《通典》所引的《孙子》文句的注解而成为十一家注本。现在的传本就是这十一家注本，也就是《孙子》十三篇今本(宋本)。近年发现银雀山汉墓出土的简本(竹简本)，字数虽然只有今本的三分之一多一点(今本字数6 071字，简本的两百多简中的字数为2 400多)，但是其中也有可以参考的地方和可以补正今本的地方。不过，简本中有些句子并不可靠，这留在后面再说(详“竹简本与十一家注本的文句辨异”部分)。

(二) 国际影响

《孙子》长期以来被尊为“兵学圣典”、“百世兵家之师”，而且越出国界。《孙子》最先传到日本，大约在公元七、八世纪。十五世纪传入朝鲜。十八世纪传到西方。1772年巴黎出版了第一个《孙子兵法》法文本。随后，俄文本、英文本、德文本相继出现。现在总共有日、英、法、德、俄、意、捷、朝鲜、越南、马来西亚等十几种文字的本子。《孙子》不仅是中国人民的财富，也是世界各国人民的共同财富。在西方世界中，英美出版的英译本影响最大。西方出版了数千本有关的专著。

1990年10月22日《人民日报》写了报道，其中有：

许多国家不少著名军事家、政治家都对这部古代兵书推崇备至。据说，法国的拿破仑看到《孙子兵法》的法文译本时，如获至宝，经常研读，并把其中一些原则运用到军事实践中去。二次大战后，英美军事家、战略家也都十分重视研究和应用《孙子兵法》，1961年，毛泽东主席会见英国的蒙哥马利元帅时，蒙哥马利曾提出要把《孙子兵法》作为世界各国的军事学院的教材。1989年，美国海军陆战司令格雷上将决定将《孙子兵法》作为陆战队1990年军官的第一本必读书。他在训令中说：“孙子的作战思想在今天仍如二千五百年前一样适用。”尼克松、基辛格等都在著作中多次引用孙子的名言，并在谋划美国全球战略时借鉴孙子的思想。

特别引人注目的是，近年来，不仅军事家在研究《孙子兵法》，而且各行各业的有志之士也对它发生越来越浓厚的兴趣。据说，仅在日本，业余研究孙子和对孙子感兴趣的人有十万之众。

……把《孙子兵法》的基本原理运用到企业管理、商业竞争、体育比赛、医学等领域里，是当今国际上掀起的“孙子热”的一个新特点。美国著名的哈佛大学商业管理学院要求学生背诵《孙子兵法》的某些章节。日本一些跨国大公司依据《孙子兵法》制定了拓展海外市场和加强产品竞争的具体战略。

1991 年 1 月 2 日《新民晚报》还有这样的报道：

> 美国《华尔街日报》从沙特前线发出的报道说，美军“锦囊袋”时藏着《孙子兵法》。目前驻沙特的美军人手一册，正在研究中国兵法家孙子“迂回欺敌”的战略战术。因为美国海军陆战队司令葛瑞中将是孙子的信徒，他命令所有陆战队员必读本中国兵法，并要融会贯通，牢记在心。
>
> 海湾战争已进入第五天，美军陆战队研读《孙子兵法》，已使一些阿拉伯军事分析家侧目而视。路透社援引一位军方人士的话说：“一旦美军和伊军地面交战，孙子谋略几乎可以使伊军根本看不到美军的正面攻击火力。”
>
> 葛瑞中将的助手对美联社记者透露说：“正面攻击是下策，过去奉行几十年的抢滩猛攻战术该有新内容，这完全是我们对《孙子兵法》的运用。”

此外，美国还从《孙子兵法》中找到在朝鲜战场、越南战场失败的原因。尼克松、布什都在用《孙子》“不战而屈人之兵”的战略对社会主义国家搞“和平演变”。尼克松写了一本书，书名就叫《不战而胜》。如果“不战而胜”不能实现(不战达不到胜的目的)，则采取“战而胜之”的手段。美国在海湾战争的战略，根据当时情况，采取两个战略：先是“不战而胜”，后是“战而胜之”。

所谓不战而胜，是以外交孤立、经济制裁、重兵压境为手段，以压促和，逼迫伊拉克撤军，不战而收复科威特，同时加紧对伊拉克的内部颠覆。这里用各种手段以压促和的做法，从《孙子》中论述的情况看，是造“势”。“势”是人工造的力。潜在时是威慑力，显现时是攻击力。

所谓战而胜之，这便是不得已才采取的策略。因为美国了解到伊拉克有 110 万正规军，500 万民兵，800 枚中短程导弹，770 架作战飞机，大量的生化武器，一旦进入伊拉克腹地，有可能像侵略越南战争那样：战不胜，和不能，心不甘。美国还看到伊拉克防御工事做得很充分，深挖 30 米，很难彻底摧毁。基于以上的实际情况，美国顾虑重重，对“胜”存在问号，深深感到正面强攻，损失太大，终于采取机动迂回(曲折、绕远)，声东击西的做法。(这在《孙子》的《军争》篇和《形篇》《虚实篇》都讲到。)美军摆开阵势，像是要正面攻击的样子，实际上连续轰炸伊拉克后方，破坏指挥系统和补给线，收到了声东击西的效果，保证了战略主攻方向上进攻的突然性。这样，伊军虽然有 60 万之众，但在美军战略主攻方向上的兵力却极为空虚。美军 1 300 辆坦克如进入无人之境，每日进攻速度达到 70 公里；地面交战第三天，美军先头部队切断了伊军退路，第四天歼灭伊军主力共和国卫队。60 万伊拉克军队在 100 个小时内几乎全军覆没，原因是多种多样的，而其中美军战略决策的调整起了决定性作用。

在整个海湾战争中，美国还十分重视情报信息(用间)和攻心战术等，这也是取胜的一着。

总之，美军时时处处从《孙子》中寻找灵丹妙药，已是有目共睹的了。

国外因推崇《孙子》而形成的“孙子热”具有相当的广度、深度和持久性。克拉维夫 1983 年为英译本《孙子兵法》的“序言”中说的一段话，就是明显的实例。现在西方还用《孙子兵法》原理赚大钱。有一个企业原来打算赚 200 万美元，运用《孙子》原理原则，赚了一亿二千二百万美元。有些西方青年随身带一本《孙子兵法》，既怀荣誉感，又怀有时髦感。诸如此类，无疑是当前“孙子热”的新特点。

1989年5月第一届《孙子兵法》国际学术研讨会在孙武的故乡山东惠民县举行，许多高级将领参加了会议，认真进行了学术研讨。1990年10月第二届《孙子兵法》国际学术研讨会上，16个国家和地区近二百位专家、学者参加了研讨。在发表的论文中，学者们运用孙子的战略思想分析当今世界形势，展望本世纪末下世纪初的世界战略格局。他们认为对孙子思想的研究不能只停留在一般理解上，应该找出它的精华并加以发扬光大。孙子"不战而屈人之兵"的"全胜"战略思想是处理国际关系的指导方针，而"伐谋"、"伐交"、"伐兵"则是三种手段和途径。发扬孙子的"伐谋"、"伐交"思想，尽量避免"伐兵"，对当今维护世界和平具有现实意义。与会者同时进一步感到，为了弘扬文化，深化研究，汲取精华，服务人类，我们肩负的任务是重大的。真理有极大的时空跨度，各国都在研究《孙子》，表明《孙子》具有强大的生命力。我国是《孙子》的发源地，素有"兵法之国"的美称，今天总不能成为时代的落伍者。

二、开掘语言因素

孙武死了二千五百多年，我们要了解孙武的思想，只有根据孙武留下来的书面语言。过去人们常常对《孙子》年代、作者、流传、著录、版本、校勘考证得较多，而对《孙子》的语言因素的开掘注意不够。原来十一家注，重在观其会通，语言的分析研究不受重视，现在我们能深入开掘语言因素，对内容的阐发自然可以百尺竿头更进一步。这是研究《孙子》的一个极其重要的方法问题。方法论不对，效果差，甚至会出大错误。

任何一门学科，都有本体论、认识论和方法论。所谓方法论，是关于方法的学说。方法论的两层含义，一是关于认识世界、改造世界的根本方法的学说；二是某一门科学采用的研究方式、方法的综合。哲学含义上的方法论同世界观是统一的。世界观是人们对于整个世界的根本看法，而用这一根本方法指导认识世界和改造世界的活动的时候，就是方法论了。至于各门具体科学自身的方法论，涉及各自的方法论的基础、原则及具体的研究方法。研究《孙子》重视开掘语言因素，是关系到十分重要的方法论问题，决不能小看。如果不从开掘语言因素入手，那就是方法论错了。

语言分析问题这里不能面面俱到地谈，只能是举例性质的。下面就从词汇、语法、章句方面举些例子。

(一) 词汇方面

《势篇》"以利动之，以卒待之"的"卒"，历来注解为"兵卒"的"卒"，现在所有的《孙子兵法》注释本照抄旧注，有的误释为"重兵"，有的误释为"伏兵"。其实，这里的"卒"是"诈"的意思，章太炎先生的老师俞樾曾经指出过这一点，人们少注意。以上误解，影响了对《孙子》战略思想核心的揭示。下面可具体加以分析说明：

第一，先看《军争篇》："兵以诈立，以利动。"再看《势篇》："以利动之，以卒(诈)待之。"

——前者"利、诈"对言，后者也应是"利、诈"对言。

第二；先看《计篇》："兵者，诡道也。"再看《势篇》："以利动之，以卒(诈)待之。"

——第一篇《计篇》提出"诡道"这一基本观点，第五篇《势篇》紧扣"诡道"的立论，阐述当敌人还没有来的时候，用利引诱它，使敌人上我们的圈套；当敌人到来的时候，我们就出奇制胜。("奇正"是古代作战的变法与常法，含义很广，如先出为正，后出为奇；正面为正，侧翼为奇；明战为正，暗战为奇等。"出奇"指敌人意想不到的突然出现的军队。制胜，取胜。)《孙子》十分重视"奇"，他强调"凡战者，以正合，以奇胜。故善出奇者，无穷如天地，不竭如江河"(势篇)。要出奇，就要诈，我们常说"兵不厌诈"，就是这个道理。

第三，孙武是齐国人，齐国方言"诈、卒"声音相混，该用"诈"的地方用"卒"，该用"卒"的地方用"诈"。我们可以找到旁证：《公羊传》："诈战不日"何休注"诈，卒也，齐人语也"，这是把该用

“卒”的地方用了“诈”,《孙子兵法》是把该用“诈”的地方用了“卒”。昆山顾炎武《日知录》说《公羊》多齐语,卒,诈相混;孙武齐国人,也“卒、诈”相混。

第四,一字之差,关系到对《孙子》全书的正确理解。《孙子》十三篇的前三篇(计、作战、谋攻)重在战略思想的发挥,后十篇(形、势、虚实、军争、九变、行军、地形、九地、火攻、用间)重在具体战术的妙用。前后提出“诡、诈”概念,是我国古代战略学形成的重要标志。原先的军法概念是“成列而鼓”,《左传·僖公二十二年》就说“不鼓不成列”。毛主席曾经批判说这是蠢猪式的打法。《孙子》直言不讳地提出“诡、诈”的概念,实在是了不起的。这是孙子军事思想的结晶,也反映了实用军事文化的新发展。

由此可见,语言因素的揭示对思想内容的领悟往往是至关重要的。一字误解,往往是会影响整个思想体系的如实反映。这里顺便提一下:有人批评《孙子》“诡诈”是“不仁之至,”是“盗术”,是“流毒”;他们不懂得这是在敌对双方发生战争时使用的手段,而不是人们日常生活的行为准则(应知道治国以诚,用兵以诈),不免令人感到遗憾。

以上仅举一个“卒”字,此外像“计、形、势、权”等等同样必须正确理解,才能更好领会全书要旨。

(二)语法方面

《孙子》十三篇共 6 071 字,去掉重复出现的字,只用了 762 个字。这 762 个字中,“也”一个字就出现 196 次,用得很频繁。“也”出现的次数这么多,究竟有什么作用呢?历来的注本都没有提到。除了《孙子》以外的别的文章中的“也”字的作用,也少提到,即便提到,也使人觉得无法确切理解。明代钱福就曾经说过,《孙子》的《行军篇》连用“此三十一‘也’,洞敌之情,彻肺腑发隐微之论”(《历子品粹》);为什么连用 31 个“也”就会产生“洞敌之情”等等效果呢?没有说。王阳明又说,“连用‘也’字,文法开《醉翁亭记》法门”(侯应琛辑《诸子汇函》卷十七),这只是说《孙子》用了很多“也”,《醉翁亭记》也用了很多“也”,《孙子》在先,《醉翁亭记》在后,《孙子》给《醉翁亭记》以影响。近代林纾(琴南)《春觉斋论文》这本书的最后一篇文章《“也”字用法》照抄王阳明说法,说欧阳修的文章,王安石的文章用了许多“也”是“师法”《孙子》;进一步还说,他们“用之则可,我辈用之,则嫌呆板”。现在还有些古文欣赏、评论的文章,说《醉翁亭记》连用了十九个“也”,“妙极”。这些只说向《孙子》学来的,“妙极”,而且说只有他们才用得好,一般人用不好,而究竟“妙”在什么地方,根本没有说到。现在某些人很想说出一个名堂来,可是就是说不出来,只好做些空泛之谈。比如臧克家在《阅读与欣赏》这本书中发表了一篇分析《阿房宫赋》的文章,其中说到用“也”字,他讲“连用六个‘也’字,使人读了大有天上人间之感”。为什么连用了六个“也”字就会使人产生天上人间之感呢?没有说。其实,并不是不可能说得具体好懂一点。我们是不是可以这样理解:

第一,“也”是一个陈述句语气词,一般用来表示肯定判断,对事物作肯定的说明或解释。《行军篇》的重要内容之一,是论述观察判断敌情的各种方法,用那么多“也”是为了更好表达肯定地判断敌情的语气。下面举几个例句:(连用三十一个“也”的句子不全部列出,只举其中几个)

远而挑战者,欲人之进也;
众树动者,来也;
鸟起者,伏也;
兽骇者,覆也;(覆盖而来,大举进军)
辞卑而益备者,进也;(使者言词谦卑而实际上加紧准备,是大军将要推进)
辞强而进驱者,退也;(使者言词强硬,行动上摆出进逼的架势,往往是撤退的征兆)
无约而请和者,谋也;

半进半退者，诱也；
杖而立者，饥也；
汲而先饮者，渴也；
鸟集者，虚也；
来委谢者，欲休息也。（托词派使者来谈判，是想休兵息战，获得喘息机会）

第二，“也”字逐一煞尾，起断句作用，增强句子层次感。比如《孙子》讲到“五事”的时候，这样说：

道者，令民与上同意也，故可以与之死，可以与之生，而不畏危。天者，阴阳、寒暑、时制也。地者，远近、险易、广狭、死生也。将者，智、信、仁、勇、严也。法者，曲制、官道、主用也。凡此五者，将莫不闻。

五个层次，清清楚楚。当时没有象今天的标点符号，“者”表示提顿，“也”表煞尾，便调节了语气，也使各层次之间的关系分明。

有位日本学者服部千春写了一篇关于《孙子兵法》的文章，从语言表达的层次着眼，又根据《宋本十一家注》更早的本子（八世纪唐玄宗时传到日本），校定第一篇第一句中间还应该有一个“也”字，层次才更分明。这也就是：

“兵者，国之大事，死生之地，存亡之道，不可不察也。”应为：“兵者，国之大事也。死生……”

他的理由是：把战争这一国家大事放在主体的地位，总括地提出；后面的“死生之地，存亡之道”对“兵者”作出进一步申说。《十一家注》本把“国之大事、死生之地、存亡之道”并列为三个组成成分，就显得意义难畅通，层次不清楚。日本学者这个意见也是值得重视的，可以供我们了解“也”增强层次感的参考（按，银雀山汉墓竹简本《孙子兵法》有“也”，可供佐证）。

第三，“带声拖出”示“悠扬不尽”之余韵，增强节奏感，有利于思想感情的充分表达。仍以前面的句子中的“也”为例，按照前人的一些读法，声音就要拉长的。

“也”略同于今天的“啊”“呀”，但不一定可以用“啊”“呀”来对译，不过读的时候，语气应该有所体现。我们口头说话的时候，有一定语调，从中表现出喜怒哀乐的感情色彩。在书面上，就不便体现，只能凭读者领会文章内容，适当加以体现。比如同样一个“也”，在“此古战场也”里，带有伤叹语气，而在《醉翁亭记》中“太守谓谁？庐陵欧修也”的“也”就不带伤叹语气。以上的语言音素，在朗读中便能更好意会，恕不详叙（另参“唐文治读书灌音片”，1949 年录制）。

第四，“也”的使用，跟文章内容有密切关系。我们应该看到，《醉翁亭记》“也”的妙用就与内容起伏变化有关。有鉴于此，思过半矣。林纾说古人用之即可，我辈用之则呆滞，使人感到可望而不可即，产生消极作用，自非高论。

现在有本《孙子译注》，由于缺乏语法常识，注释正确与错误兼容并色。比如前面“《孙子兵法》简述”中提过的《计篇》的“将”字的解释，就是一例。

（三）章句方面

在章句方面，一要重视句解，二要鉴别异文。过去有一种情况是元代、明代的学者反对句解，只强调观其会通。观其会通是必要的，但没有句解的基础，如何正确全面理解呢？离开基础性的解释，结果往往是“高空作业”，“打外围战”。受这种弊病影响的人今天还有。另一种情况是近年银雀山出土的《孙子》简本有可参考的，但也有不可靠的。比如简本《用间篇》末句有“燕之兴也，苏秦在齐”句，而苏秦是战国中后期人，比孙武晚得多，比孙膑也晚得多，苏秦名字怎么会出现在《孙子》里面呢？再查看秦汉各种书籍所有引用《孙子》的文句，都没有以上文句，唯独在简本中出现。这种失真地方，应该鉴别。此外，《九变篇》中谈的“绝地无留”，简本出现在《九地篇》，还有些句子，《九变篇》和《九地篇》重复出现，这是编次加工粗糙的地方。

三、透视军事文化

《孙子》内容极其丰富，结合历史背景，开掘语言因素，可以看到我国传统实用军事文化大略。它不仅可以应用于军事领域，也可以应用于其他许多领域。因为它内容极丰富，这里不能面面俱到地谈，只能谈以下几点：

（一）关于战略指导思想

在孙武见吴王，呈上兵书之前（公元前546年），宋国向戌发动了一场弭兵（停业战争）运动。用今天的话来说，就是和平运动，这是影响当时各国战略转变的运动。这个运动使晋楚齐秦四大国和十个中小国家首脑集中于宋国都城，达成了停止战争的协议。此后的十几年间，与会各国遵照协议，停止了战争，特别是晋楚两个大国在长达四十年的时间内没有发生军事冲突。至于中原战场以外的东南战场，吴越、吴楚之间的局部战争还没有停止。从宏观上总的看来，弭兵运动这一历史时期，和平与发展是占主导地位的。

这次弭兵运动与今天的世界形势有着许多相似的地方，这就是：①当时大国之间出现了战略均势；②中小国家不堪忍受大国逞凶所造成的种种损害而纷纷呼吁和平，要求停止战争；③阶级矛盾日益激化，各国内部争夺加剧，面临政策调整和政治、军事的改革。孙武如何看待这些战争与和平的问题呢？《孙子》中体现出来的战略指导思想表现在两个层面上：一是关于维护和保障国家利益的指导思想，另一个是关于战略决策和战略指挥的指导思想。《孙子》战略指导思想要谈的有许多，这里仅仅联系当前我们要特别引起重视的提示两点：

1. 以“无恃其不来”为指导的战备观

第八篇的《九变篇》说“无恃其不来，恃吾有以待之；无恃其不攻，恃吾有所不可攻也”。用现在的话来说，就是不要寄希望于敌人不会来，而要依靠自己严阵以待，充分准备；不要寄希望于敌人不会进攻，而要依靠自己有使敌人无法攻破的充足力量。

2. 以“不战而屈人之兵”为指导的“全胜”策略观

《孙子》提出了“不战而屈人之兵”的“全胜”的策略观，并把它列为善战的最高标准，可以说是军事思想史上的一个独创，至今仍然有重要的现实意义。《谋攻篇》说“上兵伐谋，其次伐交，其次伐兵，其下攻城”，把政治斗争与军事斗争相结合起来而突出政治斗争，把属于政治斗争范畴的“谋”和“交”摆到战争手段的首位，而把军事手段的“伐兵”摆在次位，把“攻城”作为不得已而采用的下策。这是一种高水平的战争指导思想。过去的不说，拿当代情况看，美国首先发明了“核威慑战略”，作为推行争霸政策的军事手段。适应这种战略需要，英、美军事理论家从《孙子》中找到理论根据，这就是“不战而屈人之兵”的思想。《孙子》的思想，终于登上了世界头号强国的军事理论和战略决策的“庙堂”。而一些发展中国家，为了抗衡强国争夺的压力，为了争取和平和保持国家民族的独立和发展，也不能不积极地寻求非战的斗争策略，力求“自保而全胜”。因此，“伐谋”“伐交”便成为当今国际斗争处于首位的斗争形式了。

（二）关于思想体系框架

《孙子》思想体系结构，大体上可以分为战争准备理论和战争实施理论两部分。战争准备理论包括《计》《作战》《谋攻》《形》四篇的阐述，提出重战、慎战的思想。其核心是“计利任势”，努力造成军事实力及其运用上的绝对优势，其最理想的境界是“不战而屈人之兵。”战争实施理论包括《势》《虚实》《军争》《九变》《行军》《地形》《九地》《火攻》《用间》九篇的阐述，主要阐述战争实施方面的原理、原则和方法，比如奇正原则、主动原则、机动原则和特殊地形的利益判断原则，以及火攻、用间等特殊战法。贯穿始终的思想是“因敌制胜”（根据不同的敌情采取不同的战术夺取胜利），也就是根据战场上的具体态势采取灵活机动的作战方针，以获取胜利为最终目的。

构成思想体系框架的思想方法，有一般的逻辑方法、定量分析方法、朴素系统思想方法等。

比如《谋攻》:

> 凡用兵之法,全国为上,破国次之;全军为上,破军次之;全旅为上,破旅次之;全卒为上,破卒次之;全伍为上,破伍次之。是故百战百胜,非善之善者也;不战而屈人之兵,善之善者也。

这里"凡用兵之法……"中的"凡"是从无数战例中归纳出来而用为演绎的根据,是一种逻辑思维方法,同时包含量的分析法。又比如《计篇》"五事""七计"的阐述,从整体上分析与战争胜负有关的一切条件,把握战争、战略问题的全局,这便是朴素系统思想。

构成《孙子》思想体系框架的最具有特色的是朴素辩证思维方法论,它贯串十三篇始终。这里说的方法论,也就是指原始朴素的辩证观点方法。

(三) 关于诡诈战术

《孙子》强调用兵要"诡诈"("兵者,诡道也","兵以诈立"),运用诡诈的方法是:

> 能而示之不能,用而示之不用,近而示之远,远而示之近;利而诱之,乱而取之,实而备之,强而避之,怒而挠之,卑而骄之,佚而劳之,亲而离之;攻其无备,出其不易,此兵家之胜(妙),不可先传也。

以上引文还没有包括诡诈战术的全部内容。我们把《孙子》中论述的诡诈战术汇总起来,并且对一些相近的内容加以合并,大致可以得出以下十四法:

(1) 示形(这是给敌人显示假象的方法)。

(2) 利诱(这是利用诱饵使敌人出击,从而歼灭它的方法)。

(3) 使乱(这是使整齐的敌阵混乱,从而打击它的方法)。

(4) 使怒(这是激怒敌人使它丧失理智、横冲直撞,从而击败它的方法)。

(5) 使骄(这是用计使敌人骄傲、忘乎所以,从而击破它的方法)。

(6) 使劳(这是用计使敌人疲乏劳累,从而将其击败的方法)。

(7) 使离(这是用计离间敌人内部的团结,从而削弱敌人力量的方法)。

(8) 突然袭击(这是在敌人没有准备的情况下发起进攻,从而给它沉重打击的方法)。

(9) 出奇制胜(这是以正兵当敌,与敌周旋;另用奇兵从侧后或暗处偷袭,使敌人处于数面夹击的状态而陷于失败的方法)。

(10) 避实击虚(这是避开敌人兵力充实、强劲的部位,而击其空虚、薄弱环节的方法)。

(11) 攻其必救(这是攻敌的要害,引出壁垒中的敌军前往营救,在敌人进行中把它歼灭的办法)。

(12) 避锐击惰(这是避开敌人初出时的锐气,而在敌人要返回,出现惰气时发起攻击的方法)。

(13) 半济而击(这是对于渡水的敌人,在它一半已渡,一半未渡时发起攻击的方法)。

(14) 推入绝境(这是断绝军队的退路,以激发它拼死战斗的决心,从而打败敌人的方法)。

(四) 关于军事后勤(向来有兵未动,粮草先行的说法,后勤工作的重要,由此也不难想见)

《孙子》军事后勤思想,十三篇中就有十篇直接或间接提到。(这十篇是计、作战、谋攻、形、军争、行军、地形、九地、火攻、用间。)它提出"因粮于敌"(《作战篇》),又提出"以火攻绝敌粮道"(《九地篇》),打击敌人粮食补给。它提出"国之贫于师者远输"(《作战篇》),并告诫说"军无辎重则亡,无粮食则亡,无委积则亡"(《军争篇》)。

"因粮于敌"并不限于粮,也包括车、卒等。这种作为足以导致敌消我长,改变敌我优劣态势,以达到"胜敌而益强"的战略目的的后勤思想,实际上也可以说是"因补于敌"。《游击队之歌》中有句歌词"没有吃,没有穿。自有敌人送上前;没有枪,没有炮,敌人给我们造",正可为"因补于敌"的新佐证。

“因粮于敌”固然重要，“绝敌粮道”同样重要，有时甚至起决定性作用。现在我们研究《孙子》，应看到“因粮于敌”“绝敌粮道”的后勤思想的重大现实意义。

（五）关于军事情报

用间思想是《孙子》体系中的重要组成部分，但人们对它的研究比较薄弱。这里有必要加以提示。

自古以来，用兵必用间。《孙子》比较早揭示这一现象，并论证用兵必用间的道理。早在商代，就有比较成熟的间谍，到了《孙子》时代，间谍多样化，《孙子》把它分为五类：

乡间——利用敌国乡里的普通人做间谍；

内间——收买敌国的官吏做间谍；

反间——收买或利用敌方派来的间谍为我所用；

死间——故意散布虚假情报，让我方间谍传给敌方，敌人上当后往往将他处死。

生间——指派往敌方侦察后，亲自返回报告敌情的人。并且明确指出：不知敌之情者，不仁之至也，非人之将也，非主之佐也，非胜之主也。”用现代的话说出来，就是：（不肯重用间细以致）不能了解敌人情况而招致失败，那就太不顾国家和民众的利益了。这样的将帅，不是军队的好将帅，不是国君的好助手；这样的国君，不是能打胜仗的国君。

《孙子》有句名言是“知己知彼，百战不殆”。“知彼”是多渠道的，但是通过巧妙的用间，应该也是重要环节。所谓“知”，用今天的话说，就是获得信息。《孙子》十三篇中，“知”字用了70次。《用间篇》集中谈用间内容，其实从获取信息这个意义上看，用间思想是贯穿全书的。

《孙子》用间思想对后世影响相当深远。唐代的李靖对《孙子》用间思想作了精辟的阐述，并予以新的充实。宋代爱国大词人辛弃疾也是大军事家、用间能手，曾写了不少用间文章。沈括这位科学家也通晓军事，还当过爱国的间谍使者；他出使契丹谈判边界问题，收集了许多重要的军事政治情报，回来向宋皇报告，并根据敌情提出了作战计划，附上《使契丹国钞》。张皓得到敌军准备偷袭宋军战略重地北寨的情报，连夜提供给守将，暗中作好准备，黎明时大败偷袭的敌军，敌人元帅当场被射死，全军溃退。沈括、张皓的间使事迹，印证了《孙子》用间思想的影响久远与巨大。

在国外，孙子用间思想，随着《孙子兵法》全书的流传，已经在很多国家，传播，得到广泛的研究和应用。《孙子》在唐代就传到日本，日本战争历史上用间思想和用间实例，不胜枚举。近代、现代，日本间谍工作广泛开展。俄美德英法等国同样十分重视谍报工作，并有效地运用，这些大家是熟悉的，用不着多谈了。

《孙子兵法》语言研究范例

——从俞樾对《孙子》"卒"的研究说起

郭在贻《训诂丛稿》(上海古籍出版社 1985 年出版)189 页写了这么一段话:

> 《孙子兵法·势篇》:"乱生于治,怯生于勇,弱生于强。治乱,数也;勇怯,势也;强弱,形也。故善动敌者:形之,敌必从之;予之,敌必取之。以利动之,以卒待之。"文中"以卒待之"的卒字,旧注大都训为兵卒之卒,近年来的注本也都采此说。按:此解可商。清人俞樾在所著《诸子平议补录》卷三中,对此卒字曾有考辨,其说曰:"卒字疑诈之误。《军争篇》:'故兵以诈立,以利动。'亦以利与诈对言,是其证也。此言敌之未至,则以利诱之,使之从我;及其既至,又必出奇,乃能制胜也。僖三十三年《公羊传》:'诈战不日',何休注曰:'诈,卒也,齐人语也。'是齐语诈、卒声相近。孙子本齐人,其言诈如卒,故误为卒耳。"按俞说既有内证,复佐之以旁证,颇为允当,似可从之。

郭在贻认为"卒"训为"兵卒"之"卒"可商,其根据是清人俞樾的考辨。笔者赞同郭在贻的见解,同时从俞樾的考辨中感到有些问题似宜相应提出,略陈管窥。

(一)训诂方法的综合运用对语词考释的重要性

《孙子·势篇》"以利动之,以卒待之"的"卒"长期以来被许多注释家所误解,而俞樾综合运用了训诂方法进行考辨,终于得到了合理的解释。第一,俞樾比较《势篇》"以利动之,以卒待之"和《军争篇》"兵以诈立,以利动",从后者的"利"与"诈"对言,觉察出前者的"卒"也该是"诈",亦即"利"与"卒"对言。第二,扣紧《孙子》"兵者,诡道也"的立论,阐发"敌之未至,则以利诱之,使之从我;及其既至,又必出奇,乃能制胜也",探究"以利动之,以卒(诈)待之"的深刻含义。第三,引《公羊传》"诈战不日"何休注"诈,卒也,齐人语也"句以佐证齐方言"诈""卒"声音相近而混用,进而点明"孙子本齐人,其言诈如卒,故误为卒耳"。俞樾在这里"比文察义"、"依理探义"、"引书证义"、"因声求义",综合训释,不为字形拘泥,亦不为成说胶固,考辨精审,言之成理。

俞樾的考辨反映了清代学者实事求是的无征不信的学风。王国维说"乾嘉之学精",俞樾正发扬了乾嘉诸老严谨的治学传统。《诗经·秦风·终南》"有纪有堂"中的"纪"和"堂"长期以来得不到合理的解释,王引之就是在对《诗经》以及其他有关资料作全面研究后才作出正确判断的。他先着眼于整部《诗经》,又着眼于同一篇的体例,还着眼于《诗经》异文,而后再循着声音的轨迹,得出"纪"借用为"杞","堂"借为"棠"的结论。俞樾的考辨与王引之的考辨何等相似!循途继轨,王国维更施乾嘉考证之学于出土铜器铭文考释,撰《王子婴次卢跋》一文〔注一〕,亦同见功效。凡此实堪为后学之楷模。

(二)正"卒"为"诈"揭示了《孙子》战略思想核心

《孙子》十三篇的前三篇重在战略思想的发挥,后十篇重在具体战术的妙用。前三篇的第一篇《计篇》直截了当地提出"兵者,诡道也"的基本观点,相应地又在后十篇中的《势篇》提出"以利动之,以卒(诈)待之",《军争篇》提出"兵以诈立,以利动"的战术,"诡"与"诈"前后照应,毫不隐讳,这在《孙子》时代是空前而仅有的。我们知道,我国古代原先的军法概念是"成列而鼓",而《孙子》"诡、诈"概念的提出,体现了《孙子》军事思想的核心,成为我国古代战略学形成的重要标志。当时社会急剧变动,战争日益频繁,这是"诡、诈"观念产生的社会历史背景,"诡、诈"概念的产生相应地反映实用军事文化的新发展。由此不言而喻,对《孙子》中"诈"的确解,关系极其重大。后世有些人由于认识的局限而未及深究,甚至对"诡诈"的提出横加非难,自是值得深省,引以为鉴。北宋苏洵诋《孙子》为“武之失”(《嘉祐集·孙子》),南宋高似孙诋《孙子》为“背义而依诈乃用兵流毒之始”(《子略·孙子》),清代姚鼐诋《孙子》为“不仁人之言”(《惜抱轩文集·读〈孙子〉》),正都是受“成列而鼓”的古军法概念的束缚而妄议的实例。时至今日,“兵不厌诈”(“用兵以诈,治国以诚”)的战略思想是不是都有共同的认识呢?也还说不定。毛泽东同志批判宋襄公蠢猪式的战例,不正是有所指吗!这或多或少地表明今人对某些战略战术问题还存在模糊认识。平心而论,《孙子》是我国现存的最早古代军事名著,其内容已如前述,是我国古代军事文化的结晶,“诡诈”战略思想是我国古代战略学形成的重要标志,俞樾正“卒”为“诈”指引了我们对《孙子》军事思想核心的深层认识。

(三)正“卒”为“诈”启示不能低估古文献词汇因素的作用

吕叔湘《语法修辞讲话》第三讲《虚词》部分一开头曾经说到这样的话:“实字(词)的作用以它的本身为限,虚字(词)的作用在它本身以外;用错一个实字只是错了一个字而已,用错一个虚字就可能影响很大。《助字辨略》的作者刘淇说得好,‘一字之失,一句为之蹉跎;一句之误,通篇为之梗塞’。”这从实词与虚词在语言结构中的功用相比较来说,无疑是正确的。仍以《孙子》为例,笔者分析了全书,共 6 071 字,去其重复出现的,只用了 762 字(多数与汉语单音成义特点相适应),这 762 字中,出现三次以下的 465 字;出现百次以上的 6 字,即“也”字 196 次,“者”字 228 次,“故”字 103 次,“而”字 185 次,“不”字 231 次,“之”字 237 次。这 6 字,依传统看法,都归属于虚词。6 字出现总次数共 1 280,近占全书出现字次四分之一。它们用得如此频繁,被人们视为“表现血脉关键作用”,用错一个字;有可能由一句蹉跎而致通篇梗塞。这一事实正表明虚字作用的重要。但是,从实词的语义表达的全局看,认为“用错一个实字只是错一个字而已”,则未必尽然。比如《孙子》全书只出现一个“诈”字,即出现在“故兵以诈立,以利动”这个句子里,加上“以利动之,以卒待之”的“卒”正为“诈”,也只出现两次,然它却关系到已如上述的《孙子》全书军事思想精髓的理解,也关系到我国古代战略学形成的理解,其重要性几无与伦比。回顾历史,比较正误,更能表明这一实况。长期来把“以利动之,以卒待之”的“卒”释为“兵卒”的“卒”;唐代李靖以“卒”为“本”,说“以本待之者,谓正兵节制之师”,这所谓“兵师”,与“兵卒”看似有异,实无二致。今人一沿旧注,或释“卒”为重兵,或释“卒”为伏兵。郭化若《十一家注孙子》(中华书局)及《孙子今译》(上海人民出版社),中国人民解放军战争理论研究部《孙子兵法新注》(中华书局),陶汉章《孙子兵法概论》(解放军出版社)等等,多达十余种,亦皆辗转袭解,一无例外。这样一来,《孙子》军事思想及其哲学基础的理解因“卒”这一实词的误解而深受影响。俞樾正“卒”为“诈”,正本清源,使盛誉为我国古代军事文化奇峰的《孙子》的核心思想如实地展示于众(可惜俞樾的灼见尚未尽为世人所知晓),难能而可贵。由此及彼,综观其他古文献的整理和注释,实词的作用决不能低估。

国内外《孙子》研究方兴未艾,现有日、英、德、法、俄文《孙子》译本流传国外,仅日本有关《孙子》的著述达百余种。各国汲取我国历来研究精华,用于政治、军事、外交、经济诸领域。特别是从中总结管理学,运用于资本主义世界的商战。他们研究所依据的是《孙子》十一家注本,印经曹操鉴选的《孙子》十三篇今本——宋本。近年发现银雀山汉墓出土简本(竹简本),字数虽仅今本之三分之一强,但其中亦有可参补今本之处。不过人们常对《孙子》年代、作者、流传、著录、版本、校勘考证较多,而对《孙子》语言的研究注意不够。原来的十一家注,要在观其会通,语言研究非其所重,今人能深入发掘语言因素,对内容的阐发自可百尺竿头更进一步,收到相辅相成之良效。但遗憾的是,在银雀山汉墓《孙子》竹简本出土后,《孙子》研究存在问题的解决仍少进展,基本情况没有深刻变化。比如《形篇》“地生度,度生量,量生数,数生称,称生胜”,这“度、量、数、称”都有与军赋制度有关的特定含义,而文物出版社的竹简本《孙子兵法》依然没有从《孙子》引用这样的古语的依据出发阐明其名物制度,达到确切了解它们的含义。军事院校出版的《孙子》

译文照抄竹简本，也没有深入发掘其含义。我们由此也不难看到，对《孙子》词汇现象的认识与说解着实有待正视。

（四）正“卒”为“诈”也启示对《公羊传》音系的研究

《公羊传》“诈战不日”（僖公三十三年）的“诈”，俞樾转引何休注为“卒也，齐人语也”，这是正确的。今人由于不了解《公羊传》音系特征，多有忽视。《春秋三传比义》（台湾版）的作者不解“诈战不日”宜为“卒战不日”，觉得文意难以贯通，遂认定《公羊传》此处“无以自圆”，“不可取”。事实并非《公羊传》“无以自圆”，而是《春秋三传比义》作者不谙《公羊传》音义，有所误解。

《春秋·公羊传》源于古齐地（今胶东一带），其著录多由口授，我们从中发现了许多古齐语资料。清初顾炎武《日知录》说“《公羊》多齐语”，其根据就是《公羊传》自身所提供的资料。《公羊传》除上述“诈”为齐语“卒”之外，其他注“齐人语”的有二十一处，人名、地名未标注齐语而实属齐语的96处。一部比较流行的古籍，间寓这么多方音因素，未尝不是一部探求古齐语音系的好文献。有位青年撰写《〈公羊〉齐语证》一文，根据语言学审音知识和历史比较语言学原理，从中发现了有关古齐语资料，并用来与现代胶东方言相对应，揭示了其中一脉相承的关系，这是相当可贵的，有其历史意义和现实意义。当然，这应该说还是一个有益的尝试，而进一步探源析流，无疑将是语言工作者的新课题，也是从事古文献研究的重要环节。

〔注一〕：1923年河南郑州出土铜器数百件，查无铭文，好不容易从一器中认出7个字：王子婴次之□卢（实际上是六个字）。王国维就凭这6个字，写了361个字的《王子婴次卢跋》，考证出这件铜器是春秋时期楚公子所遗留下来的（他器自然可以类比），是鲁成公十六年鄢陵战役楚军打了败仗所丢下的。王国维从难认的“婴”字和难解的“次”字入手，综合考察其形、音、义，断定“婴次”就是“婴齐”，是楚公子的名。考证顺序似是这样的：第一，依《说文·贝部》“賏，颈饰也，从二贝”；《说文·女部》“婴，颈饰也，从女”，看出“賏、婴”是相同的字（男子无颈饰，女子有颈饰，从女表示女子特有；形体省“賏”作“贝”，事实上没有分别）。在这里，王国维采用以形索义的方法。第二，“次”与“齐”古音通假，王国维采用因声求义的方法。（按，“次”依《说文》、六国古文、金文、甲文，都无法说解，无法以形索义。）第三，引用经、史上许多书证，肯定“婴次”就是“婴齐”无疑。第四，这一出土铜器跟其他出土铜器不同，具有南方铜器特征，排除了同时代同名的其他婴齐。近年来，考古学者从铜器的形状制作进行分析，认为铜器上的细线、方格、纹理具有明显的南方特征，文字体态亦属楚风，证明王国维结论是可靠的。

竹简本与十一家注本文句辨异举例

银雀山汉墓竹简《孙子兵法》虽残缺较严重，但与今本（即宋本《十一家注孙子》）相应部分对照基本相符。不同的字、词、句有一百多处。其中与文意无关的虚词和假借字占了绝大部分，如之、乎、者、也之类的有无或者用法不同。但也有少数涉及文意的字句，甚至还有与今本意思完全相反的。现选一些重要的相异点加以提示。

一、今本《形篇》"不可胜者，守也；可胜者，攻也。守则不足，攻则有余。善守者，藏于九地之下，善攻者，动于九天之上，故能自保而全胜也。"竹简本"不可胜，守；可胜，攻也。守则有余，攻则不足。昔善守者，臧（藏）九地之下，动九……"。两本对照不同之处有二：一、今本说"守则不足，攻则有余"，简本说"守则有余，攻则不足"。二、今本为"善守者藏于九地之下，善攻者动于九天之上"，竹简本为"昔善守者，藏于九地之下，动九……"。今本是指攻、守两方面来说的，而竹简本则仅仅是就"守"的一方面而言，意思出入很大（由于竹简下面缺损，没有论述攻的简文）。

二、竹简本《形篇》"称胜者战民也，如决积水于千仞……"，今本"胜者之战民也，若决积水于千仞之溪者，形也。"简本"胜"上有"称"字，今本无"称"字，竹简本多了一个"称"字，就把孙子关于"形"的根本思想点明了。"称"是决定胜负的物质基础，我们从中可明显看到简本说的"称胜"就是"形胜"；还可看到孙膑与孙武军事思想的继承和发展的渊源关系。

三、今本《虚实篇》"故形人而我无形，则我专而敌分；我专为一，敌分为十，是以十攻其一也，则我众而敌寡；能以众击寡者，则吾之所与战者，约矣。吾所与战之地不可知，不可知则敌所备者多，敌所备者多，则吾所与战者，寡矣。"竹简本"故善将者刑（形）人而无刑（形）〔□□〕椁而适（敌）分。我椁而为壹，适（敌）分而为十，是以十击壹也。我寡而适（敌）众，能以寡击□……地不可知，则适（敌）之所以备者多。所备者多，则所战者寡矣。"两书主要不同点在于"众"、"寡"二字上。两者共同之处都是说在作战指导上要集中自己的兵力，分散敌人的兵力，以集中对分散；不同之处在于交战双方兵力的多与少。就这一点说，二者都有道理。今本"我专为一，敌分为十"，就形成了以十对一，以优势兵力去战胜敌人。竹简本：集中自己的兵力，使敌人分散，就能在某一局部形成"以十击壹"的优势，这样就能达到在总体上以寡胜众。我之所以能以寡敌众，是因为敌"所备者多"，同我作战的兵力就少了。虽然两种说法都通，但从前后文意对照以及从吴国当时的实况来看，似乎竹简本更符合孙子的思想。在整体上"以寡击众"和局部上"以十击一"的思想，在孙子兵法中是一个有价值的重要思想，它反映了上升时期封建地主阶级敢于藐视强敌的精神面貌，是春秋战国时期军事思想的重要特点之一。

以上数例，仅资参酌，余从略。

附　银雀山汉墓竹简《孙子兵法》释文

——摘自文物出版社 1976 年版银雀山汉墓竹简《孙子兵法》

按：银雀山汉墓竹简《孙子兵法》释文是原书编者据 1972 年山东临沂银雀山汉墓出土的《孙子》残简整理而成的。分上、下两编，上编为《孙子十三篇》，下编为《孙子》佚文。

释文中的篇题，凡未加〔　〕号的，都是原有篇名；加〔　〕号的，为原书编者补加的。释文中□号，表示残简中无法辨识的字，□号外加〔　〕号的表示竹简残断而缺去的字，……号表示由于竹简残断五字以上或残整简。根据上下文意补出的缺字也用〔　〕号表示，假借字和古本字的注释用(　)表示。

上　编

〔计〕

〔□□〕曰:兵者,国之大事也。死生之地,存亡之道,不可不察也。故轻(经)之以五,效之以计,以索其请(情)。一曰道,二曰天,三曰地,四曰将,五曰法。道者,令民与上同意者也。故可与之死,可与之生,民弗诡也。天者,阴阳、寒暑、时制也,顺逆、兵胜也。地者,高下,广陕(狭)、远近、险易、死生也。将者,知(智)□……曲制、官道、主用也。凡此五者……孰能?天地孰得?法〔□□□□□〕孰强?士卒孰练?赏罚孰明?吾以此知胜……用而视(示)之不用,近而视(示)之远,〔远〕而视(示)之近。利而诱之,乱而取之,□〔□□□□□〕□之,怒而譊(挠)之,攻其……少□□□无算……

作战

孙子曰:凡用兵之法,驰□千驷……里而馈馕(糧),则外内……车甲之奉,日□□□内□……用战,胜久则顿(钝)……起,虽知(智)者,不能善其后矣。故……未有也。故不尽于知用兵……馕(糧于敌〔□□〕食可足也。国之贫于师者,远者远输则百姓贫;近市者贵□□□□则□及丘役。屈力中原,内虚于家。百〔□□〕费,十去其六……石。故杀适(敌)□……车战……卒共而养之,是胃(谓)胜敌而益强。故……

〔谋攻〕

……其下攻城,〔攻〕城之法,脩橹……□□三月而止□距闉有(又)三月然……哉(灾)也。故善用兵者,诎(屈)人之兵而非战〔□□□□□〕而非攻也,破人之国而非……天下,故……战之……所以患军……瀳(既)疑,诸侯之……知可而战与不可而战,胜。知众……以虞待不……故兵知皮(彼)知己,百战不……

刑(形)

(甲)

刑(形)

孙子曰:昔善……适(敌)之可胜。不可胜在己,可胜在适(敌)。故善者……□使适(敌)可胜。故曰:胜可智(知)〔□〕不可为也。不可胜,守;可胜,攻也。守则有余,攻则不足。昔善守者,臧(藏)九地之下,动九……众人之所知,非善……曰善,非□□也。举〔□□□□□〕力,视日月不为明目,闻雷霆不为葱(聪)耳。所胃(谓)善者,胜易胜者也。故善者之战,无奇〔□〕,无智名,无勇功,故其胜不贷(忒)。不〔贷(忒)〕者,……□□胜□后战,败〔□□□〕而后求胜。故善者脩道□□法,故能为胜败正。法:一曰度,二曰量,三曰数,四曰称,五曰胜。地……胜。胜兵如以洫(镒)称米(铢),败兵如以朱(铢)称洫(镒)。称胜者战民也,如决积水于千那(仞)……

(乙)

……□适(敌)之可胜。不可胜在己,可胜在适(敌)。故善者能为不可胜……也。守则有余,攻则不足。昔善守者,臧(藏)九地之下,动九天之上,故……智(知),非善者也。战胜而天下曰善……易胜者也。故善〔□□□□〕奇胜,无智名,无〔□〕功,故其胜不贷(忒)。不贷(忒)者,其所错〔□〕胜败者也。善……败正。法:一曰度,二曰量,三曰数,四……生胜。胜兵如以洫(镒)称朱(铢),败兵如以朱(铢)称洫(镒)。称〔□〕者战民也,如决积〔□□□〕邪(仞)之墒,刑

(形)也。

埶(势)

治众如治寡,分数是。斗众……可使毕受适(敌)而无败,□正□〔□□□□〕如以段(碫)……穷如天地,无谒(竭)如河海。冬(终)而复始,日月是……变不……之变,不可胜穷也。奇正环相生,如环之毋(无)端,孰能穷之?水之疾,至……可败,乱生于治,胁(怯)生于恿(勇),弱生于强。治乱,数也;恿(勇)胁(怯),埶(势)也;强〔□□〕也;善动适(敌)者,刑(形)之,适(敌)必从之;〔□□□□〕取之。以此动之,以卒侍(待)之。故善战者,求之于埶(势),弗责于……木石,木石之生(性),安则静,危则动,方则……

实虚

先处战地而侍(待)战者失(佚),后处战地而趋战者劳。故善战者,致人而不〔□□〕人。能使适(敌)〔□〕至者,利之地。能使适(敌)……能劳之,饱能饥之者,出于其所必〔□□〕。□行千里而不畏,行无人之地也。攻而必〔□□□〕所不守也。守而必固,守其所□〔□□□□□〕者,适(敌)不知所守;善守者,适(敌)不知□□……故能为适(敌)司命。进不可迎者,冲〔□□□□□〕可止者,远……适(敌)不得不〔□□□〕者,攻其所……之,适(敌)不得与我战者,胶其所之也。故善将者刑(形)人而无刑(形)〔□□〕槫而适(敌)分。我槫而为壹,适(敌)分而为十,是以十击壹也。我寡而适(敌)众,能以寡击□……地不可知,则适(敌)之所备者多。所备者多,则所战者寡矣。备前……者后寡,无不备者无不寡。寡〔□□□□□〕众者,使人备己者也。知战之日,知战之地,千里而战。不〔□□□〕日,不知战之地,前不能救后,后不能救前,左不能救〔□□〕不能救左,皇(况)远者数十里,近者数里□……□□胜戋(哉):故曰:胜可擅也。适(敌)唯(虽)众,可毋斲(斗)也。故绩之而知动□……死生之地,计之〔□□〕得失之□,□之〔□□〕余不足之□。刑(形)兵之极,至于无刑(形),〔无刑(形)〕,则深间弗能规(窥)也,知(智)者弗能谋也。因刑(形)而错胜□……制刑(形)。所以胜者不……兵刑(形)象水,水行辟(避)高而走下,兵胜辟(避)实击虚。故水因地而制行,兵因敌而制胜。兵无成埶(势),无恒刑(形),能与敌化之胃(谓)神。五行无恒胜,四时〔□〕常立(位),日有短长,月有死生。神要

军〔争〕

……以□为直,以患……而诱之〔□□〕后人发,先人至者,知汙(迂)直之计者也。军争为利,军争〔□〕危。举军而争利则□不及,委军而〔□〕利则辎重捐。是故絭(卷)甲……□十一以至;五十里而争利,则厥(蹶)上将,法以半至;……军毋(无)辎重〔□□〕粮食则亡,无委责(积)则亡。是故不知诸侯之谋者,不……能行军;不□乡(向)道(导)……分利,县(悬)权而动。先知汙(迂)直之道者〔□〕军争之法也。是故军……鼓金。视不相见,故为旌旗。是故昼占多旌旗,夜战多鼓金。〔鼓金〕旌旗者,所以壹民之耳目也。民濦(既)已槫(专)……将军可夺心□。……用兵者,辟(避)其兑(锐)气……劳,以饱侍(待)饥,此治力者也。毋要㵘㵘之旗,毋击堂堂之陈(阵),此治变者……信(背)丘勿迎,详(佯)北勿从,围师遗阙,归师勿谒(遏),此用众之法也。

四百六十五

〔九变〕

……地则战,……攻,地有所不争,□……能得地……利,故务可信;杂于害,故忧患可……将有五〔□□□□□〕杀。必生,洁廉,可辱。爱民,可……危,不可不察也。

行〔军〕

……处高,战降毋登,……此处水上之军……交军沂泽之中,依……死后生,此处□……凡

四军之利，黄帝之……，无百疾，陵丘隄□处其阳，而右倍(背)之。此兵之利，地之助也。上雨水，水流至，止涉侍(待)其定〔□□□〕天井、天窖、天离、天超、天郄、必亟去之。勿〔□□□〕远之、敌近之。吾……□?(苇)、小林、翳浍(荟)右伏匿者，谨复索之，奸之所处也。敌近而□者，恃其险也。敌远□……进者，其所居者易……军者也。□庳(卑)而备益者，进也。辞强而〔□〕殴(驱)者，退也。轻车先出居厕(侧)者〔□□□□□〕请和者，谋也。奔走陈兵者，期也。半进者，诱也。杖而立者，饥也。汲汲先歙(饮)……而不进者，劳拳(倦)也。鸟□者，虚也。夜嘑者，恐也。军犹(扰)者，将不重也。……爾(甀)者不反(返)其舍者，穷寇也。□□閒閒□言人者，失其众者也，数赏者，窘也。数罚者……相去也，必谨察此。兵非多益，毋……而罚之，则不服，不服则难用也。卒已椄亲而罚不行，则不用。故合之以交，济之以……行，以教其民者、民服。素……

〔地〕形

(《孙子》篇题术牍上有《□形》一题，位置在《九地》之前，应即本篇篇题，但未发现此篇简文。)

九地

……轻地，有争地，有交地，有瞿(衢)地，有重地，有泛地，□围地，有死地。诸侯战……而得天□之众者，为瞿(衢)。入人之地深，倍(背)城邑多者，为重。行山林、沮泽。凡难行之道者，为□……□寡可〔□□〕吾众者，为围。疾则存，不疾则亡者，为死。是故散〔□□□□〕轻地则毋止，争……则行，围地则谋。死地则战。所胃(谓)古善战者，能使适(敌)人前后不相及也。……适(敌)众以正(整)将来，侍(待)之……听〔□□〕之请(情)主数(速)也，乘人之不给也……食；谨养而勿劳，并……谋，为不可贼(测)。投入毋(无)所往，死且不北，死焉……无所往则……所往则斗。是故不调而戒，不……非恶货也；无余此，非恶寿也。令发〔□□〕士坐者涕□□，卧〔□□□□〕投之无所往者，诸、岁之勇。故善用军者，辟(譬)如卫然，卫然者，恒山之……击其尾则首至，击其中身则首尾俱至。敢问□可使若卫然虖(乎)？曰：可。越人与吴人相恶也，当其同周(舟)而济也，相救若□……齐勇若一……□已也。将军之事……之耳目，使无之。易其事〔□□□〕使民无识。易其，□于(迂)其□，使民不得……入诸侯之地，发其几(机)，若敺(驱)群……变，诎(屈)信(伸)之利，人请(情)之理，不可不察也。凡为〔□□□〕椄，浅则散。□国越竟(境)而师者，绝地也。四彻(彻)者，瞿(衢)地也。……者，轻地也。倍(背)固前□〔□□□□〕倍(背)固前适(敌)者，死地也。毋(无)所往者，穷地也。〔□□□〕散地，吾将壹其志；轻地，吾将使之偻；争也，吾将使不留；交地也，将固其结；瞿(衢)地也，吾将谨其恃；〔□〕地也，吾将趣其后；泛地也，吾将进其□；围地也，吾将塞……〔□〕侯之以请(情)：遝则御，不得已则斗过则从。……利。四五者，一不智(知)，非霸王之兵也。彼王霸之兵，伐大国则其众不……则其交不□舍。是故不……可拔也，城可隋(隳)也。无法之赏，无正之令，犯三……以害，勿告以利。芋之亡地然而后存，陷……于害，然后能为败为……□□将，此胃(谓)巧事。是故正(政)与(举)□……其使，厉于郎(廊)上，以诛其事。适(敌)人开阖必亟入之。先其所爱，徵(微)与……决战事。是故始如处……

火攻

孙子曰：必攻火有五：一曰火人，二曰火渍(积)三曰火辎，四曰火库，五曰火〔□□〕火有因，因必素具。发火有时，起火有日。时者，天……四者，风之起日也。火发□……火发其兵静而勿攻，极其火央，可以而从〔□□□□□□〕止之。火可发于外，毋寺(待)于内，以时发之。火□上风，毋攻……数守之。故以火佐攻者明，以水佐攻者强。水可……得，不惰其功者，凶，命之曰费留。故曰：明主虑之，良将随之。非利〔□□□□〕不用，非危不战。主不可以怒兴军，将不可以温

(愠)战。合乎利而用,不合而止。怒可复喜也,温(愠)可复……

用间

孙子曰:凡……里,百生(姓)之费,□……知适(敌)之请(情)者,不仁之至也,非民之将也,非主〔□□□□□〕之注(主)也。故……不可验于度,必取于人知者。故用间……反间,有死间,有生间……神纪,人君之葆(宝)也。生间者,反报…… 乡人而用者巴。内间者,因……三军之亲,莫亲于间,赏莫厚于间,事……非仁不能使……之葆。密戋(哉)密戋(哉),毋(无)所不用间〔□□〕事不未发,闻间□……用也。因是而知之,故乡间、内间可得而使之。……五间之事,必知之,……可不厚也。□……在夏。周之兴,吕牙在□〔□□□□〕□衛师北在陉。燕之兴也,苏秦在齐。唯明主贤……

下　　编

吴问

吴王问孙子曰:"六将军分守晋国之地,孰先亡? 孰固成?"孙子曰:"范、中行是(氏)先亡。""孰为之次?""智是(氏)为次。""孰为之次?""韩、巍(魏)为次。赵毋失其故法,晋国归焉。"吴王曰:"其说可得闻乎?"孙子曰:"可。范、中行是(氏)制田,以八十步为娩(畹),以百六十步为畛(亩),而伍税之。其□田陕(狭),置士多,伍税之,公家富。公家富,置士多。主乔(骄)臣奢,冀功数战,故曰先[亡]。……公家富,置士多,主乔(骄)臣奢,冀功数战,故为范、中行是(氏)次。韩、巍(魏)制田,以百步为娩(畹),以二百步为畛(亩),而伍税〔之〕。其□田陕(狭),其置士多。伍税之,公家富。公家富,置士多,主乔(骄)臣奢,冀功数战,故为智是(氏)次。赵是(氏)制田,以百廿步为娩(畹),以二百卌步为畛(亩),公无税焉。公家贫,其置士少,主佥臣收,以御富民,故曰固国。晋国归焉。"吴王曰:"善。王者之道,□□厚爱其民者也。"　　二百八十四

〔四变〕

……〔徐(途)有所不由,军有所不击〕,城有所不攻,地有所不争,君令有〔所不行〕。

徐(途)之所不由者,曰:浅入则前事不信,深入则后利不椄(接)。动则不利,立则囚。如此者,弗由也。

军之所不毄(击)者,曰:两军交和而舍,计吾力足以破其军,獾其将。远计之,有奇埶(势)巧权于它,而军……□将。如此者,军唯(虽)可毄(击),弗毄(击)也。

城之所不攻者,曰:计吾力足以拔之,拔之而不及利于前,得之而后弗能守。若力〔□〕之,城必不取。及于前,利得而城自降,利不得而不为害于后。若此者,城唯(虽)可攻,弗攻也。

地之所不争者,曰:山谷水□无能生者,□□□而□□……虚。如此者,弗争也。

君令有所不行者,君令有反此四变者,则弗行也。……行也。事……变者,则智(知)用兵矣。

黄帝伐赤帝

孙子曰:〔黄帝南伐赤帝,至于□□〕,战于反山之原,右阴,顺术,倍(背)冲,大威(灭)有之。〔□年〕休民,□穀,赦罪。东伐□帝,至于襄平,战于平□,〔右阴〕,顺术,倍(背)冲,大威(灭)〔有之。□〕年休民,□穀,赦罪。北伐黑帝,至于武隧,〔战于□□,右阴,顺术,倍冲,大威有之。□年休民,□穀,赦罪〕。西伐白帝,至于武刚,战于〔□□,右阴,顺术,倍冲,大威有〕之。已胜四帝,大有天下,暴者……以利天下,天下四面归之。汤之伐桀也,〔至于□□〕,战于薄田,右阴,顺

术，倍（背）冲，大威（灭）有之。武王之伐〔纣〕，至于蕿遂，战牧之野，右阴，顺术，〔倍冲，大威〕有之。一帝二王皆得天之道、□之□、民之请（情），故……

〔地〕刑（形）二

〔□〕地刑（形）东方为左，西方为〔右〕……

……首，地平用左，军……

……地也。交□水□……

……者，死地也。产草者□……

……地刚者，毋□□□也□……

……〔天〕离、天井、天宛□……

……是胃（谓）重利。前之，是胃（谓）猷守。右之，是胃（谓）天固。左之，是胃（谓）……

……所居高曰建堂，□曰□〔□〕□遂左水曰利，右水曰积……

……□五月度□地，七月□……

……三军出陈（阵），不问朝夕，右负丘陵，左前水泽，顺者……

……九地之法，人请（情）之里（理），不可不□……

〔见吴王〕

……□于孙子之馆，曰："不穀好……兵者与（欤）?"孙……乎？不穀之好兵□□□□之□□□也，适之好之也。"孙子曰："兵，利也，非好也。兵，□〔也〕，非戏也。君主以好与戏问之，外臣不敢对。"盖（阖）庐曰："不穀未闻道也，不敢趣之利与……□孙子曰："唯君王之所欲，以贵者可也，贱者可也，妇人可也。试男于右，试女于左，□□□□……曰："不穀顠（愿）以妇人。"孙子曰："妇人多所不忍，臣请代……畏，有何悔乎?"孙子曰："然则请得宫□□……之国左后玺圄之中，以为二陈（阵）□□……□曰："陈（阵）未成，不足见也。及已成……□也。君王居台上而侍（待）之，臣……□至日中请令……陈（阵）已成矣，□□听……□□不□不难。"君曰："若（诺）。"孙子以其御为……参乘为舆司空，告其御、参乘曰："□□……□妇人而告之曰："知女（汝）右手?"……之"。"知女（汝）心?"曰："知之。""知女（汝）北（背）?"曰："知之。""……左手。胃（谓）女（汝）前，从女（汝）心。胃（谓）女（汝）……人生也，若夫发令而从，不听者诛□□……□不从令者也。七周而泽（释）之，鼓而前之……〔三告而〕五申之，鼓而前之，妇人乱而〔□□□〕金而坐之，有（又）三告而五申之，鼓而前之，妇人乱而笑。三告而五申者三矣，而令猷（犹）不行。孙子乃召其司马与舆司空而告之曰："兵法曰：弗令弗闻，君将之罪也；已令已申，卒长之罪也。兵法曰：赏善始贱，罚……□请谢之。"孙子曰："君□……引而员（圆）之，员（圆）中规；引而方之，方中巨（矩）。……盖（阖）庐六日不自□□□□□……□□□□孙子再拜而起曰："道得矣。……□□□长远近习此教也，以为恒命。此素教也，将之道也。民……□莫贵于威。威行于众，严行于吏，三军信其将畏（威）者，乘其适（敌）。"　　千□十五

*　*　*

……而用之，□□□得矣。若□十三扁（篇）所……

……〔十〕三扁（篇）所明道言功也，诚将闻□……

……□而试之□得□……

……〔孙〕子曰："古（姑）试之，得而用之，无不□……

……□□□之孙子曰："外内贵贱得矣。"孙……

……□不穀请学之。"为终食而□……

……将军□不穀不敢不□……

……□也。请合之于□□□之于……

……者□□也。孙子……

……孙子曰：□……

……孙子……

《孙子兵法》历代论著要目

[1] 十家孙子会注,宋吉天保辑。
[2] 宋本十一家注孙子,东汉曹操、南朝梁孟氏、唐李荃等注,宋佚名辑。
[3] 孙子遗说,宋郑友贤撰。
[4] 赵注孙子(一题孙子书校解引类),明赵本学撰。
[5] 新刊京本孙武子十三篇本义,明郑灵撰。
[6] 孙子取衷,明赵庭撰。
[7] 孙子明解,明郑二阳撰。
[8] 孙武子断注,明陈珂断,陈天策注。
[9] 孙子参同,明李贽撰。
[10] 孙武子品汇释评,明焦竑撰。
[11] 孙武子会解,明郭良翰撰。
[12] 评注孙子兵略,明陈玖学评注。
[13] 孙子十三篇直解,清陈任旸撰。
[14] 孙子左笺,清左枢笺。
[15] 孙子十家注,清孙星衍、吴人骥校。
[16] 孙子直解开宗合参,清汪淇辑。
[17] 孙子选注,清夏寿田撰。
[18] 孙子平议补录,清俞樾撰。
[19] 孙子评,清张九镡撰。
[20] 孙子集注,清邓廷罗撰。
[21] 孙子集注,清黄巩编注。
[22] 孙子集解,清顾福棠撰。
[23] 孙子汇征,清郑端撰。
[24] 孙子兵法集释,陆懋德撰,商务印书馆天津印刷局 1915 年版。
[25] 孙子浅说,蒋方震、刘邦骥撰,上海教育书店 1915 年版。
[26] 孙子兵法史证,支伟成编,上海泰东书局 1926 年版。
[27] 孙子与现代,许有成撰,杭州健社 1932 年版。
[28] 苏氏孙子注解,苏荫森注,长沙万福街藻华 1933 年版。
[29] 孙子释证,刘文屋撰,1928 年刊本。
[30] 新注孙子兵法直讲,陈任旸原注、齐廉新注,军学编译社 1935 年版。
[31] 孙子兵法古今释例,周传铭撰,济南五三美术印刷社 1936 年版。
[32] 孙子兵法新诠,叶慕然编撰,美华书店 1936 年版。
[33] 孙子兵法之综合研究,李浴日撰,长沙商务印书馆 1938 年版。
[34] 孙子兵法书目汇编,陆达节编,军学编译处 1939 年版。
[35] 孙子浅说补解,温晋城撰,中央政治学校 1939 年版。
[36] 读孙子十三篇阵中笺释,朱怀冰撰,重庆青年书店 1939 年版。
[37] 孙子兵法十三篇浅释,韩一青撰,大东书局 1939 年版。

[38] 孙子考,杨言昌主编、陆达节编撰,重庆军用图书社 1940 年版。
[39] 孙子新诠,陈华元撰,长沙商务印书馆 1940 年版。
[40] 孙子兵法新检讨,吴鹤云撰,战地图书出版社 1940 年版。
[41] 孙子表释,徐容溥撰,军学编译社 1940 年版。
[42] 孙子兵法校释,陈启天撰,成都国魂书店 1941 年版。
[43] 孙子兵诠,关靖撰,重庆军用图书社 1942 年版。
[44] 孙子战争理论之体系,萧天石撰,成都大江出版社 1942 年版。
[45] 孙子兵法与现代战争,徐庆誉撰,湖南西南日报社 1942 年版。
[46] 孙子选注,王明长撰,蓬莱文化服务社 1942 年版。
[47] 孙子兵法今释,覃孝方撰,成都复兴书店 1943 年版。
[48] 武经孙子,罗列讲,中央陆军军官学校第八分校 1944 年版。
[49] 白话译解孙子兵法,郭化若撰,八路军军政杂志社 1944 年版。
[50] 孙子兵法新研究,李浴日撰,世界兵学社 1946 年版。
[51] 孙子章句训义,钱基博撰,商务印书馆 1947 年版。

(注:以上著作收止民国。)